中德生态城市建设经验对标系列丛书

丛书策划：深圳市建筑科学研究院股份有限公司

经济促进和发展纲要

德国城镇和区域经济促进实践导引

[德] 贝恩特·达勒曼　米歇尔·李希特　著

陈　炼　王　妍　陆　瑶　译

中国建筑工业出版社

著作权合同登记图字：01-2019-1339号

图书在版编目（CIP）数据

经济促进和发展纲要：德国城镇和区域经济促进实践导引 /
（德）贝恩特·达勒曼，（德）米歇尔·李希特著；陈炼，王
妍，陆瑶译. — 北京：中国建筑工业出版社，2019.5
（中德生态城市建设经验对标系列丛书）

书名原文：Handbuch der Wirtschaftsforderung Praxisleitfaden zur
kommunalen und regionalen Standortentwicklung

ISBN 978-7-112-23517-9

Ⅰ.①经… Ⅱ.①贝… ②米… ③陈… ④王… ⑤陆… Ⅲ.①城镇
经济 — 经济发展 — 研究 — 德国 Ⅳ.① F299.516.2

中国版本图书馆CIP数据核字（2019）第053614号

Handbuch der Wirtschaftsförderung
Praxisleitfaden zur kommunalen und regionalen Standortentwicklung
1.Auflage（ISBN 978-3-648-02417-1）
Dr. Bernd Dallmann，Dr. Michael Richter
© 2012，Haufe-Lexware GmbH & Co. KG Freiburg，Germany

Chinese Translation Copyright © China Architecture & Building Press 2019
China Architecture & Building Press is authorized to publish and distribute exclusively the Chinese edition（simplified Chinese characters）. This edition is authorized for sale throughout the world. No part of the publication may be reproduced or distributed by any means，or stored in a database or retrieval system，without the prior written permission of the publisher.

本书中文简体字版由德国Haufe-Lexware GmbH & Co. KG授权中国建筑工业出版社独家出版发行，并在全世界销售。
经版权人许可，中文版在德文原版基础上新增"5.9 大趋势与经济促进"一节和"附录四德国弗莱堡市可持续经济发展战略纲要"部分文字。

"城市能源体系及碳排放综合研究关键技术与示范"（2017YFE0101700）系由深圳市建筑科学研究院股份有限公司承担的中华人民共和国科学技术部"政府间国际科技创新合作重点专项"中德政府间合作项目，项目主要围绕城市能源与城市碳排放关系展开，旨在解决城市能源研究中核算框架、需求预测与潜力评估、系统优化与提升等问题，进而提出适宜于典型城市的碳减排方案。

责任编辑：吕　娜　齐庆梅　孙书妍
责任校对：赵　颖

IBR

中德生态城市建设经验对标系列丛书

经济促进和发展纲要

德国城镇和区域经济促进实践导引

[德]贝恩特·达勒曼　[德]米歇尔·李希特　著

陈　炼　王　妍　陆　瑶　译

＊

中国建筑工业出版社出版、发行（北京海淀三里河路9号）
各地新华书店、建筑书店经销
北京点击世代文化传媒有限公司制版
北京建筑工业印刷厂印刷

＊

开本：787×1092毫米　1/16　印张：18¾　字数：374千字
2019年7月第一版　2019年7月第一次印刷
定价：80.00元
ISBN 978-7-112-23517-9
（33804）

版权所有　翻印必究

如有印装质量问题，可寄本社退换
（邮政编码 100037）

中文版序1

在发达工业国家，地方及区域经济促进是城市与乡镇一百多年来的重要职责。城市与乡镇应为经济的发展创造框架条件，为企业开展经营活动提供支持。经济促进成功的地区可以增加区位的整体吸引力，吸引更多的优质专业人才，培养并激励更多企业入驻其中，为当地居民创造更多就业岗位，同时也为所在区位带来更多财政收入。经济成功的区位总体上会对区位整体的可持续发展起到推动作用。

中国的发展已经步入新的历史阶段，在国内几乎所有经济区位都经历了快速的增长后，为各城镇熟知的招商引资工作已经不再像前一阶段那么容易，不同经济区位之间的区域性竞争也变得愈发激烈，这就表明以区域特征、产业集群与行业特点为基础的差异化发展时代的开始，这点与20世纪70年代的联邦德国有一定相似之处。在这个新的时代，能够脱颖而出的将是那些有针对性地推进产业发展，拥有优质基础设施、良好交通网络、优美景观或高品质环境的城市。因此，城镇领导者需要积极开展具有前瞻性且有针对性的经济促进工作，以保障城市经济长期有效的发展。因为经济促进的职责在于优化城市与乡镇的发展，也就是在系统分析框架条件、明确经济发展目标以及产业集群与行业发展重点的基础上，制定合理的措施以确保目标的实现。

在新阶段的经济发展过程中，目标的确定、产业集群的定位以及相关基础设施的规划需要专业的程序。本书正是一本立足于探讨和介绍德国如何在常态发展阶段下进行地方经济促进和发展的工具书。该书将详细阐述德国经济促进工作中的分析与决策程序，希望能给广大读者带来有益的启发。书中介绍了诸多国际经济区位的成功实践案例，我们可以从中获得区位如何通过积极的经济促进措施实现更好发展的经验。

虽然中德两国地方政府在经济促进工作的发展阶段、组织架构、运作程序、人员组成等方面存在差异，但在发展目标方面却存在高度的一致，这其中包括提升区位的品牌形象和竞争能力、创造经济友好的城市基础设施、构建区域内健康平衡的产业集群、保障区位内的工作位置、增加区位财政收入以保证地方居民的各项福祉等诸多方面，从而更好地保障区位的经济乃至总体的可持续发展。我们希望中国在大踏步前进的时候，欧洲的优秀经验可以对此有所助益。

最后，本书受到政府间国际科技创新合作重点专项"城市能源体系及碳排放综合研究关键技术与示范"（2017YFE0101700）课题和德国弗莱堡市经济与公共事务国际管理咨询公司的资助，特表谢忱。

贝恩特·达勒曼　陈炼

中文版序 2

城市是囊括文化、生活方式、远大抱负和人类福祉的上层结构，作为政治、经济和社会的实体，为国家的发展带来了源源不断的动力。进入工业时代以来，城市的发展日益成为衡量人类幸福程度的重要坐标系。城市如今面临着新工业和机动性人才的区域性竞争，这对于城市建设者提出了更大的挑战：如何建设具有吸引力的可持续发展城市才能更好满足人民日益增长的美好生活需要？

《经济促进和发展纲要德国城镇和区域经济促进实践导引》一书从城镇经济促进的概念开始娓娓道来，结合大量丰富的实例，向中国传递了一种声音：区位通过积极的经济促进措施能够实现城市的更好发展。城市经济长期有效的发展，需要积极开展具有前瞻性且有针对性的经济促进工作。

随着城市化的大趋势正前所未有地汹涌而来，城市与农村的界限正在发生流动。区位经济的发展在互联网交换和分享的时代扮演着重要角色，结合未来发展的大趋势来看，德国在经济促进上的实践导引或将为中国提供一个前进方向。从本书中学习和借鉴德国在常态发展阶段下进行地方经济促进和发展的经验以及做法，结合国际经济区位的成功实践案例，同时参考中国在发展背景、模式以及基础等方面与德国的差异，对于研究探索一条符合中国国情、具有自己特色的区位经济促进措施具有重要启发。

值得提出的是，深圳市建筑科学研究院股份有限公司和德国弗莱堡市经济旅游会展促进署已有近 8 年的良好合作基础。今后双方将继续加强合作，紧密交流，旨在能够对包括能源、产业、绿化、减排技术、垃圾处理等生态城市建设的多个领域进行中德城市的案例讨论和经验共享，搭建中德城市建设研究和实践的沟通桥梁。本书是中德生态城市建设经验对标系列丛书之一，由深圳市建筑科学研究院股份有限公司作为编写承担单位进行出版，为中德双方的城市发展建设创造一些交流的契机，做出一些更具质量的探索。今后还将为双方未来的研究建设、能力提升、课题开展、人员培训等进行输出，以期为中国新型城镇化进程中城市转型提供经验借鉴，向实现城市可持续发展目标提供案例探索。

叶青

深圳市建筑科学研究院股份有限公司

德文版序言

当今，我们在城镇经济中对于经济促进的理解，已经远不止"经济促进"这个概念本身。经济促进并非只用以指代划拨或推介便宜的工商业用地，并以此创造或保障就业岗位。如今，经济促进意味着全面的区位发展，这已被视为城市整体政策的重要组成部分。它是开启经济繁荣的钥匙，也是社会安定、城市魅力、个人与集体富裕以及财富增长的基础。一个能够为市民创造良好生活基础，提供创意、发展和参与空间的城市，才能被称为具有生活品质的城市。在这样的城市中，文化、教育和科学得以蓬勃发展，与经济相互推动，相得益彰。

成功的城市发展不是单行线，而始终是政治、行政和经济诸行为多方面协调共进的成果。来自优秀创意、系统规划、游说与激励、顾问和管理部门以及经济、科学及文化等领域的多重合力推动了城市的整体发展，而经济促进和区位营销是这套整体方案中不可或缺的组成部分。

本书将经济促进定义为城市发展的工具，它既能积极推动社会变化，也是建设美好未来的动力。本书意在提供区位发展方案的整体方法论和地方经济促进政策实践的指南，且为城市政策基本路线的必要政治讨论提供导向。作者贝恩特·达勒曼和米歇尔·李希特在弗莱堡地区拥有多年的经济促进经验，因而在本书中随处可见"弗莱堡印记"：知识创新与技术促进相结合，突破弗莱堡市本身界限，与周边区域密切合作，共同进行经济区位、高校和旅游营销并有效管理如会展中心、活动场馆、科技园区等城市基础设施。

工作岗位、营业税、居民人口及旅游过夜人数的持续增长印证了"弗莱堡模式"的成功。以私法的有限责任公司存在形式的经济促进署对本地区位有着翔实的分析，对优势产业如医疗与生命科学、环境经济、微系统技术以及旅游会展有着明晰的发展规划。通过制定区位发展方案并坚持长期发展目标，经济促进署为弗莱堡的积极发展做出了卓越贡献，这首先归功于区域化的理念。长久以来，区位发展和营销不能仅限于城市本身，而应融入周边更大区域并共同行动，才能取得成功。凭借"绿色之都"这一城市可持续发展模式的形象，弗莱堡赢得国内外一致认可。

两位作者并非将其经验视为万能钥匙，而更希望通过这些经验推动本地和其他地区因地制宜地制定经济发展方案。一言以蔽之，为从事城镇和区域经济促进的实践者与施政者提供灵感与启发。尽管区位情况各有不同，但一个共同的目标 将我们联系到一起，就是将城市的传统传承并发展下去，并成为市民创新、自由、形塑和创造力的生发之地。

迪特·萨洛蒙博士（Dr. Dieter Salomon）

德国弗莱堡市市长

德国城市联盟主席团成员

前　言

从人类力求通过工作来优化其商贸活动的经济成果起，就有了经济促进。自古以来人们就意识到：只有当企业和国家机构在一个协调一致的结构中共同发挥作用，人们才能过上好日子。

随着政治及经济全球化程度的不断提高，地方性和区域性区位政策重获重要地位。全球化在逐渐加强的经济国际化和区域化中得到了充分体现。这意味着区位之间的竞争日益加剧，为区位发展方案制定成功战略也显得愈加必要。从前，提供尽可能低的工商业用地价格是市长在招商引资竞争中使出的杀手锏，如今取而代之的则是完善的整体区位品质以及对企业选址各项参数要求的满足。另外，考虑专业人才及其家庭选择落户地点时的决策标准也愈发重要——在这个人口缩减的时代，他们是与经济活力密切相关的决定性要素之一。

一方面地方政府对具有经济促进战略发展人才的需求显著增加，另一方面受过专业培训的相关人员储备却极其有限，而与经济促进相关的标准化培训也很少。甚至对"经济促进"概念本身的使用也并不统一，其内容和目标群体的描述也存在较大差异。因此本书分为基础和实践两篇。第一篇以专业文献和实践研究为基础，介绍城镇经济促进以及跨城镇和区域合作方面的基本情况。第二篇则在作者多年实际经验的基础上对区位经济及可持续地方发展战略的规划和实施进行分析，着重阐述城镇及区域经济促进方面的实际工作。本书将提供大量文献索引，并附有关于建立经济发展运营数据库、企业访问准备等方面的实际建议，此外还列出了一些德国联邦层面和州层面的各类经济促进机构，以便读者查询。

本书对有关区域经济发展的诸多理论与概念不做过多学术讨论，也无意探讨关于经济促进的不同方法、定义或完整理论流派。它更多关注于为有意从事经济促进实践工作的人员提供指南或导引，其范围不仅涵盖其日常工作领域，而且为他们提供结构性的方法作为其工作基础。就政府、经营及公众层面而言，本书旨在说明经济促进的工作不仅是向私企分配公共资金，或是经常被人理解成的在"市长招商引资"框架下从国外招募劳动密集型大企业落户作为首要任务。经济促进首先需要关心所在区位的整体结构，关心与此结构的各相关因素，而不是仅仅关注那些为实现经济促进主要目标、创造及维持就业岗位做出贡献的企业。

德国的经济促进没有受到充分重视，在教育和培训方面也是如此。直到1994年弗莱堡管理和经济学院设立经济促进师进修培训项目，才有了德国境内首项针对经济促进人员的在职研修课程。弗莱堡经济促进学院是迄今为止全德范围内唯一坚持提供经济促进在职培训项目的机构。他们也同样发起了全德首例"经济促进"本科课程，巴登-符腾堡州双元制高等学校（DHBW）曼海姆分院于2008/2009冬季学期开始该课程的招生授课。

尽管德国经济促进工作者的绝对数量有限，这一职业作为连接市政管理与经济界的桥梁依然具有重要作用，而且需要从业人员具备良好的专业素养。一方面是组织方式的变迁、经济促进体系的建立、整体社会经济框架的变更以及国际化的进程；另一方面越来越多的城镇意识到，即使在地方经济层面也可以有所作为。这就要求经济促进机构不断得到培训并改善自身的组织和设施配备。他们必须不断适应其目标群体，即市场经济中的企业、高校以及现代机构变化着的标准，同时还要改善民众心中对公共管理机构的不良印象。

制定自身区位发展战略是城镇所有相关经济政策及基础设施决议的必要前提。土地使用规划当然是必要的，但也需通过区位发展规划进行论证和准备：在土地使用规划中要对经济状况进行分析，统一制定最重要的目标，并确立短期及中期发展的一揽子方案和措施。本书中的实践导引部分旨在介绍从理性角度进行经济促进及制定区位发展的方法和过程，以使制定出来的战略不是短期的、无法实现的政治梦想，而是建立在充分分析与预测基础上的、目标明确、操作性强的实施方案，它们为区位的中长期发展即未来的二十年发展方向指明道路。尽管这一时间段看起来很长，但在实践中通过土地使用规划展现出来的中期发展战略却是合理的。

当地居民对区位发展有决定性作用。他们的专业素质和组织水平肩负着本区域未来的富裕安康。人口及劳动力储备与当地居民的结构密切相关，因此有可能根据人口现状对未来二十年或更久时段的区位发展情况做出预测。

理性地着手从城镇、县域和地区层面进行区位发展并提高经济促进工作者的素质，是两项改善区位经济的重要措施。联邦、州、城镇甚至欧盟之间的经济促进层级结构化是需要从政治层面上解决的另一问题，对此本书不做深入探讨，因为我们必须将德国作为一个整体来理解，正如一句老话所说："所有的生意都是在地方发生的。"当然，国家和州层面的发展战略和营销也是不可或缺的，而且同样有必要对各联邦州的角色进行探究。

在此需要提醒的是，经济促进并非多多益善。要做好经济促进工作就要明确分析并确定具体目标。成功与否往往不在于采取多少措施，而在于正确的方向。创造积极的气氛，尊重那些承担个人风险并付出热情、为当地创造价值、财富以及就业岗位的人们——这应当是经济促进最重要的目标。同时始终坚信，只有以企业家精神为动力、以有组织有活力的经济为基础，才会有成功的社会福利政策。

贝恩特·达勒曼博士

米歇尔·李希特博士

目 录

第一篇　城镇经济促进的基础

第二篇　经济促进实务

第一篇
城镇经济促进的基础

1 城镇经济促进

1.1 "城镇经济促进"的概念

"经济促进"是个为公众熟知的政治用词，具有多重含义。由于含义丰富，明确定义它的概念与内涵尤为困难[1]。"经济促进"一词本身虽然历史不长[2]，但国家层面的"国民经济管理"或"社会富裕及经济管理"[3]的概念最晚在 19 世纪就已出现在普鲁士王国的官方管理手册中[4]。而在城镇管理层面则与此相反，直到 20 世纪初期才不时出现"中产阶级促进""中小企业促进""工业促进"或者一般意义上的"经济促进"这类词汇[5]。

尽管"城镇经济促进"这一概念由来已久，且在管理实践、立法司法[6]中也有相关记载[7]，但目前为止仍缺乏通用有效的法律定义[8]。深入分析文献，可揭示"城镇经济促进"的多重含义。不同的目标与课题下，这一概念也被赋予不同含义。因此，如何定义城镇经济促进的概念很大程度上取决于所需解决的课题[9]。

由于城镇经济促进概念缺乏一个统一且通用的解释，人们不断试图通过罗列目标、任务和手段来描绘城镇经济促进的内涵与本质[10]。然而这种罗列并未达到预定目标，一方面这样的列举永无止境，另一方面城镇政策的框架条件随着经济、社会和技术的改变也不断变动，城镇经济促进工作中的优先级设置也在不断变化。因此实

---

1 参见 Schiefer, Bernd（1990），第 1 页。

2 参见 Müller, Wolfgang-Hans（1983），第 626 页。

3 参见 Stein, Lorenz von（1870），第 141 页。

4 参见 Hue de Grais, Robert Graf（编）（1892），第 377 页，及其 1901 年编写著作，第 406 页。

5 参见 Wilden, Josef（1919），第 148-154 页；Wilden, Josef（1922），第 376-381 页；Meyer（1922），第 554-557 页；Weber, Max（1924），第 291-294 页；Wilden, Josef（1924），第 311-313 页；Nellessen（1927），第 1427-1432 页。

6 在此关联上值得注意的事实是，1990 年 5 月 17 日民主德国颁布的有关城镇和行政大区自治的法律（GBl. DDR 1990 年 5 月 25 日，U 部分 Nr. 28，第 255-257 页）明确规定经济及商业促进属于城镇自治的任务范畴，参见 Faber, Angela（1992），第 3 页下注 3。

7 参见 Schiefer, Bernd（1989），第 176-178 页；Faber 也对 1989 年 12 月 15 日颁布的联邦宪法法院判决 7 D 6.88 条进行了诠释，当谈到"（……）本地相关的商业投资促进（城镇经济促进）"时，这一诠释更多被作为解释而非定义；对此参见 Faber, Angela（1992），第 3 页下注 4。

8 参见 Möller, Ferdinand（1963），第 32 页；Faber, Angela（1992），第 3 页下注 3 和 4。

9 Ettelbrück 将城镇经济促进这一概念内容的多样归结为概念确定的主观和客观原因，因为"对特定经济促进概念的选择说明了定义者的个人态度"，而客观上来讲，在定义中已经实现了任务与目标的结合，参见 Ettelbrück, Ursula（1984），第 3 页。

10 参见 Christ, Josef Sebastian（1983），第 14 页。

际应用中通过列举得到的定义是过时且无用的[11]。本书无法逐一介绍文献中的概念定义[12]，下文仅列举三种常被引用的城镇经济促进定义，以提供对这一概念的基本印象。

　　阿登纳（ADENAUER 1959）的定义较早受到关注，他从狭义和广义的角度对经济促进这一概念进行区分[13]。他认为广义上的经济促进是指"国家为了改善国民经济通过立法手段采取的所有措施，包括一切社会、税务与财政政策以及企业管理的条例"。依据他的观点，狭义的经济促进是指"国家或者市政直接作用于经济机构的任何促进措施，尤其是指它们在各自影响范围内对经济机构或企业提供的帮助"。

　　不久之后，莫勒（MÖLLER 1963）给出了迄今为止被认为是最为全面的定义。他认为，城镇经济促进是"城镇公共事务的一部分，主要试图通过改善区位条件来加强地区经济和提升地区产能，并通过城镇的适当调控行为，以构建城镇公共任务与经济利益的和谐关系[14]。"尽管存在个别批评[15]，这一定义还是得到了广泛接受[16]。

　　相比之下，朗格（LANGE 1981）做出的定义更为简单易懂："城镇经济促进是城镇对非城镇性经济活动的促进[17]。"按照他的理解，城镇经济促进本身并非目标，而是"促进和经营地区经济繁荣的手段[18]"。此外，根据朗格的定义，城镇经济促进作为城镇行为，首要目的是促进城镇经济，即服务已落户或有意落户的企业，以此进一步增进地方繁荣[19]。城镇促进通常涵盖"所有服务众多已落户或准备落户的企业、为当地经济的健康增长铺平道路，促进城镇福利提升的合法措施[20]"。

　　今天，经济促进在城镇实际工作中越来越多地被理解为城镇对本地经济的综合性服务。由于它在城镇事务中所占地位愈加重要，并且带来经济发展潜力，城镇经济促进已被认为是区位发展政策的重要组成部分，并且与城镇其他管理部门相比，城镇经济促进更是一项横跨多部门的工作[21]。

　　尽管在实际应用中往往并无内容上的差别，城镇经济促进概念还是区别于城镇

11　参见 Faber, Angela（1992），第 5 页。

12　文献中最重要的定义尝试的概览请参见 Faber, Angela（1992），第 4-6 页。

13　以下参见 Adenauer, Max（1959），第 899-900 页。然而，Bresky 在这之前大约 20 年就已经尝试对"经济促进"这一表述进行更为细分的诠释。他同时通过三种方式在广义、狭义以及最狭义对经济促进进行区分。对此参见 Bresky, Georg（1937），第 165-167 页。

14　Möller, Ferdinand（1963），第 42 页。

15　参见 Knemeyer, Franz-Ludwig/Rost-Haigis, Barbara（1981），第 243 页；Lange, Klaus（1981），第 5 页；Faber, Angela（1992），第 7 页。

16　参见 Christ, Josef Sebastian（1983），第 15 页。

17　Lange, Klaus（1981），第 5 页。

18　Lange, Klaus（1981），第 5 页。

19　在此意义上参见 Ehlers, Dirk（1990），第 103 页。

20　Schmitz-Herscheidt, Friedhelm（1979），第 198 页。

21　参见 Grätz, Christian（1983），第 8 页。

经济与商业政策[22]，因为后者的某些政策行为可能会对当地企业产生负面影响，或阻碍地方经济发展。

1.2 历史发展

1.2.1 从中世纪到 19 世纪末

在德国历史上，地方组织对本地经济进行促进并扶持零售商的传统由来已久。12 世纪中期，一些雄心勃勃的新兴中世纪城市开始有意识地结成同盟，共同促进城市经济，并增强各自的经济实力[23]。总的来说，德国城市发展的历史也恰恰折射出整个德国经济的发展史[24]。

中世纪的城市经济政策

"作为政治、社会以及经济上的微观世界，自给自足、对外封闭"的中世纪德国城市"在城市自治法中建立了完整的法律体系，并发展为近似国家形式的组织[25]"。中世纪的城市经济政策首先用以保障城市的供给和防卫[26]。因此，直到 14 世纪中期，强大而自觉的中世纪城市经济都是经济生活的真正载体。当时经济促进的实现既来自实际促进措施，也得益于领主的参与管理。领主赋予一个城市开市权、记载权、仓储权，不是为了彰显他的功绩，便是为了获得收益[27]。同样，中世纪城市的城郊特区权（Bannmeile，城郊设有特殊规章制度的区域——译者注）为当地经济发展做出了贡献，并促进了城市手工业的快速发展[28]。"因此，老牌城市都尽力将商户安置到城郊特区内。城主们为了城市收益，尽可能地提供各种许诺来吸引商户落户，为他们提供众多优厚条件，也给予他们很大程度的自由[29]。"尽管如此，16 世纪以前，城市的经济政策与中世纪贵族领主的治理类似，表现出不成体系，随意

22　比如 Heuer, Hans（1985）und Naßmacher, Hiltrud（1987）使用了"商业政策"这一概念。

23　施佛（Schiefer）曾探寻古代城镇经济促进团体最初的活动，但以失败告终：一方面原因在于日耳曼的家庭经济中并无可以促进的经济体；另一方面原因在于法兰克时期虽然逐渐出现了商户，但是经济促进尚未成为城镇所熟悉的任务。参见 Schiefer, Bernd（1989），第 21-23 页。封闭式的家庭经济随着城邦的建立才逐渐解体。参见 Brandt, Karl（1992），第 16 页。

24　参见 Wilden, Josef（1923），第 126 页。

25　Planitz, Hans（1954），第 342 页。

26　参见 Kellenbenz, Hermann（1977），第 90 页。

27　参见 Wilden, Josef（1924），第 311 页。

28　所谓市内禁区 Bannmeile 的法律机构更加倾向城市手工业，而非位于该区域内乡村的手工业，这些村子里被禁止手工生产。市内禁区的规模在法定规模上大小不一，比如科隆仅有 7.5 公里，莱比锡 15 公里，而奥格斯堡却有 45 公里，参见 Henning, Friedrich-Wilhelm（1991），第 187-188 页。

29　Wilden, Josef（1923），第 126 页。

制定，甚至细节要素互相不协调的特征。直到 17 世纪下半叶，1648 年的《威斯特伐利亚和约》结束了三十年战争（1618 ~ 1648 年），并成为时代交替的重要标志，这种情况才开始得以改变 [30]。

绝对王权时期的城市经济政策

随着德国逐渐出现的专制与专制经济制度、德国特有的重商主义及其官房学派 [31]（产生于 17 ~ 18 世纪。当时德国有一批学者被国王选为财政金融顾问，其学派被称为"官房学派"。重商主义的官房学派强调促进国家福利状况，认为增加国家的货币财富能增强国家的经济力量——译者注），德国城市很快失去了其内部的经济独立性。在专制的邦国，曾经自治且经济强大的城市沦为君主政策的执行机关。城市管理通常由所在国君主的直属官员接管，结果导致当时逐渐形成的城市自主性重新走向萎缩，城市与乡村的所有事权及经济职能都由当权者安排 [32]。在当时的普鲁士和德国其他地方，"社会财富管理 [33]"作为公安任务的一部分，被完全掌控在国家手里 [34]。城市商户经营者首先要做到忠诚与臣服，这一心态在德国直到 19 世纪都几乎延续不变 [35]。正如当时一篇文章所批判的，"通过支持和激励工业来促进社会富裕 [36]"在邦国君主手下已经变成一件"奢侈和时髦家当"。

自由主义下的城市经济政策

专制主义之后，直至 19 世纪的自由主义时期，德国的城市和乡镇才重新获得了自治权 [37]。不过，最初只有普鲁士王国治下的城市才享有自治权，并且只能以 1808 年施泰因男爵的城市规范为形式。在新的秩序下，普鲁士城市第一次把实施公共事务视作自身的责任。最晚自该时期起，德国城市尤其是大中型城市开始通过引导性的行政管理措施来促进并支持本地独立企业或有意落户的外来企业。然而这些措施尚未形成系统，当时的公共行政管理语言体系中也未谈及自主的城镇经济促进 [38]。

30　参见 Zeeden, Ernst Walter（1981），第 118 页。

31　有关德国的重商主义和国民经济主义 Kameralismus 请参见 Brandt, Karl（1992），第 39 页及 52-54 页。

32　参见 Kunisch, Johannes（1986），第 38 页。

33　对于"社会财富维护"这一概念在当时一本重要的行政管理手册中有如下描述："当个体无法实现相应条件时，国家要照顾人民的经济富裕。这一扶助既包括扫清自然障碍，也包括针对经济活动的广泛扶持资金。个体富裕程度的提高同时也带动了税收，因此国家也会直接受益"，参见 Hue de Grais, Robert Graf（编）（1892），第 377 页。

34　参见 Hue de Grais, Robert Graf（编）（1892），第 379 页。

35　参见 Henning, Friedrich-Wilhelm（1991），第 754 页。

36　参见 Kolb, F.G.（1861），第 218 页。

37　参见 Möller, Ferdinand（1963），第 52 页，在此关联下讲的是"地方自治的复活"。

38　但是依然没有关于经济促进地方主管权的明确法律规定。

1.2.2　20 世纪的发展

从组织管理的角度来看，城镇经济促进是从 20 世纪初才开始真正得以发展[39]。然而在此之前也有具体记录显示，19 世纪德国几个较大的城市就有专门议员负责处理一般的经济促进事务问题。例如 1804 年，当时威斯特法伦首府明斯特市市长在重新分配行政管理事务时因为知晓这项工作的特殊重要性，委任其行政副手负责"工厂及制造业事务、商业促进并招揽外来企业[40]"。

然而事实上整个 19 世纪城镇行政管理的细分和专业化程度普遍还不完善，像明斯特这样把经济促进的专业任务委派给某个政府成员的情况既非正式措施，也不属于常态[41]。

城镇经济促进机构化的开始

大约 100 年之后，城镇经济促进才首先在巴登城市曼海姆以城镇行政管理内部办事机构的形式实现了机构化与正式化的组织关联。第一次世界大战之前，该市行政管理部门就已经与城市港口和商务局共同成立了经济促进局，这在全德国大城市中尚属首例[42]。1918 年，第一次世界大战结束后不久，为了从战时经济向过渡经济转换，"中产阶级扶助"这一概念第一次出现在人们视野，并且越来越频繁[43]。为了实现城镇经济促进，当时的政府加强了对新设城市经济行政部门的宣传，该机构综合并统一了所有服务于城镇经济的人力部门，如城市行政管理部门、商会及官方商业团体等[44]。例如，美因河畔法兰克福于 1919 年成立经济局，负责一般经济促进工作，主要"通过吸引新工业、提出新规划、发布新技术成果和其他经济可能的信息"，并以此为拓宽经济基础做出贡献[45]。

魏玛共和国

在魏玛共和国时期，城镇经济和商业促进再次赢得了重视。到魏玛共和国末期，一方面大城市的工业化进程不断推进，另一方面乡村地区居民生活的质量大幅下降

39　参见 Schiefer, Bernd（1991），第 196 页。

40　参见 Gimpel, Klaus（1981），第 66 页。与此相反，明斯特城市经济促进局直至 160 年之后即 1968 年才成立。

41　这里参见明斯特城市档案馆 1996 年 11 月 19 日就有关"工厂和制造业、商业促进和招揽外来企业"事务负责人的问询作出的书面答复。

42　参见 Nellessen（1927），第 1427-1432（1428）页。

43　参见 Wilden, Josef（1919），第 148-154 页。对他而言，"那些小商户、手工业者、工厂主、商贩、农民和自由职业者在战争之前是独立自足的，但由于战争不得不完全或部分放弃其生意，因此要对他们所遭受的损失予以补偿，通过这种方式来对抗自营中产阶级的消亡，这是一项紧迫的任务"（第 148 页）。

44　参见 Weber, M.（1921），第 175-178 页；Wilden, Josef（1923），第 126-128（128）页。

45　参见 Nürnberg（1920），第 507-512 页。

并且人口不断外迁，带动了常常以隐性或者作为例外情况出现的经济促进措施的产生，如提供低廉的地价和劳力等。但是，"自由公民国家的基本宪法规定，公共部门不承担推动经济义务，这一点在城镇对工业的促进上体现得要比对社会弱势经济区域的扶持明显得多。[46]"

全球经济危机

世界经济危机爆发并带来一系列灾难性的后果，给城镇经济带来沉重打击，于是城镇之前的观望保守态度才得以被完全扭转[47]。通过对困难企业进行有针对地资金扶持，一些城镇得以度过地方财政的险境，比如不断萎缩的税收或大幅增加的失业救济等。

纳粹时期

即使在纳粹的专制统治时期，德国城镇也或多或少地进行着自己的经济促进工作[48]。在四年计划下德国工业普遍升级或落户的过程中，地方城镇为竞争军事单元区位资格，个别受党派政治驱使的城镇常从暗中提供各种补贴措施[49]。尽管在广泛的"党国一体"方针下城镇的各项措施普遍服从于国家制定的目标政策，城镇任务的普遍管辖权依旧作为城镇自治的传统保留在新民族社会主义城镇权限中。但据盖特纳（GÄRTNER1940）所述，这点虽无争议，但在实践工作中也并无绝对的约束力[50]。自从1933年纳粹夺取政权，就连其专政经济政策也并未降低城镇和经济间关系的重要性[51]。

然而，正如施弗尔（SCHIEFER1989）所证明的，"纳粹掌管政权"以来，城镇自治程度广泛提高。但在这一过程中，城镇作为衔接国家与经济的纽带，被批准进行自主城镇经济促进的施展空间非常小，并不断受到约束与限制。工业企业的迁移及新工业行业的开拓被视为国家及经济的固有任务。此外，出于组织方面的原因，成立为困难经济个体提供咨询与维护的城镇自主经济咨询部门或相关职位的提议，很早就被帝国和普鲁士内务部于1935年1月22日明文否决[52]："本公告

46　参见 Möller, Ferdinand（1963），第 54 页。

47　以下参见 Blaich, Fritz（1970），第 92-94 页。

48　国家社会主义的角度看待城镇和经济间的关系，详见 Renninger, Carl（1938），第 239-241 页；国家社会主义下城镇经济促进的意义详见 Bresky, Georg（1937），第 165-167 页。

49　参见 Möller, Ferdinand（1963），第 54 页。

50　参见 Gaertner, Erich（1940），第 4 页。

51　以下参见 Bitter, Walter（1938），第 282 页。

52　此处详见 Schiefer, Bernd（1989），第 39-40 页。与此相关的还有 Mewes（1935），《公共经济杂志》，柏林，第 114（115）页引用（第 41 页）。

首先表达经济代表机构、工商大会以及手工业商会对成立城镇经济局的疑虑。根据 20 年代通行（20 世纪，宪法备注）且至今仍部分保留的观点，扶持陷入困境的私营企业并非城镇政府的任务，而是经济自治机构的任务[53]"。

1939 年战争爆发后，城镇部门的所有工作任务都转变为完全执行中央引导的战时经济[54]。大城市中当时已成立的经济部门随之成为两个战时经济部门，即经济局和食品局的组织基础，只需单单完成被分配的任务[55]。

联邦德国

直至 1949 年联邦德国成立，19 世纪的经济促进模式才真正瓦解[56]。自此以后，老联邦州（所谓联邦德国境内的联邦州——译者注）的城镇经济促进工作从内容和组织上都受到不断变化的经济条件的影响，并系统化地演变成如今的形式[57]。

两德统一带来的改变

与联邦德国不同的是，今天所理解的经济促进，在新联邦州（民主德国境内联邦州——译者注）是相对年轻的城镇任务领域。在 1990 年德国统一进程中，民主德国先前存在的机构、法律、社会和经济结构都发生了深刻的变革[58]。在这一政治转折中，机构层面上唯一幸存的就是民主德国的城镇。民主德国时期，它们作为地方性国家机构是单纯的执行工具，紧跟中央指示。经济方面，城镇也承担了相关任务，尤其是保障计划经济下联合企业和国营企业的区位条件。在两德统一及其深刻的经济影响下，新联邦州的城镇行政管理部门和地方政治家益发认识到积极自主的经济促进工作的必要性；这是一个当时对他们而言全新的工作领域，但联邦德国的城镇政府几十年以来都已对此予以高度重视[59]。随着时间发展，民主德国也已将经济促进视为极为复杂和重要的地方任务。然而，不同于过去几十年明确将帮助本地企业生存或扩大作为经济促进主要任务的联邦德国城镇，民主德国城镇必须加大力度，将有针对性地从其他区域向本地招商引资作为优先任务[60]。

53　Schiefer, Bernd（1989），第 41-42 页。
54　参见 Gaertner, Erich（1940），第 1 页。
55　详见 Gaertner, Erich（1940），第 16-18 页。
56　参见 Köttgen, Arnold（1963），第 12-13 页（第 13 页）。
57　有关第二次世界大战后城镇经济促进的发展详见 Schiefer, Bernd（1989），第 43-45 页，书中对四个发展阶段（建立、扩张、集中和萧条阶段）进行了区分。
58　参见 Kühn, Gerd/Floeting, Holger（1995），第 19 页。
59　参见 Kühn, Gerd/Floeting, Holger（1995），第 9 页。
60　参见 Kühn, Gerd/Floeting, Holger（1995），第 139 页。

1.3　法律基础

1.3.1　法律许可

迄今为止，城镇经济促进由于还没有任何法律定义，一直处于法律空白区，是属于缺乏相关法规依据的城镇政务管理部门[61]。尽管如此，原则上它的合法性在今天不再遭受怀疑[62]。

然而，为了确立城镇经济促进的法律基础，需要直接上溯联邦德国宪法。在宪法中，德国城镇经济促进的合法性依据只有基本法第 28 章第 2 款（GG）[63]，即所谓的城镇自主基本准则。这一准则对城镇和城镇协会的权利做出明确保障，规定城镇在法律范畴内可对所有事宜自主负责。进一步的法规设置由各个联邦州负责规定，在巴登 - 符腾堡州则参照州宪法第 71 章第 1 款[64]。原则上，这一法规只适用于地方城镇管理中明确关乎公共利益的事务。什么是地方事务？哪些事务关乎公共利益？下文将就这些问题逐一进行探讨。

城镇经济促进是一项公共事务

首先可以确定，城镇经济促进是一项公共事务。提升城镇居民富裕程度是它的第一要务[65]，这毫无疑义地涉关公共利益[66]。根据现行地方法规，城镇应尽其所能为居民在经济、社会福利及文化方面谋取福祉[67]。根据这一表述，城镇经济促进虽无直接法律依据，但在城镇事务范围中却有重要痕迹可循。

界定城镇事务以及经济促进工作范围的另一依据可见于地方政府的基本功能，即帮助推进实现民生福祉这一社会福利国家原则，以及完成与此紧密关联的"供应民生必须"任务[68]。据此，在责任范围内创造宜居生活与环境并积极进行城镇开发，是地方政府的全面任务。这么说来，经济促进属于城镇事务清单中的重要组成部分。即使

61　参见 Köttgen, Arnold（1963），第 36 页；Linden, Edmund（1972）；Ettelbrück, Ursula（1984），第 57 页。

62　参见 Lange, Klaus（1981），第 45 页。

63　1949 年 5 月 23 日颁布的联邦德国基本法（BGBl. I 第 1 页），最后修订是 2010 年 7 月 21 日对该法案第一章（BGBl. I 第 944 页）。

64　巴登 - 符腾堡州宪法（联邦州宪法）1953 年 11 月 11 日（GBl. 第 173 页），最后修订是 2011 年 2 月 7 日对该法案的第一章（GBl. 第 46 页）。

65　Eichhorn 和 Friedrich 就此明确指出："当具有跨地方或跨区域效应的项目应当得到扶持的时候，一个城镇不（能，编者注）忽视共同福祉的最大化"，参见 Eichhorn, Peter/Friedrich, Peter（1970），第 16 页。

66　参见 Lange, Klaus（1981），第 26-28 页。与此相反，如果通过城镇经济促进仅能达成企业的个体利益，那么就不属于公共利益。参见 Ettelbrück, Ursula（1984），第 58-59 页。

67　参见巴登 - 符腾堡 2000 年 7 月 24 日颁布的乡镇法第 10 条第 2 款第 1 项（GBl. 第 582 页，校订第 698 页），2010 年 11 月 9 日最后修订："城镇在其业务能力范围内建设居民经济、社会福利和文化福祉所必需的公共设施"。

68　"生存照顾"这一概念这里是指地方负责人口经济富裕基本条件的任务。

措施有时会跨越地区边界并辐射到周边地区，城镇经济促进实际涉及的仍是地方事务[69]。因此，至少在服务于地方经济的层面上，经济促进基本属于城镇自治事务[70]。

此外，在有关"改善区域经济结构"的城镇事务法规（GRWG）第 2 条第 2 款中也有城镇经济促进事务的法律依据可循[71]。这项条款规定，城镇和城镇联盟优先作为 GRWG 第 1 条第 1 款 2 号所界定的基础设施扩建任务的自主承担者[72]。

1.3.2　法律限制

虽然城镇经济促进拥有基本法律许可，城镇作为经济促进的承担者，并非拥有无限的行动与创造空间[73]。依据基本法第 28 条第 2 款的补充条款"在法律范畴内"，城镇经济促进也要恪守法律规定的特定界限。在具体个案中，城镇经济促进可能会受到不同法规或不同上级单位职能的限制。下文将对此作进一步介绍。

欧洲法律与限制

涉及城镇经济促进，欧洲法律可同时在两处划出界线[74]。一是在起于 1975 年的独立区域政策范围内，欧盟特别借助结构基金[75] 所采取的区域经济促进措施，不允许被城镇经济促进措施削弱。然而在文献中[76]，这一限制更多只有理论意义。原因在于，城镇的干扰潜能有限，几乎没有能力对欧盟的区域政策产生长期负面的影响。另外，欧盟竞争法也或多或少地限制了城镇经济促进。该法可对地方自治产生限制性影响，因而在实际操作中具有重要作用[77]。《欧盟工作模式条约》（AEUV）[78] 第 107 ~ 109 章，即

69　参见 Knemeyer, Franz-Ludwig/Rost-Haigis, Barbara（1981），第 245 页。

70　参见 Lange, Klaus（1981），第 40-42 页。

71　关于"改善区域经济结构"共同任务法（GRWG）颁布于 1969 年 10 月 6 日（BGBl.I 第 1861 页），最后修订是 2007 年 9 月 7 日对该法第 8 条（BGBl. I 第 2246 页）。

72　根据"改善区域经济结构"共同任务法 GRW 第 1 条第 1 款第 2 号规定，以下城镇的和经济相关的基础设施属于集中促进对区域经济发展有直接必要性的经济相关基础设施的范畴，因此有资格申请扶持（有选择性的）：工业和商业用地、连接企业或者将工商业用地和跨区域交通网络相连的交通线路、通信线路（比如宽带）和商务中心（比如研发中心、科技和创业园区等）；参见 Deutscher Bundestag（编），Koordinierungsrahmen der Gemeinschaftsaufgabe „Verbesserung der regionalen Wirtschaftsstruktur " ab 2009, in: Druck- sache 16/13950，2009 年 9 月 8 日，第 23 页。

73　参见 Köttgen, Arnold（1963）对城镇经济促进的行动发挥空间就持批判态度。

74　由欧洲区域经济促进看来城镇经济促进的法律立场详见 Rolfes, Karl-Heinrich（1991）。

75　欧盟通过所谓的结构基金来促进成员国的经济增长和就业。2007-2013 年这段促进期间共有两项结构基金，即欧洲区域发展基金（EFRE）和欧洲社会福利基金（ESF）。

76　参见 Faber, Angela（1992）；Kirchhoff, Ulrich/Müller-Godeffroy, Heinrich（1991），第 22 页。

77　参见 Maibaum, Thomas/König, Eva-Maria（1993），第 239 页。

78　欧盟工作方式合约（AEUV）于 2008 年 5 月 9 日颁布，（ABl. Nr. C 115 第 47 页），通过 2011/199/EU 决议变更第 1 章于 2011 年 3 月 25 日进行最后修订（ABl. Nr. L 91 第 1 页）。

前《欧共体合约》（EGV）[79]第87~89章,尤其对城镇经济促进划定了界限。条约全面禁止由公共资金提供的、已导致或仅仅可能导致虚假或不当竞争的补助金。若本地基础设施有望带动区位魅力和形象的普遍提升,则可作为例外情况处理[80]。尽管这一界限的实际作用通常远远大于前一界限,在大多数情况下,涉及经济促进的地方政府补贴仍然不会为整个国内市场的竞争带来显著不良影响[81]。

　　然而可以看到,欧盟补贴法越来越多地应用到包括经济促进的城镇事务领域,在实际工作中也愈发重要。由于可能出现的索赔、解约以及担保责任,违规补贴有可能产生严重的经济后果,城镇措施因而不得不更多地与现行欧盟补贴条例相协调。因此,多伯勒（DOBLER 2007）指出,欧盟补贴控制的法律框架和欧共体合约的相关法规应该始终有效[82]。然而,2007年1月1日,欧盟委员会于2006年12月15日颁布的新（欧共体）"小额补贴条例" Nr.1998/2006正式生效,并取代了之前2001年1月12日生效的（欧共体）条例 Nr.69/2001[83],改变了当时状况。到2006年为止,有效的补贴额度为100,000欧元（3年合计）,后通过新的"小额补贴条例"上调至200,000欧元,时间段为3个财税年（条例第2条第2款）。

宪法限制

　　宪法对城镇经济促进的限制源自一般的基本法约束,基本法高于整个地方自治和城镇经济促进[84],尤其体现在基本法第2条（法律保留条件）、第3条（公平原则）和第37条（忠于国家的行为准则）。通行的看法认为经济促进通常作为经济政治措施并不属于市场,并依此为由分类在市场之外,这种观点是有失妥当的。基本法既不支持国家影响退居次位的纯市场经济[85],也没有明确支持任何其他形式的经济制度。尽管如此,联邦德国当前的宪法事实仍然印有市场经济原则的烙印:一方面市场有不受国家干预的基本自由,另一方面国家也可以通过干预和调控措施进行控制[86]。国家和公共部门对经济生活的直接干预并没有被完全排除,从市场经济制度也

79　随着2009年12月1日里斯本协议的生效,欧共体合约更名为"欧盟工作方式合约"（AEUV）。在其（AEUV）生效之前,补贴法是由内容相同的欧共体条例 EVG 第87-89章进行规范的。

80　参见"欧盟工作方式合约"（AEUV）第107条（之前为欧共体条例第87条）和欧洲法院对反补贴的裁定。

81　这里涉及的是所谓轻微补贴,不涉及"欧盟工作方式合约"（AEUV）第108条（之前为欧共体条例第88条）规定的强制性通知和批准义务。

82　参见 Dobler, Hugo（2007）,第40-42页。

83　参见 Dobler, Hugo（2007）,第51-53页。

84　参见 Faber, Angela（1992）,第43-44页。

85　不同的经济制度类型参见 Streit, Manfred E.（1991）,第42-44页。

86　参见 Eichert, Christof（1994）,第60页。从理想型的角度来看,联邦德国如今的经济制度形式是一个受控制的市场经济,参见 Streit, Manfred E.（1991）,第49页。

无法判断城镇经济促进措施允许的范围[87]。

其他行政管理部门职能的限制

其他行政管理部门，如联邦、联邦州和其他地方机构等，尤其是联邦和联邦州的法律和规划，对城镇经济促进构成进一步法律限制[88]。因此在涉及建设规划事务时，地方政府有法律义务就其规划和措施与土地规划法（ROG）[89]相关部门进行协调并达成共识[90]。当城镇经济促进与区域经济促进的目标发生冲突时，违背少数人意见[91]也不是不可接受的。因为一方面如前所述，不必高估城镇的区域性破坏潜力；另一方面，城镇从事经济促进活动的权利也不可被剥夺[92]。

常规法律限制

最后，城镇经济促进也受到常规法律约束。像所有其他行政管理部门一样，地方政府也有义务严格遵守所有现行法律规章[93]，包括所有一般联邦法律、各联邦州法律以及城镇法规。其中，所有城镇法规都包含的城镇财政的普遍基本原则具有特别的意义[94]。根据这一原则，城镇有义务节约并妥善经营自己的财政经济[95]。它不仅适用于城镇的整体财政经济，也更应在城镇经济促进的每一项措施中得到重视。

城镇法规的限制

鉴于目前的城镇财政状况，节约在实际工作中几乎成为强制性要求，相应的每一项经济促进措施也都要经过成本收益比较[96,97]。因此，如果某项具体经济促进项目的实施不能为集体带来合适的收益，甚至有可能超过自身财政能力，那么从预算法

87　参见 Konrad-Adenauer-Stiftung（1984），第 25-26 页。

88　参见 Ehlers, Dirk（1990），第 128 页。

89　2008 年 12 月 22 日颁布的土地规划法（ROG）（BGBl. I 第 2986 页），最后修改是 2009 年 7 月 31 日对该法第 9 条（BGBl. I 第 2585 页）。

90　土地规划法和建设指导规划是一致的。因此，建筑法典（BauGB）第 1 条第 4 款规定建设指导规划应适合土地规划的目标。这一内容上（物质上）的适应义务需要执行建设指导规划。

91　比如 1981 年 3 月 12 日内务部长会议声明中对此支持，Ehlers, Dirk（1990）刊印，第 271-273 页。

92　参见 Ehlers, Dirk（1990），第 128-130 页（尤其第 131 页）；Sartowski, Roman（1989），第 21-23 页。

93　参见 Ehlers, Dirk（1990），第 136 页。

94　例如在巴登 - 符腾堡州由 GemO 第 77-101 条进行规定。

95　参见巴登 - 符腾堡州 GemO 第 77 条第 2 款。

96　关于在市政领域投入成本效益分析，一般参见 Dallmann, Bernd（1987）；关于在城镇经济促进领域投入成本效益分析，尤其参见 Eichhorn, Peter/Friedrich, Peter（1970），第 54-56 页，Kelm, Werner（1973），第 205-207 页和 Zabel, Gerhard（1979），第 241-246 页。

97　德国城市议会早在 1976 年就在其关于城镇经济促进的基本准则中详细指出："公共支出和集体收益之间的合理比例"作为经济促进的标尺，参见作者未知（1976），第 196 页。

的角度应该中止这一项目[98]。需要注意的是,在实施城镇经济促进措施时,不仅要考察成本收益,还应该从地方公共福利的角度来考虑[99]。此外,城镇法规对城镇资产购置、城镇资产出租和转让也有进一步限制[100],涉及地方政府土地购置与出售的相关规定尤为重要。尽管存在这些法律限制,城镇政府在经济促进的实际工作中仍然具有很大的发挥空间。由于总体来说并不存在对城镇经济促进的普遍限制,是否可能存在法律冲突就要从各具体案例的角度进行审查。

1.4 目标与战略

1.4.1 目标

作为城镇工作中的自治事务,经济促进的目标基本参照国家制定的城镇法规确立的最高目标,即"增进共同福利"[101]。此外,城镇必须自行制定经济促进的具体主要目标体系。在拟定目标时,对地方特色条件、当地群体的需求以及城镇经济促进的意义——也就是说它在市政工作中所占地位,都应恰当予以考虑[102]。根据实践经验,只有与"地方特定目标"[103]相结合,城镇经济促进才能卓有成效。此外,在拟定目标时还应考虑到,城镇经济促进是城市发展政策中一个不可或缺的重要组成部分,不能完全脱离于其他城镇政策性工作范围,而应无障碍地融入城市发展的长期规划中,并与其他职能部门共同作为"城镇整体战略"[104]协调一致。

城镇经济促进的三项主要目标

在文献中[105],城镇经济促进的目标通常一致被归为三项,这些目标的实现对城镇经济发展和居民福利的提升起到决定性作用。这三项目标分别为:

- 保障现有工作岗位,创造新的就业机会
- 保障并改善城镇经济财政能力
- 建立平衡和谐的经济结构

城镇整体经济政策的目标体系通常包括经济和非经济的目标设定。后者主要涉及人口因素,即具有就业者和消费者双重身份的居民,因此,非经济目标也可被称

---

98 参见巴登 - 符腾堡州 GemO 第 10 条第 2 款第 1 项;参见 Schmitz-Herscheidt, Friedhelm(1979),第 200 页。

99 参见 Lange, Klaus(1981),第 63-65 页(尤其是第 64 页)。

100 参见巴登 - 符腾堡州 GemO 第 91 条第 1 款和 92 条第 2 款,第 92 条第 1 款第 2 项。

101 参见巴登 - 符腾堡州地方法规第 1 条第 2 款结合第 10 条第 2 款。

102 参见 Sartowski, Roman(1989),第 10 页。

103 Ettelbrück, Ursula M.(1984),第 8 页。

104 Milbradt, Georg(1990),第 5 页。

105 整体参见 Kelm, Werner(1973),第 53 页;Grätz, Christian(1984),第 15 页。

为居民相关目标[106],通常在综合描述中也被归纳为诸如"改善生活质量"之类的目标。

实际工作中，城镇经济促进却往往缺乏清晰的目标体系。这些目标体系中有的主要目标和次要目标区分不清，有的目标缺乏相应措施。城镇经济促进工作也常常缺乏实际操作的层面。根据茨尔（ZILL 1981）的研究，目标→操作化措施→行动这样理想的操作顺序并不完全符合事实。在城镇实际工作中，常常先有措施，再定目标[107]。

城镇内部的目标冲突

先不论联邦政府和联邦州对土地规划和区域规划设立的总体目标，城镇经济促进在城镇内部也会与其他政府事务公开提出的重要目标产生冲突。一方面，在城镇工作中的最高优先级通常定期在经济促进、环保和交通政策之间变动。20世纪80年代初经济促进还最为优先，到了80年代中期就让位于环境保护[108]。从城市发展规划的角度出发，90年代中期的第一要务是财政整顿，排在交通事业和经济促进之前[109]。再过一段时间，到了2003年，城镇财政仍然是最重要的课题，排在它后面的依次是经济促进、劳动市场、经济结构转换、城市中心发展、郊区化、人口发展、交通事业以及零售业发展[110]。

另一方面，城镇经济促进若不与政府制定的城镇发展总战略相适应，就会与其他事务的目标相冲突。这样一来，实际工作中，经济促进、环保或交通政策之间的目标一再发生龃龉。此时应注重谋求协调相互对立的利益，力求达成基本一致，必要情况下互相可以有所妥协[111]。

1.4.2 战略

由于在实际情况中，城镇经济促进的战略和它所使用的概念大多相似，可以认为，经济促进很少具有针对特定城市的特别方法[112]。彻底查阅相关专业文献后，有两项基本战略多次出现,因此完全有理由将它们称为城镇与地区经济促进的两大"基本战略[113]"。这两项战略一是招商引资，二是对现有企业的维护。此外，促进企业

106　参见康拉德 - 阿登纳 - 基金会（1984），第3页。

107　参见 Zill, Gerda（1981），第73页。

108　参见 Schmidt-Eichstaedt, Gerd（1989），第564页。

109　参见 Bretschneider, Michael（1997），第4页。

110　参见 Brettschneider, Michael（2004），城市发展和城镇政策的主要问题 - 德国城市研究所2003年问卷调查结果及2004年第一期报告（Hauptprobleme der Stadtentwicklung und Kommunalpolitik–Ergebnisse der Difu-Umfrage 2003, Difu-Bericht 1/2004）。

111　参见 Große Siemer, Stefan（1992），第15页。

112　参见 Pohl, Martha（1988），第103页。这是她对联邦德国12个最大城市比较研究的结果。与此相近的还有 Zill, Gerda（1981）对德国和英国城镇进行国际化对比的研究结果。

113　参见 Müller, Thomas（1988），第37页。

初创以及发展产业集群在城镇和区域经济促进中也越来越具有战略意义。

招商引资

招商引资的工作涵盖了地方为吸引正在选址的外来企业落户本地所需的所有措施。为了成功吸引新企业落户，城镇部门需要实施一整套措施。其中最重要的是凸显本地相比其他地区的优势，并向寻址的企业进行有效传达。一直以来，确保提供合适的、已获取规划批准并随时可以投入使用的工商业用地是所有招商引资举措的基本前提。吸引新企业落户的推动因素（百分比）见图 1 所示。

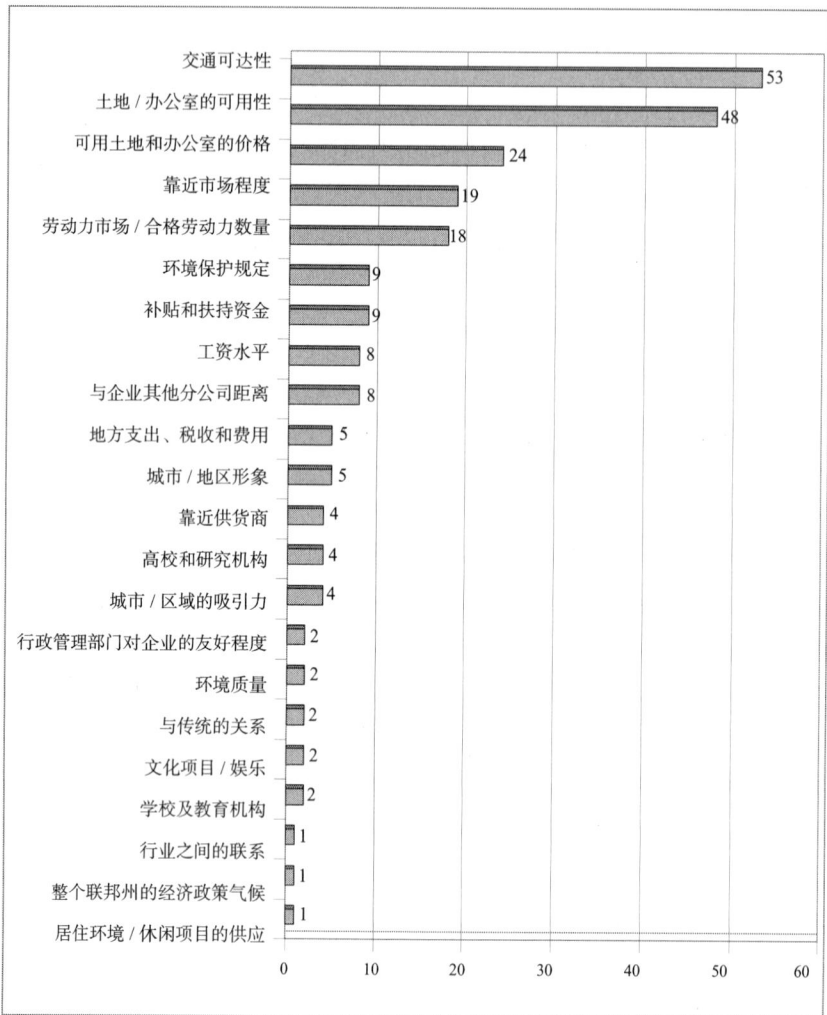

图 1　吸引新企业落户的推动因素（百分比）[114]

114　自绘图表，根据 Grabow，Busso 等（1995），第 232 页；以德国城市研究所于 1994 上半年对约 300 家企业问卷调查结果为基础。

根据德国城市研究所（Difu）的一项实践研究[115]，促进新企业落户很大程度得益于一些"推动因素"的支持，这些因素在企业具体选址时被视为积极因素和新的区位优势[116]。图1展示了对企业落户最为重要的推动因素。其中，交通便利是区位选址最重视的因素（53%），其次是办公室和工商业用地的供给（48%）。

维护现有企业

大约从20世纪80年代中期开始，新企业落户的趋势大幅下降，导致招商引资的重要性降低，维护现有企业更多地成为城镇经济促进的重要任务[117]。维护现有企业通常意味着支持业已落户本地的企业[118]。其工作内容大致可以分成稳固本地企业和发展本地企业两部分。

稳固本地企业

稳固本地企业是指，尽力降低有迁址或扩张意愿的企业从本地流失的潜在危险，并保障区位经营稳定。工作职责可以包括：为面临搬迁压力的企业尽快在本地范围内寻找合适的新址，对此经济促进部门要通过组织和行政管理手段来处理区域内企业的迁址和再落户问题。科罗尔（KRÖLL 1981）将这一过程称为"面向内部的招商引资[119]"。

直到20世纪80年代中期还能观察到的相对特殊的个例中，城镇经济促进部门被当作消防员，通常只需回应当地企业面临紧急情况[120]时的问询和求助。在不少情况下，这种"应求而动"[121]的行动方式，需要通过特殊决策和措施为有关企业提供尽可能快捷的解决方案。

要稳固现有企业，不能仅仅坐等企业求助，最重要的还是通过设立前瞻性的城镇政策框架来为本地企业提供最佳的发展机会。因此，透明、可靠的地方规划是企业留在当地并保持良好发展前景的重要前提条件。

原则上，巩固当地企业并非纯静态地维持现有经济结构并留住企业，更应该及时发现本地企业的需求并为它们克服企业困境提供积极、前瞻性的支持，而不是"有求才应"。霍伊尔（HEUER 1985）也将此称为城镇经济促进在维护现有企业方面的

115　Grabow, Busso/Henckel, Heinrich/Hollbach-Grömig, Beate（1995），地方软因素，斯图加特等。

116　参见 Grabow, Busso 等（1995），第231页。

117　参见 Cuny, Reinhard H.（1987），第34-39页（尤其是第37-39页）。

118　参见 Heuer, Hans（1985），第28页。

119　Kröll, Joachim（1981），第376页，在 Müller, Thomas（1988），第38页引用。

120　Heuer, Hans（1985），第151页。

121　Heuer, Hans（1985），第153页。

"预防性行为方式"[122]。

发展本地企业

稳固本地企业的措施多种多样，不胜枚举，其中发展本地企业往往在本地企业维护中起到关键作用。

发展本地企业首先需要理解对"内源性"发展潜力的促进，也就是调动本地或区域内现有的、但尚未得到充分利用的经济潜力[123]。只有充分发掘区位市场缺口以及高质量的科学人才这样的机遇并加以支持促进，才能创造并保障本地企业中具有未来前景和创新性的高质量就业岗位。

地方政府应该积极寻找适合本地的创新产品和服务行业，并为其理念和市场推进提供支持，这也是成功、与时俱进的城镇经济促进工作带来的额外积极效应[124]。

一般来讲，中小企业是地方现有企业维护优先考虑的目标群体。中小企业一方面适宜填补市场空缺，另一方面由于企业经营必需的产能扩张，常常面临财力和场地的局限，因此特别需要地方政府的支持[125]。当然，初创和刚刚起步的企业在经营最初的几年也需要克服诸多困难，同样非常需要地方政府的关注和维护。

除了图1中一系列对企业选址落户起到决定性作用的积极推动因素，本地企业维护工作中同样也会遇到一系列负面因素，可能会导致企业在具体区位选址时作出搬迁、缩减业务甚至关闭企业等不利于区位的决定，对此德国城市研究所的研究（Difu，GRABOW 等 1995）也有描述。图1的这些推动因素同时也可被视为对原有区位不利的因素。图2展示了这些因素在实际工作中的重要性。图显示，当地现有企业维护工作中，办公室与工商业用地的供给具有重要作用（50%），远超其他因素。其次是交通条件（29%）和土地及租金价格（23%）。

支持初创企业

对现有企业维护工作来说，企业成立的最初几年需要特别关注。不仅如此，对有创业意愿的人，在准备阶段和成立过程中就应给予全程协助。因此，帮助企业成立或者接纳独立经营者都是经济促进工作中重要且紧扣现实的任务。

---

122 Heuer, Hans（1985），第 153 页。

123 区域（Region）这一概念没有统一或最终的定义。在经济促进的范畴中，通常将某一局部的社会经济一体化作为关键的区分标志，而称之为一个"经济区域"。

124 参见作者未知（1993），Neue Wege in der kommunalen Wirtschaftspolitik. Anregungen des Wirt-schaftsausschusses des DStGB, in: Stadt und Gemeinde, Heft 1 (1993)，第 7 页。

125 参见 Clemens, Reinhard（1981），第 5 页。

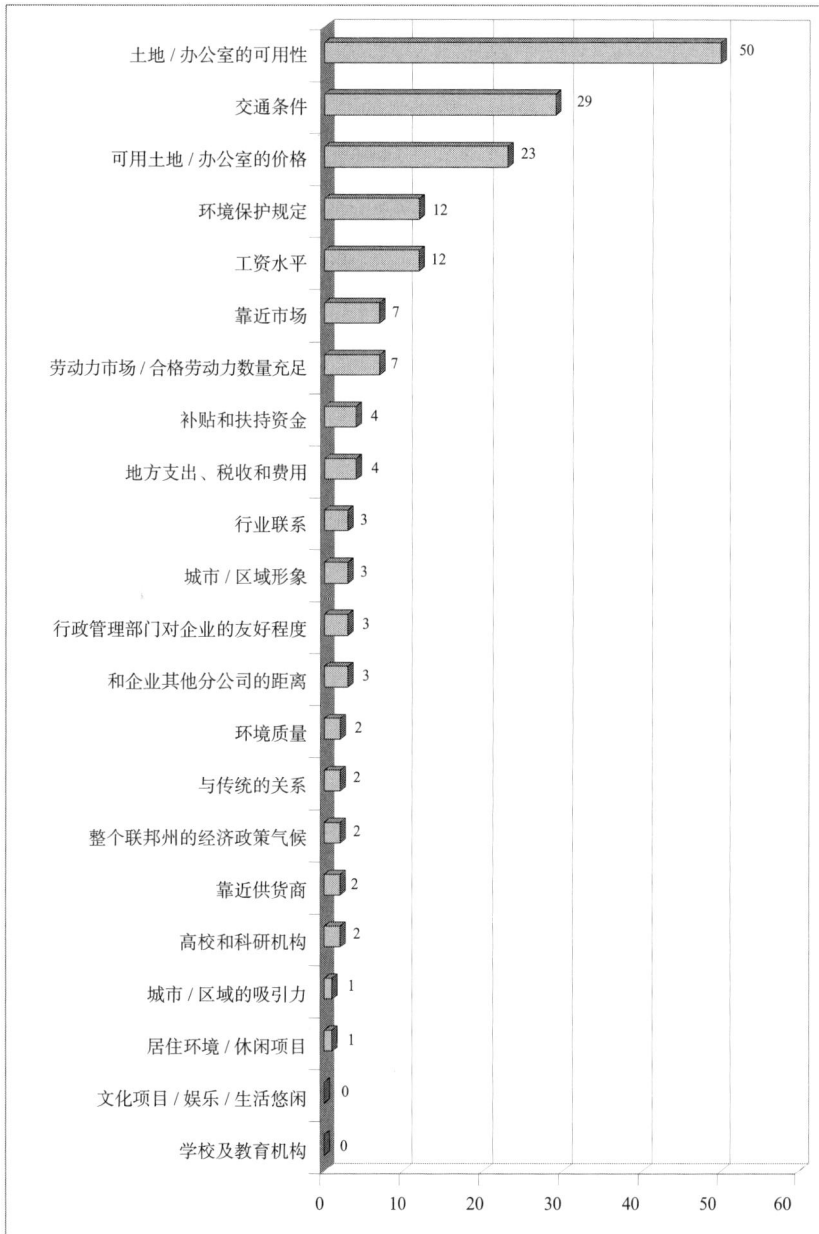

图 2 巩固地方企业的推动因素（百分比）[126]

　　2007 年末至 2008 年初，德国城市研究所（Difu）对所在城市居民人数超过 5 万的经济促进机构进行了调研，其中约 1/3（35%）的机构认为，除了现有企业维护（92%）和招纳新企业落户 / 招商引资（61%）以外，面对初创企业的各类咨询

126　自绘图表，根据 Grabow，Busso 等（1995），第 232 页；以德国城市研究所于 1994 上半年对约 300 家企业问卷调查结果为基础。

也是工作重点[127]。

随着整体就业形势的发展，自由职业者占据越来越重要的位置。个体经营或自由职业对失业者而言是比较容易融入就业市场的选择，当然失业人员进行创业并不比其他人创业容易。根据实践评估研究，得到政府支持的初创个人存活率高，并且不容易重新再失业。多年以来，支持创业都是欧盟、德国联邦和各州在就业市场政策和地方与区域经济促进工作中最为成功的手段。

促进创业的国家手段除了根据社会福利法典 III 规定的企业初创补贴、社会福利法典 II 规定的起步资金、二级失业救济金领取者可获得的用于购置有形资产的贷款和补贴外，教育培训方面还有专门的企业初创促进措施，如联邦德国经济技术部的"德国——创业者国度"促进行动和"创业"等学习课程[128]。

此外，将科研成果及时转化为创新型、有市场的产品，并创造经济价值，对于国民经济的产能和增长有着重要的意义。成立新的技术导向型企业，将科学知识尽可能直接地转换为新产品或新型服务，并且支持高校和科研机构的企业初创或成立公司（所谓分拆/Spin-off），也是有效的应用之路。自 1998 年以来，通过联邦德国教育与研究部（BMBF）获得欧盟共同资助的项目 EXIST 明显改善了德国高校和高校外科研机构的创业氛围，也传播了创业精神，并实现了技术导向型和知识型企业成立数量的增长[129]。

对创业或成立初期的公司有许多直接或间接的促进手段。有与企业相关的促进缘由（企业成立、接班人、合并以及增长等），有提供信息、人员培训、中介或咨询（如德国创业集训）等促进手段，还有提供初级贷款（如德国复兴贷款银行 KfW/ 企业资本、企业资源规划 ERP 创业资本、投资资本）和部分免责保障的低息贷款（如创业贷款、小额贷款、参赛酬金以及德国复兴贷款银行联盟的企业贷款）。最后，各联邦州担保银行还提供担保人参与缺额保证。

产业集群发展

在城镇经济促进实际工作中，除了上文提到的传统战略和任务重点外，最晚从 20 世纪 90 年代起，针对专门行业、并且以技术和竞争力为导向的产业集群和网络形式在区位战略特色中占据了重要地位。

---

127 参见 Hollbach-Grömig, Beate/Floeting, Holger（2008），Kommunale Wirtschaftsförderung 2008-Strukturen, Handlungsfelder, Perspektiven, Difu-Paper, 2008 年 7 月，第 6 页。

128 此处参见联邦德国劳动和社会保障部有关企业成立的导引及信息文献，参阅：http://www.bmas.de（最后访问于 2011 年 9 月 15 日）。

129 这里参见联邦德国经济与技术部（BMWi）有关企业初创问题的说明和信息材料，参阅：http://www.exist.de（最后访问于 2011 年 9 月 15 日）。

对这类区位发展方案和战略的开发其实构成了城镇和企业间关系的部分重构。城镇经济促进的任务不仅是为落户企业提供工业用地及财政支持，重要的还在于倡导并主持协调当地经济行业的产业化进程。同时，对企业也有承担城镇和区域利益的责任要求[130]。弗略汀（FLOETING 2008）[131]在他的著作中对发展产业集群战略的理论和实践基础、构想方案、最佳实践案例，以及集群发展的手段和集群管理进行了全面的介绍。

德国城市研究所（Difu）在与德国城市大会（DST）及德国地方政治联合会（DStGB）协商后，于2007年末至2008年初对居民数量五万人以上的188座德国城市的经济促进机构进行了问卷调查[132]。参加调查的144座德国城市中有近2/3（63%）表示已经拥有协调发展产业集群、行业联络和技术及优势领域的全面战略。超过1/4（26%）的城镇在问卷调查时已经制定了规划，以便有针对性地支持当地现有产业集群、行业联络和技术及优势领域。大约超过37%参与问卷的城镇甚至拥有多个集群方案[133]。

集群战略及方案的发展不再仅局限于大城市和国际化地区，普通城镇政府对此也有着广泛的实际操作经验。各个联邦州对产业集群政策的投入力度不同[134]，在一定程度上也反映了地方集群战略和方案的空间分布[135]。产业集群首先是由经济促进部门自发倡议的，往往与企业、商协会或高等（专科）学校的区域伙伴共同合作。因此，在德国城市研究所的问卷调查中提到的90%以上的集群方案都是由城镇经济促进部门发起实施，而地方企业发起的集群方案仅占37%[136]。

产业集群和行业网络的确立与实施虽然为那些以技术和竞争力为导向的经济促进工作打下重要基础，但却非一日之功。行业网络和产业集群不是静态的，而是始终处于变化过程中，城镇经济促进必须对它们加以积极构建和有效协调。因此，过

130　参见 Floeting, Holger/Zwicker-Schwarm, Daniel（2008），第20页。

131　Floeting, Holger（编）（2008），Cluster in der kommunalen und regionalen Wirtschaftspoli-tik–Vom Marketing begriff zum Prozessmanagement，德国城市研究所编，Bd.5，柏林。

132　此处及下文：Hollbach-Grömig, Beate/Floeting, Holger (2008), Kommunale Wirt-schaftsförderung 2008–Strukturen, Handlungsfelder, Perspektiven, DIFU-Papers, Juli 2008, 第9-11页；以及 Floeting, Holger（编），Cluster in der Wirtschaftsförderung – Vom Marketingbegriff zum Prozessmanagement, 德国城市研究所编, Bd. 5, 柏林，第15-40页。

133　参见 Hollbach-Grömig, Beate/Floeting, Holger（2008），第9页以及 Floeting, Holger/Zwicker-Schwarm, Daniel（2008），第26页。

134　参见北莱茵-威斯特法伦州政府或者巴伐利亚州政府的所有代表性集群战略 http://www.exzellenz.nrw.de 和 http://www.cluster-bayern.de（最后访问于2011年9月15日）。

135　参见 Hollbach-Grömig, Beate/Floeting, Holger（2008），第10页以及 Floeting, Holger/Zwicker-Schwarm, Daniel（2008），第27页。

136　参见 Hollbach-Grömig, Beate/Floeting, Holger(2008),第10页以及 Floeting, Holger/Zwicker-Schwarm, Daniel（2008），第30页。

程管理也愈加重要。通过将各界人士联系到共同的城镇和区域活动中，产业集群及行业网络才能凸显一体化地方经济政策的意义。当然这也并不是城镇经济促进的万能药方[137]。

1.5　城镇经济促进工具

1.5.1　系统分类

根据上述的目标和战略，城镇经济促进工作包括直接或间接针对新落户企业或维护促进现有本地企业的所有措施[138]。对此，城镇政府作为实现城镇经济促进目标的实际承担者，并不能使用许多国家经济政策的工具，如资金政策、税收政策和外贸政策等。不过，它们掌握着一系列国民经济中非常实用的有效工具[139]。在文献中可以找到不同作者对城镇经济促进工具系统化的多种建议。由于专业类别不同，在如城镇科学、法学或者经济学等文献中，对系统化的分类标准也各有差异。

朗格（LANGE 1981）在他的法律鉴定中将城镇经济促进工具体系分类为两方面，一方面是直接和间接的财政政策工具，另一方面包括法律许可、禁令、法规以及信息、咨询和简化与行政管理部门的联系。虽然根据城镇经济促进的法律可能性与边界，这种系统分类是适合于法学研究的，然而从约束力和直接性这两个分类标准来看，这样的分类就难免存在内容重叠、界限不明的弊端[140]。这一批评尤其针对根据直接性标准分为直接与间接措施的分法，即直接或间接针对特定目标群体的措施。例如，设定有利于经济的稽征税率就是一项间接的经济促进措施。而允许某企业延期付款或免除其营业欠税则是地方政府的一项直接促进措施。从专业性（即主管部门）和事务性（即经济促进）角度来看，这两项措施是一体的，都属于地方税务政策。由于城镇经济促进应作为跨部门的横向工作，原则上要为每种（地方）政策在实践中提供整套直接或间接措施，因而本书不使用兰格的分类方式。

斯特恩伯格（STERNBERG 1987）则按照规划、构建和促进手段的功能来对单个措施进行分类，但也无法实现界限分明、尽可能无重叠的措施系统划分[141]。例如，一些有关建筑规划和房地产政策的措施，既涉及规划措施，又涉及构建措施。

为了避免对城镇经济促进措施进行重复分类，接下来的类别划分以霍伊尔（HEUER 1985）的权威著作为依据，即使不能完全避免重复，也可降低到可接受的

137　参见 Floeting, Holger/Zwicker-Schwarm, Daniel（2008），第 16 页和第 38 页。
138　参见 Grätz, Christian（1984），第 19 页。
139　参见 Lange, Klaus（1981），第 168 页。
140　参见 Lange, Klaus（1981），第 9 页。
141　参见 Sternberg, Rolf（1987），第 12 页。

程度[142]。这样的分类可以避免上述的以直接性为依据将同一部门的措施划分为不同部分的分法[143]，也可以凸显经济促进这个横向任务所涉及的各个部门。

1.5.2 工具体系

建设指导规划

如果不能为新落户或迁址企业提供充足的符合规划法规的工商业用地，经济促进是无法开展中长期工作的。在区位前瞻性工作中，划拨符合规划法规的新土地并保障旧土地是非常重要的，所以建设指导规划是城镇经济促进一贯采取的经典工具。为了不让城镇长期经济发展机会轻易落空，负责城镇经济促进的部门必须对建设指导规划的制定和修改施加及时、持续的影响[144]。作为规划主体，地方政府根据宪法规定可以全权负责地方事宜，在制定建设指导规划事务中有可能对经济的繁荣发展产生决定性的正面或者负面影响[145]。在实际工作中，安排并依次有序开发新的合适用地是不可替代的。毕竟，如果对未来工商业的用地需求出现错误估计，短期内不仅难以修正，而且即便投入大量信息和咨询成本也难以弥补这些误判带来的损失[146]。

建设法典（BauGB）[147]对联邦德国范围内的城镇建筑规划进行了统一规定。根据建设法典，用于建筑或其他用途的土地要在界定范围内进行准备，并且为了保护和创造就业岗位，规划用地首先要考虑到经济需求[148]。因此，建设指导规划要符合联邦政府和联邦州在国家土地规划和区域规划方面的总体目标，也要和相邻地区协调一致[149]。在这一法律层面上，建设指导规划一方面是预备性的土地使用规划，另一方面是有约束性的建造规划[150]。

用地政策

在实际工作中，仅仅对新的工业用地进行合法的预先规划通常是不够的。被规划土地所有权理想状况下最好属于当地政府，这样就能随时为有意落户或迁址到本

142　参见 Heuer, Hans（1985），第 50 页。

143　参见 Müller, Thomas（1988），第 24 页。

144　参见 Heuer, Hans（1985），第 60 页。

145　参见 Kleinschneider, Heiner（1992），第 220 页。

146　参见 Heuer, Hans（1985），第 60 页。

147　建筑法典（BauGB）2004 年 9 月 23 日修订（联邦法律公报 BGBl. I 第 2414 页），2011 年 7 月 22 日最后订正第 1 条（联邦法律公报 BGBl. I 第 1509 页）。

148　参见《建筑法典》第 1 卷第 1 章及第 1 卷第 6 章第 8 条。

149　参见《建筑法典》第 1 卷第 2 章及第 1 卷第 4 章。

150　参见《建筑法典》第 5-7 卷及第 8-10 卷。

地的企业提供优价合适的土地。在着重供应的城镇经济促进工作中，各种用地政策措施一直以来都属于这个行当的传统工具，在实际工作中该工具也具有重要意义[151]。

能否提供既实际可用又具备高质量地理位置及基础设施的工商业用地，对企业选址一直都具有决定性的影响，这一点在相应的实证调查中也得到了证实。相关部门必须能保证这些土地在短时间内即可投入使用，并且不可缺少给水排水系统及道路设施接通。霍伊尔（HEUER1985）用一句话简明扼要地指出现今对城镇房地产政策的要求："经济促进工作者的诀窍在于，为正确的企业在正确的时间提供正确的土地[152]。"这其中绝对的必要前提就是制定一项前瞻性的、着眼于中长期的、目标明确的城镇用地政策。

一项不动产用地政策涵盖了土地从购买或置换到转让或出租的各个过程。在合乎法律规定的情况下，经济促进部门可以保障企业获得较为优惠的价格。此外，为当地或新落户企业员工提供住房用地，一直以来也是城镇经济促进的一项房地产政策工具[153]。

城镇部门在土地储备工作中如不加以妥善协调，可能会导致两个可大可小的重要问题。一方面，无计划、无节制地购入土地可能会导致城镇持有的工商业用地过剩。尽管在实际情况中，错误购入土地所导致的风险常常能够通过低廉的进价抵消，有时甚至小有收益，但是城镇经济促进部门对此还是持批判态度，认为只有在具备约束性的建造规划流程开始、并且城镇已对未来土地使用政策作出决定的情况下，才能开始进入土地购买程序，这意味着城镇部门可以规避规划用途之外的其他风险[154]。另一方面，作为上文的直接结果，如果购买符合建筑法规并已经划拨的工商业用地，很可能会导致城镇内部部分土地价格被迫大幅上升。因为一块土地的价值高低，除了受区位条件影响外，还取决于该地块是否已经进入建造规划阶段[155]。因此，用地政策中有必要采取"非常灵活的手段"[156]，即使不能完全避免，也要将商业用地价格过度上涨的危险控制在可以承受的范围内。在这个意义上来说，从私人手中购买尚未作为工商业用地、并未按规划法规进行规划的土地对价格是有利的。因为这些土地一旦进入土地使用规划或建造规划，私人土地所有者就会按照住房用地的价格来要价[157]。

最近几年里，城镇用地政策发生了明显的、质的扩展。目前，不仅尚未建设的

---

151 参见 Heuer, Hans（1985），第 60-62 页；Ameln, Ralf von（1990），第 32 页。

152 Heuer, Hans（1985），第 62 页。

153 参见 Sternberg, Rolf（1987），第 13 页。

154 参见 Heuer, Hans（1985），第 63 页。

155 参见 Haasis, Hans-Arthur（1987），第 42 页。

156 参见 Bauer, Helfried 等（1990），第 20 页。

157 参见 Heuer, Hans（1985），第 62 页。

城镇土地可被用于经济促进的日常目的，还可按当地企业的特定需求将土地甚至建筑物作为单个项目进行规划、建设和出让[158]。对于这种特殊形式的城镇经济促进方式，即所谓的城镇创新和技术促进政策，主要面向那些年轻的创新和技术导向型企业和初创企业。同时，生产相关服务业的技术与孵化中心、生产型企业工业园区或者专门针对小型手工业企业的商业园区等都属于这类项目，这里不再一一列举。他们是下文将介绍的城镇基础设施政策的组成部分，通常也属于城镇备用的公共基础设施机构。

基础设施政策

尽管（或者正因为）德国相对较高的发展水平，除了建设指导规划和用地政策外，公共基础设施机构的管理也属于传统的城镇经济促进工具之一。对公共基础设施的保障及改善作为核心事务领域属于企业区位选址时的决定性推动因素。例如本地和跨区域扩建良好的公路、铁路和空运交通路线，以及高效的供给设施和污废处理设施，都属于企业相关的传统硬件基础设施服务。

过去几年，企业选址越来越看重软实力或人本区位因素，比如充足的住房、购物条件以及丰富的教育、文化、休闲和娱乐等便民城镇基础设施。在这些方面人们不仅仅关注数量，更注重设施条件的质量。特别在城市群及人口密集区域，大城市周边的小城镇也能共享区域丰富多样的各类基础设施，这使市民们主观上倾向将小城镇作为居住地。或许正因如此，在实际情况中可以观察到，近年来为了吸引技术人才和管理人员安家，城镇开始更多致力于增加并改善本地的居住和休闲设施[159]。

建筑法与秩序法

城镇辖界内的商业用地要遵守许多法规，因此，对城镇经济促进而言，建筑规划法、商业法、污染控制法、交通法、劳动法及各项条例也尤为重要。尽管发挥空间有限，城镇部门还是有很多不同方法可以对这些法律条令加以适当的解释和实施，并以此扶持一般企业，有时这种扶持力度也可以非常大[160]。

在实际的建造审批流程中，具有法律约束力的批文、许可及禁令是非常重要的。比如在对企业厂房翻新、现代化或扩建等工程的建造审批中，建造审批主管单位会颁发相应建造批文作为单独行政管理卷宗，或批准或驳回其申请。纳斯马赫（NABMACHER 1988）提出，就私人投资意向而言，在规划地区，即在有合法建造

---

158 参见 Bauer, Helfried 等人（1990），第 18-19 页。
159 参见 Bauer, Helfried 等人（1990），第 24 页。
160 参见 Sartowski, Roman（1989），第 109 页。

规划的地区，调整业已过时的规划地块或将之归于例外是非常重要的举措。纳斯马赫的理论在实践研究中得到了证实，并且根据这一理论，建设局也会通过调整过时规划来维护现有用地[161]。这同样适用于规划、交通或环保事务中的豁免分配，以及对公关或促销活动授予的特别许可。

财政、税务和收费政策

城镇有权规定土地税和营业税[162]的稽征率，以及对公共服务根据其种类进行定价。这一直也是城镇经济促进在实际工作中的工具与措施。适当应用这些措施，可以对城镇在区位竞争中的特色与优势产生不小的积极影响。尽管实践研究可以证明，实际税率，尤其是营业税，以及市政公共事业公司所征收的水电煤气与废水处理费通常对企业选址影响不大，但有时这些看似不重要的因素其实仍然起着关键性作用。因此，在一些具体案例中[163]，相对同类地区较高的稽征率或收费水平也很有可能对企业落户决定产生关键影响[164]。

财政政策通常指那些城镇在严格遵守法律规定的前提下对企业进行经济扶持使用的地方性财政与资金援助手段[165]。

信息、企业咨询和维护

最后，在城镇经济促进可使用的整套工具中，对企业的咨询和维护也占有重要位置。德国城市研究所（Difu）的一项关于20世纪90年代城镇经济促进状况的实践研究[166]指出，在当时，城镇经济促进工作者有近五分之一（18.7%）的工作时间用于这些措施[167]。这样看来，这项工具不仅消耗资金，也消耗时间[168]。

在城镇工作中，对经济促进工作的咨询主题多种多样[169]。企业尤其在准备寻找新址时，非常乐于接受城镇政府提供的咨询和维护服务。企业也常常联系经济促进部门咨询当前区位存在的不足以及各种促进项目和政策等方面的内容。有关初创企业成立与合作机会方面的问询和求助相对较少，技术转让可能性以及企业招聘与员工技能培训措施方面的问询就更少了。

161　参见 Naßmacher, Hiltrud（1988），第 35 页。

162　忽略掉不重要的地方所得税和消费税。

163　参见针对所有的 Ballestrem, Ferdinand Graf von（1974）。

164　参见 Sartowski, Roman（1989），第 107 页。

165　参见 Bauer, Helfried 等人（1990），第 20 页。

166　参见 Hollbach-Grömig, Beate (1996), Wirtschaftsförderung in den 90er Jahren，柏林。

167　参见 Hollbach-Grömig, Beate（1996），第 40 页。

168　参见 Stark, Klaus-Dieter（1978），第 84 页。

169　参见 Hollbach-Grömig, Beate（1996），第 56 页。

区位宣传与营销

城镇经济促进的宣传营销工具多种多样，无法一概而论，仅仅笼统称为"区位营销"，无法表现相关措施的种类繁多。区位营销在传统上属于城镇经济促进的标准工作范畴[170]。根据工作内容，区位营销基本可分为"一般区位宣传（形象维护）"和"直接区位宣传（营销活动）"。这两种措施一样都面向城镇外部，一般面向外来企业，旨在吸引外界对城镇及其区位特色的关注[171]。

通常，城镇并不仅仅对某个特定企业进行区位宣传与形象维护，但却可以对特定目标群体或当地优先产业进行区位营销[172]。比如通过制作区位宣传册的形式提供区位信息，在实际工作中这种方式一直占重要地位[173]。不过，由于这种方式缺乏针对性，导致宣传效果有限，一直以来也颇受诟病[174]。

与此相反，直接区位宣传与营销则直接针对国内外特定企业。通过直接区位宣传形式，宣传方可以直接向负责人发邮件介绍区位经济、邀约会谈或者参观企业。这些直接联系的企业是通过对目标群体的分析仔细甄选出来的。城镇经济促进工作中的各种对外营销宣传活动往往仅是第一步，除此之外还必须确立广泛的营销方案与区位明确的自身定位[175]。

区位营销

最晚自 20 世纪 80 年代中期起，城镇工作越来越注重"区位营销"。本质上，区位营销就是将企业管理学中的营销工具运用到城镇管理领域中，尤其是将这一理念引入城镇经济促进工作中[176]。至少在市政管理学文献中，这是区位营销的基础，但这并非新观点。20 世纪 60 年代末期就有相关文献将经济促进本身理解为一项综合的城镇营销工作[177]。对城镇营销新的理解更注重市场营销活动的整套措施与一致方针，而像曼斯威图斯（MANSCHWETUS1995）所提出的过去通行的营销工具则越

170 从前在某些城市，宣传活动是由交通、贸易或者工商协会承担的，有意向者会被介绍到市政府以及主管的市政服务机构，参见 Weber, M.（1921），第 177 页。
171 参见 Heuer, Hans（1985），第 80 页。
172 地方营销常常被错误地等同于地方宣传。事实上，地方营销已经涉及对整个基础设施和其他促进措施进行构建，以及为地方宣传主要是选择重要的目标群体等方面。参见 Bauer, Helfried 等人（1990），第 27-28 页。
173 参见 Hollbach-Grömig, Beate（1996），第 55 页。
174 参见 Heuer, Hans（1985），第 79-81 页（尤其是第 81-83 页）；Steinröx, Manfred（1994），第 33-44（40）页；Steinröx, Manfred（1994），第 279 页。
175 参见 Töpfer, Armin（1993），第 81-83 页。
176 参见 Grätz, Christian（1983）。
177 参见 Olfen, H.（1969），第 81-83 页；Zimmermann, Klaus（1975），第 29-31 页；Zimmermann, Klaus（1976），第 341-343 页。

来越少被提及了[178]。

尽管区位营销这一概念由来已久，却直到20世纪80年代才获准投入实际城镇工作中。当时,一些德国城市率先打出"城市营销"的口号[179]。根据托普弗(TÖPFER 1993)的一项全德城镇区位营销实践研究[180]，绝大多数情况下，熟悉协调城市营销措施工作的城镇单位当属经济促进部门。

城市营销的领导与组织形式

德国城市研究所（Difu）与联邦城市营销联合会（Bcsd）合作，在2004年的初夏对多个居住人口超过五万的城市进行问卷调查，并对居住人口在1万到5万之间的地区进行抽样调查，就德国城市营销的领导和执行这一问题得出相似结果[181]。根据霍尔巴赫-格罗米克等人的研究（HOLLBACH-GRÖMIGetal.2005），参与调查的城市中有近80%由最高管理部门担任城市营销领导，58%由市政部门作为执行单位，这一比例远远超过排在后面的注册协会及有限责任公司，结果如图3所示。

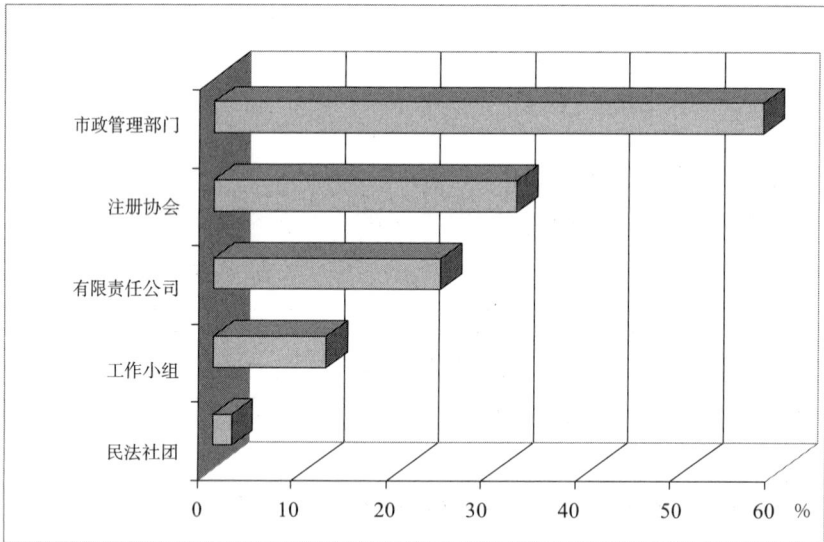

图3 城市营销的承担者（百分比）[182]

---

178 参见 Manschwetus, Uwe（1995），第42页。

179 参见 Kaiser, Claudia（1996），类似名称还有例如：城市营销或城市管理，这里面也常隐藏着大不相同的目标设定；参见 Kraemer, Dieter/Muhle, Heinz-Martin（1994），第101-103页。

180 Töpfer, Armin (1993), Marketing in der kommunalen Praxis. Eine Bestandsaufnahme in 151 Städten, 摘自 Derselbe 编写的 Stadtmarketing. Herausforderung und Chance für Kommunen, 巴登-巴登。

181 参见 Hollbach-Grömig, Beate 等人（2005），Stadtmarketing – Bestandsaufnahme und Entwick-lungstrends, 柏林。

182 根据 Hollbach-Grömig, Beate 等人（2005），第7页绘制，对339个城镇的问卷结果（n=200）。

区位及城市营销的目标设定

根据托普弗与曼（TÖPFER/MANN 1995）对城镇区位营销中沟通政策的实践问卷调研[183]，在居住人口超过 2 万的 361 座参与问卷的东西德城市中，有近四分之三（75%）的城市独立开展营销和传播活动，而近 9% 的城市对此类活动仅仅做过计划。16% 的城市主要由于财政问题没有开展过独立营销和传播活动[184]。城镇之间，尤其是中心地区之间的竞争压力加剧，通常是城镇制定城市营销方案的重要诱因。因此，提高城市／区域知名度（55%）是这 361 座城市进行城镇传播活动的最高目标，其他目标还有改善形象（49.6%）、提高本地经济吸引力（47.4%）、引进外资（46.8%）和促进旅游业（39.6%）[185]。

霍尔巴赫 - 格罗米克调研组（HOLLBACH-GRöMIG 等人 . 2005）声称，城市营销这一课题在今后数十年都不会过时。在德国城市研究所 2004 年初夏的问卷调查中，被调查地区的 90% 称正在计划或已经进行过城市营销活动，近 80% 的城市正处于执行阶段或已完结相关活动[186]。在统计结果中，城市营销最重要目标就是提升城市吸引力、促进零售业以及区位形象[187]。

1.6　地方经济促进组织

1.6.1　框架条件

在介绍了城镇经济促进的一般目标、战略及工具箱之后，还应探讨什么样的组织方式适合承担经济促进这样跨部门、以流程为导向的横向型重要任务。尽管其源头可追溯到中世纪盛期，但经济促进的机构性组织仍然历史较短。施（SCHIEFER 1989）认为，城镇经济促进机构本身直到 20 世纪初才开始发展[188]。自此之后，城镇为了实现经济促进任务，在上级允许的自由选择权中选择诸多可能的公法和私法机构作为经济促进的载体。

因此，城镇经济促进如今具有的组织多样性，恐怕是其他任何政府部门都无法相比的[189]。在经济促进组织中，政府部门要在组织机构与人事两方面注意一些基本

183　详见 Töpfer, Armin/Mann, Andreas（1995），第 59-61 页，另见概述 Töpfer, Armin/Mann, Andreas（1996），第 99-101 页。

184　参见 Töpfer, Armin/Mann, Andreas（1996），第 12 页。

185　参见 Töpfer, Armin/Mann, Andreas（1995），第 74 页。

186　参见 Hollbach-Grömig, Beate 等人（2005），第 2 页。

187　参见 Hollbach-Grömig, Beate 等人（2005），第 3-4 页。

188　有关德国经济促进机构发展详见 Schiefer, Bernd（1989），第 20-22 页。

189　参见 Steinmetz, Hans-Peter（1983），第 4 页。

框架条件。这些条件不受某种组织形式约束，也就是说可以适用于所有组织形式。由于本书将用独立章节分别论述多个城镇之间的一般合作与经济促进合作，本节仅阐述单个城镇的经济促进组织机构形式。

经济促进的组织特点

在对城镇经济促进工具的介绍中已经清楚指出，城镇部门内部有许多不同部门承担经济促进任务，比如财政部门、规划部门或房地产管理部门。鉴于这种跨部门、横向贯穿的任务特点，经济促进工作比任何其他部门更需要进行通常是非正式的信息交流，同时也要毫无保留地参与政府内部多项经济决策。所有参与部门的信息、协调与合作构成经济促进组织决定性的框架条件，城镇经济促进要成功，就必须满足这些条件。克服本位主义是有效及时推行城镇经济促进的必要前提[190]。

经济促进的人才要求

对城镇经济促进而言，人事条件同样不可轻视，也是成功的另一个必要前提[191]。迈耶（MEYER1922）很早就指出，城镇经济促进事务必须绝对保证"对该领域来说一体化、专业化以及有经验的工作质量[192]"。实践中也证实，城镇经济促进工作通常对促进者的个人能力与教育背景有较高要求。1988年的一项实践研究[193]对联邦德国境内经济促进领域的岗位招聘进行调查，通过详细的调查内容分析总结出对政府机构和其他公法、私法协会团体的经济促进工作者的专门业务要求[194]。通过招聘要求可以观察到，经济促进更加青睐具有纯经济学背景或者经济学与技术或自然科学复合的（经济工程师）教育背景的申请者，并且特别看重申请者在沟通交流、合作、领导以及管理方面的社会能力[195]。工作意愿、主动性、沟通交流的能力与意愿、谈判艺术与说服他人的能力、合作能力与意愿、领导能力与管理才能、灵活性与协调组织能力都是对工作及业绩的要求重点[196]。

---

190 参见 Ettelbrück, Ursula M.（1984），第 20-21 页。

191 参见 Ettelbrück, Ursula M.（1984），第 22-23 页。

192 参见 Meyer（1922），第 556 页。

193 Boos, Margarete 等人（1988），Neue Anforderungen im öffentlichen Dienst. Fach-und Füh-rungskräfte für die Wirtschaftsförderung, in: DÖV，第三册，第 114-119 页。

194 共参考了法兰克福汇报1985年1月至1987年6月130期周末刊，但只选取了123个对评估有用的招聘信息。那些经济促进领域自由职业的招聘信息未予考虑，比如企业或工业的顾问，参见 Boos, Margarete 等人.（1988），第 115 页。

195 参见 Boos, Margarete 等人（1988），第 119 页。

196 参见 Boos, Margarete 等人（1988），第 118 页。在列举时仅考虑那些作为评估参考的招聘信息中 20 次或更多次被提到的特征，多次被提及是可能的。

人员配置

城镇经济促进部门的人事安排也在发展趋势上呈现出一定的时间相关性。按照米勒（MÜLLER1978）的判断，经济促进部门的任务数量和人员数量之间是成比例的[197]，30 年间这一比例关系也没有发生很大变化。米勒调查时，参与调研的人口超过五万的 116 座城市中，在 1977/78 年度平均每个经济促进机构有 2.6 名雇员[198]。德国城市研究所（Difu）的问卷结果清楚展示了这段时间人事安排的变化；2007/2008 年度交替时，人口超 5 万的 144 座城市中平均每一万名居民配有 0.63个经济促进职位，2001 年和 1995 年的比例则分别为每万名居民对应 0.59 和 0.47个工作职位[199]。

但是，各地经济促进部门的人员安排差异较大，不可一概而论。城市规模、所需服务企业数量、就业市场情况、财政状况以及经济促进在政府所占分量不同，参照标准也会不同。尽管从趋势上看，2001 年来所有城市经济促进人员安排的改善并不大，但 2008 年的调查显示，有 4/5 的被问询者认为，增加从业人员和提高员工素质是行业改进的重中之重[200]。

1.6.2　经济促进作为政府内部组织机构

利用公法性质服务部门的多样性，城镇可以以委局办和分支机构的形式，将经济促进的公共事务与政府以及政府内部的组织机构相联系。根据实践研究[201]，各州的城镇经济促进绝大多数一直以公法性质的组织形式存在。公法性质的组织形式与实现任务的利弊关系，以及具体组织如何施行，这样的讨论由来已久，最早可以追溯到 20 世纪 20 年代[202]："（经济促进）局作为中心部门，需建议或实施所有行动…。它为有意向者提供所有信息，并以业务清晰、迅速且符合私营企业谈判模式要求的方式进行协商。"

公法组织形式，尤其是以城镇经济促进局这样政府部门的形式，通常指的是嵌入政府序列，相比组织独立的经济促进机构，这种形式可以更好地完成城镇经济促进的跨部门横向任务。它的重要优势在于，经济促进部门能够对其他政府部门施加

197　参见 Müller, Wolfgang-Hans（1977），第 3 页。

198　参见 Müller, Wolfgang-Hans（1982），第 625 页。

199　参见 Hollbach-Grömig, Beate（2001），Kommunale Wirtschaftsförderung in der Bundesrepublik Deutschland, Ausgewählte Ergebnisse einer Umfrage im Jahr 2000 柏林，第 4 页，以及 Hollbach-Grömig, Beate/Floeting, Holger（2008），Kommunale Wirtschaftsförderung 2008 – Strukturen, Handlungsfelder, Perspektiven 柏林，第 5-6 页。

200　参见 Hollbach-Grömig, Beate/Floeting, Holger（2008），第 4 页和第 6 页。

201　参见 Schiefer, Bernd（1992），第 377-379 页。

202　Meyer（1922），第 556-558 页，作者作出强调。

影响，以便尽早获得信息与合作机会。实际上，经济促进与城市规划发展以及建筑规划部门的沟通一般都很畅通，与环保部门的沟通则往往不尽人意[203]。公法组织形式的缺陷主要体现在冗长的政府内部决策过程和严格的城镇法律责任方面。一方面，公法组织形式不接受灵活、迅速且自主承担责任的企业行为，而这恰恰是企业所期待的合作方式；另一方面，与经济促进合作紧密的私人相关者无法与这种公法组织方式有效联系在一起（表 1）。同时，政府机构自身也具有典型缺陷，如官僚主义的负面形象、个别经济促进员工的消极怠工或资质不足，这逐渐导致不少经济促进部门逐步脱离政府序列，以私法组织形式成立。早在多年以前就出现了以私法公司形式运营的城镇经济促进机构。

1.6.3　经济促进作为政府外部组织机构

城镇经济促进如果脱离了政府部门，成为体制外组织，通常会以城镇经济促进署即有限责任公司（GmbH）的形式存在。注册协会（e.V.）是另一种可能的私法组织形式，但是由于在实际工作中一般很少被城镇经济促进机构采用，在此将不进行详细介绍[204]。

通过将经济促进工作转移到私法性质的有限责任公司，城镇经济促进往往可以避免上述政府机构与公法性质组织形式的缺点。这样，城镇经济促进部门能够更好地起到衔接经济与行政的作用[205]。有关是否支持城镇经济促进采取私法组织形式的讨论由来已久。私法组织的优势有很多，既有更高的财务与人力资源的灵活性，谈判伙伴和企业接受度也更高，当地的利益相关组织或机构也更容易参与到经济促进工作中。但以私法形式运营也有不利之处，比如将失去上文提到的传统政府部门的体制内优势，一方面来自政府部门的信息量会减少，另一方面也会失去对其他与经济促进相关的政府部门的影响力（见表 1）[206]。总的来说，针对私法运营的经济促进机构常见的批评有两点：本属于公共事务的经济促进被划离公法政府机构（所谓的公共事务私有化[207]），以及由此可能导致的城镇政策对以私法形式运营的经济促进机构在目标与措施方面的影响力丧失[208]。

基本可以认为，将城镇经济促进事务从公法组织形式中剥离出来并转移到私法性质的有限责任公司，并非物理意义上的私有化，因为这一公共事务并没有移交

203　参见 Hollbach-Grömig, Beate（1996），第 105 页。
204　有关这种组织形式的详细描述请见 2.3.4 节。
205　参见 Schiefer, Bernd（1991），第 194-196 页。
206　参见 Bauer, Helfried 等人（1990），第 52-54 页。
207　市政任务私有化的例子请参见 Witte, Gertrud（1994），第 524-526 页。
208　参见 Schiefer, Bernd（1989），第 381 页。

到私人手中，而更应理解为形式上的私有化，即作为私法组织形式的政府公共部门[209]。不仅地方政府，其他半公共及私人组织如商协会或企业也参与其中。即便如此，经济促进任务依然是在私法形式层面完成，而非私人层面。由于城镇政府在经济促进有限责任公司的参与比例占决定性优势，城镇经济促进工作并不会脱离公共管理机构的影响[210]。

但是也存在这样的情况，即通过公法性质政府部门和私法性质有限责任公司的结合（即双轨或平行方案[211]）尝试寻找城镇经济促进的最佳组织方案。这样，政府部门将一些非决策层的重要工作领域转移到经济促进有限责任公司，得以更好地利用两种组织形式的优势（表1）。

经济促进范畴所选组织形式的优缺点   表1

标准	经济促进局方式（政府内部）	经济促进公司方式（政府外部）	双轨方式（组合）
协调（目标/流程）	协调便利，部门之间易于交流	协调便利，但有可能难以与政府部门保持一致	各自内部容易协调，但是否容易达成一致取决于政府部门与外部公司之间的关系
沟通（信息流）	相对较好，但单线条的组织结构导致信息流通路径过长	内部沟通方便，但与政府管理部门的沟通有一定困难	同上
能力（控制和介入的可能性）	界限分明，部门之间存在局限	界限分明，对行政管理流程缺乏影响力	有交叉重叠危险
灵活性（自治/发挥空间）	较小	较高	通过职责划分可部分加以改善
项目管理（控制）	经常会达到容量极限	具备更大的可能性	通过有限公司拓宽了可能性
企业接受度	不理想，取决于对外的联络维护	比较好，因为组织形式更贴近经济界	比较好，只要有限责任公司充当中心联络点
其他合作方的参与可能性	不可能（只能采取非正式方式）	没有问题	没有问题

来源：以 Bauer, Helfrieetal.（1990）第 68 页为基础，自行归纳。

209　参见 Schiefer, Bernd（1989），第 384 页。
210　参见 Schiefer, Bernd（1989），第 384 页。
211　有关这些概念参见 Bauer, Helfried 等人（1990），第 54 页和 Schiefer, Bernd（1989），第 381 页。

2 跨城镇合作

2.1 关于"跨城镇合作"的概念

在经济学术语中，机构或个人之间参与经济生活时各种形式的合作被称为"广义合作"，法律与经济上独立的两个或多个企业间的合作则被称为"狭义合作[212]"。在实际工作中，狭义的合作也会被称为跨企业或企业间合作，以表明这样的合作是在企业之间、而非企业内部发生的。企业管理中的合作概念还有以下两个特征，一是要求任务必须在合作中协调完成，协调是必要前提；另一方面，合作可以在保密或合约协定的基础上实现[213]。企业间合作的密切程度各有不同，可以仅仅作单纯的信息与经验交流，也可以以共同体与机构化为形式的密切合作。

与此类似，管理学将两个或多个城镇之间的合作定义为"跨城镇合作"，这一概念常被当作跨城镇竞争的反义词。但基本上，跨城镇合作指的是至少两座城镇以及城镇协会之间所有合作形式可能的总和[214]。

此外，"跨城镇"这一限定仅用来进一步标识出参与合作的人群，他们主要来自城市、区县和乡镇。不同于通常的语言用法，这一概念事实上并不意味着完全排除其他公法性质团体，如工商协会，以及其他私法性质的自然人或法人参与合作[215]。

政府和社会资本合作模式（PPP）进行合作

"PPP 模式"这一英美广为流行的概念是指，城镇公共部门与私营部门共同参与地区合作建设项目的伙伴式合作关系。该形式自 20 世纪 80 年代中期起就已成为德国城镇政策词汇中的固定组成部分[216]。在实际工作中，城市更新与城市发展是公私伙伴关系模式的重点领域。由于城镇经济促进也是整个城市发展政策中的一个重要组成部分，这种"现代"的合作形式近年来在此领域也有不断增加，愈演愈烈的趋势[217]。

PPP 模式的概念起源于于英国和美国。德国城市研究所（Difu）一项跨国研

---

212 参见法伦的经济大辞典（Vahlens großes Wirtschaftslexikon），第 1211 页；夏布勒经济词典（Gablers Wirtschaftslexikon），第 2245 页。

213 参见 Blohm, Hans（1980），第 1112 页。

214 参见 Hatzfeld, U./Temmen, B.（1991），第 21 页。

215 参见 Rengeling, Hans-Werner（1982），第 388 页。

216 参见 Ganser, Karl（1995），第 731 页；Kestermann, Rainer（1993），第 205 页。

217 参见 Birnstiel, Detlef（1996），第 225-227 页。

究[218]显示，英美很早已就将地方政府和私人投资者结合到公私伙伴关系模式中；并指出，相对于地方政府独自承担项目，公私伙伴关系的主要优势在于双方权利、知识和资源的结合。如今越来越多德国城镇采取这种合作形式，以用于地方为改善形象、发展经济所需的一系列革新计划或战略[219]。城镇政府在合作关系中主要起主导作用，不少情况下也承担倡导者的角色[220]。在城镇实际工作中，公私伙伴关系模式并没有典型形式。它既能包含如政府补贴企业的传统模式，也能实现如双方伙伴平等共担合作风险与收益的合资关系的现代形式[221]。

2.2　历史发展

在德国，究竟具体从何时开始由城镇共同完成任务或进行跨城镇合作，并没有确切答案。但可以猜想，城镇为完成指派任务而寻求密切合作的时期应该和地方共同体的建立大致相同，而且随着地方共同体的建立，这一合作需求也得到了满足[222]。中世纪出现的两次著名的城市合作可佐证这一观点，即北德地区贸易城市为促进贸易而专门结成的汉萨同盟，其次是服务于一般经济政治目标的中莱茵地区城市联盟。

今天对跨城镇合作的理解可追溯到19世纪，正如城镇经济促进的任务本身，跨城镇合作和德国城镇自治的发展紧密相连[223]。这方面最早的线索可见于1850年的普鲁士乡镇法规。随着19世纪中期德国快速推进工业化以及与此紧密关联的城市化进程，市政管理工作量迅猛增长。由于部分地区人口、基础设施和经济水平的激增，德国形成了三个工业密集区：柏林大区、鲁尔区和德国中部地区。大量有关城市发展与扩张以及基础设施政策的新问题在这些地区集中产生，导致了社会经济现实和政府管理制度难以调和[224]。

在英国，地方团体为了完成共同任务很早就以同旨协会（为完成共同任务而组成的区间大协作组合——译者注）的形式互相联合。德国直到19世纪90年代才开始

218　Heinz, Werner（1993），Public Private Partnership – ein neuer Weg zur Stadtentwicklung?，德国城市研究所资料，Bd.87，斯图加特，einen fundierten Über-blick über die Voraussetzungen und Grenzen von PPP-Modellen und deren Einsatz im Rah-men der kommunalen Wirtschaftsförderung geben，Brandt, Arno 等人（编）（2007），Public Private Partnership in der Wirtschaftsförderung: Herausforderungen, Chancen und Grenzen，斯图加特等。

219　Heinz, Werner（1993），第487页。

220　参见 Mayer, Margit（1994），第441-442页。

221　参见 Mayer, Margit（1994），第443页。

222　参见 Oebbecke, Janbernd（1984），第101页。

223　参见有关城镇自治的发展，Saldern, Adelheid von（1994），第2-4页。

224　Turowski, Gerd（1994），第392页。

制定相关法律标准[225]。随着这一组织的发展，普鲁士于 1911 年颁布了同旨协会法。同年，"柏林大区同旨协会"也宣告成立。9 年后，即 1920 年，"鲁尔煤矿区居民协会"也基于同一法律基础上成立。两地的同旨协会作为跨城镇合作最早具备法律基础的制度化形式，开创德国之先河[226]。

不过，在 1911 年法律尚未成文时，19 世纪下半叶德国城镇之间尤其在水电供应方面就已经有不少合作。在随后的数年乃至数十年间，为完成城镇任务进行共同合作的理念从最初的水电供应延伸到天然气供应，并迅速扩展到整个国家[227]。

尽管历史悠久，德国的跨城镇合作在当今绝非漫长的历史遗产，它更应被视为一项"现代政府原则"[228]。随着过去数十年经济与社会基本条件的变迁，跨城镇合作越来越重新成为研究与实践的重心。尽管从 20 世纪 70 年代早期起，德国各州为了在城镇层面建立更大、效能更高的管理单位进行了广泛的地方改革，但对跨城镇合作的需求仍一如既往地不断增加[229]。

总体来说，传统市政工作中的跨城镇合作较多集中于供给和废污处理、交通规划和公共近郊客运、教育、健康与卫生事业以及社会福利事业等方面[230]。但近年来在经济促进领域展开的跨城镇合作也越来越多。

2.3　法律基础

2.3.1　法律许可

如前所述，1911 年 7 月 19 日，随着普鲁士同旨协会法的颁布，德国跨城镇合作的法律基础发展进入盛期。这部法律除了对同旨协会（为完成共同任务而组成的区间大协作组合——译者注）进行定义外，还首次对其成立流程、财务、机构以及章程作出规定[231]。因此，同旨协会法的颁布也奠定了将同旨协会扩展为德国跨城镇合作这一重要法律制度的出发点。

30 年后，也就是在第一次世界大战结束不久，此类跨城镇合作就已不断增多。

225　参见 Kopsch, Johannes（1924），第 622 页。

226　参见 Turowski, Gerd（1994），第 393 页。

227　比如 1869 年在施瓦本阿尔伯地区就成立了第一家供水协会，参见 Schauwecker, Heinz（1982），第 317 页。

228　Rengeling, Hans-Werner（1982），第 388 页。

229　参见 Kunze, Richard/Hekking, Klaus（1981），第 21 页，以及 Oebbecke, Janbernd（1983），第 99-101 页，其中介绍了北莱茵 - 威斯特法伦州地方改革在跨城镇合作方面的影响。

230　参见 Turowski, Gerd（1994），第 393 页。

231　参见 Rengeling, Hans-Werner（1982），第 388-389 页，德国各联邦法律基础发展概要请见 Kopsch, Johannes（1924），第 622-624 页。

1939 年帝国同旨协会法（RZwVG）得以通过，跨城镇合作终于实现全国统一的法律基础。这一新法规（RZwVG）大大简化了同旨协会的成立，比如，新法规定除了城镇政府外，其他公法团体及私法性质的自然人或法人也可以参与，但由于第二次世界大战的爆发，它的实际意义并没有得到充分发挥[232]。

跨城镇自愿合作的法律基础

1949 年联邦德国成立后，除了下萨克森州将帝国同旨协会法（RZwVG）作为州立法沿用至 2004 年之外[233]，其他所有联邦州都陆续推行自己的州立法来规定跨城镇的资源合作，内容大多相同或相近。这些法律通常被称为城镇合作法[234]，是联邦德国所有联邦州沿用至今的有关跨城镇自愿合作的法律基础。在巴登 - 符腾堡州推行的就是城镇合作法（GKZ）[235]。

根据这项法律，不管是出于义务还是自愿，城镇和行政大区都有权为完成特定任务成立同旨协会或者缔结公法性质协定，除非履行该任务违反法律或与某种特定法律形式相关[236]。不过，巴登 - 符腾堡州在这方面是个特例：其他联邦州的州立宪法援引基本法第 28 条第 22 款来保障城镇和城镇协会的基本自治，而巴登 - 符腾堡州则援引其州宪法 237 第 71 条第 1 款第 1 项[237]，来明确同旨协会的自治合法性[238]。

2.3.2 法律界限

根据巴登 - 符腾堡州城镇合作法（GKZ）第 1 章第 1 项，合法的跨城镇合作只应考虑那些城镇有权利或有义务实现的任务。这样，在完成自治任务或者依据指令和条件完成职责任务时，城镇可以通过经济促进工作的方式自愿进行合作。

根据城镇合作法（GKZ）第 1 条第 2 项的限制补充条例，如果"共同完成的

---

232 参见 Rengeling, Hans-Werner（1982），第 389 页。

233 在下萨克森州，2004 年 2 月 19 日生效的城镇合作法（KommZG）取代了原有的目标协会法。

234 参见范例巴伐利亚州：城镇合作法（KommZG）；勃兰登堡：勃兰登堡州城镇合作法（GKG）；黑森州：城镇合作法（KGG）或者北莱茵 - 威斯特法伦州：城镇合作法（GKG）。

235 巴登 - 符腾堡州城镇合作法（GKZ）1974 年 9 月 16 日版（公布法令公报第 408 页，1975 年以后调整的公布法令公报，第 460 页；1976 年公布法令公报，第 408 页），最后修订为该法第 7 款，2009 年 5 月 4 日（公布法令公报，2009，第 185 页）。

236 参见巴登 - 符腾堡州城镇合作法第一条。尽管各联邦州法律规定在单项上或多或少有所不同，但其他联邦州也都将目标协会和公法协定作为城镇合作的核心形式，参见 Asche, Michael/Krieger, Fritz（1990），第 11 页。

237 参见巴登 - 符腾堡州宪法，1953 年 11 月 11 日颁布（公布法令公报，第 173 页）之后有修订和补充，最后修订为 2011 年 2 月 7 日（公布法令公报，第 46 页）。

238 参见 Rengeling, Hans-Werner（1982），第 393 页。

任务超出法律规定或者需要特殊法律形式"，该任务是不被允许的，也就不能进行合作。

本书对跨城镇合作的法律界限与它对参与合作的城镇的实际影响将不过多进行复杂讨论，但为了完整起见还是需要指出，在文献中[239]，某些跨城镇合作任务被排除在"法律"许可之外，恐怕是有问题的，需要进一步加以解释。而以法律明文许可的"特殊法律形式"进行合作通常却不会受到太大阻力。

任务授权

从法律作用的角度，跨城镇合作从根本上可以分成两种情况：一种是由某一方参与者将其他参与方的某项任务归入其自主权限，即任务授权[240]，这种情况下由任务承担者担负法律责任。这样任务承担方的职权范围增加，而授权方的职权范围随之减少[241]。通过授权，各参与方会发生责任变更，这可能会产生法律问题。城镇虽然可以根据法律基本自由决策是否及如何在职权范围内完成任务，但却无法决定职权范围的局限或拓展。约贝克（OEBBECKE 1984）认为，巴登-符腾堡州城镇合作法（GKZ）与宪法一致只能做出如下解释：只有不违背"滥用禁止令"，即任务授权能带来预期的合作优势，并且必要合理，才能予以批准[242]。

任务转移执行

另一种情况，跨城镇合作中的一个参与方也可仅为其他参与方代为执行单项任务，也就是说，仅仅是任务的执行发生了转移[243]。在这种情况下，依然由转移方（委托方）承担唯一法律责任，受托方仅仅以他人名义受转移方的委托执行任务。和授权相反，这里没有发生新的职权范围分配。在法律功能上，这样的跨城镇合作仅涉及客户关系，并未影响到现有的职权分配。

2.4 利与弊

由上文可知，跨城镇合作基本上不是出于自我目的。根据克普施（KOPSCH 1924）的研究，在德国各地，最早出现于 19 世纪 90 年代末有关建立同旨协会的法律基础主要由事务负责人依据他们的观点设立。在他们看来，跨城镇合作的形式首

---

239 参见 Oebbecke, Janbernd（1984），第 109-111 页。

240 参见 Schinken, Alexander（1982），第 771 页；Oebbecke, Janbernd（1984），第 109 页。

241 参见 Flasnöcker, Jürgen（1974），第 30 页。

242 参见 Oebbecke, Janbernd（1984），第 111 页。作者以北莱茵-威斯特法伦州的城镇合作法（GKG）为例。

243 参见 Schink, Alexander（1982），第 772 页；Oebbecke, Janbernd（1984），第 110 页。

先出于实际需要："城镇的工作范围，即在公共卫生、社会福利以及经济领域任务
的增加，使得人们期待通过合作来增强工作效益。"[244]

这段引文说明，相较于地区单独完成任务，跨城镇合作可以为各参与方带来好
处，而参与合作的各方所得利益大体上是相近的[245]。在描述城镇之间合作的可能优
势时，必须明确指出，跨城镇合作没有普遍有效的目标设定，而更多仅仅针对城镇
特定或与不同境况相关的任务。19 世纪末 20 世纪初，"提高工作效益"是目标讨
论的重心，而之后的文献[246]则更多系统化论述与跨城镇合作相关的普遍优势。具体
地说，一方面讨论国民经济和联邦州各自的经济优势，另一方面讨论跨城镇合作所
具备固有价值的内在优势。

跨城镇合作的经济优势

通常，跨城镇合作的经济优势与提高整体富裕相关[247]，主要可分为以下三种：
• 协调优势
• 规模优势
• 将外部效应内在化的优势

协调优势

跨城镇合作的协调优势是指，通过合作方相互间更好的信息交流与合作，协调
工作的成本可以得到节约。

规模优势

跨城镇合作的第二个经济优势是规模优势（即规模经济 /economies of scale）。
在企业规模不断扩大的情况下，规模优势尤其体现在成本节约上。因为在供给和回
收排废方面，通过跨城镇合作，可以普遍放缓建筑、管网或油箱等设施相比其产出
费用的成本增加速度。对于既定最小规模的设施或服务而言，尽可能减少空置成本
尤为重要。跨城镇合作常常能最大限度地投入供给和排废回收设施，使现有产能得
以更加充分地利用；通过优化调度方式，提高急救和火警出动的调度效率；通过更
为经济的分摊路段，节约道路维护建设费用。其他规模优势还有利于避免重复投资、
克服重要设施缺口并塑造更具竞争力的区位[248]。

---

244 Kopsch, Johannes（1924），第 622 页；作者强调。

245 参见 Blohm, Hans（1980），1114 栏。

246 总共可参见 Oebbecke, Janbernd (1984)，第 104 -146 页；Hauser, Werner (1987)，第 197 -198 页。

247 以下可参见 Oebbecke, Janbernd (1984)，第 104-105 页。

248 参见 Blohm, Hans（1980），114 栏。

将外部效应内在化的优势

第三个经济优势是通过外部效应内在化来获得经济效益[249]。公共基础设施的共同融资如果只通过国家强制或财政刺激，而非经由跨城镇合作是不可能实现的。所谓"外部效应"的问题在人口稠密的城市—城郊地区表现尤为突出，但本书对此不再作进一步探讨[250]。外部效应内在化还会带来其他经济优势，即一方面能通过共同决策将最大数量使用者的利益引入其中，另一方面是能以需求为导向更完善地进行产能调整。在实际工作中，这项优势可能只能作为附加优势，需要与其他更大的优势相结合才能用以说服各合作方接受跨城镇合作。

单边合作优势

上述宏观经济层面的合作优势有助于提高普遍的共同富裕。作为补充，跨城镇合作还具有微观经济层面的合作优势，也可称为单边合作优势[251]。对参与的每个合作方来说，产生对己的单边合作利益更是参与合作的重要动机。然而从大局来看，如果在具体合作中可能产生的规模优势不能弥补相应缺陷的话，单边优势更多是不利于团体的。这种单边优势的一种表现方式是（市场）权力优势，合作可以带来联合的集中效应并减少竞争。

跨城镇合作的另一个潜在弊端是，当城镇任务及主管权限被授权他人时，民主直接选举出的城镇决策人会失去联系优势。同样，因授权政府外部机构而导致失去与其他城镇任务对等的政府内部财政竞争力，也是跨城镇合作的一个缺陷。

城镇合作的固有价值

跨城镇合作也有它的固有优势，即对大多数人而言合作本身就有着很高的固有价值，这也决定着合作的产生[252]。"在实施全新计划或者要采取非常规形式来完成任务时，需要克服决策者或民众内部存在的保留意见或矛盾"，跨城镇合作的固有优势往往在其中正好发挥作用[253]。

249　接下来参见 Oebbecke, Janbernd（1984），106-107 页。
250　有关城市 - 周边地区 - 问题的经济观点详见 Kastl, Hans（1975）。
251　参见 Oebbecke, Janbernd（1984），第 107 页。
252　参见 Oebbecke, Janbernd（1984），第 108 页；Hauser, Werner（1987），第 198 页。
253　Oebbecke, Janbernd（1984），第 108 页；作者强调。

2.5 跨城镇合作的组织方式

2.5.1 选择自由

作为城镇自治的核心，除了财政权、土地权、规划权、税收权、立法权和人事权等自主权外，城镇政府还拥有受宪法第 28 条第 2 款保护的组织自主权，即城镇有权在自身权限范围内因地制宜，独立管理政府机构。因此，根据德国宪法传统，县域城镇和行政大区基本上有权为完成自身任务而独立选择合适的组织形式（即选择自由），并且所选组织形式不拘以公法与私法性质[254]。

对选择自由的限制

不过，当涉及需要国家主权干预的任务范围，即"干预行政"的范围时，对组织形式的基本选择自由就会受到限制[255]。由于国家主权不可转让，一个法律意义上独立且以私法组织形式运营的公共机构也只能以私法形式活动，不像政府行动在干预行政时，以公法形式活动往往是必要的[256]。巴登 - 符腾堡州乡镇法规（GemO）第 103 条第 1 款第 4 项地方法规是对选择自由权的另一个乃至最为重要的限制，根据巴登 - 符腾堡州行政大区规章第 48 条[257]，这一限制也适用于整个行政大区。根据第 258 条法规，当城镇参与经济贸易行为时[259]，只有当它的责任可以限制在与它工作能力相符的金额内（即责任限制），城镇才允许采用私法形式组织。这一限制导致，在众多私法组织形式中，政府往往只优先考虑股份公司（AG）和有限责任公司（GmbH）[260]。

在选择执行城镇事务的组织形式时，是否可能进行跨城镇合作机构化是核心决策准则[261]。由于公法性质的跨城镇机构的设立必须有法可依，城镇选择自由权就受

---

254 参见 Hauser, Werner（1987），第 2-4 页（尤其是第 4 页）。

255 所谓的行政干预通常是指通过规定、禁令以及在最高行政强制下对个体权利进行干预的行政管理行为，参见 Schnaudigel, Christoph（1995），第 38 页。

256 参见 Hauser, Werner（1987），第 5 页。

257 1987 年 6 月 19 日颁发的巴登符腾堡州地区规定（LKrO）（公布法令公报，第 289 页），于 2010 年 11 月 9 日通过服务改革法第 18 条进行最后一次修订（公布法令公报，第 793 页）。

258 其他联邦州的城镇法规中也包含类似或相同规定。

259 这些机构或设施被称为"经济企业"，它们也可以由私营企业以营利为目的进行经营，比如交通、供给和污废处理公司，参见 Hauser, Werner（1987），第 6 页。

260 参见 Kistenmacher, Hans 等人（1994），第 149 页。登记注册的合作社的法律形式（eG），同样具有城镇有限责任，相同形势下文将不再叙述。

261 参见《通常情况以及跨城镇合作特殊情况下对城镇机构组织形式的选择》Hauser, Werner（1987），第 197-199 页。

到了进一步的限制[262]。

城镇合作的核心形式

根据德国现行法律，只有城镇政府才能选择公法性质组织形式来执行事务。尽管各联邦州关于城镇事务合作的法律规定多少有些不同，有两个公法性质组织形式尤为突出，也被作为城镇合作的核心形式[263]，即公法协定和同旨协会。下面将介绍这两种跨城镇合作机构形式的重要基本特点，作为对城镇工作联合体的补充。在描述跨城镇合作机构化的公法组织形式时，主要以巴登 - 符腾堡州城镇合作法（GKZ）为基础[264]。对此，城镇合作法第一条的基本规定为："城镇和行政大区为了完成其权利或义务下的所有或部分任务，可以建立同旨协会或公法协定。当合作任务有违法律或者需要特殊法律形式时，该条款将不再适用"。

和其他联邦州不同，巴登 - 符腾堡州的城镇合作法并没有对城镇工作联合体的法律规定[265]。因此，本书将介绍其他联邦州有可比性的法律规定。

城镇如果采取私法性质的组织形式进行跨城镇合作，就会涉及两个不同的法律领域，一个是公法性质的城镇法，另一个是私法性质的公司法。优先考虑的基本上是联邦法定的公司法[266]。这方面，公司机构及其成员的权利和义务全都由公司法决定，也就是说，如果城镇为完成任务而采取私法性质组织形式，就需要完全遵守私法的公司法。这样将导致被选出的（城镇）代表在作为监事会成员的职能方面与其选民不再处于（公共）委托关系，而首先代表公司的利益。

2.5.2　公法组织形式

城镇工作联合体

城镇工作联合体一般被视为跨城镇合作中最为宽松的一种形式。因此它常被用作初期阶段的模式，而后期计划中更为紧密的合作将以其他组织形式为基础。城镇工作联合体适合用于调查潜在合作需求时的跨城镇问题评估，或用于制定共同的前期规划[267]。

262　参见 Kistenmacher, Hans 等人（1994），第 139 页。

263　参见 Kistenmacher, Hans 等人（1994），第 139 页。

264　参见巴登 - 符腾堡州城镇合作法（GKZ BW）1974 年 9 月 16 日版（GBl. 第 408 页，修订 GBl. 1975，第 460 页；GBl 1976，第 408 页），2009 年 5 月 4 日对该法第 7 条最后修订（GBl 2009，第 185 页）。

265　参见 Rengeling, Hans-Werner（1982），第 391 页。

266　以下参见 Schnaudigel, Christoph（1995），第 37-38 页。

267　参见 Kastl, Hans（1975），第 131-132 页；Rengeling, Hans-Werner（1982），第 398 页；Kistenmacher, Hans 等人（1994），第 141 页进一步引用。

如前所述，尽管巴登 - 符腾堡州城镇合作法（GKZ）没有像北莱茵 - 威斯特法伦州或巴伐利亚州那样用相应法律明确列出城镇工作联合体为公法组织形式，但原则上这是合法的[268]。这方面，城镇与城镇协会可依据德国行政程序法（VwVfG）[269]第54条及第55条款缔结相关公法性质合同[270]。作为旨在共同协调特定城镇事务的依法合作行政合约[271]，城镇工作联合体通常需要书面形式来确立[272]，并取得相关第三方和主管部门的同意[273]。尽管成立最初只能是城镇与协会才可作为联合体成员，但在成立阶段也允许其他公法性质团体以及私法的自然人和法人参与[274]，只要他们从立法的角度能够有利于减少利益矛盾和摩擦[275]。

城镇工作联合体的任务

城镇工作联合体的工作范围基本上可以涵盖所有的城镇事务[276]。联合体向所有参与者开放了一个合作事务信息咨询的平台，并可就单项计划进行协调，同时也不会失去它的法律独立性[277]。此外，除了巴伐利亚州外[278]，在城镇工作联合体中无人有权单独对参与方做出具有约束力的决议。这里更多涉及的是共同决定的、但是对个体不具最终约束力的意见和建议。本质上，城镇工作联合体是纯粹的利益共同体，且没有独立法人[279]，因而也不具备独立承担责任以及独立履行任务的授权[280]。城镇工

268　巴登 - 符腾堡州没有对城镇工作联合体进行法律成文化，可能是立法部门考虑到这一形式仅是局限于不具法律约束性的联合，因此认为没有立法的必要性，参见 Kunze, Richard/Hekking, Klaus（1981），第25页，以及 Rengeling, Hans-Werner（1982），第398页。

269　行政管理程序法（VwVfG）2003年1月23日版（联邦公布法令公报．第102条），通过2009年8月14日法令最后修订（联邦公布法令公报．第2827条）2009年9月1日起生效。

270　参见 Rothe, Karl-Heinz（1965），第32页；Flasnöcker, Jürgen（1974），第10-11页。

271　参见 Rengeling, Hans-Werner（1982），第399页。

272　参见行政管理程序法（VwVfG）第57条。

273　参见行政管理程序法（VwVfG）第58条。

274　参见北莱茵 - 威斯特法伦1979年10月1日起生效的城镇合作法第2条第2款（北威州基本法第621页），最后通过法令修正为2009年5月12日（北威州基本法第298页，第326页修正）。

275　参见 Rengeling, Hans-Werner（1982），第399页。

276　参见 Zielke, Beate（1993），第95页。

277　参见 Rengeling, Hans-Werner（1982），第398页；Kistenmacher, Hans 等人（1994），第141页。

278　巴伐利亚州目标协会法包括了例如有关"特别工作联合体"模式的规定，将决议对成员的约束力做出规定。但这里是参与者或其机构同意为前提。参见1994年6月20日颁发的巴伐利亚州城镇合作法（KommZG）第5章第1款．des Freistaates Bayern vom 20. Juni 1994（法律和条例公报第555页），最后修订是2009年7月27日该法第13条（法律和条例公报第400页）。2011年8月16日签署执行的"班贝格、彼施贝格、哈施塔特和黑尔施艾德 - 特别工作联合体"在全巴伐利亚州境内被作为跨城镇合作的示范项目。以地区间协调为目标坚持发展班贝格人口密集区的零售业，相关文章请参见2011年8月18日法兰克瑞士在线报纸"Der neue Wiesenbote"。

279　参见自由州巴伐利亚城镇合作法第2章第2款。

280　参见 Rengeling, Hans-Werner（1982），第398页。

作联合体的领导权由参与者自行决定[281]。

公法协定

公法协定是第二种要介绍的公法组织形式，它介于城镇工作联合体和同旨协会之间[282]。与城镇工作联合体不同，所有联邦州的相应法律无一例外地对以公法协定和后面将要介绍的同旨协会形式进行的城镇联合与合作做出了详尽具体的规定[283]。在巴登 - 符腾堡州，公法协定的规定出现在城镇合作法（GKZ）第 25 条及后续条款中。

这条法律涉及的是公法协定的特殊情况[284]，即乡镇和乡镇联合的协定。协定决定由一个参与方为所有参与方完成某项工作，并获得相应补偿，同时所有其他参与方特别被允许共同使用由承接方运营的设施[285]。通过该项协议，其他法人团体将完成任务的权利与义务转让给承接方（委托协定）[286]。不过，其他参与方仍然有权参与任务完成过程[287]。

如果公法协定没有规定有效期限制，就必须设定参与方终止协议的前提条件[288]。此外，公法协定还必须由书面缔结协议并经过主管的法律监管机关批准[289]。必要时，在取得参与各方的同意情况下，协议、变更和取消都需公开发布[290]。承担工作执行责任的法人有权在授权任务范畴内颁发适用于所有参与地区的、除税收以外的相应章程。并且，他们可以像在自己业务范围中一样，在章程适用范围地区施加完成任务需要的一切措施[291]。

在这种情况下，类似于城镇工作联合会，公法协定执行某项任务也没有独立法人，而只是通过一份依法协调的协定来授权现有的行政与组织单位。不同于城镇工作联合体，公法协定不单只与协定内部相关，同时也会对每个成员产生正面或负面影响[292]。此外，立法禁止其他私法性质的自然人或法人参与公法协定[293]。

---

281 参见北莱茵 - 威斯特法伦州城镇合作法第 3 条第 2 款。
282 参见 Schink, Alexander（1982），第 773 页。
283 最初，1939 年通过的帝国目标协会法只是将公法协定视为目标协会建立的替代可能性，参见 Rengeling, Hans-Werner（1982），第 412 页。
284 参见 Krieger, Fritz（1994），第 13 页。
285 参见巴登 - 符腾堡州城镇合作法第 25 条第 1 款。
286 参见巴登 - 符腾堡州城镇合作法第 25 条第 2 款。
287 参见巴登 - 符腾堡州城镇合作法第 25 条第 2 款。
288 参见巴登 - 符腾堡州城镇合作法第 25 条第 3 款。
289 参见巴登 - 符腾堡州城镇合作法第 25 条第 4 款。
290 参见巴登 - 符腾堡州城镇合作法第 25 条第 5 款。
291 参见巴登 - 符腾堡州城镇合作法第 26 条。
292 参见 Schink, Alexander（1982），第 771 和第 773 页。
293 参见 Kunze, Richard/Hekking, Klaus（1981），第 194 页。

同旨协会

同旨协会是跨城镇合作的传统法律形式[294]，上文已对其历史发展进行了介绍。巴登-符腾堡州城镇合作法（GKZ）第 2 条及后续条款对此作了法律规定。

同旨协会的两大类型

根据城镇合作法第 2 条第 1 款，同旨协会可分为两大类：一类是由城镇自愿组成的同旨协会（即自由协会）；一类是通过监督机构，为了完成其责任义务而联合结成（所谓责任协会）。考虑到本书的研究课题，下文仅对基于自愿原则组成的自由协会进行介绍。

组成自由协会

与公法性质的协定相反，除了城镇和行政大区外，只要没有对此禁止或限制的法令，而且是为实现协会任务所要求的、不违反公共利益的情况下，其他公法性质的团体、分支机构、协会以及私法性质的自然人和法人都可以成为自由协会[295]的成员。

根据法律性质，同旨协会是一个公法性质的独立团体，在合法范围内独立管理并负责所授权的事务[296]。建立同旨协会需要由各个参与方共同制定协会章程[297]，在法律上仔细确定章程内容，并经过监管机构的批准[298]。获得主管法律监管机构的许可并公布许可及协会章程后，同旨协会就此成立[299]，之后可独立进行协会工作。协会大会和协会主席是必须设立的同旨协会机构。除此之外，协会章程还可以额外设定管理委员会[300]。协会大会作为同旨协会的主要机构，负责颁布协会章程，同时每个协会成员方至少有一名代表参与协会大会[301]。每个协会成员方的意见必须达成统一。在协会大会中，城镇一般由正职行政长官代表，如市长、镇长或州级县的县长等。

在协会大会从事义务工作的会员代表可从协会成员处获得任务和指示。此外，一方面可以通过协会章程成立决议委员会，并授权长期承担某项任务[302]。另一方面

294　目标协会的可能形式概览以北莱茵-威斯特法伦州为例，参见 Oebbecke, Janbernd（1983），第 101 页。
295　参见巴登-符腾堡州城镇合作法第 2 条第 2 款第 1 项和第 2 项。
296　参见巴登-符腾堡州城镇合作法第 3 条。
297　参见巴登-符腾堡州城镇合作法第 6 条。
298　参见巴登-符腾堡州城镇合作法第 7 条。
299　参见巴登-符腾堡州城镇合作法第 8 条。
300　参见巴登-符腾堡州城镇合作法第 12 条。
301　参见巴登-符腾堡州城镇合作法第 13 条。
302　参见巴登-符腾堡州城镇合作法第 14 条第 1 款。

还可以成立顾问委员会，负责为协商进行准备或面向单个协商对象[303]。协会大会的会议基本是公开的，只有在具备公共利益需求或者有违个体合法利益的情况下，才可以发生例外[304]。协会主席[305]是协会大会和协会可能设置的管理理事会主席，行使协会行政的领导职责，对外代表同旨协会。主席作为荣誉职位，与至少需设立一名的副主席一起，都由协会大会的核心成员选出。根据协会章程也可为之设立合适的补贴。

除个别例外，城镇经济事务方面的规定也同样适用于同旨协会的经济运营原则。为了满足资金需求，同旨协会如果自身收入不足[306]，可向每个协会成员要求分摊费用，其额度需依据每个行政年度的财政章程而定。费用额度标准的制定需保证单项任务花费合理分摊到各个协会成员上。对单项协会任务的费用承担也可另行协议规定[307]。

当同旨协会要为所有成员履行其他任务时，协会章程需要进行修改[308]。修改过程类似于同旨协会的成立过程，由所有成员共同决定"新"的协会章程，并需要主管法律监管机构的批准，并再次对此进行公示。如果需要变更其他协会章程或终止同旨协会，必须获得协会大会中符合章程票数规定的三分之二才能通过[309]。此外，如果同旨协会仅仅为了单个成员履行其他任务，必须由该成员额外提交申请[310]。

2.5.3 私法组织形式

股份公司（AG）

下面将介绍跨城镇合作中通常使用的私法组织形式。首先介绍股份公司（AG），这种形式在德国广泛应用，并在经济生活中有着悠久传统[311]。它的法律基础是股份公司法（AktG）[312]。

303　参见巴登 - 符腾堡州城镇合作法第 14 条第 2 款。

304　参见巴登 - 符腾堡州城镇合作法第 15 条第 1 款。

305　参见巴登 - 符腾堡州城镇合作法第 16 条。

306　参见巴登 - 符腾堡州城镇合作法第 18 条。

307　参见巴登 - 符腾堡州城镇合作法第 19 条。

308　参见巴登 - 符腾堡州城镇合作法第 21 条第 1 款。

309　参见巴登 - 符腾堡州城镇合作法第 21 条第 2 款。

310　参见巴登 - 符腾堡州城镇合作法第 21 条第 3 款。

311　参见 Hoffmann-Becking, Michael（编）（1988），第 1-8 页。

312　1965 年 9 月 6 日颁布的股份公司法（BGBl. I 第 1089 页），2010 年 12 月 9 日对该法第 6 章进行修订（BGBl. I 第 1900 页）。

股份公司的定义

股份公司法第一条提出了股份公司的合法定义与概念特征[313]：股份公司作为社会团体法人，像法人一样拥有独立法人资格，以公司财产为债权担保来承担法律约束，同时将法律规定的基本资金分为股份。股份公司成立时需要一名或多名成立者注入股份投资[314]。它的原始资金至少需要 5 万欧元，公司股票成立的形式既可以是票面价值，也可以是无名义面值[315]。

股份公司的组织结构

法律规定，股份公司的组织由董事会[316]、监事会[317]和股东大会构成[318]。董事会负责股份公司的管理和运营，由一名或多名成员组成[319]。董事会对外全权代表股份公司[320]。监事会负责监管董事会的运营[321]，并决定董事会成员的任免[322]。股东大会代表全体股东行使其权利[323]。只要监事会成员不是由其他团体派遣而来[324]，那么其组成也是由全体成员大会决定的[325]。

有限责任公司（GmbH）

有限责任公司（GmbH）是跨城镇合作通常使用的另一种私法性质的组织形式，如今依然具有重要地位[326]。其法律基础是有限责任公司法（GmbHG）[327]。

有限责任公司的特征

和股份公司不同，有限责任公司法并没有对有限责任公司的法律定义，但是根

313　参见 Hüffer, Uwe（1995），第 1-3 页；Raiser, Thomas（1992），第 30-32 页。
314　参见股份公司法第 2 条。
315　参见股份公司法第 7 条和第 8 条。
316　参见股份公司法第 76 条至 94 条。
317　参见股份公司法第 95 条至 116 条。
318　参见股份公司法第 118 条至 149 条。
319　参见股份公司法第 76 条。
320　参见股份公司法第 78 条和第 82 条。
321　参见股份公司法第 111 条。
322　参见股份公司法第 84 条。
323　参见股份公司法第 118 条第 1 款。
324　参见股份公司法第 101 条第 1 款第 1 页，第 119 条第 1 款 1 项。
325　参见股份公司法第 101 条第 2 款。
326　参见 Eisenhardt, Ulrich（1996），第 371-373 页。
327　关于有限责任公司的法律于 1892 年 4 月 20 日制定（RGBl. 第 477 页），1898 年 5 月 20 日公布，2009 年 7 月 31 日对该法第 5 章进行最后修改（BGBl. I 第 2509 页）。

据其第 1 条、第 5 条和第 13 条，有限责任公司也具备同样的特征[328]。有限责任公司也是具有法人组织的商业公司，具有独立法人资格，可以由一人或多人出于任何合法目的，即基于商业原因或创业理念而成立[329]。不同于股份公司，有限责任公司所承担的担保责任仅限于公司原始资本。原始资本至少需达到 25000 欧元，并拆分为原始股本（股份）。每一股都必须以欧元为单位。公司成立时，一位股东可以持有多股[330]。

有限责任公司的成立

成立有限责任公司一般都需要一份公司合同。有限责任公司法第 2 和第 3 条对合同的形式和（最基本）内容做出了规定。在进行商业登记注册之前，成立者至少要支付 12500 欧元作为注册资本（只要不是约定实物入股，这 12500 欧元即为公司股份——占票面价值的四分之一或者最低原始资本的一半），通过股东决议产生一位或多位经理人[331]。

有限责任公司的组织结构

和股份公司一样，商业登记注册即意味着有限责任公司成立[332]，并且需要进行公示[333]。与股份公司不同，法律仅强制规定有限责任公司必须要有两个组织构成：即一名或多名总经理与股东大会，后者是有限责任公司的最高决策机构[334]。此外法规还允许公司设立其他组织，尤其是监事会或者其他负责监督或执行的机构[335]。但是，有限责任公司不仅局限于企业或经商方面的联合，这种组织形式也可以更多地服务于自身的理念目标[336]。

有限两合公司的优势

值得一提的还有有限两合公司，这一法律形式在近几年具有重要经济优势[337]。它的优势在于，当有限责任公司加入两合公司时，有限责任公司的股东同时也是两

328　参见 Raiser, Thomas（1992），第 247-249 页；Hueck, Götz（1996），第 7-9 页。

329　参见有限责任公司法第 1 条。

330　参见有限责任公司法第 5 条。

331　参见有限责任公司法第 6 条和第 7 条。

332　参见有限责任公司法第 11 条。

333　参见有限责任公司法第 10 条。

334　参见有限责任公司法第 6 条和第 45 条。

335　参见有限责任公司法第 52 条。

336　参见 Daumke, Michael/Keßler, Jürgen（1990），第 151 页。

337　参见 Eisenhardt, Ulrich（1996），第 371 条。

合公司的股东，由有限责任公司承担无限责任，而股东对两合公司的债务不承担个人责任。

民事合伙公司（GdbR）

对上述两种商法性质的资合公司而言，重要的是股东的股份投资，而民事合伙公司（GdbR），又称民法公司，是所有人本公司的基本形式，原则上适合股东之间的合伙人责任。民事合伙公司的具体法律规定可参照民法典（BGB）第 705 条及后续条款[338]。

民事合伙公司的特征

民事合伙公司是多人（股东）以契约为基础建立的公司，旨在按照合约规定方式实现共同目标，尤其是承担按合约规定的所需投资额[339]。如无另行约定，股东的投资份额被视为等同均分，股东按约出具等量金额即可。投资形式也可以通过提供被认可的劳务形式[340]。股东共同承担的责任通常可以通过协定限定在公司财产范围内[341]。由于民事合伙公司适用性较广，在实践中一般颇受欢迎[342]。合伙经营目的可以考虑任何合法经营目标[343]。除了单纯经营营利性质的目标，民事合伙公司也可以按理念目标成立，用以实现社会或文化等领域的非营利任务[344]。

公司的成立需要股东缔结合约，合约形式没有特别要求。如果公司合约中不做特别规定，那么民事合伙公司不仅要求股东共同进行管理，并且每一项业务都必须得到所有股东的一致同意[345]。由于民事合伙公司没有独立法人，即私法性质的法人，因此股东全权承担公司相关的权利和义务[346]。但这种关联并不一定是长期的。成员及股东既可以是法人也可以是自然人。公司资产作为专门资产由股东入股和经营所得的土地、动产等物资构成，与股东的私人财产分离[347]。公司的债务由公司资产作担保。

---

338 1896 年 8 月 18 日编撰完成的民法典（BGB）（RBGl. 第 195 页），2002 年 1 月 2 日重新颁布（BGBl. I 第 42 页，校订第 2909 条；2003 I 第 738 页），2011 年 7 月 27 日最后修订（BGBl. I 1600 页）。

339 参见民法典第 705 条。

340 参见民法典第 706 条。

341 参见 Klunzinger, Eugen（1996），第 34 页。

342 参见 Riegger, Bodo/Weipert, Lutz 编（1995），第 3-5 页；Eisenhardt, Ulrich（1994），第 22-24 页。

343 参见 Eisenhardt, Ulrich（1994），第 25 页。

344 参见 Eisenhardt, Ulrich（1994），第 26 页。

345 参见民法典第 709 条。

346 参见 Kistenmacher, Hans 等人（1994），第 139 页。

347 参见民法典第 718 条。

注册协会（e.V.）

对协会的规定可见民法典第 21 条及后续条款和第 55 条及后续条款。按照民法典第 21 条及后续条款，协会是私法性质的组织形式，在德国具有重要传统[348]。

协会是多名人员为达成自设的共同目标而建立的长期组织，这一点和公司类似。两者关键性的区别在于法人组成[349]。全体成员大会和理事会是法律强制规定的协会组织结构[350]。通过对协会章程进行相应设置，还可以增加如管理委员会、顾问委员会等组织结构。由于这方面缺乏相应规定，因此设置上自由度很大。理事会可以由多人组成，是协会运营的法律代表，也是协会的代理机构。它的代理范围可以通过章程进行限定[351]。全体成员大会是协会和理事会的最高监管及控制组织[352]。

根据是否以商业经营为目的，民法典把协会分为营利协会[353]和非营利协会[354]。此外，在法律层面，协会也分为注册协会和非注册协会，但两者在目标设定、功能和组织上并无区别。它们的根本区别在法律分类上：与非注册协会不同，注册协会（e.V.）具有独立法人资格，因此具有法律资格[355]。

基金会

由于多种原因，基金会作为私法性质组织形式越来越受欢迎[356]。有关私法性质基金会的法规可参照民法典第 80 条及后续条款[357]。

具有法律资格的基金会必须满足两个前提条件，才能作为私法性质的法人成立[358]：第一必须具有私法性质的捐赠行为，第二要有州法律的许可。私法的捐赠行为是捐赠者单方面发布具有法律效力的表态，为了使基金会作为独立法人为实现某个既定目标而成立。基金会目标的确定属于基金捐赠的重要内容[359]。在世捐赠行为

348　参见 Eisenhardt, Ulrich（1994），第 55-56 页。
349　参见 Eisenhardt, Ulrich（1994），第 56 页。
350　参见民法典第 26 及 32 条。
351　参见民法典第 26-28 条。
352　参见民法典第 32-34 条。
353　参见民法典第 21 条。
354　参见民法典第 22 条。
355　参见 Eisenhardt, Ulrich（1994），第 56 页。
356　参见 Eisenhardt, Ulrich（1996），第 95 页。
357　1896 年 8 月 18 日编撰完成的民法典（BGB）（RBGl. 第 195 页），2002 年 1 月 2 日重新颁布（BGBl. I 第 42 页，校订第 2909 页；2003 I 第 738 页），2011 年 7 月 27 日最后修订（BGBl. I 第 1600 页）。
358　参见民法典第 80 条。
359　参见 Eisenhardt, Ulrich（1994），第 94 条。

需要书面形式确立，在州法院批准之前捐赠者可以撤回[360]；而死者的捐赠可以作为遗产由基金会继承或者通过遗嘱完成[361]。协会法规定，基金会必须设立理事会来行使管理，并对外代表基金会[362]。除了理事会外，只要在章程中作出规定，还可以针对某项业务委派特别代表[363]。

　　根据所选标准，表 2、表 3 可对上述各组织形式进行概括，分别归纳了跨城镇合作的公法和私法性质组织形式。

跨城镇合作的公法性质组织形式　　　　　　　　　　　　　　　　表 2

标准	公法性质组织形式		
	城镇工作联合体	公法协定	同旨协会
法律基础	巴登 - 符腾堡州没有明确法律规定，但存在可能性	巴登 - 符腾堡州城镇合作法（GKZ）第 25 条及后续条款	巴登 - 符腾堡州城镇合作法（GKZ）第 2 条及后续条款
法人	无独立法人	无独立法人	公法独立法人
涉及协议的内容 / 方式	对规划进行共同咨询、协调与协定，无义务约束	承担 / 执行特定任务，有义务约束	联合完成特定任务，有义务约束
成立	合同协议	书面协议，监管部门批准	协会章程，监管部门批准
组织形式	无特别组织要求	无特别组织要求	协会全体大会、大会主席、主席
管理	通过合同规定，无领导人权限	通过协定，由执行及承担任务的地方政府运营管理	由主席单位运营管理
人员	参与单位的工作人员	通过协定，由执行及承担任务的地方政府承担	成员城镇自身或借调员工（薪酬由协会支付）
地方施加影响	很小，缺乏关联度	执行或承担任务的地方政府委员会（按具体约定）	仅通过协会全体大会
责任	单个成员	执行或承担任务方的地方政府	同旨协会
私人参与	原则上允许	原则上允许	原则上允许
运营资金	非正式，因此不必要	委托方给任务受托方的报酬	会员费、其他费用由成员分摊费用
终止解散方式	解散 / 目标达成	解散 / 到期	解散 / 全体成员大会决议 / 协议

来源：根据 Schwarz-Jung, Silvia（1993），第 48 页及 Rhein, Kay-Uwe（1994），第 726 页的归纳。

360　参见民法典第 81 条。
361　参见民法典第 83 条。
362　参见民法典第 86 条，与第 20 页进行比较。
363　参见民法典第 86 条，与第 30 页进行比较。

跨城镇合作的私法性质组织形式 `表3

标准	私法性质组织形式				
	基金会	民事合伙公司	注册协会	有限责任公司	股份公司
法律基础	民法典第80条及后续条款	民法典第705条及后续条款	民法典第21条及后续条款，参照第55条及之后条款	有限责任公司法	股份公司法
法人	独立法人	无独立法人	独立法人	独立法人	独立法人
资金承担	捐赠者	股东	协会成员	股东	股东
成立	捐赠行为及州法批准	股东合约、形式不限	章程规定、协会注册登记	股东决议、商业登记注册	股东决议、商业登记注册
最低资本	无	无	无	25000欧元	50000欧元
机关/委员会	董事会/理事会（可选）	总经理	理事会/全体成员大会	总经理，监事会（可选）、股东大会	主席、监事会（必选）、全体成员大会
管理	主席	总经理	理事会	总经理	董事会
人员	自有人员	自有人员	自有人员	自有人员	自有人员
责任	基金会财产	股东全责或以公司资产负有限责任	成员全责或以公司资产负有限责任	原始资本	原始资本
终止	州法批准及捐赠人同意	成员决议	全体成员大会决议、合同约定、解约、法院决定	股东决定、合同约定、解约、法院判决、破产程序	股东决定、合同约定、解约、法院判决、破产程序

来源：根据 Schwarz-Jung, Silvia（1993），第48页及 Rhein, Kay-Uwe（1994），第727页的归纳。

2.6 对上述组织形式的评价

2.6.1 引言

上面介绍了德国公法和私法性质组织形式的基本特征。在城镇经济促进工作中，这些形式在法律上都被许可用于实现跨城镇合作机构化和完成共同任务[364]。然而，在实践中，这些形式是否合适，仍然有待探讨。下面将有选择地梳理专业文献中对这些形式的评估，并尝试回答这一问题。对每种组织形式都将在城镇经济促进工作的跨城镇合作背景考虑下，略举它们的优缺点，并简单加以评论。对各组织形式的实践指导请参见第5.8节。

---

364 参见 Kistenmacher, Hans 等人（1994），第143页。

2.6.2 公法性质组织形式

城镇工作联合体

成立手续便捷是城镇工作联合体的显著优点，仅仅需要缔结公法合约并记录监管部门的信息[365]。不仅如此，城镇工作联合体不需要另外成立新的法人或法人组织，也接纳其他公法团体和私法的自然人或法人参与，这些都是它的实际优势。但城镇工作联合体的缺陷在于，它仅仅局限于单纯的协调和顾问工作，往往无法缔结对各个参与方都有法律约束力的决议。此外，城镇工作联合体事实上最多仅适合于不太重要的城镇政策性任务，是否适合投入城镇经济促进工作还尚存疑问。在缺乏措施、贯彻能力与财力的情况下，城镇工作联合体更适用于沟通实际合作需求和随后的具体项目筹备，如共同准备工商业用地等。在实际工作中，相邻城镇在协调专业规划，如规划土地使用或区域公共交通车次安排时，也往往倾向于使用城镇工作联合体的形式。

公法协定

在城镇经济促进实际工作中，仅在少数例外情况下，城镇合作才采用公法协定建立合作机构[366]。公法性质的特征其实原本适合所有城镇主权的任务，如工商业用地划拨等任务。相较于同旨协会，公法协定的组织形式也更加灵活。尽管如此，在公法协定的实践中，往往是由某一参与方单方面承担任务，它与其他参与方与其说是伙伴关系，倒不如更像领养关系。因此，基本上仅在合作伙伴出现财力或行政等方面非常不平衡的情况时，公法协定才被投入使用。此外，公法协定也仅适合完成单一、简单、技术优先的行政任务，并且不应涉及重要的地方政策[367]。公法协定不允许私营机构直接参与，或在其中发挥影响力，这也阻碍了私营机构在城镇经济促进工作中自由发挥主动和积极性[368]。

同旨协会

如上文所述，在德国城镇事务诸多领域的跨城镇合作中，同旨协会一直以来都占有重要位置，也是城镇经济促进工作的典型组织形式[369]。在跨城镇合作机构化过程中，同旨协会的优势在于成立成本相对较低：仅需要理事会的同意、缔结公法性

365　接下来参见 Krieger, Fritz（1994），第 13 页；Kistenmacher, Hans 等人（1994），第 148 页。
366　接下来参见 Krieger, Fritz（1994），第 13 页；Kistenmacher, Hans 等人（1994），第 147-148 页。
367　参见 Hauser, Werner（1987），第 198 页。
368　参见 Kistenmacher, Hans 等人（1994），第 155 页。
369　参见 Krieger, Fritz（1994），第 13-14 页；Kistenmacher, Hans 等人（1994），第 144-146 页。

质的合约、监管部门批准并进行公示。此外，允许相关部门广泛参与，并且原则上开放私法的自然人或法人参与合作，都是它的优势所在。尤其在涉及明确、与其他任务界限清晰的任务时，同旨协会是非常有效的承担组织。通过根据成员能力来设置分摊费用，可以解决执行任务需要的花销[370]。

同旨协会的优势还有：提高政府行为对参与方的透明度；通过对外公开城镇合作意向的文件来增进公众的接受和信任；通过国家对经济行政管理合法性的监督来增强协会中潜在投资者的信任；通过协会全体大会民主合法地执行任务来保障城镇自治。除了这些优点外，由于协会的成立和解散都需要消耗组织成本，同旨协会在跨城镇合作中往往作为长期机构存在[371]。

另一方面，同旨协会的主要缺陷在于，私人及私营利益团体难以满足合法参与的条件；协会全体大会中建立长期（顾问）委员会或咨询委员会的可能性极低；协会任务设置的严格法律限定导致灵活性较低、行政成本较高以及整体经营复杂[372]。因此，在实践中，同旨协会尤其适合城镇经济促进中商业可用地划拨相关的重要战略性任务[373]。

2.6.3　私法性质的组织形式

在城镇经济促进中，所有私法组织形式原则上并不适于参与涉及地方主权的政府事务，比如工商业用地划拨等。相应的是，对城镇经济促进中所有非地方主权的任务而言，这些组织形式的适用性是不成问题的[374]。对此而言，虽然城镇受宪法保障，有权为了实现任务自主选择最适合的组织形式（选择自由），不过，这一权力也会受到进一步的限制[375]。

股份公司（AG）

尽管股份公司具有私法组织形式通常具备的典型优点，然而在实际工作中，出于多种原因，股份公司被证明并不适合作为城镇经济促进的跨城镇合作机构，应该在一开始就不予考虑[376]。首先，由于城镇或股东在全体成员大会上作为法人的职能存在法律限制，那么面对根据股份公司法第 76 条可独立负责运营的董事会，城镇

370　参见 Winkel, Rainer（1992），第 57-59 页；Kistenmacher, Hans 等人（1994），第 145 页。

371　参见 Kistenmacher, Hans 等人（1994），第 145-146 页。

372　参见 Asche, Michael/Krieger, Fritz（1990），第 12 页；Kistenmacher, Hans 等人（1994），第 146-147 页。

373　参见 Kistenmacher, Hans 等人（1994），第 144 页。

374　参见 Kistenmacher, Hans 等人（1994），第 156 页。

375　参见 Kistenmacher, Hans 等人（1994），第 143 页。

376　参见 Kistenmacher, Hans 等人（1994），第 149-150 页。

无法确保可以施加符合城镇宪法必需的影响。由于联邦法律层面的公司法以股份法形式出现，原则上相对于城镇法的法规享有优先权，城镇影响力因而也无法通过合约或章程条款得到保障。其次，资本市场的占用以及相应的上市能力在城镇经济促进的跨城镇合作中也完全不是必要的[377]，因而无须推荐使用股份公司的形式。此外，股份公司的成立成本较高，对建立跨城镇合作机构而言也被视为劣势。

有限责任公司（GmbH）

有限责任公司（GmbH）通常具有多方面的优势[378]。首先，有限责任公司能够使地区公共部门和私营机构都不受限制地参与，这对城镇经济促进的跨城镇合作非常重要。拥有地方银行和相关企业的参与，加上有限责任公司自身对持续性发展的重视，可以为任务执行找到更有力的资金解决方案，同时也能实现不同利益群体的广泛参与。和股份公司相似，以私法形式执行事务，能对企业和市民的接受与信任产生很大的心理影响。但相较于股份公司，有限责任公司可以额外成立委员会，拥有更高的组织自由度和共同参与权。有限责任公司能够成立强有力的全体股东大会，理想情况下城镇代表应占多数，至少也能够实现公私合作。有限责任公司的另一优势在于可以放松往往约束过紧的城镇法规，不仅在资金和人力资源方面有优势，而且也具有更强的机动性，决策过程也更迅速。最后，从地方财政的角度，例如在营销工商业用地时，选择有限责任公司作为资本公司也有利于盈利。

依据区位稳定法（StandOG）[379]，经济促进公司可以在公司所得税、营业税以及从税金认定年 1993 年起的财产税方面获得免税优惠[380]。

有限责任公司作为跨城镇合作的组织机构也有弊端，如经济促进类公共任务的执行缺乏对业务的法律监督，组织部门的决策过程不公开，存在失去监督和控制的潜在危险等[381]。不过，这些弊端都可以通过必要的措施加以遏制，例如最后一点可以通过两种手段加以限制：一方面可以向公司大会或监事会（虽非必选，但很有优势）派遣城镇代表；另一方面可以设置公司合同的相应规定，来改变城镇股东和总经理

377　参见 Kistenmacher, Hans 等人（1994），第 150 页及第 157 页。

378　参见 Krieger, Fritz（1994），第 12-13 页；Kistenmacher, Hans 等人（1994），第 150-152 页。

379　为保障德国在欧洲境内市场作为经济所在地的地位，1993 年 9 月 13 日颁发了改善税收条件的法律（BGBl. I 1993 第 1569-1593 页）。

380　根据联邦财政部 1996 年 1 月 4 日颁发公文 IV B7－S 2783，根据 KStG 第 1 条第 1 款 1 项，以资本公司作为法律形式的经济促进署在一定前提条件下予以免除公司所得税、营业税以及财产税。重要前提是该经济促进署的股东必须以地方政府（联邦、联邦州、乡镇和区域协会）占多数，即地方政府必须直接占股东的半数以上并掌握投票权的多数。就此而言，其他公法社团如工商大会或储蓄银行的参与并未被考虑在内，参见 BStBl. I 1996 第 54 页。然而德国从 1996 年末开始就不再征收财产税，因为联邦高院于 1995 年宣布该税违背了宪法精神。

381　参见 Kistenmacher, Hans 等人（1994），第 153 页。

之间的权限分配，并有效预防失去监督及控制的可能。任何情况下，有限责任公司的"主人"一定是（城镇）股东[382]。综上所述，有限责任公司这一私法组织形式基本适用于城镇经济促进跨城镇合作的所有非主权任务领域。在项目管理涉及大型工商业用地的开发，并对基础设施有较高要求，同时也需要资金灵活与设施持续可用时，尤其适合采用有限责任公司作为解决方案。

民事合伙公司（GdbR）

民事合伙公司（GdbR）是所有人合公司的基本形式。它的优势在于，其成立成本比其他私法组织形式都要低[383]。一致同意原则是该组织形式的典型特征，这一原则保护单个股东不受多数票决议否决，确保少数派对公司及其经营也能保有很强的影响力。但一致同意原则也有重要弊端：至少在股东人数较多时，公司的执行能力会遭受强烈掣肘[384]。

注册协会（e.V.）

对城镇经济促进的跨城镇合作来说，注册协会是否适合作为机构尚难评判。一方面，与已介绍的其他私法组织形式相比，它具有一个决定性优势，即可为潜在会员创造容易进入协会的机会，必要时退会也很容易。这方面，对各界经济人士来说，注册协会这一形式可充分保障他们广泛参与的灵活性。另一方面，灵活性的优势也存在缺陷，比如大幅度的修改框架条件往往能引发合作不稳定的潜在危险[385]；此外，由于协会权利不受责任限制，注册协会的城镇会员不能参与经营和盈利[386]。因此，选择组织形式时应仔细权衡，对有计划的中长期城镇经济促进工作来说，在考虑注重可持续的长期合作时，尤其在招商引资、现有企业维护与区位营销方面，是否适合采用协会这种不稳定的形式。

私法性质的基金会

最后，成立私法性质的基金会也有不少优势[387]：一方面基金会有责任限定，作为独立法人，基金会财产承担有限责任，并且原则上可以同时承担一个或者多个公司。另一方面，基金会在成立委员会方面也有灵活性优势。

---

382 参见 Ruter, Rudolf X.（1994），第 808-809 页。
383 参见 Hauser, Werner（1987），第 196 页。
384 参见 Hauser, Werner（1987），第 200 页。
385 参见 Kistenmacher, Hans 等人（1994），第 157-158 页。
386 参见 Kistenmacher, Hans 等人（1994），第 154 页。
387 参见 Eisenhardt, Ulrich（1996），第 96 页。

基金会的主要弊端在于，除了必要的州法批准外，还需在基金会档案中详细记录有关资产捐赠、目标设定以及资产使用等信息，并且不允许之后对任务设置进行任何更改。这意味着基金会缺乏必要的灵活性，不能够适应城镇经济促进工作中发生的任务设置和重点的变化[388]。此外，在法律上，基金会的全部资产由捐赠者永久出让，必须转让给基金会。基金会在资金和法律上的高度"自主"会导致在地方经济促进中，除了地方政府以外的区域政经要人在捐赠时，可能仅做象征性的捐赠。针对一名或多名捐赠人想要退出基金会的情况，基金会法也没有相关规定。由于捐赠资产不可能退回，退出基金会机构的可能性也是个疑问。因此，作为跨城镇合作的机构，基金会仅适合一些对城镇政策不重要的、通过一次性注入资本即可实现目标的合作项目[389]。

---

388 参见 Kistenmacher, Hans 等人（1994），第 157 页。
389 参见 Hauser, Werner（1987），第 210-211 页。

3 经济促进的区域化

3.1 "区域"和"区域化"的概念

不管在理论还是实践中,"区域"这一概念都引起了极大的关注,特别在有关"区域的欧洲"和越来越多被提及的"区域竞争"的政治学与经济学的讨论中[390],文献中有大量记载尝试框定这一概念的内容,但都不够准确。根据使用的语境不同,对这一概念的理解需要结合许多不同的相关要素,如大小规模、界定标准或者区域认定的功能等[391]。因此,"区域"在现在并没有明确轮廓,更多是一个多方面、多层次、模糊不清的概念[392]。

从词源学的角度来看,"区域"(region)这个词起源于 15 世纪,是从拉丁语"regio"而来,意为地方、领域等[393]。一般来说,区域可以用来表达一个整体空间中面积中等、彼此关联,并且具有一定特征的部分空间[394]。进一步观察,区域概念并不用表述得这么复杂[395]。一方面,一块中等大小的区域这一说法并不准确。和法国不同,德意志联邦共和国并不设置中等层级的机构性或行政性区域。因此,在过去或当代日常用语习惯中,"区域"这一概念用来指代那些高于本地关联、却又低于国家层级的地域结构,形容词则用"区域性"来表述[396]。根据德意志联邦共和国行政划分,区域具体应理解为介于"县"和"州"之间的层级。然而必须指出,这里的"县"仅指州级县,而那些不属于州级县管辖的、与州级县平级的州属市[397]具有明显的本地关联[398]。另一方面,"区域"的定义标准因不同的研究目标而异。比如政治学讨论的是确定政治上的区域,这是民主欧洲的共同基石[399]。经济学的讨论则与此不同,首要关注经济意义上的区域。

---

390 参考:例如 Knemeyer, Franz-Ludwig(1994);Mäding, Heinrich(1992),第 205-207 页。

391 参见 Reich, Silvia(1995),第 23 页。

392 参见 Mecking, Christoph(1995),第 54 页。

393 参见 Kluge, Friedrich(1995),第 675 页。

394 参见 Lange, Klaus(1970),第 2706 页;Sinz, Manfred(1995),第 805 页。

395 参见 Speiser, Béatrice(1993),第 192 页。

396 参见 Sinz, Manfred(1995),第 805 页。

397 在巴登 - 符腾堡州也被称为"州级市"。

398 参见 Mecking, Christoph(1995),第 65 页。

399 参见 Bauer, Ursula(1994),第 8-9 页。

关于"区域化"概念

同样，"区域化"这一概念迄今为止也没有最终定义[400]。在当代的讨论中，对概念的阐释首先存在两种不同的学术传统。一种是以专业政策区域化的角度，即将地区空间纳入政治结构和现有的学术分析与诊断中阐释。另一种则更多将其解释为整个空间根据不同问题进行结构化的技术过程。根据劳施曼（LAUSCHMANN 1970）的结论，区域政策中对区域的界定和构建有三项基本原则[401]，即可对空间根据同质性原则（或相似原则）、功能性原则（或紧密关联原则）或根据专业政策项目与措施来进行界定划分。按照前两项原则进行构建与分类的区域具有描述性（学术）特征，而根据第三项原则构建并分类的区域则更多具有（行政规划与政策性的）规范标准特征[402]。

不过，在过去几年中，有两种新的"区域化"定义变得越来越重要。一是在当今政治讨论中将区域化理解为国家和各地区之间（专业）政策的分离；另一方面，在城镇层面上，区域化通常是指实现城镇任务的跨地区或城镇间的组织[403]。

本书对"区域化"概念的理解基于上述定义中的最后一个表述。在下文的叙述中，"区域化"仅指城镇经济促进及其机构的跨城镇与城镇间合作。

霍伊尔（HEUER 1985）认为，城镇经济促进工作中区域化的本质不是将某些职责完全转让给上级主管部门，而更多是指相互之间通过合约协定的话语权和参与权的划分，以确保信息和经验的持续交流，寻找共同的问题解决方案[404]。在城镇经济促进的体系中，成功的城镇间合作可以在很大程度上为复杂问题提供有效的部分解决方案。

3.2　城镇间竞争与合作

3.2.1　起步状况：区位竞争

如前所述，城镇间的合作如今几乎涵盖了城镇市政工作的各个方面。尤其在涉及共同提供有形基础设施时，例如医院、急救服务、整体供给和污废处理等，在现代化政府实践中，长久以来都引入了跨城镇合作。

但在城镇经济促进工作中并非如此：正是这块城镇政策上的高度"敏感"区，

400　参见 Back, Hans-Jürgen（1995），第821页。
401　参见 Lauschmann, Elisabeth（1970），第18-19页；类似还可见 Sinz, Manfred（1995），第806-807页。
402　参见 Sinz, Manfred（1995），第807页。
403　参见 Back, Hans-Jürgen（1995），第822页。
404　参见 Heuer, Hans（1985），第171页。

一直以来都是城市和地方之间明显的（横向）竞争思想交锋之处。这种思想可能用"市长竞争"和"本位主义"这两个不算明确但常被引用的政治标语来形容最为贴切。即使在行政大区内的城镇和上一级行政大区之间也不乏竞争意识（所谓纵向竞争）。

针对经济促进中城镇合作意愿与竞争思想的基本状况，霍伊尔（HEUER 1985）做了如下的简要总结："对于城镇间合作的讨论虽多，实践的却很少。对这样的情况，城镇间的竞争要比实际障碍起到更大的影响"[405]。

正如上文对城镇经济促进历史发展的介绍，中世纪的城邦经济就已经开始注重吸引手工业者和商人。当时的城邦领主为了吸引商家，向他们许诺种种好处，并给予充分自由[406]。

在19世纪后半叶的德国经济繁荣年代（1870～1914年——译者注），德国城镇开始招揽重要的工业企业落户本地，其中，巴斯夫（BASF）落户莱茵河畔的路德维希港就是一个从战略观点看极具指向性的成功案例[407]。当时，路德维希港领主在与邻城曼海姆多年竞争中，通过向巴斯夫（BASF）授予开发权，赢得了这一重要工业企业落户。在接下来的几年中，巴斯夫又陆续吸引了其他企业入驻，为路德维希港由先前单一的贸易型经济结构转向多样化做出了贡献。

第一次世界大战之后，为吸引强大的工业和商业企业，德国各地普遍掀起了一轮新的竞争浪潮。为此，很多地方都必须重建战时被摧毁或拆除的工厂设施。

当时，韦伯（WEBER 1925）对城镇采取的"侵略性"工业招商政策持批判态度，他的评论切中肯綮："一些城镇不惜一切代价招纳工业企业，难免让人觉得，过分的地方主义，或更严重的草率上马项目，有可能会埋下弹簧效应的隐患。"[408]

如果关于德国城镇招商引资实际情况的报道属实，这一论断也许至今仍然适用[409]。根据基于实践基础的不同城镇科学调查，尤其是德国城市研究所（Difu）的研究，可证实各地招商竞争的情况至今并未有实质性的改变。最晚从20世纪70年代中期起，城镇之间的竞争又进一步加剧。

3.2.2 城镇间竞争加剧的原因

城镇间竞争加剧的主要原因在于，20世纪70年代早期以来，城镇政策普遍框架条件都在发生改变。相较而言，五六十年代的城镇经济促进并没有碰到太大阻碍，

405 参见 Heuer, Hans（1985），第169页。
406 参见 Wilden, Josef（1923），第126页。
407 参见 Herbel, Alfred（1959），第216页。
408 Weber, M.（1925），第294页。
409 参考：例如 den Report über Industrieansiedlungen in Westdeutschland in: Der SPIEGEL（1972），Hart am Rande der Legalität，第10项（1972），第44-52页。

因为国民经济环境大好、失业率极低，高效能企业落户潜力充足，通常可以保证本地经济促进任务顺利完成。随着 70 年代失业率增加，新落户的工业企业数量大幅下滑。当时，每年有意迁址的工业企业平均只有大约 500 家，而整个联邦德国有强烈招商意愿的城镇却超过 8500 个[410]。

城镇间竞争加剧还有特殊原因[411]。其他潜在矛盾一方面来自人口经济密集地区的内部，这里面临着劳动力和居民流失，以及企业从核心城市迁至周边地区等问题。另一方面矛盾产生于密集地区和外围地区之间，后者空间结构大多不合理，更加剧了地方吸引力的落差。城镇间竞争一直体现在就业岗位和税收上，由于招商引资是典型的"买方市场"，在僧多粥少的局面下，企业就可以向招商的城镇施加条件。

如今，即使是在 1988～1992 年，或者 2006 年中期至 2008 年初的经济繁荣阶段，实际调查[412]显示的区域间工业企业新落户的潜能也仍然非常低。同时，随着两德统一与随后的区域改革及合并，相互竞争的城镇数量也增至近 11400[413]，其中增加的城市达到 2000 个，使得局面雪上加霜。如此形势下，在经济促进和区位营销工作中，仅靠城镇单枪匹马进行多方活动只会前景渺茫了[414]。

3.2.3 合作的必要性

尽管一直以来各个城镇或多或少都为了吸引经济强势企业而处于竞争关系，由于成功招商的难度不断加大，从 20 世纪 80 年代中期开始，各地经济促进战略不仅仅单方面追求招商促进，而是逐渐重视维护现有企业。即便如此，未来城镇经济促进的各个方面也不能只停留在各城镇或州级县各自为政的层面。

相比从前，城镇经济促进工作展开区域合作在今天变得更加必要。未来如果要成功、高效地开展城镇经济促进工作，应该更加注重公共或私人机构之间、公共与私人机构之间以区域性合作、产业集群以及战略联盟等形式进行的跨城镇合作[415]。

鉴于这种发展趋势，20 世纪 70 年代中期德国城市大会（DST）就城镇未来在经济政策中的角色出具了一份广受重视的意见书[416]。其中首次对城镇经济促进的一

410 参见 Wrobel, Bernd（1978），第 270 页。

411 参见 Heuer, Hans（1977），第 548-550 页。

412 参见 stellvertretend：Piper, Markus（1994），Das interregionale Standortwahlverhalten der In-dustrie in Deutschland. Konsequenzen für das kommunale Standortmarketing，格丁根。

413 截至 2011 年 6 月 30 日，德国境内共有 11377 座城镇（不包括 227 个无城镇区）；参见 http：//www.gemeindeverzeichnis.de（最后访问于 2011 年 9 月 15 日）。

414 参见 Piper, Markus（1994），第 229 页。

415 参见 Imhoff-Daniel, Angela（1994），第 31 页；Hollbach-Grömig, Beate（1996），第 119-120 页。

416 作者未知（1976），Die Städte in der Wirtschaftspolitik. Grundsätze kommunaler Wirt-schaftsförderung，第 195 页。

些基本原则做出了表述。尤其在规划经济结构或其他个别情况下，城镇及区域间的协调与合作是有益的，应该持续推进[417]。

由于城镇招商市场竞争日益尖锐，仅一年之后，霍伊尔（HEUER 1997）也强烈主张，应将城镇经济促进更多视为共同经济政策基础上的区域任务。他认为，尤其在问题繁多、密集交错的城乡区域，更应开发新的合作形式，以促进城镇经济促进措施的协调[418]。

作为第一位城镇经济促进地方战略区域化的明确倡导者，霍伊尔（HEUER 1985）援引其实践调研结果认为[419]："与其各个地方自相竞争，同属一个经济区域的城镇不如制定共同的经济政策方案与战略，并提供实施方案所需的资源。"

20 世纪 90 年代初期，德国城镇联盟（DStGB）在一份新方针立场文件[420]中明确主张城镇经济促进的区域化[421]："在现有的政府工作中开展跨区合作，比如商会或行政专区（德国州下面的行政区域，由州级市和州级县组成。有些州会设置行政专区作为派出机构，行政专区由行政专区主席领导。——译者注）共建地区办公室、召开地区性会议或成立发展事务署等，都会显著推动区域发展。"

此外，2002 年德国城市大会（DST）的经济促进专业委员会也出具了一份有关城镇经济促进挑战的立场说明书，在不断加剧的区位及区域竞争问题上，委员会明确申明[422]："在既定的发展形势下，面对区位和区域间为争夺少数有落户意向的企业而日益加剧的竞争，城镇迫切需要采取经济促进的新战略。当前，对城镇来说，通过不同的区位营销工具来打造共同的区位品牌刻不容缓。然而，城镇经济促进的区域化并不意味着完全放弃区位独立措施，而是更需要建立互补的结构，来巩固和加强区域整体竞争力。靠近边界线的城市尤其面临特殊挑战，需要跨界的全局观和相应的行动方案。"

三十年来，无论在城镇管理文献中，还是在城镇高层组织中，对经济促进的区域化与跨城镇合作的必要性都保有基本共识，但多年来，在城镇实际工作中并未完

417 参见作者未知（1976），Die Städte in der Wirtschaftspolitik. Grundsätze kommunaler Wirtschafts-förderung，第 198 页。

418 参见 Heuer, Hans（1977），第 551 页。

419 Heuer, Hans（1985），Instrumente lokaler Gewerbepolitik. Ergebnisse empirischer Erhebungen，Stuttgart，第 169-170 页。

420 作者未知（1993），Neue Wege in der kommunalen Wirtschaftspolitik. Anregungen des Wirtschaftsausschusses des DStGB，第 3-5 页。

421 参见作者未知（1993），10 Thesen zur Neuorientierung der kommunalen Wirtschafts- und Struktur- politik in der Region，第 7-8（7）页；Hervorhebungen im Original。

422 参见 Fachkommission Wirtschaftsförderung des Deutschen Städtetages（2002），Herausforderungen und Initiativen der kommunalen Wirtschaftsförderung，Hinweise zur kommunalen Wirt- schaftsförderung，第一期，2002 年 3 月，第 4-5 页。

全付诸实践。大量广泛的实证研究结果都从区域及跨城镇合作的视角说明了该时间段内城镇经济促进实践的现状及发展趋势，参见弗罗贝尔（WROBEL 1979）[423]，豪尔（HEUER 1985）[424]，库恩与弗略汀（KÜHN/FLOETING 1995）[425]，霍尔巴赫 - 格罗米克（HOLLBACH-GRÖMIG 1996[426]、2001[427]）和霍尔巴赫 - 格罗米克 / 弗略汀（HOLLBACH-GRÖMIG/FLOETING 2008）[428]等。

3.2.4　实证调查结果

弗罗贝尔（WROBEL 1979）的成果

作为先行者之一，弗罗贝尔（WROBEL 1979）在他涉及面广泛而综合的实证调查中，也加入了联邦德国州的城镇经济促进工作中关于跨城镇以及地区合作的若干基本问题[429]。他强调加强跨城镇合作主要有两个原因：一方面，现有的行政区域和经济区域普遍不一致，城市与周边长期存在的问题也不断加剧、迫在眉睫。另一方面，城市政府和议会的政治目标和计划往往与联邦及各州的土地规划和经济政策相龃龉。因此，尤其在跨城镇与地区自愿合作中，他看到通过将城镇经济促进工作"上升"[430]为独立城镇任务来改善这些问题局面的可能[431]。

弗罗贝尔的调研结果整体显示，在城镇实际工作中，可能的合作形式和承担者十分多样。内容上既有松散、零星的信息交流，也有合同约定的合作；机构性质上既可以用城镇工作联合体之类的公法性质组织形式，也可以成立私法组织形式的经济促进署[432]。在 118 个接受调研的城市中，近三分之一（40 个城市）拒绝与其他城

423　Wrobel, Bernd（1979），Organisation und Aufgaben kommunaler Wirtschaftsförderungsdienst- stellen und -gesellschaften. Ergebnisse zweier Umfragen, 柏林。

424　Heuer, Hans（1985），Instrumente kommunaler Gewerbepolitik. Ergebnisse empirischer Erhe- bungen, Schriften des Deutschen Instituts für Urbanistik, Bd. 73, 斯图加特等。

425　Kühn, Gerd/Floeting, Holger（1995），Kommunale Wirtschaftsförderung in Ostdeutschland, 柏林。

426　Hollbach-Grömig, Beate/Beecken, Andreas（1995），Kommunale Wirtschaftsförderung in Städten der Bundesrepublik Deutschland. Ergebnisse einer Umfrage im Überblick, in: Deutsches Institut für Urbanistik（Hrsg.），Aktuelle Information, 1995 年 10 月，第 1-10 页 sowie Hollbach-Grömig, Beate（1996），Kommunale Wirtschaftsförderung in den 90er Jahren, 柏林。

427　Hollbach-Grömig, Beate（2001），Kommunale Wirtschaftsförderung in der Bundesrepublik Deutschland, Ausgewählte Ergebnisse einer Umfrage im Jahr 2000, in: Deutsches Institut für Ur- banistik（Hrsg.），Aktuelle Information, 柏林。

428　Hollbach-Grömig, Beate/Floeting, Holger（2008），Kommunale Wirtschaftsförderung 2008– Strukturen, Handlungsfelder, Perspektiven, in: Deutsches Institut für Urbanistik（Hrsg.），Difu-Papers, 柏林。

429　Wrobel, Bernd（1979），Organisation und Aufgaben kommunaler Wirtschaftsförderungsdienst-stellen und -gesellschaften. Ergebnisse zweier Umfragen, 柏林。

430　"上升"指的是经济促进能力由城镇层级上升至更高的区域层级。

431　参见 Wrobel, Bernd（1979），第 102 页。

432　参见 Wrobel, Bernd（1979），第 102 页。

镇合作；其他三分之二（78 个城市）则相反，都开展了跨城镇的合作。此外，调查结果还显示，合作趋势在大城市特别明显，但在其中居民数量介于 20 ~ 50 万的城市合作意愿却最小。[433] 在具体的合作形式中，松散的信息交流占主导（51 个城市），其次是固定设立的工作圈以及工作联合体（38 个城市），再次是成立周边地区协会（20 个城市）或区域范围的经济促进署（14 个城市）[434]。

霍伊尔（HEUER 1985）的成果

霍伊尔（HEUER 1985）在广泛开展的调研[435] 基础上，于 1980 年对联邦德国州共 120 座居民人数过万的城市进行了调研，着重询问当地如何评价城镇经济促进中"竞争"与"合作"这对互相对立的因素。得到的回答是，在城镇政策的行为方式上，"竞争"从外在角度不可避免，而"合作"即便在内部也存在严重赤字[436]。受调研城市的回答虽然耐人寻味，却并不在意料之外。由于德国的企业落户潜力多年来持续大幅下降，城镇实际工作中不乏定向招募工商企业的现象，霍伊尔认为这是城镇招商政策中广泛流行的"策略"[437]。各地城镇在这类工作中往往使尽浑身解数，不惜一切代价争取企业落户本地，常常也会在措施与条件方面钻法律和政策的空子，打擦边球[438]。尤其在人口经济密集的地区，只要涉及经济促进话题，中心城市和周边地区之间便会关系紧张[439]。

调查中，"城镇间的竞争"仅次于"土地储备"（51%），在外部限制因素中排第二位（投票数 30%），接下来是"环保"（26%）、"经济结构"（24%）、"地理位置"（21%）、"区域间交通连接"（20%）以及"工业用地质量"（14%）[440]。在接受调研的城市中，有近三分之一认为，与邻近地区的竞争是自身经济促进政策成功实施的核心障碍。尽管如此，霍伊尔在调研中仍然得出以下结论："尽管失业率较高，在地方层面上，对问题敏感度和思想意识的培养仍需进一步推进，以便与邻近地区合作的必要性得到毫无保留的承认。"[441] 在具体合作形式方面，120 座接受调研的城市中，有 56 座城市（46.7%）和其他城镇就经济促进普遍展开了一般性的合作，至少

---

433 参见 Wrobel, Bernd（1979），第 102-103 页。

434 参见 Wrobel, Bernd（1979），第 104 页。

435 Heuer, Hans（1985），Instrumente kommunaler Gewerbepolitik. Ergebnisse empirischer Erhe-bungen, Schriften des Deutschen Instituts für Urbanistik, Bd.73，斯图加特等。

436 参见 Heuer, Hans（1985），第 108-110 页。

437 Heuer, Hans（1985），第 115 页。

438 参见 dazu Der SPIEGEL（1972），Hart am Rande der Legalität，第 10 项（1972），第 44-52 页。

439 科隆和斯图加特等城市可以作为例子。

440 参见 Heuer, Hans（1985），第 110-111 页。

441 Heuer, Hans（1985），第 146 页。

有 22 座城市（18.4%）成立了区域经济促进署，仅有 8 座城市（6.7%）和周边城镇共同规划商业用地，截至调研结束日期，有 6 座城市（5%）正在探讨和周边地区统一税收政策[442]。

库恩和弗略汀（KÜHN/FLOETING 1995）的成果

不同于上述弗罗贝尔（WROBEL 1979）和霍伊尔（HEUER 1985）的研究仅涉及联邦德国，即旧联邦州的区域，库恩和弗略汀（KÜHN/FLOETING 1995）首次在新联邦州，即民主德国联邦州进行关于城镇经济促进的实证调查[443]。1993 年，一共有 219 个居民人数过万的城市和 189 个州级县参与了书面调查。参与反馈的城市中仅有 37% 认为，与邻近地区合作是优化城镇经济促进的重要途径，而在参与调研的州级县中，有多达 53% 的受访者同意这个观点[444]。调查结果显示，在城乡结合地区，跨城镇合作尤其重要。特别是新联邦州的较大城市和大型中心城市，将改善跨城镇合作视为促进经济的重要途径[445]。新联邦州的跨城镇合作具体涵盖了许多方面，如通过共同举办活动进行非正式的经验交流、共同承担经济促进机构费用，或者共同划拨工商业用地等[446]。

霍尔巴赫 – 格罗米克（HOLLBACH–GRÖIG 1996）的成果

1995 年，共有 191 个新旧联邦州居民数量超过 5 万的城市首次接受了霍尔巴赫 - 格罗米克（HOLLBACH-GRÖMIG 1996）有关城镇经济促进现状和活动的书面问卷实证调查[447]。调研结果显示，本地和区域性网络集群是典型的大城市课题。尽管经济促进领域对此类"网络集群"（Netzwerk）尚无统一且普遍有效的定义，这个说法通常可以指本地和区域性公共与私人团体，或公私团体之间为提高区域内企业竞争力而建立的合作网络，最终为了改善就业市场，并提高整体收入水平[448]。在调研中，与宽泛的界定相对应，本地和区域化网络也被理解为城镇间多样的活动，比如城镇对私有企业网络集群的支持，或以 PPP 模式进行的公共与私人团体间的合作，或跨

---

442 参见 Heuer, Hans（1985），第 143 页。

443 Kühn, Gerd/Floeting, Holger（1995），Kommunale Wirtschaftsförderung in Ostdeutschland, 柏林。

444 参见 Kühn, Gerd/Floeting, Holger（1995），第 131 页及 138 页。

445 参见 Kühn, Gerd/Floeting, Holger（1995），第 136 页。

446 参见 Kühn, Gerd/Floeting, Holger（1995），第 136 页。

447 Hollbach-Grömig, Beate（1996），Kommunale Wirtschaftsförderung in den 90er Jahren, 柏林；以及 Hollbach-Grömig, Beate/Beecken, Andreas（1995），Kommunale Wirtschaftsförderung in Städten der Bundesrepublik Deutschland. Ergebnisse einer Umfrage im Überblick, 登载于德国城市研究所编著的最新信息，1995 年 10 月，第 1-10 页。

448 参见 Cuny, Reinhard H./Stauder, Jochen（1993），第 153 页。

城镇与跨区域的合作等。根据这一调研，在城镇经济促进中，城市之间日益加剧的区位竞争，以及不断推进的市场和企业的全球化与国际化，是本地和区域网络产生的重要原因[449]。

如今，由于对区域经济稳定和发展的重要作用，这种区域网络对区域创新环境已经产生了可持续的积极影响[450]。尽管受访者一致认为，类似网络在未来的重要性将不断增加[451]，170 个作出回复的城市中仍然有近一半（84 个城市）承认当下尚无与这类网络相关的项目或方案[452]。相应的，截至调查日期，仅有 34 个城市（20%）已实现相应方案，27 个城市（15.9%）进入构想阶段，25 个城市（14.7%）处于规划阶段。根据调研，民主德国，即新联邦州的城市对城镇经济促进中的本地与区域性网络建设这一课题的重视程度比联邦德国联邦州来得低。170 个作出回答的城市中有 140 个来自联邦德国，30 个来自民主德国。仅有 9 个民主德国城市（5.3%）已规划网络建设方案，而联邦德国城市则高达 77 个（45.3%）。

霍尔巴赫 – 格罗米克和弗略汀（HOLLBACH–GRÖIG/FLOETING 2008）的成果

2007 年底至 2008 年初,霍尔巴赫 - 格罗米克和弗略汀（HOLLBACH-GRÖIG/FLOETING 2008[453]）为了更新早期调研（霍尔巴赫 - 格罗米克 Hollbach-Grömig 1996 和 2001[454]）中关于城镇经济促进的现状、当前课题、行动领域以及前景的报告，并在充分实例的基础上记录城镇行动领域的新发展，开启了新一轮调研[455]。

这轮调研重新对居民人口过 5 万的 188 个城市的经济促进部门进行了书面问询。其中，州级县在经济促进中扮演的角色是新加入的问题。对此，34 个城镇表示，除了城镇自有经济促进机构外，在州级县也设有经济促进部门。被访地区中，6 个

449　参见 Hollbach-Grömig, Beate/Beecken, Andreas（1995），第 9 页。

450　参见 Manschwetus, Uwe（1995），第 167-169 页，以及其中提到的范例。

451　参见 Hollbach-Grömig, Beate（1996），第 87 页。

452　调研向 191 个居民人口超过五万的城市发出了问卷，其中有 158 个位于旧联邦州，33 个在新联邦州（旧联邦州指联邦德国，新联邦州指民主德国——译者注），参见 Hollbach-Grömig/Beecken（1995），第 2 页。

453　Hollbach-Grömig, Beate/Floeting, Holger（2008），Kommunale Wirtschaftsförderung 2008– Strukturen, Handlungsfelder, Perspektiven, in: Deutsches Institut für Urbanistik（编），Difu-Papers，柏林。

454　Hollbach-Grömig, Beate（2001），Kommunale Wirtschaftsförderung in der Bundesrepublik Deutschland, Ausgewählte Ergebnisse einer Umfrage im Jahr 2000，刊载于德国城市研究所编写的最新信息，柏林。

455　与德国城市研究所 2001 年问卷调查结果的对比只有部分是可能的，某些观点已经变更或不再被采纳，或者问题设置发生了变化。当时还包括了这些要点：城镇以经济为导向的行动框架条件如何、经济促进工作者应活跃在哪些主题及任务领域、在应用中要确定哪些手段发生变化以及哪些行动纲领未来更为重要等，参见 Hollbach-Grömig, Beate（2001）第 1 页。由于篇幅限制本文就不在这里对所选结果进行展开介绍了。

城镇的经济促进事务由州级县统一管理，在调研时期，它们尚未设立自己的经济促进机构。这些城镇声称，与州级县通常会有明确的分工，但只有在三种情况下才会有正式的合作协议[456]。

就这一问题，调查报告援引德国城市研究所 2007 年 6 月 14 日对"斯图加特地区经济促进署（WRS）与州首府斯图加特市经济促进局协议"所做调研为案例阐述，两项调研相互独立，并无关联[457]。

在调研中，经济促进工作者们就其日常工作最重要的课题做出了回答。2007至 2008 年度，最主要的工作任务一如既往的是推介与开发工商业用地（70.4% 及38%），其次是区位营销（41.5%）和产业集群政策（32.4%）。接下来的几项工作明显比重较低，分别是中心零售业发展（19.7%）、技术与创新促进（19%）、企业初创（13.4%）、经济基础设施改进（10.6%）以及城市营销与本地 / 区域网络构建（7.7%）。

"跨城镇合作"这一课题仅占 3.5%，远远落后于其他方面。尽管 144 个回复的地区中有 108 个（75%）将"本地 / 区域网络构建"视为当前任务，在比重上位居第一，但仅有 11 个地区（7.6%）将其视为第一要务。跨城镇合作情况类似：2007 至 2008年度有 73 个城镇（50.7%）将其视为当前课题，但仅有 5 个城镇（3.5%）视其为最重要的课题[458]。

3.3 激励与阻碍

城镇经济促进工作中跨城镇以及区域性合作的重要动机，可在相关文献[459]中找到说明。上文已经列举城镇事务中跨城镇合作带来的普遍基本优势（尤其是协调优势、规模优势以及外在效应内在化所带来的优势等）。除此之外，跨城镇合作还会给城镇经济促进带来其他许多特殊优势，在具体情况下，可为区域性合作创造特定契机。

合作优势：缓解消除城镇间恶性竞争

可以肯定，缓解消除区域内单个城镇间的恶性竞争是合作带来的重要优势[460]。如前所述，由于工业企业新落户的可能性很低，城镇招商是典型的"买方市场"。

456 参见 Hollbach-Grömig, Beate/Floeting, Holger（2008），第 3 页。
457 斯图加特经济区和州首府斯图加特市经济促进紧密合作协议请参见 http://www.stuttgart.de/img/mdb/publ/10716/15766.pdf（最后访问于 2011 年 9 月 15 日）。
458 参见 Hollbach-Grömig, Beate/Floeting, Holger（2008），第 7-8 页，含表格 2，第 8 页。
459 参见 Hatzfeld, U./Temmen, B.（1991），第 22-23 页；Winkel, Rainer（1992），第 58-59 页；Hatzfeld, Ulrich/Kahnert, Rainer（1993），第 258-259 页。Kahnert, Rainer（1993），第 247-249 页；Schwarz, Silvia R.（1993），第 523-524 页。
460 参见 Hatzfeld, U./Temmen, B.（1991），第 22 页。

寻求落户的企业数量相对较少，如果城镇之间沟通协调不足，企业便会借此向城镇施压，引起各地竞争，从这样的恶性竞争中获得不合理的财政优惠，某种程度上也会引发"带走效应"（Mitnahmeeffekten）[461]。如果各个城镇都努力推进稳定且符合自身利益的折衷方案，正如新古典主义寡头买主市场理论所说的双方互让情况，在确定地产税稽征税率时，可能达成区域内税率的自动调节[462]。

合作优势：克服资源匮乏

克服资源匮乏是城镇经济促进的另一重要合作优势。在实际情况中，这种匮乏通常体现为资金匮乏、人力不足，或者统称为资源匮乏。卡奈特（KAHNERT 1993）指出，跨城镇的合作，至少从城市建设的角度看，不少情况是受"情势所迫"[463]所驱使。尤其是短期内无法解决的工商业用地绝对紧缺、垃圾焚烧厂造成的共同威胁，或者州或区域规划造成的局限等，都属于这类被迫情况。合作常常也因为某些任务的规模超过较小城镇所能承受的范围，比如旧军事用地的置换等。

施瓦尔茨 - 容（SCHWARZ-JUNG 1993）的一项实证调研[464]证实了这一推测。该调研选取了 25 个跨城镇或公私方共同经营的城镇经济促进机构，主要就最重要的合作动机进行了问询[465]。其中 18 家机构（72%）将"共同面对某项具体难题"作为首要的合作契机，16 家机构（64%）将财政问题作为第一合作动机[466]。

合作优势：利用协同潜能

在经济促进中，通过跨城镇和区域合作对各自优势及潜能进行有效结合，也可使各参与方利用好协同潜能[467]。在企业及市场不断推进国际化和全球化的进程中，城市或乡镇作为经济和居住区位，其吸引力已越来越少地取决于单个区位条件，而更多地与整个经济区域的总体框架条件有关[468]。

461　参见有关"同步效应"的概念 Zimmermann, Horst（1987），第 339-341 页。

462　参见 Külp, Bernhard/Berthold, Norbert（1992），第 123 页和 159-161 页。在这方面，缴税率所扮演的角色和寡头垄断的货物价格相同。

463　参见 Kahnert, Rainer（1993），第 247 页。

464　参见 Schwarz-Jung, Silvia R.（1993），Überkommunale bzw. öffentlich-private Kooperation in der Wirtschaftsförderung. Eine Fragebogen-/Interviewaktion im Rahmen des Forschungspro-jektes "Regionalisierung in der kommunalen Wirtschaftsförderung"，圣奥古斯丁。

465　参见 Schwarz-Jung, Silvia R.（1993），第 11 页。

466　参见 Schwarz-Jung, Silvia R.（1993），第 14 页。

467　参见 Kahnert, Rainer（1993），第 247 页。

468　参见 Kahnert, Rainer（1993），第 246 页。

合作优势：实现区域内的重要政策和规划

相比单独完成任务，城镇经济促进合作在区域内重要政策及规划的优化实施方面更具优势。通过划拨多个城镇共同规划开发的工商业用地，可以实现符合立法意志的共同土地使用限制。此外，区域性合作还能保证农业、生态和经济方面的协调一致，减少上文所提的目标冲突。

区域性合作的成功因素

根据卡奈特（KAHNERT 1993）与哈慈菲尔德和卡奈特（HATZFELD/KAHNERT 1993）的两项研究，要实现经济促进中的跨城镇合作与公私合作，必须满足下列前提和框架条件要点[469]：

- 合作对象的界定
- 合作目标的可实现性
- 合作倡议的本地性及区域性
- 组织形式的适宜性
- 合作的自愿性
- 合作的发展前景
- 政策途径合法化
- 合作协议的持久性

3.4 区域合作的执行

3.4.1 合作需求

在形成城镇经济促进合作之前，作为必要前提，城镇必须首先探寻并明确分析城镇具体的不足之处[470]。只有当城镇无力或不愿独立提供克服资金或资源的不足时，才会（从实际角度）产生具体的合作需求。

3.4.2 合作对象

理论上，在经济促进中，城镇可以在许多方面开展不同程度的合作。潜在合作领域的多向性一方面是由于相关工作任务和可供使用的工具箱覆盖范围广；另一方面原因在于，具体社会经济和（党派）政策环境也会带来本地与区域间的差异，后

---

469 参见 Kahnert, Rainer（1993），第 249 页；Hatzfeld, Ulrich/Kahnert, Rainer（1993），第 260-261 页。
470 参见 Krieger, Fritz（1994），第 37 页。

者尤其不可小视[471]。

区域合作的三个任务领域

根据霍伊尔（HEUER 1985）和吉斯滕马赫等人（KISTENMACHER et al. 1994）的研究，在符合时代典型的先进城镇经济促进工作中，机构化的跨城镇或公私合作（从合作内容角度）尤其应用在三个任务领域[472]，分别是：

- 商业用地管理运营
- 区位共同体的共同承担
- 招商活动、现有企业维护以及区位 / 区域营销

城镇经济促进中，在传达具体合作需求，并由有意合作的城镇进一步确定合作对象之后，合作必须进入执行阶段。这一阶段必须为以下问题找到令各合作方都满意的解决方案，这决定着合作是否能够长期成功。

- 选择合作伙伴（从空间角度）
- 选择组织形式（从机构角度）
- 分摊成本与收益（从财政角度）

选择合作伙伴

3.4.3　执行中的困难

寻找合适的合作伙伴对日后长期合作的成功具有决定性的作用。通常来说，合作伙伴有两种选择方式[473]：偶然结成的合作关系或有意识、系统地寻找合作伙伴。如果合作是偶然发生的，矛盾的产生通常也是可预期的。成功的长期伙伴关系往往要经过有意识、系统地寻找、筛选才能达成。私营企业在寻找合作伙伴时，通常可以借助商贸协会特别组织的合作洽谈会，而城镇政府在经济促进工作中，要寻找合作伙伴就必须发挥主观能动性。在选择适当的合作伙伴时，不仅要注意经济和法律关系，还要注重人际关系[474]。坦诚与信任是建立长期合作稳固基础的必要前提，当然坦诚和信任并不能替代合作契约和合同条款的签订。

在经济促进实践中，城镇需要面对多种可能的合作伙伴，它们或来自城市或来自区域的公共与半公共部门，或来自各类私营领域。这些伙伴种类之丰富，囿于篇幅无法尽数。城镇储蓄银行和地区工商大会在区域经济促进中一直占据重要位置，

471　有关地方党派政策详见 Holtmann, Eberhard（1995），第 256-258 页（尤其是第 263-264 页）。
472　参见 Heuer, Hans（1985），第 170 页。Kistenmacher, Hans 等人（1994），第 124-126 页。
473　参见 Welge, Martin K.（1994），2403-2404 栏。
474　参见 Blohm, Hans（1980），1115 栏。

下文将以此为例作进一步分析。

城镇储蓄银行

适合参与城镇经济促进区域合作的首先当属各城镇的储蓄银行。作为公共事业单位，储蓄银行承担公共事务。借助城镇经济政策，储蓄银行可以服务促进城镇公共福利。区域原则，即对所在区域、所在区域的担保人和居民的经济社会需求保持机构性联系，是储蓄银行组织法的重要组成部分之一[475]。秉承该项原则，城镇的储蓄银行对巩固提高地区整体公共福利做出了重要贡献[476]。因此储蓄银行的区域原则是本地及区域经济和创新促进举措中的一项重要区域政策性规定[477]。德国城市研究所格拉布等人（GRABOW et al. 1990）的一项实证调查[478]显示，储蓄银行在经济及创新促进中的各项任务重点首先体现在企业初创及财政咨询，其次是对于初创企业的特别信贷项目、企业管理咨询、其他信息和培训活动以及介绍研发项目等[479]。

地区工商大会

除了城镇储蓄银行外，以半公共组织性质出现的、代表地区工商企业利益的地区工商大会也是潜在的合作伙伴。地区工商大会既面向经济促进，也顾及区域和本地的总体经济结构。工商大会权利暂行法规（IHK-Gesetz）[480]第一章第一条规定，代表地区所有企业整体利益并促进产业经济发展是工商大会的第一要务。除了代表整体经济利益这一功能外，根据工商大会权利暂行法规第一章第二条，工商大会也提供各种咨询和服务项目。法规还规定，工商大会可以"成立、维护并支持有利于促进产业经济的设施与机构"。因此，作为区域性机构，地区工商大会在本地和区域性经济促进中也占有重要份额[481]。根据德国城市研究所的调研结果，

475　巴登 - 符腾堡州储蓄银行法（SpG）第 6 章第 1 款，（2005 年 7 月 19 日修订版 GBl. 第 587 页），2010 年 11 月 9 日通过公务人员权益改革法进行了最后修订，对储蓄银行的公共任务进行了规范："在市场及竞争要求的基础上首先在其业务领域内加强竞争，为所有居民保障相应充足的供应，通过资金和信贷业务保障尤其是中型企业的经济体以及公共部门的运营。储蓄银行由此为城镇完成经济、区域政策、社会福利以及文化领域的任务提供支持"。有关区域原则详见 Reinelt, Iris（1990），第 42-44 页。

476　有关本地经济促进范畴内储蓄银行的活动详见 Kirchhoff, Ulrich/Müller-Godeffroy, Heinrich（1991），第 56-58 页。

477　参见 Kirchhoff, Ulrich/Müller-Godeffroy（1991），第 56 页。

478　Grabow, Busso 等人（1990），Lokale Innovations- und Technologiepolitik. Ergebnisse einer bundesweiten Erhebung，柏林。

479　参见 Grabow, Busso 等人（1990），第 39 页。

480　1956 年 12 月 18 日颁布的工商大会权利暂行法规（IHK-Gesetz）（BGBl. I 第 920 页），最后修订为 2011 年 7 月 11 日该法规第 2 条（BGBl. I 第 1341 页）。

481　参见 Fleckenstein, Kurt/Ortmeyer, August（1989），Die Industrie- und Handelskammern in der Regionalpolitik，载于 HWF, Lfg. 28，1989 年 2 月。

在本地经济和创新促进领域，工商大会的任务范围重点首先包括企业间的合作介绍，其次为财政咨询、选址咨询以及一般的企业咨询。此外还包括信息传递、咨询与继续培训等[482]。

组织形式的选择

找到合适的合作伙伴之后，在跨城镇合作机构化的过程中，合作双方的下一步需要商定共同完成任务的最优组织形式。合理性往往是选择组织形式时的决定因素[483]，但在实际操作中，决策人的个人偏好等心理因素也可能对未来组织形式的选择产生相当大的影响。本书在其他章节已经对城镇基本的选择可能和跨城镇合作的可能组织形式进行了详述，这方面内容请直接参阅相关章节。

成本与收益的分摊

在施行跨城镇合作时，城镇必须共同商定如何合理分摊所产生的成本与收益。在实际操作中，财政因素往往是合作的巨大障碍。但是，城镇部门一旦决定采取合作，务必做好准备，在出现问题时寻找令各方都满意的解决方案[484]。在跨城镇合作的财政问题上，正是"合作的共同意愿是至关重要的，要有准备在必要时放松貌似客观的'一丝不苟'"。

当合作对象涉及共同的工商业用地时，尤其要采取这样的态度。如果一片工业区覆盖了两个或两个以上城镇，可能会出现各城镇的地产稽征率不同的问题[485]。对有落户意愿的企业来说，很难考虑接受这样对外统一营销、内部稽征率不能统一的用地，因此必须对不同的稽征率进行协调。如果协调失败或政策不允许，那么可以考虑设立一段过渡时期，期间分步入驻不同地块，每次只将整块工业用地中属于同一地区的部分投入使用。

地产税的分摊

地产税的分摊与上面例子直接相关。在实际操作中，如果同一块工商业用地上存在不同的稽征率，那么对各个区位的税收根据最小公分母原则在最低稽征率的基础上进行分摊，是比较有效的解决方案。这种方案的最大收益方是稽征率最高的地区，因为通过税率"封顶"就不需要将税收收入分给其他地区[486]。

482　参见 Grabow, Busso 等人（1990），第 39 页。
483　参见 Blohm, Hans（1980），第 1115 栏。
484　Krieger, Fritz（1994），第 41 页。
485　参见 Krieger, Fritz（1994），第 38 页。
486　参见 Krieger, Fritz（1994），第 39 页。

成本与收益的分摊

在实现税收之前，各个参与的地方必须对共同的工商业用地按照规划法进行划拨、开发与营销。在实际操作中，常以人口数量比例作为分摊成本与收益的标准。当城镇之间存在较大结构性差异时，这种形式尤为适用。如果各地结构相当，则最好在各方达成共识的情况下采取等分法[487]。

3.5 实践中的合作对象

3.5.1 跨城镇的工商业区

如前所述，保质保量供应工商业用地始终是城镇经济促进引进新落户企业最重要的推动因素之一。过去 25 年中，由于城镇主要外围乡村地区的土地和资源紧缺，尽管一开始的步伐颇为踌躇，在城镇工商业用地管理事务中，首批成功试水的跨城镇合作项目仍然以共同规划、划拨、开发和营销工商业用地的形式展开，并通常称为跨城镇工商业区（IIG）。

北莱茵 - 威斯特法伦州农村与城市发展研究所对联邦德国境内几乎所有的跨城镇商业用地进行了的实证调研（ASCHE/KRIEGER 1990，KRIEGER 1994，WUSCHANSKY/KÖNIG 2006）[488]。

与当地现有跨城镇工商业用地相适应，除了北莱茵 - 威斯特法伦州外，巴登 - 符腾堡州也很早就在城镇经济促进的区域化领域占据领先地位[489]。20 世纪 90 年代中期，在克里格（KRIEGER 1994）调查的工商业共同用地项目中，三分之一的项目位于巴登 - 符腾堡州（37.3%），在 59 个项目中占 22 个。当时紧列其后的是有 16 个项目的北莱茵 - 威斯特法伦州（27.1%），再次是萨克森州（7 个项目，11.9%）和莱茵兰 - 普法尔茨州（6 个项目，10.2%）。与之差距较大的联邦州是巴伐利亚州、黑森州、萨克森安哈尔特州和图林根州，分别只有两个项目，只占全联邦德国范围内所有共同工商业用地的 3.4%。

对于巴登 - 符腾堡州的优势，人们猜想是否该州会对跨城镇工商业用地形式的

487　参见 Krieger, Fritz（1994），第 39 页。

488　Asche, Michael/Krieger, Fritz（1990），Interkommunale Zusammenarbeit-Gemeinschaftliche Industrie- und Gewerbegebiete 农村与城市研究所文献，41 册，多特蒙德，Krieger, Fritz（1994），Interkommunale Zusammenarbeit - Gemeinschaftliche Industrie- und Gewerbegebiete 农村与城市研究所文献，84 册，多特蒙德，以及 Wuschansky, Bernd/König, Kristina（2006），Interkommunale Gewerbege-biete in Deutschland, Grundlagen und Empfehlungen zur Planung, Förderung,Finanzierung, Organisation, Vermarktung 农村与城市研究所文献，Bd. 200，多特蒙德。

489　Krieger, Fritz（1994），第 19 页。

合作额外给予优先补贴[490]。事实上,在"农村地区发展项目"(ELR)框架以及欧盟"微量补贴"条例中,巴登-符腾堡州政府的确对由多个城镇合作开发的跨城镇工商业用地提供优先扶持,补贴金额高达整个投资额的40%(常规补贴额度)[491]。

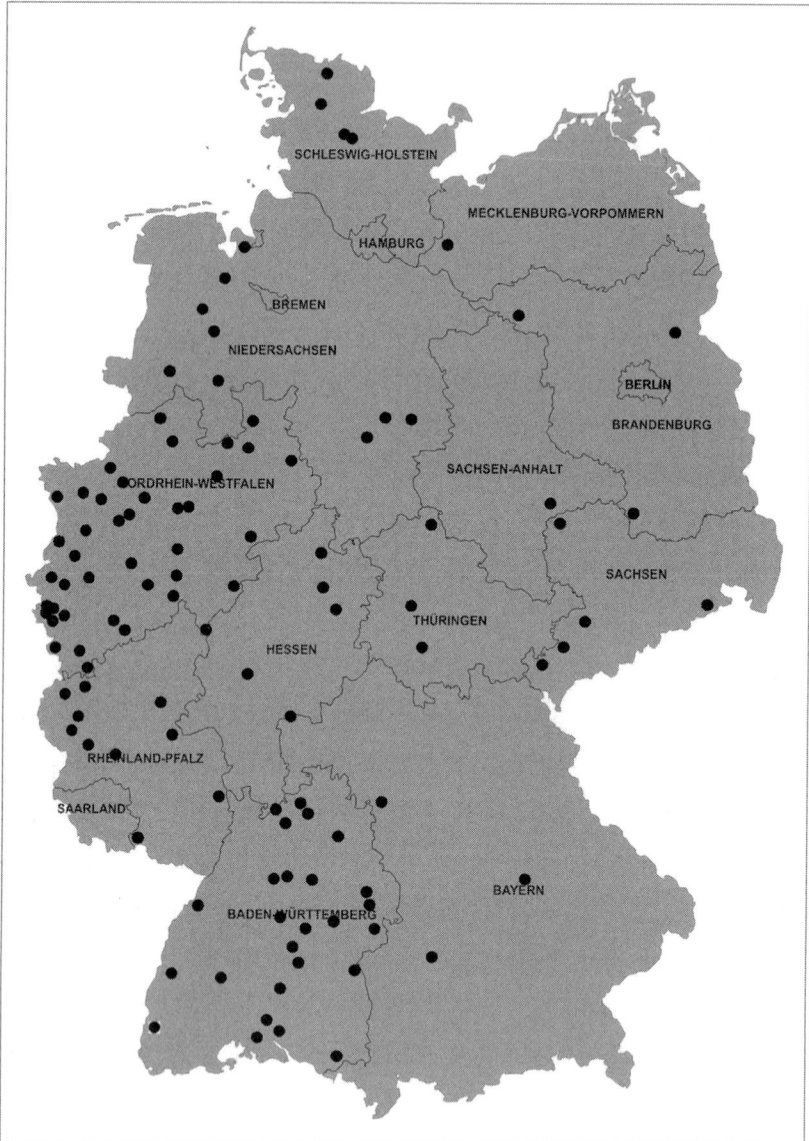

图 4 根据农村和城市发展研究所对全德跨城镇工商业用地的调研(2006)[492]

---

490 参见 Kahnert, Rainer(1993),第 249 页。

491 参见巴登-符腾堡州经济部编写文献(1993),第 10 页。根据 1996 年 10 月 25 日巴登符腾堡州经济部电讯,比如 1996 年底约有 34 个跨城镇工商业用地补贴项目。联邦德国各州对跨城镇工商业用地补贴规定详见 Wuschansky, Bernd/König, Kristina(2006),第 50-52 页。

492 根据 Wuschansky, Bernd/König, Kristina(2006)自绘图表,第 7 页。

1994 年，在全德范围内 59 个跨城镇工商业用地项目中，16 个已经投入实际运营，16 个尚在实现阶段，还有 27 个仅在意向中。这一事实表明，直到 80 年代后半期，这类任务才在城镇经济促进区域化的基础上逐渐开始持续投入实践的[493]。

伍尚斯基和科尼希（WUSCHANSKY/KÖIG 2006）根据其调研结果认为，在 1995 ~ 2000 年期间，德国规划或建设了共约 130 个跨城镇工商业用地，2000 ~ 2005 年间至少有 250 个[494]。

根据以农村与城市研究所的调研数据为基础做的图示，跨城镇工商业用地在若干联邦州呈不均匀分布（图 4）。其中大多数一直分布于北莱茵 - 威斯特法伦州和巴登 - 符腾堡州。土地面积大小不一，从 0.2 ~ 4km² 不等。仅由两个城镇互相进行合作的情况超过 60%，约 20% 是三方合作，近 10% 是四方合作[495]。

截至调研日期，对跨城镇工商业用地的法律及组织形式这一问题，38% 的项目选择了同旨协会作为组织形式，其次为占 9% 的其他公法形式，私法性质的有限责任公司占 7%。28% 的合作项目倾向于公私不同组织形式的组合[496]。这种双重解决方案的原因可能在于，公法性质的组织形式有利于土地规划、划拨和开发，而私法性质有限责任公司则特别有利于土地的运营和营销。

3.5.2 区位共同体的承载者

在城镇经济促进区域化和跨城镇合作中，以区位共同体为载体是文献理论和实践操作青睐的另一要点[497]。通常，在区位共同体中可分出两种形式，两者虽有不同，但都立足于一个中心思想，即通过将不同企业集合在一个共同区域或者一栋"建筑"中（即"一个屋檐下"），可以让这些企业从协同效应和成本优势中获益[498]。

工业和商业园区

工业和商业园区通常是区位共同体的第一种形式，这种形式的区位共同体由市场现有企业、新落户企业或者从其他工业或商业区域迁入的企业组成。这一理念由来已久。19 世纪末，曼彻斯特（Manchester 1896）和芝加哥（Chicago 1899）就建立了最早的工业园区。而在德国，工业和商业园区的发展则明显相对缓慢。直至 1963 年，第一家工业园区才在慕尼黑建立。将近 20 年之后，直至 1984 年，全德

493　Asche, Michael/Krieger, Fritz（1990）当时对全德 12 个项目进行了归纳。

494　参见 Wuschansky, Bernd/König, Kristina（2006），第 7 页。

495　参见 Wuschansky, Bernd/König, Kristina（2006），第 7 页。

496　参见 Wuschansky, Bernd/König, Kristina（2006），第 8 页。

497　Hüttermann, Armin 已经使用"地方共同体"这一概念（1985）。

498　参见 Kistenmacher, Hans 等人（1994），第 125 页。

境内注册的工业和商业园区也仅有 22 家[499]。尤其在 20 世纪 80 年代初期,许多工业和商业园区是由私人投资者规划、建造和出租,没有准确数字记录[500],因此,本书将不再介绍这种形式的区位共同体。

技术和创业中心

与此相反,在城镇经济促进的区域化和跨城镇合作中,第二种区位共同体的形式具有显著意义。在德国,这种区位共同体通常称为技术和创业中心(TGZ),其本质是工业和商业园区的一种特殊形式[501]。20 世纪 80 年代中期,技术和创业中心在德国由创新中心的独立变体发展出来,在其他国家则被称为"科技园"或"孵化器"[502]。

多次创业浪潮

1983 年,柏林创新与创业中心(BIG)的成立是德国这类中心的首例。自此,如实际情况显示,在有关本地创新和技术促进的城镇经济促进领域中,各地为争取年轻创新型的企业和创业家们展开了常规竞争。不过,地方往往期望值过高。这一城镇经济促进工具也被批评为新的"市长时尚"[503],迄今为止掀起了多次"创业浪潮"。起初,人们对这种较新的促进工具持批判和怀疑态度,视其为城镇经济促进潜在的"死胡同",甚至根本就是"海市蜃楼"。如今,技术和创业中心可以解决创新型、高质量的工作岗位,凭借这一作用,它们成为德国地方促进项目中不可或缺的部分[504]。

城市作为决定性的承担者和股东

进一步观察城镇经济促进中这类创新中心的股东、成员和承担者,也可发现创新中心的重要性。20 世纪 90 年代初期,城镇就以 29% 的绝对多数成为重要承担者,其次是各占 16% 的信贷机构和其他承担者,工商大会占 14%,而州级县占 7%,综合性大学和高等专科学校等学术机构居于末位,仅各占 1%[505]。1995 年,弗劳恩霍夫系统技术及创新研究所(ISI)对新联邦州内 24 个受联邦研究与技术部(BMFT)

499　参见 Hennings, Gerd(1995),第 480 页。

500　参见 Hennings, Gerd(1995),第 482 页。

501　参见 Hennings, Gerd(1995),同上。

502　参见 Baranowski, Guido/Groß, Bernd(编)(1996),第 23 页。

503　作者未知(1985),Technologieparks – Risse im Brutkasten,第 36-52 页,此处参见第 40 页。

504　对技术和创业中心作为城镇经济促进工具的评价参见举例,Pett, Alexander(1993)oder Behrendt, Heiko(1996)。

505　参见 Kirchhoff, Ulrich/Müller-Godeffroy, Heinrich(1991),第 49 页。

资助的技术与创业中心进行了调研[506]，也得到相似结论[507]。

据 105 家运营公司的报告，2010 年，城市以 80% 的绝对优势一如既往地保持作为创新中心和技术与创业中心的最大股东和承担者，其次是州级县、工商大会和企业，各占 30% ~ 40%；城镇储蓄银行约占 20%；经济促进署、综合性大学和高等（专科）学校、其他银行、乡镇和联邦州则分别占 10% ~ 15%[508]。

由于联邦德国缺乏官方的技术与创业中心统计数据，许多实证调研通常都以德国创新、技术与创业中心联邦协会（ADT）的年度数据为基础。这本"德国创新中心"蓝皮书被视为标准统计报告，为大量分析提供了详尽材料。

创新中心作为经济要素

根据巴拉诺夫斯基（BARANOWSKI 2010）等人的报告，德国境内广义上的创新中心至今约有 350 家，下属约 13400 家不同行业的企业，从技术导向型企业到创新促进性服务商，再到专业咨询和服务公司，从业人员和岗位约 94000 个[509]。这一数据充分说明了技术与创业中心对本地及区域区位与经济发展的重要作用。

德国创新中心的区位

创新中心以及技术和创业中心在德国的区域分布同样也不均匀。不过，这一判断以德国创新、技术与创业中心联邦协会（ADT）的报告为基础，并不保证数据的完整性（图 5）。

与跨城镇工商业用地的合作相似，北莱茵 - 威斯特法伦州在创新中心数量上也占首位。德国境内广义上的 346 家创新中心机构中有 68 家（19.7%）位于北莱茵 - 威斯特法伦州。其次是巴伐利亚州的 48 家（13.8%）、巴登 - 符腾堡州的 44 家（12.7%）[510]。与跨城镇工商业用地的情况相似，创新中心"扎堆"的原因可能也在于各州政府对其成立予以的特别经济支持。

---

506 Peschak, Franz（1995），Technologiezentren in den neuen Bundesländern. WissenschaftlicheAnalyse und Begleitung des Modellversuchs „Auf- und Ausbau von Technologie- und Gründerzentren in den neuen Bundesländern" desBundesforschungsministeriums，海德堡。

507 参见 Peschak, Franz（1995），第36-37 页。

508 参见 Glaser, Andrea（2010），Innovationszentren in Deutschland – eine statistische Bestandsaufnahme，载于 Baranowski, Guido 等人编写的《新联邦州的技术中心》2010/2011，柏林 2010，第29-31 页，此次参见第50 页。

509 参见 Glaser, Andrea（2010），第43 页。德国创新、技术与创业中心联邦协会（ADT）2010 年在全联邦德国范围内约有 150 家会员创新中心。

510 参见 Glaser, Andrea（2010），第31 页。

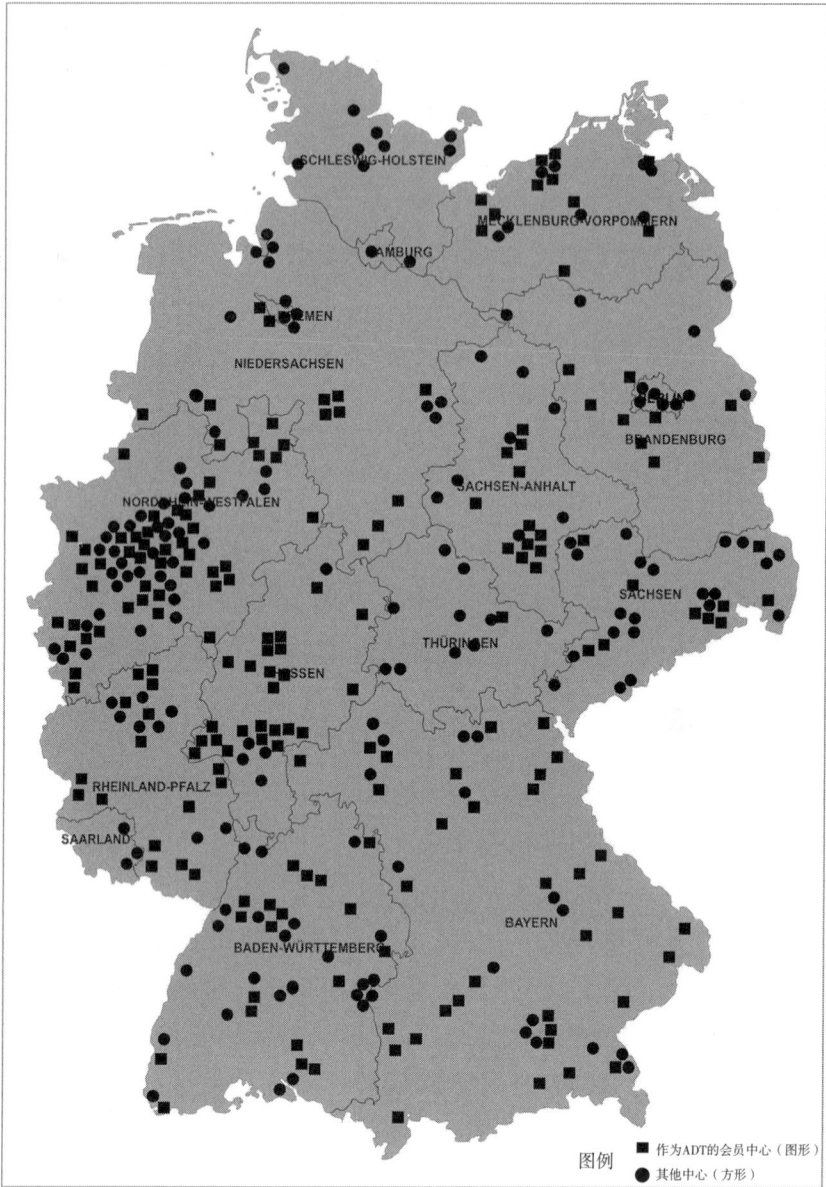

图5　德国的创新中心和技术与创业中心（根据 ADT2010）[511]

3.5.3　地方营销、招商与企业维护

　　城镇营销、招商与企业维护都是需要整套方案的战略性任务，在城镇经济促进区域化的实践中也是第三类合作对象。在这一组重要战略性任务中，跨城镇及公私

511　作为 ADT 会员的中心（圆形），其他中心（方形）根据 Baranowski, Guido（编）（2010）资料，自行绘制，第 12 页。

合作的机构化只能采取能够持续使用的组织形式，并且能够让城市或地区内经济政策方面的所有重要人物都尽可能广泛地参与进来。

区域营销的意义

近几年甚至近几十年来，以区域私法性质机构为组织形式的经济促进署已成功实施了许多州级县的整个招商和企业维护方面的任务。在"区域竞争"继续加剧的过程中，广泛的区域性区位营销或区域营销至关重要。未来，一个经济区的竞争力将比现在更多地取决于地区为城镇的区位营销所取得的支持[512]。曼施威图斯（MANSCHWETUS 1995）对此做出如下定义[513]："区域营销是一项以市场为导向的区域发展调控方案，以打造区域及其市场伙伴间的关系为工作对象。"

所谓区域的"市场伙伴"具体指的是市民、各级政府和企业。城镇范围的"区域营销"这一上级概念的特点不仅体现在实施的行政层面上，如城市（即城市营销），也和具体的对象范围有关，如区位的潜在投资者（即区位营销）。以下将区域营销理解为旨在促进区域经济发展的广泛的地区区位营销。

曼施威图斯（MANSCHWETUS 1995）对区位营销的实际操作提出建议，除了政府部门外，尤其还要引入私法性质的城镇经济促进署，与工商大会作为地区的营销机构一样，城镇经济促进署也应成为地区性区位营销或区域营销中的潜在市场营销组织[514]。城镇经济促进署的传统任务和区域营销任务很大程度上是一致的，因此他认为，城镇经济促进署非常适合作为区域营销的载体。而在实践中，城镇经济促进署提供的专项服务也确实与地区性区位营销或区域营销的各种工具高度一致。

区域营销的任务和目标

由于长期投入的综合区域营销已经远远超过了传统经济促进机构的基本任务领域，因此，传统任务领域也亟须大规模的拓展。根据这一理解，理论上经济促进署这一为人所熟悉且检验有效的形式必须做出改变，将原有特征转变为新形式的市场营销团体[515]。在实践中，这一发展得到了广泛认同。过去几年，PPP形式的区域发展及营销团体和机构逐渐成立，并优先选择成立区域经济促进署。

512　参见 Piper, Markus（1994），第 219 页。
513　Manschwetus, Uwe（1995），第 39 页。
514　参见 Manschwetus, Uwe（1995），第 304-306 页（尤其是 306-308 页）。
515　参见 Manschwetus, Uwe（1995），第 307 页。

试点:"东部鲁尔区"股份公司

作为城镇区位营销和招商范畴内跨城镇合作的最早案例,1971 年,"东鲁尔区工业招商共同体"在多特蒙德工商大会的倡议下成立了,下属于多特蒙德工商大会以及卡斯特罗普 - 劳克塞尔市、多特蒙德市、吕嫩市和乌纳州属县[516]。不过,该共同体不涉及跨城镇和 PPP 模式的机构化形式。

根据当时德国成熟且有经验工业地区的理解,那些自主成立的行动共同体为工业招商的相关问题拓展了新的视野和维度,并提出下列主要目标:与当地政府合作以避免经济促进路线的错误发展,协调城镇规划以避免过度投资,共同展示地区区位优势以大力提升在区位竞争中的优势和地位[517]。

通过东鲁尔区的成功合作,"该地区内某些企业对资源的消耗得到了大范围的控制"[518],因此,相邻的明斯特地区和亚琛地区也借鉴并采取了类似举措[519]。

以经济促进署为焦点

城镇经济促进署从政府部门脱离出来,并采取私法性质的组织形式,工作重点在于维护现有企业、招商引资以及区位营销,并起到衔接经济与政府的作用。最晚自 20 世纪 80 年代末起,城镇经济促进署就不断成为联邦[520]和联邦州[521]范围内的研究对象。弗罗贝尔(WROBEL 1979)在他的实证调研中[522]研究了共 51 个私法组织形式的经济促进署[523]。在 40 个参与回复的机构中,9 家为城市经济促进署,31 家为区域经济促进署[524]。调查表明,这些机构大部分成立于 1965 ~ 1969 年,其中包括 3 家城市经济促进署与 13 家区域经济促进署。一半以上的机构已经运营超过 10 年,也就是说,样本机构在观察时间段内运营相当稳定[525]。

1988 年,科罗尔和乌里茨卡(KRÖLL/ULITZKA)提交了关于联邦德国的

---

516 参见 Industrie- und Handelskammer zu Dortmund (1972), Das östliche Ruhrgebiet. Die neue Dimension für Industrieansiedlung, 多特蒙德。

517 参见 Stark, Klaus-Dieter(1978),第 147 页。

518 Stark, Klaus-Dieter(1978),第 148 页。

519 参考:例如 Stark, Klaus-Dieter(1978),第 149 页。

520 参考:例如 Wrobel, Bernd(1979)。

521 北莱茵 - 威斯特法伦州的情况参见:Stark, Klaus-Dieter(1978);鲁尔区及周边山区:Grätz, Christian(1983);石勒苏益格 - 荷尔斯泰因州:Sartowski, Roman(1989);下萨克森州:Imhoff-Daniel, Angela(1994)。

522 Wrobel, Bernd(1979), Organisation und Aufgaben kommunaler Wirtschaftsförderungsdienststellen und -gesellschaften. Ergebnisse zweier Umfragen, 柏林。

523 参见 Wrobel, Bernd(1979),第 257 页。

524 参见 Worbel, Bernd(1979),第 258 页。

525 参见 Wrobel, Bernd(1979),第 259-260 页。

最后一份统计，对联邦德国境内超过 60 家经济促进署进行了调查[526]。根据施弗尔（SCHIEFER 1989）的结论，从这一数据中如果去除当时黑森、北莱茵 - 威斯特法伦、莱茵兰 - 普法尔茨、萨尔、石勒苏益格 - 荷尔斯泰因 5 个联邦州以及柏林、不来梅和汉堡 3 个直辖市州层面的经济促进署，有 55 家成立于 1990 年两德统一之前的城镇经济促进署采用了有限责任公司的法律形式[527]。

直到 1994 年，在民主德国境内成立的城镇经济促进署才出现官方数据[528]。到那时为止，共有 44 家经济促进和发展署是以有限责任公司或合伙经营公司的法律形式成立的，其中勃兰登堡州有 17 家，萨克森 - 安哈尔特州 10 家，梅克伦 - 前波美拉尼亚州 9 家，萨克森州 5 家，图林根州 3 家。考虑到所举数字仅是大概数据，联邦德国的城镇和区域经济促进署的实际数据应远高于此，可以大致认为，20 世纪 90 年代中期，政府外部和私法性质的城镇经济促进署数量就已经超过了 100 家。

作为以有限责任公司为法律形式的经济促进署的网络平台，德国经济促进与发展署协会（DVWE）成立于 2001 年，目前的成员数量已从最初的 33 家发展为全德范围内的 135 家（数据来源于 2011 年 9 月）。这一数据有力地支持了上述观点。下图（非完全数据）展示了活跃于联邦德国范围内的城镇和区域经济促进与发展署的分布概览（图 6）。

与此相反，关于跨城镇与 PPP 模式的地区性区位营销或区域营销，一直缺乏联邦范围内的调研和具体数据。1996 年秋天，"明斯特地区行动协会"对一些知名区域营销机构发起了一项书面调研，不过，出于被调查机构的意愿，结果未能公开。

短短几年之后，德国城市建设与经济研讨会发布了一份区域营销手册，旨在为地方机构，即企业与城镇提供决策帮助和实践导向的行动纲领。当时，德国境内实施的所有区域举措都在当地得到落实。广义上，全德范围内共有约 250 个项目和举措与区域及区域营销这一课题相关，共有 142 个项目和区域营销举措接受了书面调研，其中联邦德国有 88 项[529]、民主德国 54 项[530]。

---

526 Kröll/Ulitzka（1988）未公布的调研及其结果被 Schiefer, Bernd（1989）在报告的第 78-80 页。

527 参见 Schiefer, Bernd（1989），第 78 页。关于直辖市经济促进署是否是地方机构的问题请参见 Koch, Horst Heinrich（1983），第 200 页。

528 参见联邦经济部（1994）编写的 Wirtschaftliche Förderung in den neuen Bundesländern，波恩，由 Kühn, Gerd/Floeting, Holger（1995）引用，第 43 页。

529 参见德国城市建设与经济研讨会（2000）编写 Regionalmarketing in Deutschland – eine aktuelle Bilanz 德国城市建设与经济研讨会文献，Bd. 35，柏林。

530 最后为了完整起见还要指出，过去这些年，城市营销中也存在相当数量的机构化参与者。从全德境内 230 家城市营销组织的成员中可以看出这一点（数据来源于 2011 年 9 月），从德国城市营销联邦协会（BCSD）1996 年成立至今这些成员一直活跃其中，参见 http://www.bcsd.de（最后访问于 2011 年 9 月 15 日）。

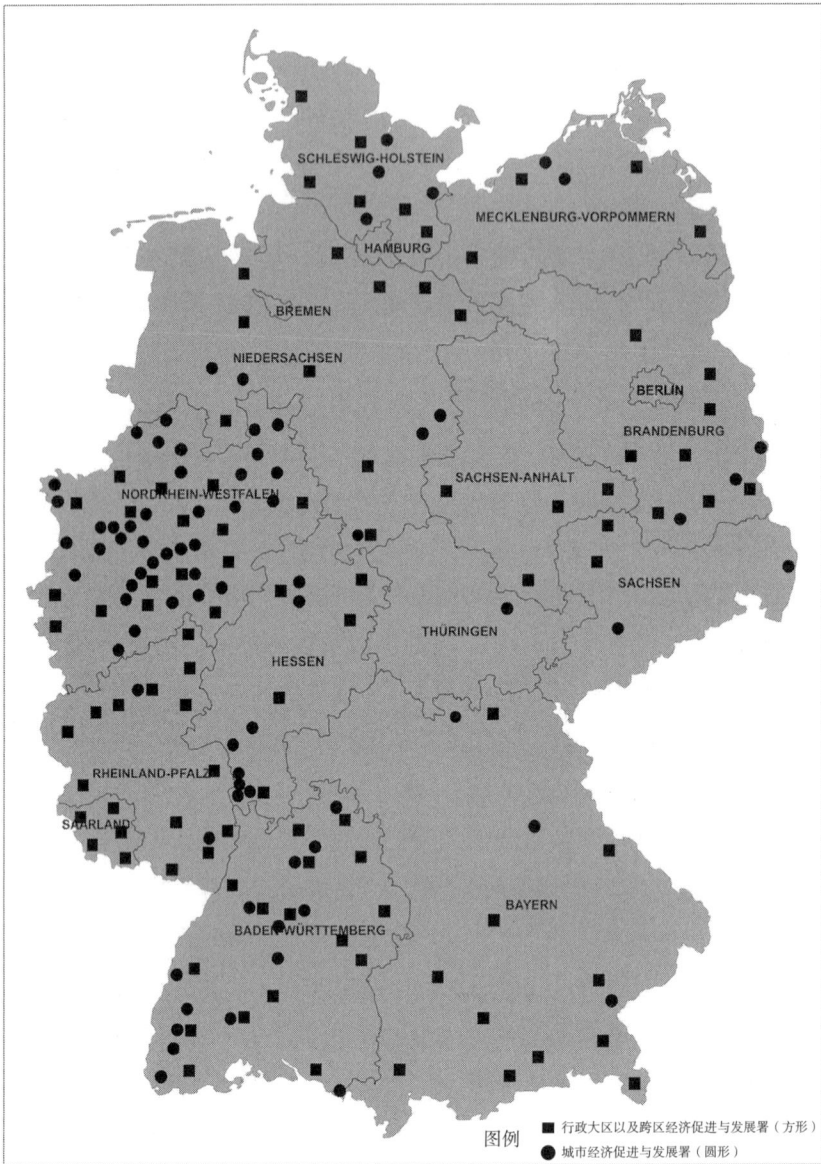

图6：德国的经济促进与发展署[531]

531　根据DVWE成员记录绘图（访问于2011年9月，参见http://www.dvwe.de/dvwe/mitglieder.php）。

第二篇
经济促进实务

4 现代经济促进的新要求

4.1 框架条件的改变

4.1.1 全球化及其影响

全球化的概念可谓家喻户晓。几乎人人都能对全球化说上几句，但这一概念却很少得到全面的理解和表述。全球化与人密切相关，对每个人的日常生活都有明显影响。在出行选择、商品供应和互联网应用等方面，全球化都产生了积极作用，而它带来的消极影响则体现在劳动力市场的国际竞争压力加大，以及经济危机的后果等。

自 20 世纪 90 年代初以来，全球化的进程迅猛席卷了整个世界经济。通过降低关税实现贸易、服务和资本流动自由化、实现货币兑换、放宽跨国支付交易、通过引进欧元实现货币改革、缔结国际合约和管控机制、取消外汇管制等，这些仅仅是制度性前提条件。此外，全球化还使大流量物资及人力运输成为可能，实现直接的人力物资交流。

此外，全球化进一步的基本必要条件还有：调整并标准化法律规范、开放国际所有权获得、通过接受英语作为国际通用语言来实现语言全球化、控制并保持汇率稳定。经过这些条件的改变，国际分工得到进一步深化，国际的区位竞争也因此直接加剧。

在这一全球化进程中，生产、科研和服务业发展得益最多的，往往是拥有最佳经济条件的区位，这意味着许多老牌工业国家的制造业区位的自动出局。同时，互联网、拥有看似无尽存储空间的"数据高速通道"、高速网络和通信服务业的降价不断带来全球通信条件的改善，也推动了国际化的加速。突然间，区位面临着全新的竞争者，德国许多产业结构几乎一夜之间失去竞争力。谁不能迅速适应新条件，就必然遭到淘汰。

即便存在负面影响，所有地区也同样感受到全球化带来的积极效应。全球化为整个世界经济带来全新的结构，不仅促使巴西、俄罗斯、印度和中国"金砖四国"的崛起，也体现在其他市场上。伴随而来的还有一些重要国家的政治革命，它们大多数走向更自由化的经济道路，建立了全新的市场。

按照大规模生产的规律，工业企业总是需要在已经饱和的本土市场之外发掘更大的市场。未来的消费重点应该转向人口稠密的新兴国家，亚洲首当其冲，但较少受人关注的南美也同样充满发展活力。此外，紧邻德国，庞大的东欧和土耳其市场也已逐步苏醒。

生产的转移不仅是出于成本原因，更是出于工业企业对新兴市场的需求：哪里有消费，哪里就会有生产。此外，新的通信条件也使智能服务转移成为可能。这都会形成全新的经济结构和定位。因此，德国的各个区位也必须重新找准自身经济政策定位，并以此来调整经济促进工作。

新落户企业数量减少

统计数据表明，在全球化进程中，新落户的企业数量长期以来不断滑落。虽然经济促进工作者们早就意识到这一点，当地政府和媒体却难以接受。尤其在制造业的发达区位，真正新企业的潜在落户率趋近于零；大约90%的就业率增长都来自内生发展，也就是区位内现有企业的发展。

制造业的"文艺复兴"

另一方面，尤其在德国，制造业在不久前重新赢得重要性。同时，即使是在高劳动力成本的生产区位，通过智能生产方式也能取得工业生产的成功，这一观点也得到证实。10年前，德国的汽车制造还被诊断为衰退行业，如今已跻身全球最高效的行业之一。制造业的复苏将德国重新推回欧洲经济增长的领军地位，已被宣告死亡的第二产业如今稳稳占据24%的份额，在老牌工业国家英国目前也达到13%。只有不断变化才是唯一的不变，这句话同样适用于经济促进工作。

工业革命后，经过向现代服务业和知识社会的过渡，历经与此相关的政治、经济和社会变迁，整个世界处于一场深刻的结构变革之中。然而，由于这一变革虽然常常带来经济大环境的整体改善，但对个体在经济上却影响甚微，导致不少人对此并无真正认知。

4.1.2　区位条件的变化

不仅全球化的结果促使新的经济政策方案不断产生，地区的发展变化也迫使城镇承担调整适应的高压。此外，在一些地区，人口结构变化带来的后果已可明显察觉：一方面人的寿命延长，另一方面，伴随着部分地区外来人口的减少，出生率也明显下降。

为了应对人口结构的变化，城镇迫切需要调动劳动力市场的一切手段资源，比如通过培训、中介，尤其是建立幼儿照管和老人护理的基础设施等手段。在国际劳动分工的进程中，国民经济的发展机遇依赖新的技术、工作方法和产品的发展。认识到这一点，就应该着重关注教育、培训和调动所有的资源潜力。幼儿早教、中小学、高校和终生教育资源都是一个良好发展区位条件的体现。

随着简单制造业的减少，大量专业度和强度较低的工作岗位被取消。尤其在城市中，社会福利经费预算的持续增加成为无法回避的严峻现实。为了解决这一难题，肩负着同样为专业程度较低的劳动力创造就业岗位的社会责任，经济促进工作必须在城镇劳动市场政策中开辟新的道路。

高素质的劳动力则对区位软件因素有着相对较高的要求。幼儿托管和学校资源充足、住房价格适中、居住环境良好、公共交通便利、医疗设施过硬等，越来越成为吸引专业人才的区位条件，也是区位长期以来竞争常住人口数量的关键。在国际和区域竞争中处于下风的、人口萎缩的区位，吸引新居民也成为经济促进工作的当务之急。

土地管理的结构变化

同样，德国的土地管理也经历了结构变化。发展良好的区位都面临土地紧缺。一方面，过去已有大量土地被占用，出于生态原因不能再划拨出大面积土地，而全球化和工业结构调整导致现代物流业对土地的需求不断增加。同时，虽然人口明显下降，但人均需要的居住面积却不断上升。另一方面，大量处于闲置状态的工业、铁路和国防用地却一直无法投入使用，或由于未能及时清理，或由于所在区位不合理，整片区域都受到去工业化和人口下降的负面影响。一些区位虽然可以提供大量工业用地，却由于交通不便，尽管地价低廉，也无法成功投放市场。

积极方面，在现代服务型社会和知识社会中，设立工作岗位虽然花费较高，但可以在设立方式上做到节省空间和土地面积。不过，在这一点上，人均面积需求的增加显然和保护生态、减少土地使用的政治目标相矛盾。

如今，人们看重的不再是拥有不动产，而是希望不断缩短转手的周期。此外，产品生命周期的缩短、生产进程的动态化，以及消费行为变化的不断加速，都导致商业房地产交易存在高转手率和转手周期缩短的现象。在这一方面，经济促进工作现今面临的挑战也远高于前些年。

改善通信基础设施

推动家庭友好型的社会结构，尤其是努力推进移民融合并提供语言帮助等课题，已日益成为焦点。由于技术性基础设施的更新速度加快，对其进行更新换代对于区位而言相当重要，一些被认为已经完成的任务，比如通信基础设施的建立等，又被重新提上日程。越来越多的区位不仅认识到日益激烈的国际竞争，也意识到上述领域的重要性，正在加大更新设施的力度，从而提升德国的整体竞争力。总体而言，这虽然需要较大资金投入，但会提升各个区位的发展水平。

发展可持续环境条件

与人口发展这一国内外各地区各存差异的课题不同，环境问题在全世界几乎所有地方都期待改善措施。气候变化、能源紧缺、水资源匮乏和环境污染不在任何国界止步，而且无法依靠某个地区独自解决。只有全世界都认识到这一点，并以可持续的方式来对待人类的生命基础，才能阻止整个生态系统的坍塌。认识到这一结果并切实采取行动，将对全球经济都产生深远的影响。本地及区域经济促进着眼于长期的区位发展，也要对此引起足够的重视。

确立全球环境气候保护目标，在生产和商品制造过程中注重节约原材料，逐步推广可再生能源，在家用、交通和生产中节约能源，节约用地，保护自然景观，推广节能建筑等——有关可持续发展的课题数不胜数，涵盖了我们生活的方方面面。

德国的机遇

在 2011 年春的日本福岛核泄漏事件以后，德国联邦政府决议取消核电站设施，两项事件使许多地方政府意识到，这对地方经济发展也会产生显著影响。有些人认为，电价提升将威胁到经济发展。实际上，更应将去核政策视为德国区位面临的新机遇，转型可持续生产，如引进太阳能经济，全球虽然对此呼声已久，却从未坚定不移地贯彻实施。通过去核决议，德国在这一未来领域中再次得到道义上的认可，确立了在世界市场中环境经济方面的领军地位。同样，在驱动器替代方案的开发中，汽车工业也认识到生态化的必要性，其中蕴含着经济发展机遇，也是抢占未来市场的最佳途径之一。

那些较早认识到这一趋势，且能将这个已在理念上得到论证的发展模式用于可持续发展实践的地区，往往在经济发展方面获得很好的成绩。德国弗莱堡多年来推行的"绿色城市"方案便是这方面很好的范例。40 多年前，这里的居民通过大规模示威，阻止了当时联邦政府在上莱茵南部地区规划的欧洲最大规模的核电站建设项目，曾经轰动一时。之后以此为契机，在城市政策和经济发展方面，该地区逐步成为可持续发展的突出范例。

4.2 目标明确的经济促进工作结构

4.2.1 城镇和区域经济促进的目标群体

在探讨经济促进工作的高效和高目的性之前，必须首先明确地城镇和区域经济

促进活动的真正目标群体。通过下文列举的目标群体，经济促进工作的多样性和复杂性由此可见一斑。经济促进的目标群体

• 企业、企业家、创业者和其他所有试图保有并创造就业岗位的机构，无论其法律或所有权形式。当涉及创造和保留就业岗位时，无论是私有经济体还是公法机构，都是经济促进的对象。这一群体直接负责并影响经济促进的主要目标，即创造和保留就业岗位，所以是经济促进的关注重点。

• 作为当地和区域议会的选民和利益代表的市民。为了实现经济促进的目标，需要长期合法认可并形成持续的信息舆论，这不仅需要有效联通市议会的各党派和委员会，更要关注与之直接相关的市民群体。因此，在一些新项目，如新商业用地的投入、道路修建或者执行基础设施措施时，需要重视与市民沟通并取得意见一致。

• 外来人员。包括区位的潜在客户和考察者；公司、机构和政府部门的雇员；有意移居、可改善当地人口结构的新市民；在当地教育机构求学的外来中小学生和大学生等。

• 商会、协会、工会、人力资源部门和政府机构以及为建立网络、促进信息交流提供协作支持的机构等。

• 政府机构的工作人员和房地产业内人士，他们能够对企业产生直接影响。

• 科研、教育机构和职业教育与进修机构，以及这些机构中传授知识并沟通企业间合作的工作人员。

• 城镇层面的政界人士和所属委员会，以及在联邦州、联邦德国和欧盟等更高层面上贯彻区位利益的议会议员。

• 在区域层面致力于合作、协商和信息交流的人士及跨地区的经济促进机构；负责零售、旅游、大型活动和会展的市场人员。

• 新闻和媒体，他们是传播积极的经济促进工作的重要媒介。

通过以上列举可以清楚看到，几乎上述每一类群体都能以这样或那样的方式，直接或者间接地成为地方或区域发展的目标群体。如果认识到整个居民群体其实都是所在区位经济发展的共同承担者，这一结果也就不足为奇了。

4.2.2　经济促进的态度、定位和意义

根据本书对过去 20 年经济和社会框架条件的概述，城市的发展环境发生了显著变化。在经济和财政方面，城市的困难明显加剧，但同时，城市在社会政治方面越来越具重要性，因为全球 50% 以上的人口如今都居住在城市，并且这一趋势明显仍在增长。随着全球化进程的推进，人们越来越强烈地想要在城镇找到地区归属感。

提供就业岗位

由于区位竞争不断加剧，同时失业问题也划归城镇管理，城镇承担为居民提供就业岗位的责任明显加强。在这方面，经济促进机构尤其被寄予厚望。充足的就业岗位保障不仅是每位市民的基本需求，也是国民整体的必要经济基础。一方面，健康的本地企业和机构是保障就业岗位、纳税以及有效基础设施的基础。另一方面，通过创造和保障就业岗位，经济促进也是一项社会福利政策，可以让人们的工作需求得到满足，将社会负担控制在可承受范围内，并实现财政的正常运转。

经济繁荣、城镇财政正常运转，以及通过财政投入和保障就业岗位来实现社会福利，明确这几者之间的关系，是城镇政策过去常常忽视的一项任务。厘清这些经济上的关联，有助于明确经济促进的价值，并阐明这一城镇政策任务日益增长的重要地位。

经济促进工作者往往在培训之初就会了解到，经济促进是其第一要务。遗憾的是，他们在城镇政策中接触的往往是另一种现实。在城镇政府中，经济促进工作者常常被视为企业利益的代表。他们的行政资源往往相对薄弱，而且在级别上也与实际任务的重要性不相符。这不仅是政府部门才有的问题，企业界在社会中仅处于二流地位，这是德国的社会政治长期以来都存在的偏见。

上述情形反映了联邦德国的部分现实。社会框架条件的剧变带来了改善现状的机遇，经济促进工作者也能从中争取到更合理的行政设置和定位。在政府上层占有一席之地，拥有高度专业化的人才储备，一方面需要吸纳反应灵敏的政府人员，另一方面要从政府部门外部招募能力过硬的专业人才，提供高质量人才标准的薪酬津贴，以及配备与目标群体相适应的办公场所和技术设备，而这些都是经济促进及其目标群体在城镇中得到重视的外部标志。此外，经济促进工作人员需要得到更优质和专业的培训，他们在政府中不应仅仅只是倾听者，而更应积极承担起项目管理的责任。值得反复强调的是，重视本地雇主是每一项成功的城镇经济政策的主要着眼点，因为雇主单位能够提供就业岗位，90% 的新增就业岗位都由他们创造。

给予经济促进工作者应得的尊重，表彰他们对公共福利的价值，往往比在经济上的承诺更加重要。经济促进工作很大程度上是与地区经济界正确交往的心理学，要激发他们对本地区位的积极性和正能量。在今后的 20 年，失业和专业人才的匮乏都是城镇无法回避的长期问题，同时还可能会带来相应的社会和财政上的影响。城镇和区域经济促进目标明确，为主动应对这些问题制定出了有效的方案。然而，要想能够积极行动，仍需要从政策上做出坚定的基本承诺。

5 经济促进工作实践

5.1 经济促进作为"理性"的经济政策

根据学科理论划分，经济促进是政治经济政策的分支学科。经济促进工作应遵从理性原则，这意味着，经济促进"应以有计划地实现全面、深入且自身平衡的目标体系为基准，并尽可能地在现有条件中获取最大成功"[532]。只有在行为基于目标设定时才能称为理性行为，且仅当此时，行为结果才能根据现实得以检验。因此，只有当措施以既定目标为准，而且单项行动也能根据既定目标进行衡量时，经济促进政策才是理性的。

理性经济促进方案的步骤

理性的经济促进需要确立和执行最佳的目标与措施组合。以下是确立和实施一项理性经济促进方案的建议步骤：

第一步：确定目标体系（期望状态）

在方案第一步，经济促进应确立一个目标体系，说明期望达到的状态，并给出目标的相关信息。目标的设定必须可执行且具有专业质量。同时，确定目标也必须描述可能存在的目标冲突，这样就能确定存在竞争关系的不同目标。需要权衡哪些目标享有优先权，并确定实施和跟进的力度。

第二步：分析并研究原因（现有状态）

摸底现有状态的同时，需要了解为什么会出现当前的情况，这就需要研究现状发生的原因。在原因分析或现状诊断时，要描述现状背后的原因。只有当经济政策制定者了解到没能达到预期经济政策发展目标的原因时，才能采取补救措施。

在此之后，对于一个定义好地域的区位，应对它的经济政策环境做出现状分析描述。除了诊断现状的原因，还要给出更为重要的理论预测。该预测需要回答一个问题，即如果不采取任何经济政策措施，形势会如何发展。只有对中期经济政策数据进行现实的预测和推断，才能判断是否有必要采取经济政策措施。如果在对现状

---

532 Giersch，Herbert（1961），第 22 页。

分析基础上获得的预测既不符合区位发展愿望又不符合区位预期目标,那么就应考虑采取经济政策措施。

在研究预测经济政策措施的未来效果时,需要选择特定参数标识。效果预测不是预言,而必须具有科学性,要有理性论证过程,既具科学理论依据,也需要符合实践规律。

第三步: 发展预测

确定在不采取任何措施的情况下,形势将如何发展,是下一步必要的分析过程。如果经过分析,现状在不采取经济政策措施的情况下也能朝期待目标状态发展,就无必要采取这些经济政策措施。因此,发展分析一方面需要预测现状在无积极干预的状况下如何发展,另一方面也需要预测实施理想措施后的发展情况。

第四步: 确定措施

在整个理性过程中,确定措施是用来改善欠佳的现状,故而是至关重要的一步。这些措施大多由许多是不同的经济政策行动构成的措施组合,并且被冠以不同的名称,如经济政策发展方案、行动框架和经济促进项目等。

第五步: 执行措施和成果控制

在确定了由不同目标与方法组合构成的行动框架之后,就要对框架下的措施进行政策贯彻,并由相关机构负责实施。经济促进的理性过程的阶段性结尾是成果检测,即检验运用这些措施是否可达预期目标。不过,这一过程随后又会通过偏差分析、必要的目标体系调整,或者对措施进行重新定向并使之再次运转,直至下一个成果检测。这一过程总是不断循环,往往不会彻底结束,因为经济政策的最佳状态通常不会长时间持续。对地方经济政策的负责人来说,不断运作调控是政策中的长久任务。

尽管这些步骤在理论上和逻辑上都是层层递进的,但在实际操作中,这些步骤相互交叠,不断进行反馈且相互依赖,需要不断重新评估决议,持续获取信息加以分析和评价,修正措施,再根据发生变化的意愿和意见相应调整目标。成果检测要求对措施做出调试。各阶段需要不断重复,重新评估,进入一个不断更新认识、调整目标并改变行动框架的过程。

在实际执行中,由谁来承担分析工作是一再面临的问题。这通常视城镇或者团体中现有的专业配备而定。较大的城市或者州级县(德语为 Landkreis,是德国的行政区划,处于联邦州之下,与州级市地位相当。州级县及其所属市镇和州级市在德国属于城镇层面，在此之上还有地区、州、联邦层面。——译者注）政府拥有专业的经济促进人员和机构，有能力独立组织完成区位分析。与此相反，较小的城镇则需要委托外部咨询公司。这些公司通常不仅具备获取和评估数据的经验，而且也擅长为整个目标设定和分析过程制定方案并进行管理。可靠的预测是科学上最困难的部分，但是，无论是对不采取措施情况下的现状推断，还是对目标准确性和未来举措的评估和评价，这一预测都是非常有必要的。

经济状况的重要参数

如上所述，为了制定一套理性的经济政策方案，对现状进行分析是十分必要的。其中应当分析对经济形势重要的区位条件，也就是说，要列举出期望成为经济促进工作中经济政策目标框架对象的指标。这首先必须探究初步的目标体系，因为经济促进最终需要确定，影响哪些参数可对后期衡量结果造成影响。

总体参数主要有：工作岗位的发展、经济结构、基础设施、经济政策状况和地区组织的财经状况。积极的经济促进应对这几个参数产生正面影响。因此，需要对以下领域进行分析：

- 劳动力市场
- 人口
- 经济结构
- 基础设施
- 企业结构
- 财政配备

5.2 经济现状分析

5.2.1 劳动力市场的发展

为了体现优化福利的一般政策性目标，城镇经济促进政策最优先的任务就是为居民提供就业岗位，并且为雇主单位争取充足的、培训充分、胜任工作的劳动力。

除了当地自然资源和地理气候条件外，没有什么区位因素比在当地生活、工作的居民更能体现区位面貌。区位发展当以人为本，人是区域性经济促进最重要的目标群体。因此，一方面为每个有工作能力的居民提供工作岗位，另一方面尽可能为当地用人单位输送合格劳动力，提升区域创造的价值，是经济促进应该承担的社会责任。

因此，平衡劳动力市场是经济促进的一项重要目标。但是，由于经济形势和结构的变化，这一目标几乎很难完全实现。低端技术人群的相对高失业率与专业人才的紧缺表明，仅以失业率高低这样的简单统计标准作为衡量劳动力市场状况的参数是远远不够的。要尽可能进行彻底分析，首先要对现有工作岗位做精确统计记录，其中要尽量准确地对不同的职业和从业人员的现有资质进行细分。年龄、性别以及是否全日制工作也是同样重要的信息。

然而，对劳动力市场而言，现状分析也只能在短时间内有效，因为不仅劳动力市场的经济形势飞速变化，而且常常朝向更高技能的结构性需求，这也会给人力资源这一最重要的生产要素带来新挑战。因此，一项好的职位供应分析，不能仅仅对劳动部门存有的标准不一的数据资料进行评估。为了顾及区位特点，要深入分析交织于各个小地方和区域的劳动力市场，尤其需要获取大型用人单位的相关数据，并对当地劳动力市场进行特定行业的分析和预测。

如果由熟悉经济促进任务的工作人员或机构做出一份好的劳动力市场分析，会为区位竞争力带来决定性的加分。及时预知并尽早对劳动力市场呈现的发展做出反应，可以促进经济政策举措的成功实施，造福区位内的企业和机构。

劳动力潜能

由于人的劳动力是机动灵活的，劳动力潜能的分析呈现出更丰富的多样性。人口发展是其中的必要分析，首先从质量和数量上提供劳动力潜力的依据，除此以外，还有一系列措施可以提高劳动力的潜能。这里涉及如在公司和住处之间短驳的"候鸟族"、外来劳动力的输入，以及提高退休年龄、职业培训、改善工作条件等措施问题。只有尽可能准确地分析劳动力市场的数据，才能成功实施经济政策措施。

只有在定量和定性角度了解工作条件和劳动力供求结构，并至少对未来10年至20年的发展进行可靠预测，才能采取相应的措施。

劳动力市场分析由劳动部门完成，需要兼顾高度多样性、及时性和城镇敏锐度。过去几年，劳动部门的调研越来越精确且注重时效性，为各个城镇与区域的就业情况提供了绝佳的数据材料。

职业种类

除了劳动力潜能外，区位出现的职业种类也应该得到细致考察。对现有职业类型及其相对于行业结构变动的发展有了详细了解后，就能从定性和定量上对职业和继续教育培训者的需求做出预测。对均衡发展来说，关键要在职业供需之间达到平衡。在人口流动较少的时期，现有职业与职业需求相适应，供需达到平衡。而随着人口迁居和职业更换的频率升高，一方面企业对特定专业性职业素质的需求增大，另一方面员工对工作内容、工作质量、工作环境、企业文化和一些非经济类指标的要求显著提高，而那些对经济增长起决定性作用的高级专业人才尤其看重这些指标。

如果说职业供需的结果对劳动力市场的短期影响较大，那么对人口发展的分析和预测则是制定区域中期就业积极政策的依据。除了人口发展外，劳动力市场结构的改变，如家庭办公增多、企业对工龄规定的透明化、推迟退休年龄、缩短中小学教育时间、增加高校与中学生的实习、缩短高校学习时间、加强高校专业的就业指导、提高工作时间弹性、改善女性工作条件使之更为家庭友好（关键词：职业和家庭的可协调性）以及在单个用人单位供职时间缩短的趋势（关键词：碎片化的工作经历），这些都是看得到的发展，也是分析劳动力市场时必须关注的因素。分析越准确，就越能更好地划分就业市场的重要特征，如资质、性别、教育状况、年龄和国籍等，从而也就能更好地采取合适的措施。

"候鸟族"现象也越来越明显，从在地区中心有一半劳动力来自于周边地区的情况来看，基础设施建设，如扩建道路或者增加短途近郊公共交通设施等措施会给劳动力市场带来显著影响也就显而易见了。

兼顾区域特长

一些地区拥有比其他地区更为突出的传统特长，这一点也需要加以特别重视。黑森林地区就得益于地理因素所拥有的特别技能：黑森林农民在漫长的冬季中制作钟表，其中包括著名的布谷鸟钟。由此，他们很早就发展出精密机械方面的专业特长。随着时间的推移，他们不仅通过创造培训岗位、建立职业和高等专科学校来培育这项技能，还通过专门的培训有目的地继续发展升级产业，从而催生出精密仪器工艺、微技术和工程学的区域重点，尤其涌现出大量优秀的创新型企业和培训岗位。

认识到这些传统职业种类及其发展潜力，继续系统地发展和建构这些产业集群的重要结构，并将其塑造为地区的独有特色，是为打造特色区位重点需要尝试的一条特别的经济促进政策道路。

如果要进行扎实的专业分析，该从何处获取所需的信息和数据呢？首先，联邦和各州的劳动部门拥有关于劳动力市场的精确统计。统计内容不仅涵盖劳动力市场的现状，也包含对未来发展的预测。劳动部门将数据按照重要地区划分，即便是居民人口较少的小城镇或地区也能获得优质可靠的数据基础。此外，对人口和工作场所的长期统计结果及其阐释也相当重要，是深入认识区位经济的基础。另一数据来源是对区位劳动密集型企业通过拜访或者有针对性调查而获得的数据和信息。对比几年前，企业在自身信息政策方面变得更加开放透明。通常，联邦政府经济政策方面的预测大都来自于专业研究机构的扎实分析。

但是，重要的不仅是绝对数据，还需要理解数据中所蕴含着的长时段发展趋势和潮流。认清并正确阐释这些要素，不仅是分析的重点步骤之一，也是经济促进通往成功的钥匙。

评述用人单位需求

在分析和预测劳动力市场发展时，对用人单位需求的总结分析是另一项不可缺少的基础。重要的创造工作岗位的雇主单位，不仅限于私营企业，同样还包括政府和教育研究机构。这意味着，掌握区位所有用人单位的结构信息，就足以在定量和定性方面给出所需劳动力的情况说明。

因此，定期回访企业，及时并正确分析企业的发展计划和预期经济结构调整中出现的变化，是非常重要的。如今，德国处在去工业化进程的末期，制造业的就业岗位缩减，服务业，特别是那些与企业相关、有知识和技术含量服务业的就业岗位会不断增加。同时，区位必须仔细关注和评估当地政府和公共机构的情况，及早获悉即将发生的变化，比如是否有诸如关闭当地军营和医院、精简管理机构或其他公共机构的关停并转等情况发生。

重要雇主单位如果发生结构性的战略变化，会导致区位未来劳动力的需求随之发生改变。作为应对，有必要了解新就业岗位所要求的资质，但这只能通过重新调整推行的经济政策框架条件来掌握。发展一般不会只是短期的过程，这一认识在这里同样适用。

5.2.2　居民发展

经济促进的意义和目的都是对人的生活环境产生积极影响，因此，经济促进者对所在区位居民及其发展趋势的认识就弥足重要了。对于经济发展而言，居民的重要性是多方面的，他们不仅作为劳动力、消费者、学生、教育者，甚至还作为养老金的支付者和受益者存在于地方。由于经济促进着眼于未来，认识居民结构及其发展趋势是每一项以经济进步为目标的行动基础。

就经济促进而言，居民是乡镇、城市或者区域最重要的潜在劳动力。所以，对经济的积极发展而言，现有的人力资本可谓举足轻重。尤其是在当前背景下，各地人口发展不一，整体人口呈老龄化趋势且出生率相对较低，同时各地人口移入和迁出的情况各不相同，很难一概而论。即便是紧邻的区位，也可能呈现出截然不同的人口态势。这方面，成功的经济促进政策也可被视为一项积极的人口和劳动力引进政策。

"候鸟族"的分析

准确分析"候鸟族"的群体迁移，通过在政府自有土地上划拨新住宅用地有针对性地激活人群潜力，推行一些诸如改善公共近途交通客运方面的简单措施，这些手段都可带来积极的收效。当然，这些仍然需要基于对现有迁移人口、素质水平和对劳动力市场需求在质和量上的充分认知以及对可能潜力进行充分分析的前提下才能制定出有望成功的经济促进措施。

当然，仅就全国范围内提出笼统的结论通常也是不够的，人口发展必须要在微观和地区的层面上进行分析。因为和经济发展一样，人口发展也可以通过正确的政策决定在微观层面施加影响。

就区位发展而言，不仅要有"数量"视角，"质量"视角更为关键。英国城市研究者、时事评论员查尔斯·兰德里（Charles Landry）认为，居民是地区最重要的发展要素——这并不是一家之言。在此生活的人们给地区打上标记，这就是所谓的区位品质。这一认识看似简单，但在日常政策操作中却常常被遗忘，否则就无法解释为什么当代德国对于年轻一代的教育投入相对不足，而在人们的印象中，好像前几代都比我们更清楚地认识到良好教育的必要性。

由于儿童往往受到原生家庭习惯环境的强烈影响，通过对其父母背景情况和教育现状的分析，可以做出相对准确的预测。此外，德国社会阶层流动性一直以来也都较低，有移民背景的家庭由于语言障碍和社会融入不足，子女常常不能得到与其能力相符的培养，有时甚至难以适应劳动力市场的要求。

对区域人口进行批判性评述，能够启发关于区域未来发展能力的理性认知。不过，这绝不是不作为的理由，恰恰相反，只有经过清晰的现状分析，才能找到改善状况的机会。在这一点上，精准的现状分析显得尤为重要，因为在一个知识型社会，较之其他生产要素，人力资本的重要性在不断增加。对人口潜能的认知要比猜想的还要更确切。现在出生的儿童将在 20 年后步入职场，而他们那时的环境现在已经被定义好了。此外还需确认这样一个事实：未来大多数人口在空间迁移或增加机动性时，面临实际困难的可能性不低。同样，未来的区域"劳动力"很大一部分在今天也已被基本定义，它们将决定未来价值创造的规模和质量。

通过分析和预测，可以找到积极影响未来区位发展的适当措施的要点。在人口分析时，决不能忽视正确的空间界定。也就是说，不能局限于自身的区镇地界范围内进行分析，同时也要注意生活空间，并将交通关系、"候鸟族"等因素一并考虑在内。同样也要注意区分居住和工作地点，以及对外来入迁人口的接受度和接纳准备等方面的问题。

5.2.3　经济结构

结构特征是本地和区域经济的重要发展因素之一。经济的分类标准有很多。

哪些特征对结构具有决定性，哪些特征又能决定一个城市乃至整个地区的贫富呢？

对此，首先有必要对区域发展理论做些相关了解。事实上，研究中对此存在着不同的理论要点。早在 1826 年，图能（THÜNEN）[533] 就已经开始研究不同区域结构如何形成。1932 年，克里斯塔勒（CHRISTALLER）[534] 在"中心地区系统"中提出了供应中心的空间构建力，这一理论直至今天依然被视为重要的思想基础。由洛施（LÖSCH）[535] 提出的"空间区分因素"的构想到现在也依然有解释力。在 20 世纪六七十年代间发展出多种不同的区域增长和发展理论，其中不仅描述了同一地区同一行业中企业的相互协调，也展示了在一个区域共同体中不同行业间的相互作用[536]。新的理论描述了区域网络的存在和影响。这些理论希望描述，为何在人口密集区域会产生不同的发展和增长途径，其中涉及产业集群、工业园区以及环境理论等内容[537]。地区发展途径各有不同，是所有理论都得出的结论。集聚优势、区域辐射和人口密集区的乘数效应在较早的理论[538] 中占主要位置，新学派则更注重地区的关系网络效应。一些问题由于不断增强的社会动力，不再是个体经营能够解决，通过协同效应和文化学习过程能够找到解决方案。当地人士的内部交流能产生浓厚的创新氛围，在新企业落户时可以激发它们自身稳定增长的进程[539]。

在此对这些理论就不再继续深入阐述。需要明确的仅仅是，不同的解释理论有很多。这时，分析者愿意接受和使用哪种理论往往能决定认识哪些关联，以及将哪些要素作为推断基础。另一方面也不必高估不同的理论观点，因为区位的重要关联经过细致观察也可显现，其中真正有影响力的因素自然也会凸显出来。因此，关键是应根据已知特征去描述现有结构，并对未来发展做出预测。

工商业、贸易或者旅游等服务业中的新旧重点、行业重点乃至行业组合，可在区位竞争的定位中起决定作用。随着时间的推移，在经济变化中，经济结构的相同客观定性因素有时会呈现出显著差异。20 世纪五六十年代，鲁尔区还是德国西部的经济增长发动机，这里集聚了原材料丰富、人口富裕、工业发达和生产创新等优势，整个联邦德国国民经济都从中受益。几十年以后，在工业社会向现代服务型、知识型社会不可遏止的转变中，由于缺乏对现状的认识、及时行动的决心和充足的政策

533　Thünen, Johann Heinrich von（1826），"Der isolierte Staat in Beziehung auf Landwirtschaft und Nationalökonomie"，汉堡。

534　Christaller, Walter（1933），"Zentrale Orte in Süddeutschland"，达姆施达特科学书业集团 1980 年再版，原著 1933 年出版于耶拿。

535　Lösch, August（1940），"Die räumliche Ordnung der Wirtschaft"，耶拿。

536　参见 http://bongards.gmxhome.de/schätztl.html（最后访问于 2011 年 9 月 15 日）。

537　参见 Stülten, Silvia（2005），11 页。

538　参见 http://bongards.gmxhome.de/schätztl.html（最后访问于 2011 年 9 月 15 日）。

539　参见 Stülten, Silvia（2005），15 页。

应对，鲁尔区不得不经历急遽衰落。

鲁尔区的例子表明，尽管充足的科学认知可以对经济结构的未来发展做出良好预测，但是政策方面的惯性和僵化的结构却妨碍其及早做出反应，使得曾经繁荣的鲁尔区在几十年内陷入原本可预见也可避免的危机中。与此同时，其他工业遗留问题负累较轻的区位，很早就能走上向现代服务型和知识性结构转型的道路。

当今的实例表明，对区位经济结构状况应该及早进行分析、预测，特别是应该进行比较，这对相关区位的未来发展非常重要。

描述经济结构的参数

在描述经济结构时，有哪些具备说服力的重要参数呢？首先，在一个区位内部完成行业及位置分配后，地方或区域的经济结构才能得到确定。根据官方对经济领域和分支领域的统计，传统上可划分出以下行业（部分）：
- 农、林、渔业
- 加工制造业
- 建筑业
- 批发贸易和零售贸易
- 交通运输、仓储及通信业
- 酒店和餐饮业
- 其他服务业

德国经济的结构转型

曾经占主导地位的经济结构在发展中部分发生了剧烈改变。在 20 世纪五六十年代至七十年代初，工业制造还是联邦德国当时"经济奇迹"的驱动力，但最晚从 70 年代中期开始，明显的转变就已发生。统计显示，在过去 20 年中，工业化进程显著下降。特别是随着工业制造业不断向发展中国家和新兴国家的转移，德国的制造导向型企业的数量明显减少。此外，生产本身在产品价值创造中所占的份额越来越少。新产品的开发及服务的创新、发展和成功的市场推广在价值创造中占据越来越多份额。劳动力匮乏、劳动成本较高、世界贸易及资本市场的自由化、不断深化的国际化和全球劳动分工，加上发展中国家和新兴国家尤其在基础设施建设方面的惊人建设成绩，这些都加重了工业国家的生产压力。

然而，并非所有的工业国家都陷入衰退，主要在于这些国家掌握了新制造工艺和材料，从而在研发制造新产品和开拓销售渠道时，在价值创造中占据重要份额。因此，即便是老牌工业国家，在去工业化进程中依然可以提升富裕程度。

尤其是通过全球性的结构转化，各个区位发展产生了巨大差异。这导致在二三十年间，城镇和区域经济发展排名发生明显变化。几家欢喜几家愁，这一现象在整体经济的结构转变中尤为常见。

这些现象足以说明，准确的区位观察和以此为基础的未来发展情形预测对于一个区域的成功是多么重要。对此，不仅要分析当地情况，还要将区域和整体经济的发展都纳入观察范围，因为一项好的分析需要参考基准，也就是将具备可比性的区位和重要数据进行对比，以求做出尽可能正确的偏差分析。

过去几十年的经验可以证明，尽管人们对经济结构转变已有一般认知，然而，长期以来，足够的经济应对策略、政策实施空间和备选行动方案却未能形成。至少，大胆破除传统思维的决策往往缺席，或者出现得过迟。

对当地或区域经济而言，持续衰退的危险往往萌发于每个几乎不被注意的小环节。对此，政策几乎没有机会进行大范围干预，因为这些倒退表面上看来并不需要一个强有力的解释，也缺乏调整政策的必要性。但是，参与其中的每位相关者都心知肚明，衰退趋势已不可扭转。从经济政策的角度，这一"温水煮青蛙"的过程是个难以克服的局面。

此外，通过定期评估商会、协会、劳动局、工会、用人单位联合会以及经济促进机构的公开报告，可以获取对决策和行动而言的重要数据。

地方和区域之间的联系

经济结构的分析结果不仅取决于对单个结构元素的衡量，更与地方和区域之间行业和企业的相互联系息息相关。如果一家生产型企业的供货商和服务商都在本地，节约了运输和成本，并且拥有高校和研究所提供的良好研发能力，可以推动区域发展，这就是区域积极发展的一项良好前提条件。此外，一家垄断型大企业也许能暂时大力推动所在区域的发展，比如沃尔斯堡的大众、瓦尔多夫的 SAP 等，但这些都是单一发展的结构。如果没有及时认识到这种结构发展的单一性，大企业同样也可能对区域经济产生摧毁作用。

识别产业集群潜能

根据产业集群理论，区域经济圈中存在哪怕是互相竞争的企业，当它们与供应商、研发、培训和协会等机构有目标地进行共同合作，以期达到更高的共同利益时，就会突显一个区域的特征[540]。对经济促进工作者而言，产业集群并不难认定，这其中集群的相关要素已经得以聚集。当集群刚刚处于起步阶段，想要进一步完善，或

540　Arndt, Olaf/Koch, Tobias/Volkert, Bernd（2009），Prognos AG Basel，"Analytische und konzeptionelle Grundlagen zur Clusterpolitik in Baden Württemberg"，巴塞尔，第 9 页。

者还需要进行组织时，分析就变得较为困难，但对未来的工作也更具战略重要性。一个特别的分析重点在于结构分析，尤其是在区域关联范围的选取上，一定要比大多数经济区所需要的一般数据收集分析做得更加深入。

初创和成熟企业、大中小型企业之间的关系，以及对特别创新型、出口导向型、劳动密集型和服务导向型企业的了解，在预测区域发展时也要重点关注。

中心性和地域性

除了地域和行业关联外，创新潜能、投资行为和地方的中心性也决定着区位的发展。这些数据不仅对核心区的零售业和其他服务商来说重要。在区域发展中，一方成为中心意味着区域中的其他合作方成为非中心。成为中心并因此具有吸引力是很多区位追求的目标，但是，由于具备不同的地域条件，许多区位必须面对现有的地位进行定位。因此，即使对于小型区域，中心性这一目标也常常扮演着重要角色。

区域内的竞争

地区之间为提升本地公司的区位优势、加强作为零售贸易区位或者作为文化活动品牌的吸引力，往往处于直接竞争关系，这在总体上能够改善区域状况并提升竞争力，应给予积极评价。不过，在投入大型公共基础设施时，如文化设施、公共游泳场馆、学校、街道或新商业用地方面，必须与区域政策达成一致，否则可能会导致公共资源的浪费并对整个地区产生负面影响。

区域竞争可能会由于一个核心区的高度中心性而特别凸显，但如果一个区域同时拥有多个实力相当且长期争夺中心位置的区位，则会为区域整体经济带来负面结果。对于区域经济促进而言，这样的竞争可能会导致目标发生冲突，比如，如果核心区要大力发展零售业的话，那么其他周边城镇可能会通过提供免费停车位、周日营业或者其他提高吸引力的措施来与之抗衡。

有意识地制定以价格为导向的土地政策，为企业落户提供健康竞争；相比大城市的官僚作风，小城镇政府往往能够提供更好的服务质量；相比城市的高昂居住成本，周边城镇则能提供更为家庭友好的住房政策从而更有利于年轻家庭的迁入，这些现象都属于城镇与区域间理解又竞争的相互关系。只要没有因分配错误而造成区域经济损失，竞争对区域来说就不是有害的。

出口导向型

对出口的依赖是区域的另一特征。身处国际化和劳动分工全球化日益加深的时代，出口依赖型的企业正在经历不同于本土经济形势的特别发展。全球化效应对出口依赖型企业的冲击更深入，与依赖本土经济的企业不同，它们在销售额、利润及就业岗位发展上要承受更强烈的波动。较高的出口份额对区域经济的影响究竟是好是坏，不能一概而论。但可以肯定的是，如果不想从国际化发展中得到"意外惊喜"的话，本地和区域经济政策就要对这一特征特别关注。

就此而言，在涉及出口比例时，要制定一项平衡的经济结构目标并不容易。一方面，出口总希望能够通向世界各地；另一方面，将商品和服务进口到本国的风险要小于出口。在不同的国际政治局势、关税和汇率下，外贸关系对地区而言，既可能有利，也可能有弊。

现实地看，必须承认，区域经济政策很难实现对外贸比例的精细调控。出口密集型和本土导向型共存的混合经济则会带来经济上更为平衡的发展机遇，并且较少受到外界干扰。

这一结论也适用于单一结构地区，如五六十年代以煤炭和钢铁行业为主导，或者七八十年代以工业为主导的地区。这些地区各自都曾经从高度发达的行业繁荣期中获得远超平均水平的收益，在繁荣后必然到来的萧条中，也经历过艰难的滞胀阶段。萧条往往持续特别长的时间，因为在开始阶段，由于很难被察觉，往往缺乏及时的经济政策应对措施。在缓慢地萧条中，政策反应强度也明显低于必要水平。20世纪90年代，欧洲经济进入去工业化阶段，原材料作为生产要素的重要性随之降低。这一例子反映出这些可能经历的根本性结构转变，也能引发区域差异。因此，纵向横向关联不同企业，并定期对此进行仔细分析，是通往增长的钥匙。另外，对私有和公共部门与国内生产总值相关的数据和形势进行观察和研判也同样重要。

公共部门

在德国，公共部门对区域经济发展的重要性一直被低估。在经济促进工作的任务目录中，公共部门常常不受重视。经济促进往往仅局限于私法性质的企业。如果一些地区持有这种偏见，那么这些区位中相当一部分的工作岗位就会被忽视。其实，一个地区总体就业岗位中有25%、部分地区甚至高达50%，以及这些岗位所生成的国内生产总值并非来自私营企业或机构。因此，不仅要对地区的公共部门进行分析，还需一开始就将其纳入经济政策观察之中，这是各项经济促进都应担负的实际责任。

尽早认识区位决策

公众常常在公共机构的区位选址决策做出之后，才有所反应，比如拆除公共机构、解除国防驻地、搬迁法院和财政部门、关闭学校和医院、公示新的高校选址等，并不是所有的公共机构搬迁决策都能像从波恩迁都柏林那样引发关注。这些例子明确表明，公共企业和机构的区位决策对区域经济可以产生持久的影响。这不仅关乎就业岗位的安排，也涉及相关重要基础设施机构的变动，如教育机构、审批部门及法律机构等。它们直接影响区位品质，虽然它们的存在往往被人错误地认为是理所当然的。

因此，对于这些公共部门，不仅要从现有基础设施的角度观察，也要对现有就业岗位方面进行分析。

除了基础设施的影响，公共部门还有从业人员收入稳定、受经济波动影响较小的特点，欧盟、联邦或联邦州的相关资金会稳定地流入本地。不过，公共部门的重要性时有波动，比如驻扎军队，从德国统一后盟军撤出这个例子上就得到验证，这给不少统一前受益于盟军的区位产生很大影响。另一方面，全球化和知识型社会也会赋予这些基础设施以巨大的增长潜力，比如机场、高校和研究机构的迅速增长。因此，必须将对公共部门的敏锐观察纳为经济促进工作的责任和任务，以便及时趋利避害。工业领域的公共部门也类似，要识别并避免地区经济发展的单一结构，以保证整体经济结构的健康平衡。

通常，无论在经济高涨还是低迷时期，公共部门对区域的经济发展都有很强的政策稳定作用。尽管过于注重就业岗位和收入稳定有时候会与工业领域的高速发展形成矛盾，但是保持地区公共部门的适当比例对地区经济稳定性而言还是非常重要的，尤其对地区基础设施的丰富性来说更是如此。

不受欢迎的公共机构的迁入

每一位经济发展人员都清楚，对高校、法院、跨区域政府等部门的存在应给予积极评价。然而，建造新监狱或疯人院之类的选址决策就另当别论了，这些决策可能会引发反对意见，如为区位带来负面形象、在居民中引起恐惧反应或保留意见等，但是这样的观念应予以反驳，因为正是这些跨区域财政支持的机构，能带来大量有保障的就业岗位，并可为当地建筑业、手工业和服务业带来稳定的业务。比如，1999 年在奥芬堡（Offenburg）建成的监狱是整个巴登 - 符腾堡州 17 所监狱中最新的监狱，也是该州第四大监狱，共需要 230 名工作人员。

对每一项有责任的经济政策来说，应考虑那些第一眼看上去并不受欢迎的公共机构的经济影响力。忽视或做出错误的分析，以及不当的推测和诊断，都难免导致措施失误，并因此产生不良后果。

结构性改变

地域间经济结构的特点各不相同，尽管无法呈现这些特点的所有区别，但可以指出它们的根本特性。随着时间的推移，单个要素的重要性会发生改变，现有结构会消失，新的关联形式也会自发形成。对这些新形成的关联形式按其特性施加影响，是经济促进行动和组织可能性的基础。因为现有的结构已无太大变化可能，对积极的经济促进战略而言，机遇存于改变之中，引发并加速结构构建和瓦解的过程，并对新结构进行建设性促进，这一战略现在多被称为集群及网络战略。

要认清一家企业、一个机构何时会脱离市场结构，或者何时会由于经济形势而衰退，以便有针对性地施加援助，既是一门手艺，也是经济促进工作中在政策上十分重要的任务。与此相反，试图用巨额资金来延续已过时但尚幸存的结构，可算是经济促进工作中的最大错误。然而这种错误在实践中可能因为政治投机主义一再发生。

由于固守过时的原材料工业以及不再持久的工业结构，新领域的发展长期处于不被重视的状态，比如被忽视已久的可再生能源，以及德国的大量创新发明。企业和研究机构间的结构老化、政治上的民粹主义（系指党派斗争中，利用民众不满，强调民众利益而争取选票的政策。——译者注）、甚至常常仅因为部分政策决策者不懂经济，导致错误的决策一再发生。

当世界经济只有欧洲、美国和日本这些老牌工业国家之间以中等强度在竞争时，还可预见甚至能相互协商经济结构的改变。但是，随着占有全球人口 40% 的"金砖四国"（巴西、俄罗斯、印度和中国）的崛起，世界经济的重心就发生了明显转移。发展速度被大大加快，因而需要更加关注经济结构改变对德国跨国企业和区位的影响。

公共财政

综合全面的现状分析也应包括区位公共财政状况。其中包括财政总量、调控能力、公司和配套企业的债务、资产库存，特别是房地产以及土地储备，但也包括基础设施等特殊机构、可能存在的矿藏或者非物质资源和权利等。对税费，尤其是稽征率，以及其他来自欧盟、联邦及联邦州的项目扶持资金和补贴，都应进行情况说明。在这一点上，区位应该不断核查，是否所有共同筹资可能性都已用尽，或者是否还能获得进一步的资金来资助本区域的公共或私有机构。经济促进工作不仅要通过增加企业收入来改善区位财政，还要通过对目标群体有针对征收相关税费，将负担控制在合理范围内。

5.2.4　基础设施

回顾上文，区位分析是要分析出区位特有的优势和劣势，并以改善发展条件为目标。这一过程明确需要区分一系列要素。区分的目的在于，通过准确分析来识别区位的特点，不管是优势还是弊端，都决定了区位特有的活力。

虽然不乏关于企业选址决策因素的研究，然而由于所研究企业的位置、状况、规模和动机不同，结果也大不相同。此外，这些研究往往仅针对企业新落户或者迁址，却忽视了超过90%的经济增长是内源性的，也就是来自于已经常驻的企业这一事实。企业决定在当地发展或者迁出常常遵循完全不同的准则，幸运的是，对经济促进工作来说，这些准则非常容易预见，也较易施加影响。原因尤其在于，企业和企业家都在当地，情况已为经济促进工作者所熟知。

区位的软因素和硬因素

除了劳动力市场和经济结构外，在对实现目标所需的措施进行初始情况和前景评估时，本地和区域现有的基础设施是非常重要的。传统上，对基础设施要区分出区位软因素和硬因素，通常，这是指经济相关因素和情感因素。需要注意的是，软因素和硬因素之间并没有有效分界，两者间的过渡是流动的，而且，根据观察者自身处境不同，描述时所使用的词汇也大不一样。

此外，还可以观察到，两个概念之间的分界也取决于某种价值的变动。在选址决策时，以经济为导向的因素退居次要，而诸如生活质量、可持续性、满意度以及自我实现等要素则变得更为重要。家庭考虑比事业成功更为优先，女性就业、住房、幼儿园、学校、安全和卫生条件都需要纳入权衡，尤其是宜居环境和地区形象都成为愈发重要的区位因素。

自然因素

根据历史观察，拥有原材料对于区位的经济和政治地位来说都有重要意义。曾经，农业和畜牧业所需的土地肥力和利于耕种的气候，都是影响先辈选择迁居地的首要因素，而矿产资源储备量、地形和气候条件深刻影响了区域地貌，也决定了整个民族、国家和区域的富裕程度。民族迁移往往由矿产资源、水和气候条件的变化而引发。直至工业化的鼎盛时期，煤炭和钢铁的存储不仅和与原料直接相关的工业发展息息相关，甚至整个国民经济的未来发展都常常受此影响。

原材料对于经济发展的意义

在去工业化的进程中，某些原材料作为决定性生产要素的重要性逐渐降低，矿产资源对经济发展的影响也继续减小。不过，其他的"天然资源"却随着价值转变赢得关注，被人们认为是重要的。

例如，温泉是温泉疗养的决定性前提。从气候上看，温度适宜、阳光充沛和空气清新不仅对于休闲经济非常重要，而且也越来越成为高级专业人才选择工作地点的准则。对迅速增长的旅游业而言，海洋、山地、未被破坏的自然和景观是一项基本前提，同样重要的还有历史名迹和城市设施。

身处自身需求不断变化中的世界，就要寻找当地以及区域的特点，并从这些特点和它们可能具有的独特性中去发掘未来的发展机遇。一些区位的自然因素，如景观、矿藏、中心性、水路等，也可以通过技术投资实现代替和补充，比如通过造雪机人工造雪、建造室内滑雪场和热带水上乐园、人工港口和水渠等。除了这些自然因素，也还要研究基础设施的前提条件，如交通和土地、能源供应或通信基础设施等，并区分其优势与劣势。在区位硬因素中，可以提出许多最低标准或最低前提条件，在经济发展中，这些条件的满足被视为理所当然，缺乏这些最低条件的区位在企业选址中很容易出局。

人的因素

随着土地、原材料和工业生产要素的重要性下降，知识变得愈加关键。在知识的生产和研发中，人成了决定性的生产因素。因此，那些对人这一知识载体的区位选址决定产生影响的因素就变得愈发重要。这方面，提供充足、有吸引力的居住空间和较高的区位生活质量成为吸引人才的因素。生活质量又取决于区位能提供的文化与休闲项目、教育与培训产品、儿童陪护、适合伴侣的充足工作岗位（关键词：双职）、卫生与安全、中心性以及地方形象等。如今，这些因素对专业人才的区位选择有决定意义，对企业也同样益发重要，因为大背景下德国专业人才匮乏，对企业来说，尤其需要优质区位以赢得并长期留住充足的专业人才。

在这个意义上，为了招聘并长期留住高素质员工，生活质量和区位条件也成为企业的关键议题。在工业时代，只要区域拥有充足的潜在劳动力，就可以满足企业选址的要求。如今，由于人才的流动性增强，且他们对工作生活环境保有更高要求，区位质量和软因素会更多影响到企业的经济发展机遇，同时对区域的未来发展产生决定性的影响。

如今，理想区位其实也可以"打造"出来。根据投资者的预期进行相应调整，或者创造相应条件。在分析上述条件因素时，也需要逐个考虑，创造哪些条件能打造出理想的区位形象。

经济气候

从企业的角度来看，区位中的重要经济部门和机构也属于重要的框架条件，比如邻近商会、协会、审批机构、法院和其他常被需要的服务机构等。这些机构的存在可以带来一些难以衡量、却一再被提及的因素，比如经济气候，这往往也会对区位选址产生主观影响。经济气候总是跟政府对经济的态度有关。是否有合适的政府联系人？政府高层和政策负责人对经济决策者的利益是否开放？希望政府高层能够贴近并倾听企业的声音，一定是企业选址，尤其是将企业留在原有区位时最常提到的理由。政府领导对新迁入企业的关心程度，有时也是企业选址的决定性因素。在企业落户和迁址的过程中，打动企业的，往往不是诸如营业税指数、地价和宽带接口等的硬因素，而是人为因素，如政府高层乃至整个政府部门带给企业的氛围。

分析这一因素肯定要比统计教育机构数量、量化商业用地或者描述劳动力潜能等要棘手的多。然而，实际上，企业凭感觉做出非理性的决定并不少见。一项完整的分析至少要将"经济气候"这一区位因素纳入考虑。对此，除了政府和政策外，居民、当地和区域媒体是否具备经济发展的强烈意愿，还是只是抱着容忍的态度，这一点也很重要。参与经济生活的企业家可以明显感受到这种情绪氛围。

政策、政府和税收

在对经济区位的政策讨论中，往往不会很快想到对企业和用人单位来说最重要的部分：税收、费用和支出、经济友好的政府和政策以及公共财政状况等。区位的经济气候是否良好，可以很容易从营业税和土地税的现行缴税率、水电煤气费以及其他本地支出中观察确认。以结构上有可比性的其他区位为基准做比较并不困难，要回答政府行为是否有利于经济这一问题则明显困难得多。不过，一定会有可以用来对此进行衡量的标准，比如审批是否便捷，是否具备全面而高素质员工的经济促进署以及"一站式服务机构"，是否配备满足企业需求的相关政府部门以及适合的决策时间。

自由职业者的满腹牢骚，或者对重要企业开出的罚单，并不能立刻说明该地经济不友好。值得建议的是，通过第三方机构对区位结构和配备进行批判性的审查，甚至也可以让市民和经济业内人士参与满意度调查，以便对当地经济气候有更多掌握。

成本和价格

本书至此为止主要介绍了定性分析，下面将进入一直都很重要的定量分析。区位分析大部分都与能够直接对企业行为的经济成果产生影响的特征相关，比如平均工资和收入水平。尽管有现成的劳资协定体系，单位劳动力成本还是相差不小。外国企业在考虑海外选址时会直接要求对当地成本结构有一个准确分析。

能源成本和其他支出

尽管相比其他国家而言，德国的区域差别已经较小，能源成本对于能源密集型企业还是一个比较重要的区位指标。当地税收和支出的象征意义要大于实际意义，在国际化的区位竞争中重要的是整体成本负担。此外，企业也期望当地公共财政支持能够提供补助和津贴，尤其是在经济结构滞后的地区。

扶持项目和补贴机会

在过去几十年的国际区位竞争中，国家、区域和城市开始大规模提供资金补贴。尽管政治领导人出于调控政策的立场一再公开批评这种补贴竞争，实际操作中却仍不能完全避免。国家政府总能找到办法，按照预期目标去解读欧盟条例。在这场补贴竞争中，几乎没有想象力的界限。德国各地由于严格守法、缺乏想象力，而且大多数区域并不符合扶持标准，常常处于下风。

对于经济促进工作而言，需要系统分析各个层级的扶持项目，并根据区域相关方的需求通过可行的方法进行调整。不容忽视的是，同一扶持项目在不同地区可以有截然不同的适应面貌，不过，这一地域差别与其他的区域分界并不重合。根据经验，搜索过程中投入的巨大创造性和持久力往往能换来成功，因为在不同扶持项目中，缺乏的往往不是资金，而更多是足够的申请数量。实际工作中，缺乏对项目的了解、也缺乏充足的人力和时间资源，通常是扶持资金闲置的原因。

一些区位借助欧盟扶持资金得以引进重要企业落户，如果没有补贴政策上的主观改善，它们恐怕很难有竞争力。因此，不能对快速的企业落户仅仅进行表面分析，更重要的是需要对扶持项目的系统进行深层分析，因为现有扶持项目有时也可以应用到最初没想到的地方。由于这方面需要专业知识，而城镇政府在这方面又有所缺乏，因此，引入外部专家和经验丰富的顾问就更为可取。所以，补助申请的研究和实施尽管时间漫长，程序复杂，但却可以给区位带来非常显著的优势。

信贷经济和企业服务

除了补贴措施外，地方金融机构常常缺少必要的基础设施。正是在金融和银行业危机的背景下，运营良好的银行和信贷机构的重要性才更加凸显，其中以那些致力于服务地方中小型企业的储蓄银行（Sparkasse）、人民银行（Volksbank）、瑞福森银行（Raiffeisenbank）、发展和创新基金及其跨区域机构尤为突出。同时，有不少大企业也成立基金，如巴斯夫（BASF）创新基金、阿尔塔娜（Altana）创新基金、海尔布隆（Heilbronn）创新基金等，它们通过高效率的企业贷款发放来帮助区域提高创新活力和创新速度。

因为创新和以技术为导向的年轻企业尤其需要及时、灵活且风险可控的贷款，这些创新基金的存在为区域保证了相对其他区域的竞争优势。这种竞争优势如何高估都不过分，在与此相关分析中却往往被忽视。因此，为了新行业的增长型企业以及区域创业的优势和活力，既要核查入股融资的可能，也要考虑通过地方和区域金融机构获取贷款的机会。

除了信贷经济外，当地的企业相关服务也是一个重要的区位因素，如经济和税务顾问、律师、通信技术和软件支持，还有技术工人、有效的物流体系，以及广告、市场和电子办公等方面。在服务外包和专门化不断深入的时代，咨询服务和技术办公室的供给日益重要。因此，除了如公共机构等已知的区位因素外，企业服务业的作用也是区位分析中必须研究的一个要素。

交通基础设施

自古以来，交通基础设施便是经济圈和区位经济发展的一个决定性因素。交通基础设施是商品和服务流通的必要前提。历史比较中，"汉萨（同盟）"、丝绸之路或者其他著名的贸易之路，都是佐证这一观点时常被援引的例子。贸易路线上的城市往往曾经繁荣一时，有些甚至繁荣至今。交通和交通基础设施一直以来都是商品流通和经济富裕发展的决定性前提。只有畅通无阻，才能实现流通。人迹罕至、与世隔绝之地，从不可能孕育出经济、文化和知识的发展。

分析基础设施时，首先要分析传统交通载体的现状：

道路交通

需要分析的是跨区域的长途交通，即距高速公路网最近的接口，这个距离对于客运和货运都很重要。此外，还要分析交通能力，其中，交通流动性是跨区域交通网络分析中值得注意的因素。区域贯通、区内开发以及商业用地的联通都是选址的重要因素。在这方面，起决定作用的是速度，而不是距离的远近。在考虑克服一段距离时，行程时间才是关键。另外还需考虑设立停车场地的必要性。不仅在市内，甚至有时在工业区，这一因素都变得越来越成为瓶颈。这里不仅涉及可停车街道和停车位的数量问题，也与政府是否经济友好的态度有关，比如为市内手工业者发放特许，管理零售业的运输时间等。因此问题不仅在于设施，也在于组织，即究竟该如何高效利用这些通常都比较紧缺的交通基础设施。

在分析道路交通时，要分析商业用地开发和国道连接状况，也要重点留意现有道路交通网络的管理状况，这几方面形成了构建经济友好型区位的重点。

铁路及公共客运交通

随着人力与物资对机动性需求的不断提高，拥有完善的城际和近郊交通铁路网，并将之与全国和国际铁路网进行有效驳接就显得愈发重要。世界范围内，欧洲、日本和中国都已认识到高速铁路交通的重要性，并有目的地支持扩建，美国显然还没有认识到这点。在欧洲，就连德法两国跨越国界的敌意也被法国铁路 TGV 的连通克服了。每个区位都想被连接到高速运输的主干线上。然而，火车越快，经停的站点就越少。波恩（由于临近大城市科隆，快车经停得较少。——译者注）在这方面已经吃亏，曼海姆可能也会碰到类似情况。

对交通运输，经济促进工作者应当调查现状，尽早知晓计划并施加必要影响。如果不能有所改变，就只能优化线路、完善列车时刻表并与第三方进行合作。为了搜集设立停靠点的依据，要清楚掌握相关人群和商品流。采取政策行动之前，首先要分析形势并预测发展。

除了道路交通外，不仅在人口密集区，还是在乡村区域，公共近途客运对于交通便捷性的作用也越来越大。重要的是，通过运载能力强大的公共近途客运，尤其是区间轨道交通，通勤族和候鸟族的日常交通可以变得更为环保可控，也有利于零售业的运输和旅游业的开通。发达的城际近郊交通促进零售业、文化、体育的发展，也将企业和所需人力资源连接起来，是经济积极增长的前提条件。

由于道路交通日益稠密，在生态意义上，城际近郊交通所扮演的角色也越来越重要。由于费用相对偏高，区间轨道交通尽管在许多地方受限制，但依然是通勤者、消费者及文化爱好者喜欢的交通方式。此外，相比家庭配备第二辆轿车的高额花费，很多家庭也还是倾向于选择乘坐城际交通。

对此，经济促进工作者应准确把握"候鸟族"人群和购物人流。通过有效的公共近途客运可以消除工作和居住的空间划分，市内区位通过运营良好的近途交通也可赢得中心地位。对潜在购买力流入和流出的分析是常常被讨论的项目，如果要在这个领域有所作为，这方面的知识必不可少。

优化行车时刻表、停靠站点、新的交通道路和线路都离不开准确的调研。只有仔细分析车票的区间有效性、相应的车票定价和区域中参加活动的访客，才能权衡制定相应的区位政策和措施。

货物运输

可以观察到的事实是，铁路的货运量正在减少。也许对于少数行业而言，这种运输方式不可或缺，然而，重型货运最终已经在灵活性、速度和成本方面超过了铁路货运。在交通和环境政策讨论中，铁路货运作为真正的替代方案屡受质疑。实际上铁路货运在整个货物和商品运输中只占不到 10%。在很大程度上，尤其是在客运方面，铁路路段已经超负荷运转，在运输能力上几乎不可能再有明显提高。因此，在铁路货运中，必须对现有的货运设施及运输路线进行分析。尽管鲜有实际用途，不少工业区几年甚至几十年都保留着工业铁路，并产生高额的维护费用。在这方面，一些根本性的问题需要被提出讨论，对于那些依赖铁路运输原材料的加工企业，必须通过分析使其认识到未来的价值和长期趋势，并将之作为与地方和区域运营者商谈的基础，磋商是否能在可能的情况下进行必要调整。

水路建设非常昂贵，仅有少数区位拥有水路输运的条件。除了如挖掘运河之类的少数区位外，几乎已不存在新的水路设施。因此，拥有港口的区位可以说拥有了独一无二的特色资源，带来了由地理优势决定的很难改变的独特机遇。在全球化进程中，扩张的物资运输，以及公路和铁路作为运输载体的超负荷运载，使水路的运输重要性得到提高。相形之下，在如今的区位分析中，船舶运输的可能性还远远没有得到充分利用。在国际化、劳动分工以及全球化各自不同的趋势中，物流行业显著增长，这给临近水路的区位带来了巨大的潜力。专业打造这样一个区位因素，可以收获巨大机遇。因为近水优势不仅有利于货运，并且从旅游业开发新主题的角度来看也很重要的。

空运

在过去的几十年间，航空运输成为越来越重要的运输载体，它的重要性不仅体现在客运，也体现在货运方面。在许多地区，机场已成为真正的增长因素和就业发动机。仅法兰克福机场[541]就能创造约 500 个工作地点，拥有约 73000 名工作人员，慕尼黑机场[542]有大约 30000 名员工服务于 550 多家企业和机构，即便如地处三国边界的巴塞尔 - 米卢斯 - 弗莱堡（Basel-Mulhouse-Freiburg）[543]欧洲机场（译者注：由法国和瑞士共管）这样的小型机场，也拥有大约 410 万架次飞机起降和4000 名员工。

飞机的制造和维修也与机场的存在相关联。一个机场的正常运转需要零售、酒店、餐饮、服务和维修以及各种与飞行相关的服务。仅仅这些设施就能对就业产生巨大的影响力，几乎德国所有的机场都呈增长态势。盟军撤出德国后，曾经的军用机场转为民用机场，引起机场区位的大幅增多，但这并未给传统机场区位带来干扰。

---

541 参见 http://www.frankfurt-airport.de（最后访问于 2011 年 9 月 15 日）。

542 参见 http://www.munich-airport.de（最后访问于 2011 年 9 月 15 日）。

543 参见 http://www.euroairport.com（最后访问于 2011 年 9 月 15 日）。

恰恰相反，新增的机场为廉价航空公司所用，在客运和货运方面，都整体提高了航空运输量。空运行业也是国际化进程中的大赢家之一，因为人力和物资的机动性显著提升，正是航空运载力扩张的前提。而没有物流的支持，世界贸易的扩张也无从谈起。

机场

在对机场进行分析时，要考察该机场是否具备适合不同的客、货运的能力。在诸如私人飞行、航空运动和教学、商业和服务设施等方面，都须重视分析和探寻其潜力。此外，对区位政策来说，高排放、机场运营和扩建问题当属最难的政策任务，这在先前的法兰克福机场扩建中就可见一斑。在经济政策中，对此的分析和讨论也是高难度的政治敏感区。如果错误地处理和讨论这些区位问题，可能会对机场的进一步发展产生多年的负面影响。这类区位因素如果发生改变，需要一个稳定的政策基础和长期缓冲机制。此外，尤其还要注意区域间的竞争。不过，毫无疑问的是，在不断扩大的全球化进程中，拥有大流量机场的区位都会取得很大成功。与机场相关的一个非常重要的区位因素是交通的连接，也就是说，在乘坐公共交通工具的情况下，最好能在一个小时内抵达重要机场。距离机场较近的区位常被那些拥有机场本身的社区所羡慕，因为这些区位可以享受机场的便利，却无须承受机场带来的一些巨大负面影响。

航运的增长潜力

国际经济联系日益紧密，企业的跨国兼并，企业、高校及其他研究机构之间的研究合作日益增加，国际工作会晤和各类会议的日渐增多，加之休闲旅游和航空货运的增长，这些都是过去航空运输量大幅提高的原因。在未来，航空运输也还有可预见的进一步增长潜力。

从国际企业合并的角度来看，区位如果能通过国际航班便捷抵达，则可能拥有最好的机会成为企业中心。当然，通过一次火车换乘或者一次航班中转就能抵达国际机场的区位也还可以接受，但是换乘配合必须最优化，并能保证高效办公。有航班衔接的会展区位也符合这一情况，例如，斯图加特会展中心就迁到了当地机场的附近。法兰克福机场得以快速增长，很大程度上归功于近途客运交通的优化衔接，以及机场远途火车站的建造。

因此，区位分析不仅有必要掌握现有的交通路线和设施，还需要了解并参照相关人士的需求，探索并优化总结客运、货运所需的交通路线，由此制定出合适的中长期措施。

区域航空运输

在必需交通路线的整体背景中，区域航空运输也扮演着越来越重要的角色。一方面可衔接国际机场及相关航线，另一方面也可接通从前交通不够便捷的区域。区域航空运输可以激发原本边缘或偏远经济地区的活力，而且无须动用航运中心的资源就可将各个地区连接。因此，通过加强和扩建现有的通用机场，来提升当地企业和机构的出行便捷程度，也属于地方和区域经济促进的工作任务。在实际操作中，对此进行准确的区域需求分析也意义重大。

不仅是机场，对于经济、学术、会议、会展和旅游来说，优化线路安排也具有极大意义。分析现有情形、研究改善的可能性将带来新的经济政策目标。在大量需求下，上文已提及的传统交通方式由于不断扩建几乎已经接近运输能力的极限。不仅公路、铁路、机场，甚至水路的新建和扩建几乎都已达到极限。诸如近期"斯图加特21"项目（译者注：斯图加特火车站项目）引发的大量抗议活动说明，在资金缺乏、规划和审批过程长达几十年的现状下，人力和物资不断增长的机动需求要么无法及时得到充分满足，要么需要极高的花费和代价才能实现。

在这样的条件下，为了调动物资储备，以下两个因素愈发重要：
• 通过建立物流中心，优化协调不同的规划，将各种不同的交通运输载体连成网络；
• 通过建立智能系统和先进的信息通信技术来协调和优化交通基础设施的使用。

此外，还需要定期检查，是否可以通过物流措施来减少交通需求，比如，通过物流共享为市内商业提供集中货运等。这样，城市物流也成为经济促进和城市管理的又一个丰富领域。

土地与房产

企业的每一项活动都依赖于合适的空间。从皮包公司或者虚拟网络公司的最小需求，到占地密集的生产型企业，再到土地需求量巨大的法兰克福机场，不同企业活动的需求各有差异。和劳动力供应一样，保障经济行为所需的土地是企业活动和经济运转的基本前提。提供充足的商业用地是经济促进的一项核心任务，因此，对未建和已用商业用地状况的摸底和分析工作，应给予一定优先级。只有了解相关企业的土地需求，并尽量可靠地做出预测，这项分析才能作为区位发展的一项有意义的规划重点。

当地建筑主管部门或上级部门存有这类分析所需的详细数据材料。经济促进工作的基本资料需要配备商业用地登记册的附录和使用手册，并对土地按照已建设和未建设用地进行分类、或按照办公、库房、实验用地以及特殊用地和零售业用地来区分。经济促进工作者还要与当地地产中介合作，及时掌握空置情况，并保证信息随时可查。此外，对已成交的地产买卖和当地媒体工商业不动产广告区的评估，以及定期对区位和工商业用地进行的勘察和记录，都是充分的信息基础。对整个地区进行空中勘察也一直是值得推荐的方法：航拍能够显著拓宽观察者的视野范围，更快地为迄今仍未解决的问题找到解决方案。

在过去若干年间，工商业用地主要用于投入建造新的手工业和工业企业、厂房及办公室等。随着工业社会向现代服务业及知识型社会的经济结构转型，对土地和空间的需求也发生了巨大变化。拥有便利交通与充足物流及仓储面积的商业用地依然需求量旺盛。而在经济中心地区，由于人口密集、政策敏感度高，土地越来越少，商业用地更多地被投入现代服务业。不过，投入服务业的用地也需满足特定要求，比如越来越注重地段突出、视野较好、交通便利、装修体面、周边环境良好、能配备现代化信息和通信基础设施等因素，而且拥有这些条件的用地还总被期待能够在短期内就可投入使用。在快速发展和生产的时代，并没有足够时间留给开发者新建全套设施，因而往往必须利用现有的土地和地产。或者在建造生产性厂房时，采用省时的钢架结构和机动的图纸设计。在实际操作上，企业更希望只签订 5 年甚至更短的租赁合同。由于生产速度加快、产品周期缩短以及国际化竞争的加剧，越来越需要将场地快速投入使用，并显著缩短租赁周期。

空置用地

当商业用地出现空置或者即将建成时，新企业便会入驻。一定程度上，经济促进工作往往欢迎这类空置信息，因为这些信息可以降低房价或租金，改善竞争状况从而对有入驻意向的企业有利。在有一定空置率的情况下，正在扩张或有意入驻的企业就有合适的商业用地加以选择，并有筹码与房东或土地所有者就价格与租赁条件进行商谈。

零售业用地因地段不同而各有差异，基础设施和交通设施用地，供给特别是排污设施用地，都应该对其进行比较仔细的分析。运动和休闲用地，特别是休闲用地的比例在持续增加。与现代货运交通和物流区位一样，用于大型节庆活动、会展、酒店和休闲设施，如高尔夫球场、公园、疗养区等需要大面积土地。这些用地和建筑还需配备现代化的信息和通信基础设施，并接通公交线路。考虑到这些设施劳动力日益增加的情况，同样不能忽视商业用地周边的公交连接。

更短的租赁时间

在个体对工商业用地的技术和人均工作面积的要求不断增长的同时，通过设备微型化和优化制造技术，现代制造工艺却可以在另一方面明显减少生产所需的用地面积。不过，对展示与交流、文化与卫生行业的场地需求依然不可缩减。

在实际操作过程中，随着产品生命周期缩短、服务外包增加以及合同期限不断缩短，厂房租赁也越来越多地得到制造企业的青睐。这意味着，企业不仅需要地皮，也寻求短时间内可以投入使用的厂房。对经济促进工作来说，不仅要分析城镇自有的土地和房产资源，还要为潜在客户提供尽可能完整的房地产市场信息。因此，除了地皮和房产资源外，还要调查当地房地产投资商的信息，例如，了解那些专门根据企业需求来建造新的商业建筑，并提供租赁业务的当地建筑商和项目开发商。商业房地产领域的短期性和灵活性已经越来越成为重要的区位要素。为了描述工业不动产的长期潜能，也需要将中期可投入市场的地皮和闲置用地纳入考虑。

旧地和棕地

在土地用途的变化日益加速、使用期不断缩短、可用新地皮不断减少的背景下，对未使用的旧地及工业棕地的收录和归档也就越发重要。

对经济促进工作而言，棕地既可以是负担，也可以是真正的机遇。一方面，不少旧地自身带有历史负担，有的带有不再可用的建筑，有的在过去处理重型材料时过于草率。其中，有的旧地在一定程度上受到污染，由于拆建、翻新或者解决方案代价过高，几十年内都无法重新投入使用。此外，有的旧产权所有者计划申请破产，因而并无兴趣去处理或重新利用土地上存在的遗留问题。另一方面，这些地产通常位于中心地段，作为世纪之交的历史工业建筑，具有较高的历史价值，但却没有得到实际利用，这也是令不少城市规划者棘手的地方。这些旧地往往位于中心地段，非常适合作为办公用地，如果可以重新投入使用，对经济促进工作来说是件好事，不管怎么说，如果保留这些旧地不作处理，对区位的形象也是损害。

因此，要尽可能对棕地进行准确分析，只有清楚地了解其中的产权关系，才有可能正确处理土地的潜能。不少旧地的所有者对其地产市场价值的预估脱离实际。他们没有认识到，如今的企业往往要求现代化的办公建筑，很大程度上他们的生产力也依赖与此，而旧地的所有者常常因为旧地是历史建筑而给出不现实的估价。其实工商业区域的历史建筑并不经济，因为对办公室布局的要求因人而异，只有通过有针对性的翻新才能满足各种不同需求，这就导致耗时费力的谈判、常年空置或者干脆将旧地用作廉价仓库、宿营车库等低价值的临时用途。在有些情况下，即便这样的收益甚至还高于费力更新修缮后再出售的收益。后者往往会引发变更用地性质的要求，比如将工业用地转换为高价值的居住或零售业用地，以相应提高市场价格。

与中介合作

经济促进人员应与当地中介及相应的不动产部门合作，通过对房地产市场的密切观察，共同建立完整的工商业不动产数据库，并不断保持更新，以备可能的企业问询。这一工具主要用于常规检查自有土地需求的规划，在土地使用规划工作中，也是对划拨新工商业用地做出必要性政策决定的基础。在土地事务中，决策过程尤为漫长，有时甚至会耗时数十年，因此，通过经济促进工作对工商业用地的需求尽早进行申报，具有很大的战略意义。同样，如果对此方面产生错误估计和判断，也会给未来发展带来长期难以挽回的影响。

服务业用地

尽管在对工商业不动产的政策讨论中，常提到的是新用地、非可耕用地或者大面积的旧地，然而，在第三产业的推进过程中，可投入使用的服务业用地，主要是适用办公的用地，在数量上成为决定性的因素。装修现代、地段中心、形象出色的办公场所，往往并非公司私有，而是由私人投资方提供，能够体现区位的重要增长潜力。对增长潜力来说，拥有现代办公条件且在短时间可入驻的工商业用地同样是重要因素。因而，为了充分提供企业需要的基础设施，对服务业用地的数量，尤其是质量、技术配备情况和区位进行调查也是前提条件。多种空间格局的供应，特别是小户型和短租面临越来越多的需求，加之便利的公交条件，这些都是区位发展潜力得以实现的决定性前提。

研究和发展

拥有研发机构是区位经济可持续发展的决定性因素之一。在工业社会向现代化服务型和知识型社会的转型过程中，尤其在新技术领域，对知识和专有技术的创造、应用和传播代表了决定性的生产因素。

高校和研究机构的设立以及它们与企业之间的合作至关重要。企业一方面支持推动应用研发，同时也主要承担将研究成果转化为市场产品的职能。因此，不仅要统计当地存在哪些研究和学术机构，还需要明确它们的研究课题与研究水平。

在很多情况下，需要正确搜索研究重点和技术、处理并提供信息并对之进行有目标性的"配对"，即在了解企业与研发机构信息的基础上，确定适合的供求双方，并为之牵线搭桥，对企业之后的实际收益和发展是相当重要的一步。经济促进工作并没有必要自己承担这一过程，但可以为区位的研发机构提供相应的信息。

研究机构关系网络

对当地企业的研发部门及其研发能力，也可以用同样的方式进行了解。除此以外，还需要了解经济界与学术界、企业与研究者之间已经存在的关系网络，以便让这些网络能够尽可能多地为当地相关机构所用。对此，除了介绍区域的知识库外，还要对企业和研究机构之间的联系加以说明。正是在这些关系和关系的密切程度中，可以发现集群和网络合作的信息，这些信息在区域调整特定发展重点时，可以起到导向作用。

现代区域经济理论证实，一个地方存在同一行业或相近行业的企业，往往会吸引更多同行企业在附近落户，这些企业共同构成网络，从而再吸引研发机构的入驻，这一动态过程又进一步促进本地区的创新。这一过程中，专业人才的专门培训也成为必要，这又进一步促进了培训机构的创立和入驻。

一些地区能够成功度过结构转型，并且比其他地区经济发展得更好，其中起到决定性作用的，往往是拥有未来导向型的增长型行业中的企业，并且企业间相互联合，结成网络。这些迹象尤其需要尽早发现，才有机会推动或加速产业集群的建立。

至少在公共领域，统计现有研究机构的信息往往不会碰到阻力。不过，在企业方面，对信息统计往往持怀疑和保留态度。要获取企业专业技能的信息，需要采取更为谨慎小心的方法，或者可以对企业进行亲自拜访。

知识缺口

除了对研发机构，如弗劳恩霍夫研究所、马克斯·普朗克研究所、高校研究机构或私人研究机构进行单纯统计收录外，也有必要知晓它们的知识缺口，以便了解它们的合作需求。即使这些负面的现状信息，也可以对是否推动和发展研究及合作联合体的决定提供指向。

同时，也要对企业在研发领域的战略、新的研究与合作领域进行说明。对此，需要了解的不是现状，而是区域经济未来的发展方向，以及所规划的行动是否能保障区域的富裕安康。可能的话，还要了解企业与其他地区研究机构之间的合作关系，因为并非每个区位、每家企业都能在附近找到合适的研究机构。其中关键的是，这些合作关系以及与此相关的知识信息交流在区域内是公开的，并可为其他企业或者研究机构使用。就此而言，信息管理也是经济促进工作的重要任务。考虑到通信可能的多样化与行业的高度专业化，可以认为，不仅同一地区相关团体可以结成集群和网络，不同区域也可以组成跨区域、跨国的网络集群。

经济促进工作者可以从中制定出可行的招商战略，尽早发现并防止潜在的"挖墙脚"现象。由于内容复杂，并且相关企业或机构提供信息时往往配合度不高，针对研发领域的区位分析常常困难重重。尽管如此，对一个地区的可持续发展而言，研发领域恰恰是决定地区能否可持续发展的重要前提。

企业的知识负债表

企业的知识负债表这一课题近期关注度有所提高。所描述的是这样一个情况：在一个知识型社会中，尽管知识这一要素在价值创造中越来越重要，但在企业里，很难用传统手段将知识要素列入资产负债并进行评估。大多数非物质经济资产都不能进行资产负债结算。因此也无法正确描绘出，企业在某一时期究竟处于知识增长还是流失状态。现在，区位也面临这一难题。我们虽然知道有最多百万富翁或者最高人均收入的城镇，但是却不能，或仅能有限地去衡量哪个区位在知识上是"富裕"的。尽管有诸如学者密度或者教育及研究机构的数量和重量级（精英大学等）等辅助数值，这一问题对企业和区位来说仍然都很重要。

经济研究机构 Prognos 或者 Feri 定期发表的调查研究可以作为例证，在它们的调研中，那些学术和研究比重相对较高的城市和地区，未来的发展前景也往往是最好的，这一认知也在现实中也得到证实。尤其是如明斯特、海德堡或者弗莱堡等大学城，不仅有很好的增长机会，而且也已跻身德国最佳城市了。由于自身结构、规模、贴近科研以及极高的生活品质，这些城市备受好评。

5.2.5　企业结构

在对区位初始状况的分析中，除了经济结构的分析外，详细了解当地企业，即那些承担地区大部分经济贸易的单位，也是非常重要的。对企业结构的研究往往也可以揭示关于区域经济结构的信息。其中尤其相关的是行业及其出口份额数据、共同组成区域结构的经济部门的数据。

如果要对区域发展前景做出精确估计，则需要更多的企业参数来进行分析。比如，当地企业的大小规模——在德国一般可分为中小型企业或大企业、员工数量、企业年龄，产品图录或者市场定位（供货商、世界领先企业、隐形冠军企业等——译者注：指公众知名度较低却是某一细分市场绝对领先者的中小企业）等，很大程度上，这些参数可以说明当地企业乃至整个区位的可持续发展能力。作为区位发展理念的基础，对单个企业的地位及其未来发展的预估也很重要。不仅要对大企业做出预估，对公共雇主的预估也同样适用，比如学校、医院等，它们对区域经济具有特殊的影响力，同时也占据劳动力潜能的很大份额。区域中存在的因行业和技术而聚集的集群和网络、大企业和行业的业主结构与未来发展趋势，当它们对当地经济起决定作用时，经济促进工作就要对其保持密切和持续的观察。

重要的是，要了解企业现有的网络与合作以及它们对区位和未来的展望。为了对劳动力需求做出预估，必须知悉企业的工作潜能和培训潜能。熟悉企业员工来源或者企业主的结构与稳定性，可以在很大程度上判断出企业未来的发展。

除了要了解区位较大用人和创新发展单位外，还应将企业周边的服务配套纳入观察范围。对当地法律与税务咨询、金融服务、酒店和餐饮业的现存潜力进行分析，可以尽可能地发现未知的缺陷。

了解企业并不单指查看从业务报告中抽取规定日期的公司数据，更多是指在一段时间内对企业进行的整体观察，因为后者能够更好地说明问题，有助于对企业未来发展做出更准确地判断与预测。那些由继承规定不明确的继承人接手的家族企业、产品过时的企业，出现问题都是可预见的，同样可以及早发现的问题还有区位压力增加，比如过于密集的居民住宅、缺少城市更新投资或者未能充分利用的合理化潜能等，这些问题会使区域的风险隐患增加，尤其是当区位本身的潜在风险还为数不少时。

5.2.6 获取信息与数据

获取必要的信息和数据是经济发展工作中的重要一步。众所周知，关键数据不可能单从一个地方就能集中获取。许多领域的这类信息并不是现成的，而必须长时间独立搜集并一点点地加以总结整合。面对众多的信息，经济促进部门常常只对某些数据感兴趣，而很多单位，尤其是企业，对这些数据往往却持有比较严格的保密态度。

现有数据库的统计信息

欧盟、联邦、联邦州的统计局以及商会、协会都建有大量的数据库，可以首先从中获取信息。此外，联邦和各区域劳动局以及其下属的劳动力市场与职业研究所（IAB）也提供了大量的可靠数据。商会、经济协会和工会也持有统计数据，既有区域专门数据，也有德国经济相关核心组织的整体经济数据，如德国工商大会（DIHK）、德国工业协会联邦协会（BDI）、德国雇主联合会（BDA）、德国贸易协会（HDE）、德国手工业中心协会（ZDH）等。

除了地方机构之外，当地数据首先还可以来自企业本身，比如通过拜访企业、参加展会、和政府部门对话，以及通过企业宣传材料等。与定期评估当地和区域媒体报道相似，在商业环境下，互联网也可为额外数据的获取提供很大支持。

专业出版物

专业出版物、外部鉴定以及专家访谈同样都很重要。因此，在做区位分析时一定要考虑委托外部鉴定专家。鉴定专家一方面必须要有相关经验，另一方面要熟悉重要的数据来源，这种经验在城镇政府部门中往往并不充足。考虑到一份基本、全面的区位分析可以参考甚至 20 年之久，并且对制定区位发展方针至关重要，委托外部专家所需的费用也是必要且合理的。

对长期有效的经济促进工作而言，关键需要建立一个具有说服力的企业数据系统。随着时间累积，这一系统会发展为经济促进的一项非常有价值的工具。建立这一系统不仅需要绝对数据，更要记录企业状况的变化，从中可以分析总结经济结构的发展。因此，这项分析与基于分析实行的举措，都有着不可估量的重要价值。

对区位重要信息勤加获取、归档、整理和分析且能够持之以恒，是成功的经济促进工作无可替代的出发点和基础，这一点再怎么强调都不嫌多。

5.2.7　对标分析法

对标分析法是这里要介绍的一项特别战略，指的是确定一个在尽可能多的特征方面有可比性的区位作为基准，在与基准数据及其发展做对比时，可以确定区位自身相较之下的位置。值得推荐的是，在区位发展中，长期确立多个这样的对标区位，并记下具有可比性的重要数据，以便能在长时间段中进行区位发展对比。

通过这种方式，在当地和区域的发展与对标区位呈现差距时，一些发展的原因能够得到揭示。值得建议的是，在对标分析法中，也可引入伙伴关系，因为在长期仔细的对比观察和研究中，伙伴双方能够从中收获丰富的认知。在进行基准评估时，伙伴双方应共同定义要研究的对比参数。

5.3　诊断

在制定经济发展方案时，第一步的现状分析对区位中重要的数据和信息进行尽可能全面的调查，而第二步的关键则是诊断为何会发生所见现状。在这一步骤中，需要找出现状发生的原因，并以此为基础通过对下一步的预测，同时引入经济政策措施进行调整，以实现经济政策的既定目标。只有找出以往进程发生的原因，才能做出确定判断，并考虑采用适当措施来修正不符合预期的现状。

分析现状发生原因

这一过程需要分析的发生原因是指对区位结构长期发生着影响的状况和条件，这可以对各种形式的基础设施进行总结评估和简单诊断。而诊断一个经济区域为何会形成某种特定结构，则要复杂困难得多，因为这些发展过程并非总是公开，而且往往是多种因果作用的漫长过程。对区域的区位条件来说，重要的是那些有漫长历史可循的状况条件。

众所周知的那些经典的区位因素和指标，如原材料保有量、地理位置、土地肥力或者气候状况等，它们一直以来都影响着地方的增长和富裕程度。缺乏这些重要条件，往往会导致一个地方的面貌远逊于其他可比较的地区。

除了上面列举的这些由自然条件决定的区位特征外，还需考虑受政策决策者影响的政策原因。交通道路、街道、铁路、水路和机场，以及住宅面积的划拨，都是由政策决定的。只有当决策者们理解一些条件突出区位形成的原因时，他们才能决定是否应该去推动以及在必要情况下如何去推动这些区位条件的变化。

企业的选址决定

此外，企业决策也会对区位和区域经济发展产生很大影响。因此，为了在区位配备吸引企业决策者的框架条件，了解企业选址决策的动机很重要。

由于这些决策原因可能非常具有区位特殊性，经济促进工作者可以首先从已落户的企业入手，了解哪些原因对选址决策产生了正面或负面的影响。只有这样，区位才能在未来吸引企业入驻时取得成功。

例如，在区位分析中，如果发现失业率较高，那么探究其原因就非常重要。如果失业仅与整体经济气候有关，那么区位对此需要采取的措施就有别于针对结构性失业的措施。同样，如果通过分析发现区位人均收入低于平均水平，就需要找出原因，以便能够采取有效的应对措施，并且根据不同诊断，采取的措施也大不相同。

在策略制定时，区位现有劳动力的技能水平尤其具有重要意义，因此对其特点或者缺陷也需进行诊断。需要诊断的是能在相对短期内进行改善、并很快能取得成功的领域。然而，为什么某个区位比其他区位更有吸引力、更受欢迎，为什么周边地区走上不同的发展道路，为什么不同地方的经济环境有云泥之别，这些问题的答案都非一眼可知，而需要进行详细诊断。但是有一点是肯定的：所有区位都会随着时间进程在各自发展中经历波动，重要的是要清楚这些波动产生的原因。

5.4　预测

分析和诊断区位的经济政策形式，都是以过去和现在作为对象，而在评估计划采用措施的效果时，需要的则是指向未来的预测。区位是否能够达成所设定的目标，只有对未来发展做出接近实际的估计才能解答。经济促进工作的任务是长期的，因此要着眼于未来，也就是说，要着眼于现状的未来变化方向。

区位预测

在执行经济发展方案的过程中，重要的是对区位中长期发展状态做出预测，因为每一项经济政策措施都要以此为参考。如果预测表明，那些重要的区位要素在不加干预的情况下也会向着预期方向发展，那么就没有必要采用经济促进措施来对发展过程加以修正。因此，在制定经济促进方案的过程中，一方面要对不理想的现状进行分析，现有状况受外部条件影响，也有可能自发向预期的正确方向发展。另一方面，更重要的是要对未来发展做出预测，对那些可预见不符合或不再符合经济政策目标设定的发展趋势，必须现在就介入必需的经济政策措施加以引导。

只有当预期或者预测的经济发展偏离了既定目标系统时，才有必要确立和实施新的举措，或者对现有措施进行调整。为了准确采取措施，尽可能达到理想目标，关键是要阐明可能发生的影响。因此，在预测中可区分出两种不同类型，一种是在不施加干预措施的情况下对发展进行预测，即现状预测；另一种则描述采取经济政策干预时发生的影响，即影响预测。

现状预测

在现状预测中，有可能得出这样的结论：现在的形式虽然不符合目标，但是如果存在期望的有利发展条件，无须经济政策措施的介入，也会自行向既定目标方向转变。例如一个城镇可能目前相对目标设定而言失业率过高，但是根据专家评估，随着经济复苏，无须措施介入，失业率水平也会回落到目标水平。在这种情况下，尽管通过分析得出存在目标偏差，即与经济环境相关的失业率过高，但是结合对经济复苏的预测，则可得出无须采取经济政策措施的结论。然而在这种情况下也可介入微观经济措施，比如采取提前合同发放或开启城镇就业项目等刺激经济的方案，以获取区域竞争优势。

实际操作表明，本章陈述的理论观点实施起来很有困难。本章遵循的是经过理性依据说明的精确科学预测，它们的假设和前提条件首先必须可重复检测。在通行的经济理论知识的应用中，科学工作并不是预言。遗憾的是，在政治语境中，科学预测却经常被用作对未来发展的预言。因此，要将对决策起重要作用的预测立足于科学说明和经验规律的基础上。

经济研究机构和外部顾问的支持

在实践中，尤其是在制定影响深远的决策基本方向的确定上，经济促进工作者往往很难仅凭一己之力完成。这些工作通常需要由经济研究机构和具备相关专业鉴定资质的外部顾问提供支持，由他们承担全部或部分任务，或者至少在专业上陪同项目进展。有经验的区位顾问本身就掌握着丰富的预测数据和区域专门的数据资料，所以由他们负责要比亲自收集这些数据准确便捷得多。

在接受外部支持时，建议首先对上文介绍的分析、诊断和预测过程、步骤及其内容进行准确记录，再将整个程序从时间和工作流程上进行细分，并进行有效的分工。外部的专业支持主要体现在工作步骤、问题表述和对假设进行验证等方面。在成功确立方案和工作流程的结构后，应该尽可能让政府内部员工来重点负责分析和诊断步骤。一方面可让整个流程在政府内部中运作，另一方面政府人员能够在此过程中学习成长，当然以内部员工为主在一定程度上也是为了节约费用。

在诊断和预测过程，尤其是预测步骤过程中，与分析步骤相似，由于政府部门通常缺乏流程的经验和知识，常常需要外部的专业支持。第一次制定经济发展规划时，采用专家的专业咨询，会为经济促进工作未来独立进行规划更新打下基础。

5.5 建立目标体系

通常，相关人士需要就经济促进的基本目标大致达成一致。不过，为了使目标在区位发展规划下具有可操作性，仍需进行进一步阐述：

- 第一，要考虑区位特有条件与居民偏好；
- 第二，为了让目标的实现具有可检验性，需要进行一定量化。

区位并不能脱离国民经济的发展，关键是要走出自己的道路。如果某个区位试图使自己的发展水平超出平均水平，那就需要设置一定的基准指标，通过这套指标使得区位比较成为可能。在总体经济进程中，尽管各个区位发展大不相同，但是我们仍然需要了解自身的发展是否至少不比其他区位落后。为了能够具备可比性，设立可量化的目标体系很重要。

需要制定一项具有区位发展指导意义的可操作的目标体系，这也是一项政策程序。区位发展方案的决议最终需要在城镇层面上由地方议会通过，在地方议会作为最高机构召开大会进行表决之前，方案的产生还要经历多个阶段和过程。通常，制定区位发展规划的委托人来自政府高层或者地方议会自身，极少数情况下也可能由当地媒体、经济团体或者市民发起。

在初始草案由工作小组制定后，应由政府内部的跨部门委员会接手，并始终与政府高层保持紧密协调。州级县和地方议会的党团代表也应参与到讨论中。此外，政府机构、协会、商会和当地经济联合会等也应从内向外逐层参与其中，各界代表的参与会为讨论带来整体区域视角。同时，由于当地智慧往往并不能穷尽一切可能的方法，因而建议还应邀请外部优秀的专业顾问，请他们提供有创意的观点和主意。同时，在寻找目标和规划的过程中，也不能忽视其他区位的优秀经验。

在机构的各对话伙伴、包括公共利益代表参与流程之后，应该面向公众召开市民大会，并接受媒体的批判性审视，最后由地方议会通过发展方案目标。在方案制定过程中，应在区位可供使用资源的基础上进行定位。目标设定应指向实处，人口、土地储备、现有基础设施、区域连接、交通区位等都是在本质上决定区位发展机遇的重要因素。激进的改变几乎不可能发生，也是不合适的。很大程度上，基本因素的潜力共同决定了可实现的目标。

不过，居民仍然可以参与决定，是否希望区位进行更多增长，还是情愿将区位建设为居住地或工作地，还是需要更多发展旅游业并提升区位零售业的中心程度等等。有时增加对文化和教育、体育和休闲、各项节庆活动的投入会与其他任务之间存在竞争关系。

没有土地便没有经济增长

即使不能完全自由决定自身的经济政策，地方仍能通过重要的基础决策来决定区位的发展方向，以及想要取得怎样的成功。这时，土地问题常常和未来经济发展的精神有分歧，且分歧常常与土地密集型产业的具体落户有关。虽然规律总有例外，规律也常受限制，"没有土地，就没有经济增长"这句话始终是硬道理。大多数情况下，专业人士无须看到最终发展结果，就可根据区位长期发展前景对土地问题做出决定。

同样，关于大型基础设施项目的讨论，比如新的道路绕行、建设会展中心，或者新建类似德甲联赛体育场馆之类的大型项目，表面上看起来仅涉及财政或城市规划，实际上却会带来长期经济后果，只是由于项目时间跨度较大，参与者往往缺乏洞察未来的能力，所以在短期政策上也往往无法获得最多数投票。

缺少铁路或者公路连接都会给区位带来长期的不良经济后果，正是现代化基础设施的设立，才可能为区位带来新的机遇和特有的竞争优势。也许某个区位最初根本不在企业选址的考虑范围之内，但是诸如扩建教育机构、保障本地服务以及充足的居住和工商用地之类的措施，都将在企业选址的中长期决策中为区位赢得加分。因此，值得建议的是，在目标定位的讨论中，应将整体经济条件和区位特点结合起来考虑。

5.6 经济促进措施

实践中所采取措施的制定和实施因地而异，应给予较大的发挥空间。而制定具体措施通常是经济促进工作的核心业务，同时也是区位发展方案的核心。

5.6.1 土地供应

除了充足的劳动力储备与现代化基础设施外，居住、工作和基础设施用地的供应是经济发展的第三个绝对必要的前提条件。在积极的经济促进工作中，除了为企业和机构的经济活动提供土地外，还要注意为工作者及其家庭提供充足的物资保障与适合的居住空间。

作为区位发展长期政策的一部分，经济促进工作对制定长期发展战略方案也负有责任。并且，除了参与土地使用规划、建设规划以及土地供应等工作之外，经济促进工作也是发展方案执行时的重要环节。只有当配套基础设施，尤其是住房供应所需的发展用地面积充足，才能具备追求经济增长的必要条件。

对企业和机构的土地供应措施

下文将集中探讨向企业和机构，即向经济促进的目标群体供应土地的举措。首先要明确的是，不同地区的土地可用条件存在差异，例如北德和东德的土地储备量高于平均水平，西德各州的大量土地储备大都来自前工业棕地。与此相反，南德各联邦州的土地储备则明显紧缺，尤其是那些用于经济发展的土地。

城市和农村之间的区位条件也存在明显差异。不同的区位情况，如缺乏自然条件导致无法施工、生态环境脆弱或者仅仅是具备特殊区位条件等，都有可能导致不同的结果。因此，在每个区位都要进行全面的分析调研，并基于此做出土地预测。有些区位在土地供应方面问题较少，有些区位则由于缺乏土地储备，在发展上可能受到很大限制。

对所有区位而言，可持续的城市及区域发展、更为严格的环保规定、许多企业缩短使用期限的希望、对基础设施配置的要求提高等，都会导致土地供应问题的不断复杂化，并出现新要求。面对这一情形，经济促进工作也需要为充分保障土地供应制定新的战略和工具。

限制土地使用

尽管在有些地方，对应该采取扩张战略还是持可持续战略尚存争议，但是仍然可以认为，未来趋势将明显倾向于可持续发展战略，这意味着对土地使用的限制将明显加强。因此，经济促进工作应采取新的战略、发掘新的可能来激活现有土地储备，比如降低空置率，加大土地利用率，寻找跨区域解决方案和灵活的产权模式并加以利用。从中长期来看，一些土地储备充足的区位，比如由于原军事用地的废除、去工业化趋势，或因人口下降而拥有富余土地的区位，可以从其他经济发展趋于饱和的发达区位中受益，从中吸引一些有扩张意愿和土地需求的企业入驻。

因此，对单个城镇而言，发展土地供应时，跨城镇和区域性战略也越来越重要。对趋于饱和的区位而言，更为有利的是将企业留在本地，为了不让企业搬迁去其他土地供应充裕的区域，更好的办法是允许它们租用邻近区位的土地。

新土地的划拨

在通常理解中，土地供应的经典方式一直以来的主要战略是在自己地界边缘的区域划拨出新的工商业用地。传统上，土地在农业用途之后，一直把工业用途用作"轮作"的第二步。接下来便是混合用途，最后一步则作为居住用地。这是在长时间里，大多数区位发展出来的方式方法。

理想状况下，城镇能够在自有产权土地中划拨出新的地皮，而这些土地同样是在长期土地储备政策中产生的。很多城镇原则一致，只开发城镇自有产权的土地，这样可以通过地价上涨，有针对性地获得更高的土地收益来贴补地方财政。也能够在没有私人业主投机获利的情况下，短期内完成必要的土地供应并获得财政受益，对城镇来说是重要的一步。坚持遵循地区战略，只开发城镇自有土地，也会使得私人业主自愿将土地向城镇出售。任何对该战略的偏离，都会影响到土地供应与储备的充足性和及时性。为能保证土地供应具有前瞻性，有必要对土地需求进行10年到20年的预测与估计。

土地开发

为了能够应对未来用户的具体要求，对土地的必要开发宜早不宜迟。一方面，开发土地可以节约基础设施前期融资的费用，另一方面，在考虑有建设意愿的投资者时，也可以有必要的灵活性。除了保证土地数量充足、质量过关外，还需注意应给发出问询的意向企业提供更多的土地供应信息，使企业能够根据自身位置、布局和建筑效益的偏好进行综合考虑。很多城镇政府官员害怕，大量划拨土地将不可避免地导致土地很快被大面积投建，这样一来，无法保证能按照政策原则来决定多大规模的土地何时允许被投入使用。如果这些忧虑可能对增长造成限制，就会产生目标冲突。

拥有不同的可用建设土地可以带来积极效应，企业可能考虑到区位有不同的土地供应选择而决定入驻。充足而多元的工商业用地组合有利于经济促进，并能展示当地有进一步经济发展意愿的积极态度。

提高土地利用率和变更用途

一方面由于可持续土地政策，另一方面由于已经实现并将进一步实施的经济结构转变，未来经济促进除了新土地的划拨外，对迄今以来用作他途的土地，将要进一步加强提高土地利用率与变更用途的可能性。

在提高土地利用率方面，城镇主要对企业在过去购置却并未投建的大面积扩展用地加以回购，或者游说企业对这些用地开展建设。不过，在与企业谈到扩展用地为何迄今未投入使用时，容易被企业认为是不合适的批评，或是对企业独立发展和未来能力的质疑，因此，回购和游说工作都需要有较高的敏感度。

另一种情况也很棘手，有些储备用地往往过去被企业以极低廉的价格购入，企业通过继续转让或城镇回购的方式赢得投机收益，这时，尤其当政府部门参与其中时，回购方式的具体操作很容易引发异议。因此，在与土地业主打交道时，对企业存在实际上并不需要或不再需要储备土地的情况，要保持高度敏感和警惕。在任何情形下，一项负责的土地政策都应合理利用尚未建设的土地，哪怕是短暂利用。

旧址的用途变更

对不再使用的旧址进行用途变更，一直是一种常见的土地获取方式。这些土地常常位于物流或工业区，随着企业的发展，由于搬迁或停产，这些用地逐渐停止使用。通常，变更土地用途时常常出现两种基本问题：

• 这些土地上常建有不再可用的过时建筑物和厂房，由于存在或可能存在废料，往往清理费用相当昂贵。

• 或由于搬迁企业为了获取新址所需的资金，需要尽可能高的转售收益，或由于旧地由银行或继承人接手，两种情况下原业主都抱有过高的获利期望，将利益最大化作为重点。

这些问题会引发一种现象，即不少处于市内黄金位置的地皮，为了获取尽可能高的土地出售利润，常常改作住宅用地。实际操作中，如果不违背城市的整体战略，出于政策考虑，也常将这些旧地改作住宅用地，这也再次符合所谓的"轮作"传统。对此，经济促进工作者应始终注意，在城市的其他位置为这些"流失"的工商业用

127

地划拨新的土地。

如果旧址不能用作更高价值的住宅用途，往往是由于棕地或资金问题，影响其重新投入使用。这时，为了实现最佳的土地商业（后续）利用，要和当地项目开发商、中介和投资者保持密切合作。对于呼声最高的零售业划拨，要始终保持批判性地谨慎审核。只有在与区位整体的零售业、市场和中心地点的规划方案都保持一致时，才能对零售业土地划拨予以批准。

只有将旧区位用于更高价值的零售业，企业才会留在地方。企业往往以这样的"借口"，用温和的"敲诈"来寻求政策上的支持。但公共部门不能对此做出偏离方针的妥协，因为企业往往离不开与区位的多重联系，这种威胁只是虚张声势。尽管如此，经济促进工作还是要始终尽力避免出现这样的冲突情形，在前期就要和原业主就实际的出售期望进行交流，一方面避免出现过高期待，另一方面，为了尽快实现有吸引力的后续利用，可以通过多种方式提供支持。

旧址废弃

过去几年，一些铁路和邮政用地停止了使用，它们大多数位置优越，可让区位获益。从土地角度，这也属于有效再利用方案的考虑范畴。同样情况下还有联邦国防军、盟军的驻地，以及其他迄今未能投入商业建设的区位。很多城镇都在进行长期的土地谈判，比如与德国铁路集团的交涉中，积累了不同的针对性经验。

新用途的发展前景

区位内大型单位或企业的外迁或倒闭，一方面意味着随着人的外流，导致购买力的流失；另一方面，对相关城镇而言，将留下的土地投入其他新用途，也会产生积极的发展前景，所带来的经济活力和意义可能会明显大于迄今对原来土地的利用。许多实例可以说明，尤其是在军事驻地外迁后，大约一、二十年间，相关城镇就可以从空置出的土地获得中期的积极效益。

在这些情况下，经济促进工作需要始终面临不同的土地问询，对不同的用途需求进行批判性的审核，并明确公开其利益需求。这样一来，从土地政策的角度，这些土地"礼物"将不会仅仅出于短期利益而划拨给出价最高者，而是为区位经济结构发展的最优化做出贡献。

长期土地供应

为了支持区位的长期发展战略，经济促进不仅要辅助所有行业的长期土地保障，对其他欠缺的举措还需要主动发起战略规划，并预先准备决议，使发起的倡议能够及时落实。

必要的土地购置需要时间，土地利用与建筑规划的出台程序也往往复杂耗时，所以土地保障在经济促进中是一项中长期的战略性任务。错误的时间估计会为区位发展能力带来巨大损失，因此与有关部门和必要的审批机构保持长期合作十分必要。为了获得政治上的多数支持与公众的接受，经济促进工作也要一直与政府和公众推进关于对工商业用地需求和必要土地供给的对话。

同样重要的是与政府内部其他部门，尤其是对规划和环境部门的游说工作。有时土地短缺即便是短暂的，也可能导致企业迁往其他区位，因此要通过游说避免发生不可挽回的后果。经济促进工作还应注意，要将政府方面涉及企业的重要决策传达到企业。政府官员和规划者一般倾向于采取沉默流程，有意回避来自相关企业方面可能出现的批评意见与影响。

所需工商业用地的规模

一直以来，区位当前和未来发展所需的工商业用地规模属于相当重要的根本问题。每隔一段时间，关于工商业用地以及用地储备的问题就会引发政策上的争议讨论，所以在土地利用规划中应加入这些问题，并定期进行更新。对此，通常有两种方法可以处理：
- 第一，可在一个规划周期的实施基础上加以更新，通常是 20 年的规划周期；
- 第二，通过调查以明确企业的具体需求，并考虑一定的"安全溢价"。

两种方法单独使用时，效果可能都不尽如人意，因此，在实际操作中应当组合使用。虽然这首先属于区域规划的任务，但是经济促进工作也要定期参与其中。

此外，通过了解特定行业与企业结构，经济促进还可带入自身对区位的认识，尤其是关于未来从生产型向服务导向型进行结构转变的企业的认识，具体涉及企业对物流空间的需求增加、零售供应的改变、附加教育设施、新建住宿、会议及配套设施等。除了尽可能准确地调查现状和需求外，对工商业用地的预测尤其还要考虑到可预见的经济结构转变。

区域土地供应

对空闲土地的实际使用问题往往无法进行客观辩论，而需要通过政策引入且进行情绪疏导。由于可用土地的局限，与周边城镇或者同一地区内的其他区位进行合作，应该是应对土地紧缺问题的一条可能出路。通常，跨城镇工商业用地不仅是解决土地紧缺的妥协方案，而且也带来经济与区位条件的综合优势。由于多个城镇与联合区域共同经营，并对闲置用地进行长期开发，这些跨区位的工商业用地往往交通便捷。此外，开发跨城镇工商用地可以在推广和运营时集合多个区位的资源，开发资金也由多个区位共同承担，因此，这种解决方案往往颇受好评。在开发跨城镇工商用地时，一方面需要判断交通位置是否良好，另一方面也必须注意，要选择能够保证必要灵活性的企业友好型组织形式，且不受限于城镇法规。对此，成立跨区域同旨协会往往并非最佳组织形式，私法组织形式明显具有更大的发挥空间。

定价

除了土地供给，区位的价格政策往往也被视为是否对企业经济友好的一项表征。对城镇政府官员和企业家来说，工商业用地的价格一直是重要参数，在实际操作中，不少市长也通过压低工商业用地价格的方式来赢得区位竞争。监管部门和法院对这类行为制定了严格界限，然而各个地区总是一再尝试绕开这些法规。当地审查委员会或者类似的监管机构指定了土地价格标准，可以作为操作依据，也可能存在折扣或者附加费用。在不同情况下，定价会有不同的浮动空间，应酌情加以利用。

客观上，工商业用地的价格只是建筑和设备投资的一小部分，而在比如交通便利的区位，短短几年之内就可以通过地价上涨而盈利。对此往往很容易能够推算出，企业要求的土地折价往往并非选址的决定因素，相对于便宜的地价，审批部门的行为和企业税负往往才能造成更大的经济消耗。

不过，也不可低估低廉地价所带来的心理效应，因为很多企业将给予的购地折扣来作为当地政府对于他们落户决定和区位忠诚度的认可和重视。但在实际操作中，需要在各个实例中仔细斟酌，是否顺应潜在的压力而对企业的要求予以满足，还是仍然按照原则办事。然而的确存在不少企业并非出于经济原因，而是由于对地价折扣的要求遭拒后，自尊心受到伤害，转而落户其他区位，有时甚至这些区位未必适合企业的发展。

土地谈判中的失误

在土地谈判中，如果让企业产生错误期待，则可能一开始就埋下失败隐患。企业很重视对外的面子工程，甚至相比之下，经济负担的因素反而不是那么具有决定性作用。在这一点上，土地谈判时需要很强的同理心。不过，企业往往只有在与公法性质的业主打交道时，才会表现出这样的典型行为，如果与私人地产交涉，企业就会非常理智地在衡量性价比之后再做决定。

不仅企业如此，城镇政府也是这样。在土地出售时，售价上微小的高低变动对财政部门来说其实只有短期意义。对区位来说，具有长期意义的是企业留在区位贡献税收并创造就业岗位，从而对整个区位产生真正的效益。

中介、出售和动员

在从工业社会向现代服务和知识型社会的转型过渡中，有两个趋势明显加强：一方面，决策与实施的时间明显缩短。如今，企业做出决策的速度更快，并且期望在尽可能短的时间内予以实施。因此，"不动产"这个区位因素目前都处在这一现代社会需求的对立面；另一方面，生产时间和适应周期的缩短、国际竞争和灵活消费都将企业对不动产的需求聚焦在更短的使用期限上。在建造自有建筑时，长期合约是必要的，但是这种情况越来越少。即使在制造领域，也越来越多的只要求 3 ~ 5 年的租约，带有技术基础设施的工业不动产的配备水平也明显提高。两种相互矛盾的利益在这里发生冲突，即不动产业主和区位政府对企业长期行为的期待与企业缩短使用期限诉求之间的矛盾和冲突。

如果想要在市场上成功立足，经济促进工作者就要尽力平衡不同的利益。经济促进一方面可以借助政府资金，或者寻求对区位积极发展感兴趣的机构的支持，比如与当地银行、信贷机构或项目开发商寻求机会，在表面上利益对立的情况下共同承担适当的费用。另一方面，也要让土地和建筑开发商理解，短期使用合同符合当前市场形势，而且他们能通过收取更高租金来获取更多利润；对企业而言，如果合约期限符合预期，也愿意为偏高的租金买单。此外，还可以通过介绍经营不同短期用途的建筑开发商，以帮助实现工商业不动产的高度灵活性。这些开发商既有意愿也有能力，在短期租赁之后将不动产用较小的花费改造为其他后续用途。

不动产供应的透明化

有效经济促进的另一项必要措施是不动产供应的透明化。不同措施，比如区位信息系统、工商业土地交易网上平台或者报纸的不动产副刊等，都属于市场经济的范畴，但也可以获得经济促进工作的支持，部分由公立机构直接运营。在某些城镇，甚至可以观察到远远多于必需的门户网站。经济促进工作需要注意的是，一个能够展现完整概况的系统才是有质量的信息平台。对此，经济促进工作者可以和工商大会、当地不动产中介以及私营企业合作，共同建立信息与交流的平台工具，提供尽可能完整的工商业不动产供应信息，经济促进工作者在其中发挥着非常重要的倡导、协调和沟通功能。大多情况下，经济促进工作者不必亲自对该领域的私人不动产供应举措进行干涉，只需要为有意义的举措提供支持，并尽可能对相互竞争的系统进行整合。尤其从城市可持续发展的角度，使现有的不动产尽可能地得以流动，这是经济促进工作的一项重要任务。

毋庸置疑的是，经济促进工作不仅需要帮助企业介绍地产信息，而且要在企业购买城镇或者公法产权的土地时予以支持，比如尽快推进并达成必要的委员会决议并实现企业和城镇双方利益的公平与平衡，而这些都是企业乐于接受的支持。

在组织管理上，与土地批复相关的委员会决议应保证快速通过审批。区位谈判负责人也应保证，达成的谈判结果在议会委员会中能够迅速得以实施。如果由于城镇议会使得与企业的谈判受到阻碍，可能会引发企业对区位信任降低与区位威信丧失，埋下企业因情绪不满而外迁，或做出对区位不利的落户决策的隐患。从企业角度，政府的快速决策和信任是非常珍贵的因素。因此，经济促进工作应在组织上保证相应的决策快速通道。

主题不动产与项目开发

如上所述，在向服务型和知识型社会的转变中，对不动产的需求以及投入类型也正处于明显的变迁之中。从自有不动产向租赁不动产的转变是常见趋势，对适于办公室与服务业使用的不动产的需求显著增加。与此同时，客户以及员工对是否能够通过短途公交方便抵达以及对办公地点地理位置的要求也明显提高，对办公地点周边地区乃至整个区位的设施与声誉也会提出相应要求。

经济促进工作不仅要公布关于未使用和闲置不动产、变更用途的土地等方面的信息，还要向业主提供咨询，从区位经济结构分析存有哪些新的利用可能。为产业集群和网络的建立创造可能的发展氛围，为特定的主题房地产寻找合适的投资商，或者对区位最佳利用方案进行审查，并与相关人员进行深度讨论，这些都属于成功的经济促进措施。经济促进工作者对地产的使用设想常常有悖于原业主的想法，这时应巧妙运用建筑法律条例作为支持论据，并为不动产的后续使用介绍投资者和项目开发商。在这方面，对于区位形象来说，避免过高空置率一直都很重要，市内零售商业区与市内各区划的中心地段也同样如此，以免给潜在投资商和当地企业留下负面印象。有些不动产在中期内不可避免会被空置，可以在此期间安排过渡式利用以避免空置，尤其是当该空置不动产处在显眼地段时，哪怕仅仅改变视觉效果也比让人直接面对空置来得强。

空置——是利是弊？

积极向外公布空置工业不动产的信息，对区位发展究竟是利是弊？这一问题常被提到，答案很明确：

对于谈判价格来说，一定数量的空置是有必要的。签订租约后才开始建造的年代早已过去。近几年不动产市场，尤其在办公不动产方面，已经发展为公认的租赁方和买方市场，这点对于经济增长的动力很重要。在一个快速选址的年代，需要为企业准备立等可用的不动产，且不能仅有一处，而是要提供多种方案以供客户选择。所以仅就这一方面，从经济促进的角度，一定数量的空置率并非坏事。业主和投资商大多已将较长的空置损耗折算入价格。然而，空置不动产的数量也很重要：如果有大量空置的办公和商业不动产，并且底层还有商铺和零售店面空置的话，则容易吓退投资企业。为了避免这种情况损害区位形象，经济促进工作者应当尽早与业主和潜在投资商沟通，并进行信息公告。

酒店不动产

经济促进中，一个特别的工作领域就是寻找合适的酒店不动产，并了解它们的需求。酒店可分不同类型，有度假疗养型酒店，也有为商务旅行、城市游客、探亲访友者以及会展旅客提供住宿的普通城市酒店。此外，还有专门的廉价酒店、会议酒店和养生保健会所等不同类型。

当今社会对流动性的追求持续增长。过去几年，在全球化以及由此引起的国际化进程中，会议、培训、客户拜访、参加展会、商务活动、企业出游等商务出行的数量显著增长。这一趋势决定了基础设施建设应以配套的酒店、餐馆、展览、会议设施等形式展开。通常，家庭经营的旅馆规模一般在 30 ~ 60 个房间，大型酒店集团则会对需要 100 个房间以上的区位感兴趣。两种形式都各有其存在的合理性，经济促进工作者要考虑区位发展方案，观察游客过夜量，并以此估算本地需要的酒店规模。

与零售业类似，在酒店行业中，酒店集团和项目开发商对潜在投资区位的考察是非常专业的。由于涉及床位数量、价格水平、入住率、不同行业的需求量等大多数区位数据都可以公开得到，因此，要吸引新的投资落户，往往需要非常好的理由。这样一来，寻找当地中小型的私人投资，常常可作为备选方案。以当地资源和更经济的开支结构，即便规模较小，也可经营经济型的酒店不动产，正是在本土型酒店里往往隐藏着更高效的管理秘密。所以经济促进工作者在考虑发展战略时必须考虑到，现代化的酒店不仅是受区位欢迎的投资，对很多企业和机构而言，更是一项绝对必要的基础设施。

阻碍一家现代化酒店落户的一项重要因素往往是不动产价格。必须强调的是，只有吸引大多由酒店集团运营的现代化新酒店，才能带动区位住宿旅游的积极发展。同时，如果区位出现在国际酒店的预订系统中，也直接体现了积极的区位推广。

旅游业的增长离不开对当地住宿业的投资。在这方面，更充分地利用现有企业是经济和旅游促进、酒店业、餐饮业以及零售业的共同任务。

买还是租?

上文提到, 不同的租期期待会在不动产业主和企业之间造成利益冲突。如果经济促进机构拥有合适的手段, 比如在不动产集团拥有股份, 或者采用有限责任公司的组织形式, 那么就有能力和企业期望的工商业不动产签订长期租约, 再分成较短的合适租期转租给企业。这是一种虽然合法但在经济学上具有一定风险的经济促进措施。其出发点在于期待企业可以在区位积极发展, 之后能够不断延长租期, 即便没能按预期的期望发展离开, 也能将不动产迅速转租出去。在一般情况下, 这种措施可以缓解租赁双方的利益冲突, 有助于企业积极的选址和落户。

零售业不动产

零售业不动产的情况因地而异, 区位经济促进的操作方式也不尽相同。基本上在具有吸引力的零售业区位, 经济促进工作者无须介入, 只需由市场自身调节即可。有问题的区位则另当别论, 这常常指的是一些中小型城镇, 或者较大城镇内的一些吸引力不足的市内地段, 这些地段的零售业地皮空置, 不仅不利于不动产业主的发展, 更会为整体区位形象带来负面效应。这常常也跟本地供应的保障有关, 属于城市管理与城市营销的活动范畴, 一部分属于经济促进的工作任务, 一部分则由法律上独立的利益体来完成[544]。

5.6.2　基础设施

基础设施指的是所有以人力、物质和机构形式长期存在的基本设施, 这些设施保障了劳动分工的正常功能。基础设施 (德语原文为 Infrastruktur。——译者注) 这个词来源于拉丁词 "infra" (下面的, 在 …… 下面), 表示事物底层的保障结构, 除了上文提到的如气候、地理位置和人力等基础设施外, 还要区分出私人或者国家建立的基础设施, 比如国有企业活动涉及的经济秩序和基础设施投资[545]。

技术基础设施和社会基础设施

基础设施大多可分为技术性基础设施 (比如交通和信息传播机构, 能源和供水, 排污设施等) 和社会基础设施 (比如学校、医院、体育和休闲设施、购物场所和文化设施)。在接下来的讨论中, 还将进一步分为私人或公法性质的基础设施投资。

544　参见 5.6.13 节。

545　参见 http://www.wikipedia.org/wiki/Infrastruktur (最后访问于 2011 年 9 月 15 日)。

政府和社会资本合作模式（PPP）

在过去 20 年的发展中，私有资本越来越多地参与到基础设施的建造和运营中，一般将这种形式被称之为政府和社会资本合作模式（Public Private Partnership/PPP）。

其中，一部分公共私营合作仅仅以融资模式展开，比如公共机构"售后回租"的做法。其他的则是从前公共事业经济私有化的结果，比如部分电讯、邮政或垃圾回收公司。教育事业也越来越多地由私人承担。在健康卫生领域、短途公共客运交通乃至几乎在各个公共领域，都有私法性质与私有经济的组织形式参与。

私有企业投资的好处

很多项目都是首次采用"公共私营合作模式"（PPP 模式），对私企投资的加强，尤其存在两种支持观点：
- 在对必要的基础设施进行融资时，私有资本的机动性更高。
- 由私有经济投入管理公共事业和机构，效率更高，效益更好，有利于精简与节约。

实践中，私有企业投资发展出多种多样的模式，包括与外国投资者合作的节税模式。很多模式成功至今，并不断继续发展。但是一些其他经历严重亏损的发起人则理智地回归传统的融资及组织形式。

除了以意识形态的角度评估引进私有机构参与公共领域的合适程度之外，还必须在选择组织模式和融资模式之前，对经济框架条件进行仔细研究。研究时不仅要提前明确期待结果，同时还应该专业理性地考察，相关的快钱许诺是否可信。

在这方面，经济促进工作负有特殊责任，一方面要保证区位基础设施的最佳供给，另一方面，也要保护区位免受经济损失。为了胜任这项任务，对一个有能力的经济促进机构来说，与国内外其他经济促进机构保持密切联络非常重要。因为学习其他区位的经验并用作本地决策的基础是最简单的途径，往往比单纯理论上的规划鉴定书和承诺要有用得多。

区位需要多少基础设施？

关于基础设施的论述多到足以编纂成书，在已提及的领域也存在各种可能的措施。其中，令人期待的措施不少，但实际可行的并不多。经济促进工作中的一项战略任务，就是要将区位一些有资金来源的建设意愿进行必要的优先顺序排列，排优先级时首先要考虑到区位的自然条件。区位顾名思义，就是固定于一地，不能随意迁移，比如，中部山区很难铺设管道，人口稀少的地方也无必要接通高铁路段或高速公路，因此，区位分析的重要性也就不言而喻。基于区位分析的目标设定应明确区分长期愿景措施和短期可行措施。一般来说，愿景措施总是明显多于可行措施。

对可行措施而言，融资往往是限制因素。在政策和法律方面也常常出现阻碍，有些是人为的，有些是客观存在的。在经济理想措施与城镇财政条件限制之间，存在传统的目标冲突。此外，阻碍建设的还有受施工影响的居民，他们有时会发起一些"反抗性措施"。在此，经济促进作为"主持人"，一项跨部门的横向重要任务就是将愿景措施、可融资措施以及可实施措施联系起来，并对之进行最优化处理。

作为"主持人"的经济促进者

需要注意的是，私人企业的愿景并不是一切考虑标准，这些愿景可能只惠及少量企业和与之相应的雇员，往往可能只是由于政策原因而排在优先任务列表中。寻找共同资金手段也很重要，不管是通过私人接管还是通过公共私营合作的方式，其实现能力总是要比两手空空、干等公共财政资金的方法则要强得多。当前来自受基础设施施工影响人员的抗议和约束越来越强，涉及的往往是虽然合法、却与社会利益相冲突的个体利益。对此，经济促进的重要任务常常是，要在施工与公众在利益冲突激化之前，就及早发起并引导多方进行对话，或者商议妥协措施。

总的来说，对基础设施建设的优先调控必须以对它的需求为导向，并根据区位长期目标进行相应调整。在描述每个任务领域与可能的措施之前，要清醒地认识到，创新型基础设施投资虽然有很多最佳实践范例，但不断地优化和向前发展仍然非常必要。重要的是，经济促进本身也是基础设施的一部分，也正因为这样，经济促进工作者要与其他有相似区位及当地经济促进工作同行不断保持沟通和联系。

交通设施

交通基础设施的意义尤其突出。数百年以来，只有在交通条件可以满足传播需求的地方，才会发生经济增长和富裕繁荣，这一点也体现出交通基础设施的重要性。区位的发展随着水路和陆路等重要贸易道路的开通得以实现。不管在过去还是现在，偏远区位通常都缺乏发展的能力。人员和物资的运输以及伴随而来的知识与文化交流，首先要通过在物理上的交换来完成，这就需要良好的交通基础设施。

随着技术的发展，对交通基础设施的这一讨论又增加新的观点。如今，借助电子通讯，信息交流与经济活动不同于以往，也可以凭借人力交流以外的方式来实现。一些理论证明，交通与交通基础设施存在的重要性已经不如从前。但是，尽管一方面电子通信技术为通信行为、价值创造和增长机会带来了巨大改变，另一方面交通基础设施的重要性却并未消失。虽然对某些实体运输方式的需求有所降低，但人力和物资的机动性需求都在增加，且呈过量态势。所以总的来说，交通的复杂性在不断增加，多种媒介有同时存在的必要性。

除了公路、水路、铁路和机场之外，区域所必需的交通基础设施还有公共近郊或城际客运交通网络和日益重要的自行车道和人行道，以及负责交通供给的加油站。在未来，还存在低碳的驱动替代方案，如电动、天然气以及氢能等燃料电池的可能性。

移动通信网络的扩建

20世纪八九十年代时，区位还应投资要求，在物流基础设施上进行大量投入，比如兴建物流中心、水陆转运中心和公路铁路联合运输（即汽车装载火车）卸运站等。如今，区位如果不对现代信息与通信技术的基础设施进行迅速扩建，就很容易在竞争中落后。相比交通基础设施而言，信息通信技术的优势在于建立和扩建所需的资金相对较少。并且，通过私营经济，这些基础设施的应用具备可预测性，这些投资可以很快收回成本。

扩建移动通信网络，尤其是涉及新建发射塔时，总会面临很多异议和担忧。目前，反对声音主要集中在不断加强的供应密度上。经济促进工作应积极施加影响，尽早介入并搜集事实数据，及时联系专业人士举办普及活动，严肃对待政界和群众的担忧，并寻找适当的可选地点，这些地点既要对投资商具备可操作性，同时也要做到即便不受民众欢迎，也能为其接受。

乡村地区的互联网

在乡村地区，高速宽带和互联网接口的供给问题说明，如果付费用户数量不足，在私企承担的投资网络建设会导致区位无法得到足够的供给保障。关于这一点，在当地的讨论中也一再明确，对私企承担运营的基础设施需要批判地加以对待。

如果用户数量太少，而当地企业又需要更高的网络速度，最终较小的城镇和联邦州还是不免要通过引入扶持项目来予以加强，对乡村地区宽带配备进行共同融资。由于现代信息与通信技术的发展，一些原先仅作为居住地的偏远区位也可以配备服务型企业，这些企业机动性更强，需要的只是配备合适的基础设施。

这一发展可以减轻道路交通的负担，并明显改善居住地附近的就业问题，对社会政策目标意义重大。经济促进工作者需要认清这些区位缺陷，组织共同对话，并且对区位需求进行实地研究和问卷调查。需要指出的是，一项具体"需求"要很快可以落实在纸面上。因此，为了找到切实可行的结果，在需求调查中，重要的是要公开并正确地探讨与落实与需求有关的费用与额度。

供给与排废

通常在德国，水、电和天然气的供应以及废污处理等并不是关键问题。德国在供给和排废方面属于安全与质量的高标准典范。不过也存在例外情况，多数以非常规接入费用的形式出现，经济促进工作要对此加以注意和规范。在供给与排废方面，主要有两个核心点：

- 环境
- 费用

一方面，在全球气候变化的背景下，在社会政策的讨论中，越来越重视推动保护环境和资源的行为、能源节约以及低碳能源的投入。人们认识到，空气、水和土地是最重要的、不可替代的原材料，要持续保障和优化它们的状态和质量。这方面的技术基础设施要采用公法形式的组织形式，以保证未来的稳定性。在供水方面，存在几例引入外国节税模式进行融资的尝试，但均以失败告终，这一结果导致了供应部门上百万欧元的损失。缺乏专业性、轻信不可靠的承诺、不稳定的商业模式、对长期形势的观察期过于短暂，都会给当地居民带来巨大损失，也为区位带来明显的竞争劣势。

创新型供能模式

正是在能源供应领域，需要引入创新型模式。城镇政府不再让能源供应商截留利润，而是成立区域自有的公共事业集团，着重投入可再生能源，如太阳能、风能、水能、生物能和地热能等。两种变化在这里集中体现：一方面是推进可再生能源的投入。联邦政府提出要求，截至 2020 年要实现可再生能源占整体能源供应的 20%；另一方面，能源供应要重新回归城镇与县域之手。全球化之后，由于对大型能源集团及其拒绝提供基础设施的专横行为失去信任，促使在基础能源供应方面向地方回归。

在许多城镇，大型能源供应商在迄今为止简单缔结的开发合约中，只承认给予地方政府微小的利润，地方对此也无法继续接受。这导致占比较小的分布式能源供应结构更受青睐，当然这种形式的花费也会更高。另一方面，由于受到欧洲电价普遍降低的压力，更多参与方所得分成也明显减少。此外，化石燃料如褐煤、石煤、石油和天然气都各有各的问题，在长期的未来必须找到替代。那些诸如集中供热、中央供暖站、垃圾焚烧、混合网络和被动房等的替代方案还有很多。对此，经济促进工作应在未来区位可持续发展的框架下投入更多关注。

能源消费者和生产商的合作

交流与想象力可以为工业区或其他区位的能源消费者和生产商带来新的合作模

式。将价格上升和环保意识的提高看作区位优势，也能为企业打开新的可能性。同样还需指出，通过引入新能源法（EEG）和能源节约条例（EnEV），德国在经济与环境政策上的远见赢得了国际认可。"德国制造"的环境技术始终是世界市场上的领头羊，近来只有少数领域能够做到这一点。

如今，如果缺乏积极的工业和科研政策，国民经济在国际竞争中就难以立足。但是基础设施的价格合理也是区位参与竞争的必备要素，高耗能企业尤其难以接受能源价格过高。因此，经济促进工作者必须通过政治途径，寻求与区域能源供应企业中负责定价的决策者的对话。这方面，市长或分管区位经济促进工作的最高领导者必须亲力亲为。

由于德国的能源供给保障度很高，区位可以在当地环境友好的途径中选择供应价格合理的能源。当地居民倡议使用有利环境的能源供应，对此，能提供创新型方案的区位也就拥有明显优势。

越来越多的供能措施向公私合作模式（PPP）的方向发展，尤其在垃圾和可回收原料的处理方面。城市和区位常常必须通过区域合作的途径才能带来各自利益，同时，也要注意不为居民和企业带来过高的费用负担。如果在此期间，少数能源供应商以合法组织的形式进入并主导市场，最终会给区位带来不利因素。

教育领域

教育领域毫无疑问是重要性增长最快的区位因素。可以确定，对经济促进工作而言，从托儿所、幼儿园、公私立中小学校、职业学校、高校，乃至各种业余和老年大学各个层面的教育基础设施至少有四个重要作用：

• 教育和培养儿童是一项巨大的社会挑战与文化任务，也是保持经济系统运行的基础。

• 受过良好教育与培训的青少年和成年人是当地企业重要的劳动力来源。区域内教育和培训能力越强，就越能吸引企业，雇主的选择也越多。

• 教育机构在跨区域的意义上重要性越高，吸引力越强，那么当地的劳动力潜能就越大，因为学生往往愿意留在培训区位工作，这样，雇主也有更多高技能的员工可以选择。

• 每一个教育机构，无论是公立还是私立，自身都是一个经济企业，会对区域的价值创造做出不小的贡献。公立学校为区位带来联邦及州政府的扶持资金，私立学校则通过培训费用为当地创造收入。教育机构本身也创造了就业岗位。随着终生学习的意愿不断增加，市民们自费进修深造的趋势也在不断增长，因此，教育领域也将会成为区位越来越重要的一项价值创造因素。

儿童照管

积极的经济促进工作者始终会注意，尽可能地保证公立学校、托儿所、幼儿园以及私立儿童看护等机构在区位的丰富供应。对此，往往也要考虑为区域配备以教育为导向的基础设施机构。正是在幼儿早期照管方面，德国的很多地区还需要向法国学习。为了最大程度发挥区位劳动力潜能，从婴幼儿阶段就必须为儿童配备完善的托管，这样父母才能无后顾之忧地为劳动力市场提供其劳动力。

一些更高的教育需求往往无法通过公立机构得到满足，私立教育机构因而逐渐产生以承担这一功能，国际学校就是其中一例。国际学校往往由私企运营，有时会随同大型外国企业的落户而成立。区位如果存在这样的国际学校，又可以成为更多外国企业落户的原因。现代的区位发展政策也应该特别重视和加强外语教学。

从经济促进工作的角度，私立或公立的教育和儿童托管机构并不存在意识形态的问题。重要的是，企业和专业人才不仅拥有良好的职业培训体系，在幼儿托管和基础教育方面也都能获得理想的条件。

农村地区的教育基础设施

如果说，在较大和中等区位，学校和儿童早教虽然重要，但大多问题并不算突出，那么在农村地区，由于人口变化和居民数量下降，则加剧了这一问题。如上文所述，对一个成功发展的经济区位而言，拥有良好的社会基础设施非常重要。为了防止本地人口继续向城市和经济中心流失，农村地区必须和经济促进工作者一起，通过提供新的机动条件和组织模式来找到可持续的解决方案。

在较大的区位，教育基础设施可以承担当地居民的培训功能与教育任务。公立和私立教育还可以共同发展为区域集群和教育培训网络，不仅可以发挥培训功能，还能更多地将知识输出和创造新就业岗位作为目标。

服务业

对企业而言，企业服务业的存在是必要的，尤其是律所、税务、合同和专利等专业领域的服务业，同样重要的还有当地的审计事务所、工程师和企业咨询服务等。此外，广告、公关公司以及负责维护建筑和企业机构的服务公司等，也都属于企业服务业。对于雇员来说，有效的医疗卫生机构、医院、全科医生和专科门诊等也有着重要的意义，由于整个家庭往往随雇员一起搬家，就会注重区位社会福利基础设施的数量和质量。高质量的手工业和丰富多样的零售业也同样重要。此外，不容忽视的还有协会和文化设施等社会网络，如博物馆、文化活动和业余大学等。

在外籍市民人数较多的地区，如果支持成立相应协会，使得这些市民可以在此相聚，是很受欢迎的举措，当然这需要城市各个部门共同协调完成。此外，帮助寻找住房、登记入学与指导办理各种手续并融入当地社交圈，都是新市民所需要的帮助。

文化、零售业、酒店住宿和餐饮

高技能专业人才对区位的要求在不断提高，农村地区的人口越来越多地涌入地区中心或次中心。未来，全球发展更多集中在城市，因此中等区位必须不断拓宽对社会福利基础设施的供应。除了剧院、音乐会等文化项目外，还需要提供个人深造和体验文化、社交和体育活动的机会。为了建立社会联系，教堂、各类协会团体与具有吸引力的餐饮业同样重要。高质量的酒店住宿也不可忽视，这是因为很多探亲访友的活动不像以前在家庭中进行，而是更多选择商业性的膳宿地点。

在经济活动中，企业内部需要对技术和销售人员展开培训。此外，买卖双方在签订合约之前，为了亲自获得实地印象，需要进行登门拜访，这些会谈和会议不能仅通过电话、网络和视频会议完成，亲自会面一来可起到激励作用，二来更被视为经济活动中成功的重要基石。因此，如果要在区位长期留住国际化的企业，专业的酒店住宿和会议基础设施恰恰是相当必要的，这往往在中小型区位有所缺乏。

除了酒店住宿和餐饮业外，购物条件对于企业和雇员而言也是不可低估的区位要素。除了基本的食品供应外，当地零售业的结构也很重要，如果当地居民已经适应了现有的零售结构，还应考虑邻近区域的零售业供应。当地零售业往往只能保证基本供应，而稍远一些的大型购物中心则具备更为丰富的商品种类。对此，经济促进工作需要做的，是设法实现与区位相适应、符合区位规模的供给体系。一般只有大型区位才能保障种类全面的供应，所以对于中小区位需要保障交通的便利性，比如开发通往丰富购物供应地点的公共交通设施以加强连接。

管理、法律和公共安全

以有效的法律体系和高度安全标准为前提，德国的国家体制可靠而高效，在此无须赘述。不过，外国投资者会一再提到公共安全问题，这意味着，区位的犯罪率和治安声誉是影响企业和专业人才落户决定的重要因素，需要引起经济促进工作的注意。需要关注关于排外、公共空间的安全和卫生等区位要素的讨论。当然这往往属于政府、司法以及公安部门的职权范围，几乎不可能直接施加影响。公共安全、卫生和社会宽容必须经由政治途径界定，然后通过公共意识的引入来作为区位课题研究和讨论。

为了给企业和机构提供尽可能便捷的办事途径和可靠的联系人，区位应当设立经济相关部门。然而，由于政府部门人员不断精简，这在很多区位都无法实现。另外，为了缩短事务处理时间、减少行政程序，近年来各地大力兴建了电子政务办公，必须个人亲自到场的事务也越来越少，部分情况下甚至也可采用电子签名。过去几年，为了减少行政程序和加快政府流程，政府也加强了现代化信息和通信技术的应用，如电子签发相关文件、尽量使用统一门户网站发布所有的政府采购或公开招标信息等。

审批程序

在经济促进工作中，促进各单位之间的交流、改善政府内部流程、并尽可能公开各个负责人的电子联络方式等，都应纳入工作视野，因为这些领域都会对企业心态发生影响。导致企业流失的往往不是实际的审批和流程时间较长，而更多是由于行政流程中有时并不专业的处理。出现意外失误时，政府部门中往往不乏互相推卸责任的情况，降低这些不愉快事件发生的可能性是经济促进部门的主要任务之一。同时，这也是经济促进工作需要在政府内部立场坚定，并争取得到高层领导直接支持的原因。

行政机关不仅仅属于重要的经济基础设施，它本身也是一项重要的经济要素，通常承担着为当地重要公共项目提供国家资金的任务，并以此来推动区位的收入增长。这些机关的职工往往收入良好，不受危机影响，可以为当地商品和服务业的稳定做出贡献。

关于以基础设施为导向的各项措施，至此已做了充分概述，具体特点还是要根据区位情况来决定。这些措施仍需要加工、检验和权衡，大多数针对的是个例情况，评判往往因地而异。在此需要强调对这些要素进行分析的重要性，经济促进工作者应深入倾听企业和雇员群体的声音，以便尽早觉察问题并发现新的机遇。对此，经济促进工作者需要乐于交流，并拥有较强的沟通能力。

5.6.3　传播、市场营销和网络平台构建

传播政策指的是，对目标群体通过传播单位，即经济区位，在知识、观点与其他行为产生影响的措施[546]。

546　参见 Meyer, Axel-Jörn（1999），第 154 页。

当制定区位发展规划涉及形象打造、提升吸引力与知名度、企业活动、旅游和零售业促进，甚至关系到争取专业人才和人口问题时，就需要采取合适的传播措施。区位良好的经济气候、产业集群和网络平台的构建以及区位发展、对经济政策的接受等，都需要借助传播和市场营销措施来完成。

组合型市场营销

首先，在对区位进行相关分析和目标设定后选择"组合型市场营销"措施时，就需注意这方面可用的资金资源。在这方面，不仅资金的来源可能无法预知，甚至资金上限也无法限定。不同操作者的想法各有不同，需要检验的措施也数不胜数。如果从资金上考虑，一些措施也许从一开始就无法被纳入可行范围。但是，也不应让财政计划主导一切，因为在合资或公私合作措施的框架下，传播措施也可以与企业和其他机构共同实现。欧盟、联邦及各州的扶持资金往往比想象中更充足，还有为数众多的基金会和对传播措施感兴趣的机构，通过这些途径，往往可以成功争取到资金赞助。

内部沟通措施的目标群体可分为两类：一方面，在区位政策调整和接受的宣传方面，目标群体是本地民众；另一方面，当涉及合作和集群与网络构建时，目标群体为区位内的重要企业。但为了实现当地企业、经济和研究机构之间更好地沟通，这一目标也首先是对内的。对外措施针对的是企业活动和专业人才以及大中小学生，同样也针对积极发展人口和旅游业这一越来越重要的目标。在改善、打造地方形象以及提升知名度时，区位营销面对的目标群体最为广泛。

公共关系

德国公关集团（DPRG）将公共关系定义为，在系统研究的基础上，为获得公众理解、建立和维护公众信任而有意识进行的合法努力[547]。针对区位经济政策目标积极的观点塑造、接受、认知和了解，都应该通过公关措施来实现。公关措施不仅针对决策者和重要的政策目标群体，也应将区域发展的主题传达给广大民众。因为无论候选人和党派在选举中对某些经济促进措施表示赞同或异议，这一政策仍然将被一再置于辩论之中。

与当地媒体的合作

经济促进工作尤其应该和地方及区域媒体保持良好、开放的合作关系，无论是

---

547 参见 Meyer, Axel-Jörn（1999），第 157 页。

当地版面，还是经济和区域版面，都可很好地加以应用。媒体常常对地方经济议题恶语相加，因为编辑常将对企业及其发展的积极报道视为阿谀奉承，认为这样有悖新闻的批判精神，或有免费广告的嫌疑。

媒体常常也会以企业想要利用新闻报道以节约广告费用为由而拒绝报道企业的正面信息。这方面的合作极为棘手，当然也取决于报道记者的品性。对经济促进工作而言，要求媒体工作保持持久、坦诚和绝对的可信度。

据以往经验，对一些特定主题，比如每月劳动市场报告评论、统计部门发出的就业岗位及就业市场发展评论、地方经济状况和目标的年度报告发布等，如果保持持续报道一定会给媒体带来收益。

问题在于，地区报刊上常常没有合适的版位。经济版面的内容常常倾向跨区域主题，而本地版面则担心增加这块内容会导致与企业相关的、新闻导向的经济"软广告"的泛滥。不得不承认，在广大民众的认识中，经济促进工作仅扮演次要角色。除了劳动局所掌握的失业报告外，本地版面主要报道诸如企业倒闭等负面新闻，对正面报道的兴趣明显不大。

这当然也与媒体追求销量有关，因为对于媒体来说，"坏消息就是好消息"。负面头条新闻要比区位良性发展结构的报道更吸引眼球。但经济促进工作者要知难而上，向当地和区域媒体定期提供经济相关主题、背景谈话以及有趣的背景信息等资料，同时与媒体建立长期的信任关系，只有如此，才能在中长期培养出媒体和公众对经济相关主题积极正面的兴趣。

自由出版物和城镇时事快报

对经济促进来说，拥有自己的出版物，并定期在城镇时事快报之类的媒体中有所报道，是很有帮助的。同时，与区域经济杂志合作，定期提供关于区位最新发展的新闻稿，不仅资金上可以承担，而且也能看到效果。除了在这些媒体上阐释区位经济政策外，尤其还应给中小企业创造空间，报道它们的开业、新产品、服务、获奖和周年活动等信息。正是在这些方面，企业常常感觉受到当地和区域媒体的忽视。媒体方面则回应这类报道过多会被人当作广告看待。

对当地和区域的经济促进工作而言，纸媒一直是最重要的，但如果经济促进部门能建立自己的网上信息交流平台，定期就区位重要的经济政治话题进行交流，就有可能实现更好地传播，而且这种方法更为经济，也几乎不受版面空间限制。尽管如此，如果不采取有力措施大力宣传，这个平台就不容易被更多人知晓，影响力也因而受到限制。

地方广播电台和电视台

除了地方报刊市场外，当地的广播电台和电视台也是公关措施的有效载体。此外还包括为数众多的小型出版物、城区和地方刊物、专业和区域经济杂志以及企业刊物。经济促进工作还可选择与当地企业、教育机构等合作，发表针对区位和工业区的特刊。区域能源供应商、商会和协会自身都有期刊，并都欢迎城镇经济促进机构的供稿。

经济促进应当充分利用所有的公关途径，从中找到最经济的方式来推动积极的区位传播。这方面考虑的并非是通过广告施加影响，因为这往往要价不菲。更有意义的方式是将经费投入到自身雇用的具备专业素质的公关人员或是自由媒体上，他们可以从经济促进的丰富内容中，有针对地为专业媒体编辑并提供有趣的稿件，从而广泛地覆盖公共媒体。

对区位的积极观察、对外尽可能地团结一致、对特定目标的贯彻实施，如跨区域的公路或铁路的修建、近郊交通线路的改善、工业用地的拓宽以及基础设施的扩建等，这些目标往往都必须配合积极的公关手段才能达成。如果区位得到当地民众、企业及雇员的积极评价，他们就会成为最佳的对外沟通和传播者，通过现有企业的发展以及以商招商，能够带动地方经济不断继续增长。

传播者

可以报道的事件是多种多样的：就业岗位和零售业的发展；基础设施的改善；企业、雇员、机构及城市和地区所获得的奖项和荣誉；新的研究成果、活动举办和重要人物来访的报道等都只是经济促进工作范围下媒体工作的几个例子。

不仅要与当地记者建立密切的信任关系，也要将报道的传播跨越区域、联邦、欧洲，甚至在可能的情况下扩散到全球。为此，尤其可以邀请旅游和区位营销方面的专业记者，为报道某次事件、区域，或者某项活动和研讨会组织设立最佳报道奖，并组织配套大型活动，邀请其他地区的记者参加。企业组织的各种令人印象深刻的活动为此创造了条件，因为如果有官方媒体代表受邀出席，活动往往在感觉上更具吸引力。

如何应对负面报道

令人不快的是，即便与媒体保持良好关系，常常仍会发现无法阻止媒体发出时而公正、时而不公正的负面报道。经验丰富的专业媒体人都明白，私营出版社是以盈利为经营目标的。这意味着对出版和收入结构的优化带来的结果往往是，只有确保财政健康运转，才能实现新闻自由。读者对爆炸性新闻更感兴趣，而记者从本质上就憎恶毫无批判性的温和报道。因此可以想象，即使是好的消息，也经常会被鸡蛋里挑骨头，因为在现实生活中，再好的消息也总能找到负面因素。虽然有时负面报道无可避免，但通常总体良好可靠的工作仍然是会受到公众尊敬的。如果感觉受到媒体的不公对待，事后也不值得再做补救，毕竟新闻很快就会变成旧闻，会迅速淡出公众视线的。

广告

除了公关措施外，在区位营销中，广告和促销应该是发挥空间最大的措施了。其中，每个区位都会印有区位宣传册作为基础必备。根据财力，宣传册可以从简单的 12 页或 16 页彩页，到花费约 10 万欧元、图文并茂的 120 页硬皮精装书。

区位宣传手册以文字和图片的形式介绍当地。建议除了简洁明了的数据外，还应配有信息丰富、有视觉吸引力、尽可能人性化的内容和表达，不仅要包含来自政府领导的开篇词，而且应该尽可能邀请地区经济界德高望重的人士帮助推介。作为区位的"名片"，宣传册应给予读者关于区位的印象和概况，不应篇幅过长，尽可能长期有效，这意味着不宜罗列太多数据，因为数据大多很容易过时。区位宣传册是必不可少的，不过，仅仅依靠宣传册并无法吸引到投资，还需要进行有效发放，比如在相关活动、展会和访问活动中摆放宣传册。

宣传册应当具有吸引力，并能够引发读者进一步了解宣传区位的兴趣。重要的是传达整体积极的影响，而不过多拘泥于细节。一般宣传册的使用者多数仅作大致浏览，不会进行仔细阅读，因此应对文字篇幅加以限制，引用城镇领导的三两行金句，肯定比长篇大论的致辞更有吸引力。同样，针对某一行业、产业集群、发展重心也可制作类似的专业宣传册。公布闲置并有吸引力的工商业地产信息也成为常规宣传内容之一，同样常见的还有区位指南。不过，区位指南大多面向内部，可为居民和本地企业提供和区位基础设施与机构沟通交流的机会。

从这些区位宣传册可以衍生出更多简短的宣传材料，并用于广泛发放，比如CD，宣传片和网站等，要尽可能地用好现代区位展示的一切要素，以便于积极地与"客户"展开对话。通过现代技术人们可以直接通过网络下载宣传材料和宣传片，在区位的现代网络门户中，还应展现对投诉的管理和尽可能多的城市服务项目。

打造区位品牌

打造区位品牌涉及为区位配备图形和视觉设计以及品牌打造措施等问题。区位是否拥有知名度？是否具有区别于其他城市的独有品牌标识（Logo）或地区纹章？

是否有对区位特色内容的描述？该区域是否具有富含吸引力的宣传口号？这些都是让人绞尽脑汁的问题，但往往得不到完全符合目标的答案，经常根据个人品位所定，不少情况下视野局限，甚至有井底之蛙之嫌。在此方面，市场营销专员的专业建议经常因为这种心理局限而不被采纳。

通过购物指南推动零售业是更为贴近客户的方式，需要不断加大力度。如果旅游业对某区位很重要，也应加强旅游宣传册和呈现材料的制定。在这方面，想象力的空间是无限的，更多情况下是资金短缺限制了广告宣传活动。对此，经济促进工作者应广泛寻找合作伙伴和赞助商。尤其是那些对区位宣传感兴趣的企业，如果有机会与区位联合宣传，他们往往态度更为开放，这点同样适用于旅游业和零售业的广告宣传。

随着早已开始的区位间的人口竞争，招募高素质人才的广告也越来越多。在未来经济促进的传播交流措施中，这一目标一定会再占据更加中心的地位。

无论在政治还是经济方面，对区域内重要事件的媒体报道并进行周期性的回顾总览，都属于积极的对内营销和游说的工作范畴。经济促进的媒体服务部门如果不能亲自进行现场报道，也需要提供这样的概述。

顺风车营销

每个区位，拿物流业来说，可能都有这样的企业，每天运送成千上万的货物，因而有机会在运送的包裹、货物和信件中附以有识别度的区位标识。这样的合作价格低廉，却是一项能带来巨大成功的措施。因为没有什么比企业对区位的认可更好的营销了。和媒体出版物一样，这些积极打造的鲜明区位标识也属于卓有成效的区位传播措施。这方面几乎有无限的可能性，限制因素只有可用的时间和资金来源。

需要再次强调的是，统一标识和形象是每一次树立区位品牌活动的核心。要为区位带来形象优势，并在中长期取得活动的成效，重要的不是独创性，而是在公开展现和让公众认知的各类场合中持之以恒地贯彻统一形象。

确定沟通宣传的手段是一回事，如何实施营销则是另一回事。这方面，应该呼吁区位的企业和机构团结一致，只要是在有人活动、进行沟通交流的地方，就尽可能地采取区位宣传措施。区域机场、火车站、公路桥梁、企业、会展设施和大型活动场所等，都适合利用合适的材料对区位进行宣传。凭借经济促进工作与城镇区域政策的严肃可靠、与前期推行的积极对内营销，愿意参与合作的政经相关人士也越来越多。如果政府高层受命长期担任区位经济促进工作的最高领导，并且区位宣传材料具有足够吸引力，当地相关人士和决策者通常也会参与进来。

展会

参加展会是另一种区位宣传营销工具，比如参加戛纳国际地产节（MIPIM）或者慕尼黑国际商业地产及投资专业博览会（Expo Real）。在这里，区位可以主要向投资商、项目开发商、建筑商、零售及酒店连锁集团推介并提供具体的投资可能和开发项目。此外，政府官员和社会名流也会支持没有具体针对目标的区位营销。大型的工商业地产和开发项目也会在此寻找新企业迁入。不过，如果带着过高的具体期待前往，就往往会失望而归。在外国经济促进工作者也很看重的展会中，信息的相互交流和沟通是非常明显的重点。

与行业相关的专业展会的参观者，往往具有更明确的目标，在这类展会上，可以宣传区位的特定行业重点或产业集群，并由当地经济促进机构来组织联合展台。通过这种方式，可以非常具体地展示区位与行业相关的技术能力，同时也可以促进产业集群的凝聚力。

大型活动

举办大型文化和体育活动是另一项可针对不同目标群体的区位营销手段，比如奥运会、世博会，还有国家和国际体育赛事，如自行车、马拉松比赛以及全德或联邦州级别的体育赛事。根据各自现有的基础设施和地理条件，几乎每个区位都有能力举办这类活动。全德和各联邦州的园博会，或是城市和地区间的竞赛，这类招标活动越来越多地得到媒体和跨区域机构的资助。区位间的竞争得到进一步提升，同时也为区位提供了积极自我呈现的方式。

大型活动的融资

是否能够举办活动大多不仅取决于机构或资金，也取决于人力、现有的协会和组织。然而根据经验，大多数情况还是由单个发起人单枪匹马地提出倡议，并动员在区位长期举办这样的大型活动，或者是将巡回性活动的分站争取到区位。大型活动的融资往往以公私合作模式（PPP）来进行。

与最初主办方所公布的不同，区位往往需要通过公共集体融资或集体承担损失来补偿活动花费，因为这些活动很少能做到收支平衡。区位为了能够成为主办城市，至少需要提供免费的基础设施、免人员酬金、免费广告以及价格优惠的城镇服务等。由于区位倾向于提升自身的受欢迎程度，活动的主办或组织方就常在各区位中讨价还价，并将资金难题留给区位。

这些大型活动是否能够，以及在何种程度上能给区位带来收支平衡，即减去开销后仍有盈利，则因情况而异，因此事先应该进行成本效益分析[548]。

对这类活动的理性成果评估有时却与实际经验相矛盾，一些情况下，举办大型活动更多能带来政治成绩，而非集体利益。所建设施往往并不会用于日常运营，因为其规模不是过大就是过小，并且视觉效果豪华，在功能上并不适用于长期运营。除了负面案例外，当然也存在成本收益分析下的正面例子，这些案例中，无须大兴土木也能赢得广泛参与和关注，比如一些重要体育赛事的举办。即使环法自行车赛的风光和热度不如以往，2000 年在弗莱堡举行的分赛段仍然吸引了 5 万名观众，为区位带来难以想象的积极媒体效应，至今仍有余响。

根据经验，持续的投资对成功举办大型活动来说很重要。许多联邦州的园博会的案例表明，只有当持续投资带来长期收益，才能证明举办这些活动是值得和正确的。

特刊

在经济报刊和跨区域的知名日报上发行特刊，已成为如今的通行做法。虽然花费较高，但是在发布重要的区位信息时，通过企业和机构的联合融资，还是能够设计出这类形象产品的。通过大量的印刷和投放，人们可以从中获取一定时期内富有吸引力的区位材料。

此外，在公交车、铁路和机场的付费公关活动也是可以选择的手段，往往可以与私企伙伴合作，比如在产品或城镇设施中出售各类广告，或者批准与区位共同进行广告活动。由于通过这类额外收入可以改善城镇经济，所以政府对广告许可的颁发往往更为慷慨，这导致在过去几年，公共空间的广告位大幅增加。高速公路和乡村公路边的广告牌，交通指示牌以及新的技术可能会给予广告投放措施以很大的创意发挥空间。

区位杂志上的推介

作为区位招商引资的另一种营销措施，区位还可以在各州经济促进团体创立的、大多依靠广告收入的区位杂志上进行展示。这些具有丰富稿件的出版物不少是受州政府支持，并有其他区位参与其中。不过，这些刊物无论从投放、还是与目标群体的对接程度都不够明确。因此，这些价格往往不菲的媒体的作用可能更利于形象提升，而非具体的招商引资。

因此，仅仅通过广告、电视和邮件进行的形象宣传，并不适合直接的招商引资，

548　参见 Dallmann, Bernd（1987），第 11 页。

因为这些措施的散射损耗（这里指营销活动中不属于既定目标群体的受众所导致的费用损失。——译者注）通常很大，而针对的目标群体又比较小。经济促进工作者总是尽力对其营销措施作出合理解释，这通常会被感兴趣的公众关注和评论，不是被批评为花费太昂贵，就是被认为不如其他竞争者做得出色。一般来说，只有当重要的营销措施决议在城镇议会的相关委员会通过并获得许可时，才能在公共讨论中站稳脚跟。

外景地营销

尽管有些措施只能通过区位自身、企业和机构提供的巨额赞助才能实现，但是近来还出现一种有趣的区位营销措施，即通过外景地（Location Office）来进行营销。这种措施的产生大多与国家级的电影和媒体促进机构有关，它们以优化电影和电视在各地区节目制作的前提条件为宗旨，并通过寻找主题、提供便宜食宿等方式为制作团队创造最佳的区位条件，还在申请许可方面提供帮助。这样一来，制作的时间和成本得以降低，区位也可以在双重意义上得到良好展示。此外，如果作为一部成功的电影或电视片的取景地，甚至在经典区位拍摄广告短片，都会给区位形象的打造带来巨大效应。

区位形象大使

在区位出生、长大或生活的知名人士，无论是在体育、电影、戏剧、摇滚和流行音乐、古典音乐、艺术、文化、科学中的任何领域，甚至可以来自经济界，这些名人对区位的评价是有公信力和巨大影响力的。经济促进工作如果善用这种明星效应，其效果要远大于仅仅通过资金投入带来效应的一般营销方式。

一项成功的区位政策也意味着，当社会名流愿意并有机会记录他们对当地的好感时，要妥善维护与他们的合作。这也适用于体育协会、博物馆、剧院等公共机构以及各类大型活动。已经在众多城市实施的"形象大使方案"尽管相当耗费人力，但如果区位言论领袖能参与其中，并明确所选形象大使的重要意义，方案是可以相当成功的。曾经的政要名流往往愿意免费投入时间甚至资金来承担这样的公共任务，在不同场合代表区位向外宣传。区位只需承担差旅费用，就可以争取到这样高规格的代言人，从而打造区位的积极形象。

社交机会与企业拜访

在对内营销、打造和维护关系网等方面，经济促进工作者应尽量在有政治家和企业家参与的各类场合下出席，如媒体和经济年会、商会协会等机构举办的新年招待会以及各类大型文化活动等。要充分利用这些机会结识更多的企业家和决策人，向他们推介区位，并介绍经济促进工作。这种场合下，积极的自我展现当然很重要，不过，更重要的是企业、机构以及机构代表之间的相互结识。不少相邻企业彼此并不了解，也不知道对方从事的业务，因此就无法发挥协同效应。通过企业拜访，则可更多了解这些重要情况。企业拜访的作用从来不可低估，并且应同时邀请政府领导和其他企业家一同参加。可以组织专门行业的企业参观，也可以邀请同一工业区的企业相互认识。这类活动常常可以得到企业的积极反馈，他们原本并不知道周边就有某类企业。对于比较内向、不太经常沟通的经济促进工作者来说，这一点也许很难理解，但这的确是事实。

邀请发言人

邀请企业机构参加小范围的商务午餐，并承担费用；或者邀请区位"重量级"人物作为发言人，同样是经济促进工作的任务。在这些场合，经济促进机构可以与受邀企业及机构建立伙伴关系，并通过经济促进不断拓展邀请名单，是一种简单而行之有效的措施，使得区位经济界人士能够相互认识，并在活动上建立联系。

洽谈会

洽谈会是经济促进实际工作中的另一项成功措施。这种活动的组织具有针对性，且无须很大投入，大多与商会和协会共同完成，遵循"创业者和投资商见面，制造商和供货商见面"的宗旨。

这种洽谈会的主要内容总是围绕沟通、信息交流和人脉扩展等。应善加利用同一地区这一区位优势，在寻找合作伙伴和缔结战略伙伴关系时，可以发挥协同效应和联络优势。对此，经济促进工作应通过各种形式加以支持，比如协助组织、参与日程制定，以及向联系人发送邀请、提供活动场所和设施，有可能的话也提供赞助等，这些都属于经济促进工作的核心业务。

固定聚会

在重要节日时，邀请城镇政要和企业家参加固定聚会，提供他们相互结识的机会；或者与高校共同组织科学集市，都是可以将有关人士聚集到一起的简单有效的手段，通过这种方式产生的关系网络不仅是横向的，还可以是纵向的。这类活动带来的惊喜往往是由此产生的创意、合作和积极联系，而它们是无法事先计划的。沟通本身的价值就在于能够带来机遇，可以碰撞出新的想法、创新产品和服务。

在 PPP 模式中，也常有企业请求将公司网站链接到公共网站上。这时，一方面为了预防可能出现的平台滥用，需要仔细选择可信的私企伙伴。另一方面，在选择时也要注意保证选择的公正公平，以免发生企业申诉。注意到这些潜在问题之后，就可以开诚布公地处理企业要求链接的诉求了。此外，在区位官网上还可以提供所选行业及企业联系方式指南。同时，企业也有义务为区位进行充分、积极的宣传。

游说

传播沟通工作的另一块领域是游说。正如之前所提到的，理解城镇政策和区域各界人士的利益所在，是绝对必要的，也是经济促进工作的重要内容。同样，州首府、联邦首都、欧洲一些区位及其代表都可以、也应该成为区位工作的目标对象。应该组织邀请联邦州大会、联邦大会以及欧盟议员参加有特定事由的活动。当然，也可以不与特定活动相关，而由委员会发出专门邀请，联系对特定区位主题有重要意义的个别议员。这方面经济促进机构往往不需要亲力亲为，只需发起并组织，然后移交当地议员和委托人进行联络维护。而且那些活跃于协会团体的企业人士往往与跨区域政府人员关系良好，这一优势也应为区位所用。

经济促进究竟是做什么的

"经济促进究竟要做什么？"这一常常被提到的问题，应该启发我们思考这一职业实际的知名度。一项简单的企业调查就会将很多经济促进工作者打回现实。他们的工作并未得到企业的赞赏，并不是因为他们的工作不好，而是经济促进工作往往不被了解。因此，对内沟通的目的，也是要回答"经济促进工作究竟可以为区位企业做些什么"这一问题。如果经济促进工作者不清楚自身的合法性和存在必要性，并且没有尽早对此进行表达和沟通的话，那么最迟在城镇代表大会对财政预算案进行审议，并确定经济促进的方式和年度预算时，就要自食其果了。

经济促进工作的目标群体，首先是那些能够创造并保障就业岗位的个人、企业和机构，这也正是工作的着眼点。对中小企业、自由职业者、创业者及其工作室尤其要持续提供支持，比如帮助它们进行媒体宣传、培训、建立和维护独立网站等，即使他们能够支付的费用有限。另外，培训如何进行电子发布，即网上发布公开招标和组织微型财务研讨会等，都只是经济促进机构如何为目标群体进行具体服务的若干例子。这些活动也可以与工商大会、手工业商会和其他专业协会及组织共同举行。同时，还需引入媒体和外部服务商，使经济促进工作的价值和存在合法性得到准确评估和记录。

5.6.4　区位形象和认同性

随着国家一体化程度的降低，区域化程度的不断加深，区位——即城镇——越来越失去了明显的辨识度。为了提高国际可见度，全球化带来的区域扩张也被广为接受。然而，区域的单一化加剧了区位形象特点的丧失。尽管区域化必不可少，但是，为了在激烈的区位竞争中突显自身，继续努力发掘区位鲜明特色，不失为一项有效的战略。同时，也应追求化繁为简，通过简洁的信息凸显当地真实特色。这一过程的主要特征为寻找当地的特点，以及以此为基础的形象打造。

展现自我

在阿勒曼尼语言区（存在于西南德语区，如德国西南部、瑞士、北意大利阿尔卑斯山区、列支敦士登、阿尔萨斯等地区的德语方言。——译者注）常说一句方言："SEige zeige!"[549]，意为展现自我。这句话正说明了，每个区位都有自己的形象和自我认同性。这两者未必是完全一致的。即使一些区位试图摈弃目前不好的形象，形象却始终存在。人们可以改善它并进行积极传播，但却无法完全对此避而不谈。因此，每个区位在一些时候都必须面对自身的形象。

区位认同性的确立与传播

假设区位需要做的是推广它在当地人心中呈现的形象，那么关键是要找到这个形象。不能急于实现就像所委托的营销专家所建议的那样希望凭空创造出区位特点，区位形象只能去寻找和发现，或者让已有的特色更加鲜明，但是宣传和传播工作是一定是要进行的。在这方面有个有趣的问题还无法得到定论：虽然某个区位形象并不好，但却可以一直带来曝光和关注，这是否一定比那些默默无闻，没有形象的区位来得更糟糕？

找到并确定区位认同性，毫无疑问是城镇最艰巨的任务。值得建议的是，首先要回顾历史，立足当代，并构想面向未来的理想发展图景。不仅政府人员需要参与，还要组织感兴趣的民众和外部人员或机构共同参与。这一过程中，需要对内部观点和来自外界的认知加以区分，对不同观点进行多次解释，并最终对达成的统一形象做出合理阐述。

549　参见 Kurrus, Karl（1979），S Eige zeige! Gedichte, Sprüche, Geschichten in Kaiserstühler Alemannisch，Lahr。

优劣势分析

通过优劣势分析可以得到重要启发，当然如果有历年排名对比，也可以从历史变化中得出有趣的结果。在发现区位认同性之后，还有形象打造与相关沟通传播宣传的工作，这时，目标群体又是不可回避的问题。除了本地居民之外，在人口负增长的时代背景下，其他不同的群体，比如外国员工、大、中、小学生、游客与学者、专业人才，以及有意迁入本地的人口，都是区位要争取的目标群体。

区位认同性是在历史发展中，由区位地理、气候、文化以及当地居民等诸多因素共同塑造发展而来，无法在短期之内发生改变。这些特点究竟是积极的形象还是负面的区位因素，很难进行彻底评价。区位特点虽不会变，但如何评价则取决于观察者的立场。某个形象，昨天还受到积极评价，今天可能就被视为过时或不符合经济发展的。区位特点也许保持稳定，而对它的评价却可能随着发展而大不相同。一个区位形象今天还是"入时"的，也许明天就不再符合时代要求。

因此，是否将区位特点用于经济促进的营销活动，需要谨慎考虑，研究这一特点是否适合目标群体。但是，无可争议的是，区位形象只能以居民所感受到的实际特点为准。如果区位的内部观点和外界认知产生很大分歧的话，这项任务就变得富有挑战性。这种情况下，随情形不同，认知分歧对区位可能有利有弊。这对广告策划机构而言一定会是很有趣的任务。

区位认同性需要打上人的烙印，这些特点一定要得到表述、勾勒鲜明并用于传播宣传。这些特点还要能够让外界相信，它们不是短暂的品牌，而是长期重要价值和区位因素。即使可能不被所有人喜欢，每个区位都有自身形象。通过高明而有效的沟通和营销手段，可以帮助区位成功改善形象，但必须保证过程令人信服。

成功的形象宣传

20世纪70年代"鲁尔区的蓝天"是成功的形象宣传案例之一，这一案例中，劣势得以向优势转化。此外，原本默默无闻的巴登 - 符腾堡州凭借"除了德语普通话，打遍天下都不怕"这一口号，在近几年间吸引了不少关注。例如"港口城市"汉堡和"绿色之都"弗莱堡也都属于强势的宣传。

以文字还是图片品牌来进行宣传，取决于当地喜好和宣传机构。在打造形象的大力宣传活动中，重要的只有令人信服和民众的支持。重要的还有，形象打造和宣传是一个长期的过程，并不能一蹴而就。

5.6.5 创新与技术促进

对创新与技术的促进是经济促进工作中无可争议的重要任务。对此的定义有很多，其中嘉博乐（Gabler）经济辞典的表述最为贴切："技术转让是指在生产因素的结合进程中，技术性知识（如研发成果）从产生到应用的转换。在机构中，技术转让是指由私企或国家支持的、在一定时间内并且有计划的融合过程，或是为第三方由于经济用途而进行的技术扩散。"[550]

如果尝试对这一定义进行阐释，可以从技术性知识向生产过程的转让和应用谈起。作为经济促进的传统工具，技术转让在此服务于经济增长和提升富裕的目标。两者都需要通过技术投入来提高效率，通过提高产能、节约资源投入及使用、提高生产率来实现，也就是说，需要将技术进步转化为生产过程中的实际应用。

本文此处并不涉及在国际合作中普遍使用的技术转换概念。国际合作中的技术转让更多指的是商品、人员或者专利从一个国家向另一个国家的运输。这种形式的知识技术国际转让是国际经济促进的对象，因而不在本文的讨论范围中。

技术推动——需求拉动

技术转让的参与者通常是由高校、研究机构、发明者与企业研发部门，目标是通过新技术的转让和应用来实现产能进步。为了实现这一目标，需要注意两个要点：
• "技术推动"，即指技术由科研向企业转换，技术发展则先经过创造和研发，再形成创新产品和制造方法。因此，技术创新在先，投入经济使用在后。
• "需求拉动"，也称为"市场拉动"，是指由经济界发出倡议，委托科研界针对某项技术问题开发新的制造方法或产品。具体的技术需求由企业定义，高校、研究机构和发明者接受委托，寻找解决方案。

垂直和水平转让

不仅研究机构和企业间存在垂直技术转让，研究机构之间也可以进行技术水平转换。比如，研究机构可在同一个项目或解决方案中进行合作，将各自成果综合起来。当然，企业之间的技术转让也并不少见，因为研究成果和创新并非总与目标或预期一致。研究成果也许未能达到企业的预期，但更适合其他企业用作商业用途并产生经济价值。在大型集团内部也存在各个子公司或部门之间的技术转让。此外，企业集团中的独立研发部门也可将成果发布于集团内部并转让给感兴趣的部门。

550　参见 Gablers Wirtschaftslexikon（2004），第 906 页。

技术转让的类型

通过不同的机构和人群，技术转让可分为许多类型。例如，知识技术转让可分为以下四类[551]：

• 通过人力：在不同的培训教育机构，通过教学、培训和继续教育来进行知识传递。

• 通过研究合作：广义上是指企业对研究机构进行科研委托，或者通过共同研究项目和研究合作进行技术转让。

• 通过专利：在这一技术转让过程中，专利所有者通过专利转让，将知识技术的使用转让给发明者、高校或机构，通常随后企业会将此技术投入经济应用中。

• 通过独立创业：这一技术转让类型中，发明者或研究机构成立自己的公司，以此直接获得发明带来的经济利益。

转让机制

除了以上类型区别外，转让机制也可分为以下几种类型，它们呈平行或相互交叉的关系[552]：

• 委托研究：企业委托高校或研究机构在固定条件下完成具体的研究任务。研究结果归企业所有。

• 咨询：专家、专业人士和发明者为企业提供咨询。咨询服务通常按照固定的日薪计费，时间可持续数天。

• 授权许可：通过获得许可，可从高校、高等专科学校或研究机构获得研究结果的使用权。

• 研究项目：在公共资助的研究项目中，来自科学和经济界的多个伙伴，例如中小企业、手工业、高校和高等专科学校以及应用型科研机构（弗劳恩霍夫研究院等），可共同合作探寻问题解决方案，项目成果对公众公开。

• 学士、硕士及博士论文：可以通过本科、硕士乃至博士论文来进行相关问题的学术研究。这样，不仅学生可以获得学术知识，企业也能与学者建立联系。

企业实习：学生在企业进行较长时间的实习，同时也能研究相关课题。企业对学生的密切指导是非常必要的，尤其对于较低年级的学生。

---

551 参见 Arnolds, Bernhard 的未发表讲义，用于弗莱堡管理和经济学院（VWA）经济促进工作者进修课程中有关技术转让的讲座，2004 年，11 页。

552 Schmolch, Ulrich 等人（2000），第 9 页，引自：http://www.wikipedia.org/wiki/Technologietransfer（最后访问于 2011 年 09 月 15 日）。

知识与技术转让中的人员

一方面，所有企业都是新技术发展的"消费者"，已存在大量作为需求方的联系人。另一方面，在供应上，也可清楚查到技术知识的生产方。比如专科院校和大学的研究机构、弗劳恩霍夫研究所（Fraunhofer）、马克斯普朗克研究所（Max-Planck）、赫尔姆霍尔茨研究所（Helmholtz）或者莱布尼兹协会（Leibniz-Gesellschaft）、斯泰恩拜斯联盟技术转让中心（Steinbeis-Verbund）[553]，或者工商大会的创新办公室和技术创业中心等，都是技术转让服务的潜在供应方。

经济促进的着眼点

对经济促进工作来说，要考虑的是对于区位技术转让能有哪些可能的手段可对之施加积极的影响和扶持。在很大程度上这与起步情况和当地条件紧密相关。在农村地区，技术转让几乎只能从外部引进，而在城市中存在高校、研究机构，很多企业也拥有自己的研发部门，这决定了需要采取与农村不同的措施。

下面将要介绍一些措施与最佳实践范例，表明了经济促进工作的一项普遍基础功能，即创造有效的信息和交流结构，以及传播必要的知识。

如果区位已有技术生产机构，如高校、研究所或拥有研发部门的大型企业，它们如今通常都已经具备运作良好的技术转让机构。所有这类机构都很熟知技术转让的重要意义，因此这方面的问题意识和任务制定并非新鲜事物。然而，这其中的问题常常是，区域经济从有效的技术转让中获益的质量和强度能够达到何种程度。而积极的经济促进的任务正在于此，即为所有感兴趣的企业开启通往以应用和研发为导向的技术转让单位的公平通道。

中小企业和技术转让

正是那些中小企业（KMU），常常不能大胆主动地与高校及研究机构取得联系并进行沟通。作为经济促进的工作任务，为了搭建双方沟通的桥梁，一方面可以组织会见、机构开放日、邀请企业参观机构等活动，另一方面也可以有针对性地与企业保持联系，问询它们是否存在与研究机构合作或委托研究的需要。关于如何获得附近研究机构的专利和许可，中小企业常常一无所知或所知甚少，而研究机构往往也只与距离较远的大公司建立合作关系。

企业对研究机构的科研委托，或者通过本、硕士生论文或学生实习缔结的低门

553　斯坦博茨联盟隶属斯坦博茨经济促进基金会（STW），参见：http://www.stw.de（最后访问于 2011 年 09 月 15 日）。

槛合作协议，都可以拉近企业和研究机构之间的距离。其中，重要的是双方合作伙伴之间建立彼此信任、理解和兴趣，而科研委托和专家鉴定已经属于技术转让领域中的高级成熟阶段。

技术进步

企业间的合作往往来自不同领域，目的在于共同解决一个问题。在探索新技术时，如果没有这样的合作，就不可能取得大的突破。不过，这方面也存在实际困难，企业谈起自身研发工作时，出于对不经授权知识信息外流的合理担忧，往往十分谨慎。因此，企业间需要建立高度信任，才能相互敞开大门，而也只有在这个层面上，才能通过企业间的技术转让取得大幅度技术推进。对此，经济促进工作应对合作伙伴的质量有所了解和认识。

在与企业的定期交流中，经济促进工作者应不断捕捉合作研究课题的可能，

发现潜在的需求和方案提供方，并将这些信息有针对性地传达给潜在的合作伙伴。

高校缺席的技术转让?

在缺乏高校和研究机构的区域，经济促进者就多了一项特别任务，即克服这一缺陷，为辖区内的企业打开接触新技术的通道，因为所有企业都需要技术进步来保持长期竞争力。因此，不断向企业指出技术进步的必要性是经济促进的一项长期任务。对此，可以与商会或协会等机构共同组织研究班，也可以举办报告和研讨会。大多数研究机构都有自己的技术转让部门，区域的经济促进部门必需取得与他们的联系。

不管对高校、研究所，还是企业来说，成立或落户一家以应用和技术为导向的研发机构通常都不简单，也难以在短期内实现。在经济促进的长期战略框架中，应在集群和网络建设中确定合适的行业或技术重点领域，加以扩张，并以此为中期目标。每个集群网络都有一部分机构参与知识的制造与传播、并因此承载技术与相关研究。在区域层面，将区位打造为某一领域研究载体的努力，可以通过由联邦和联邦州的经济促进框架推进的集群发展，有针对地得到加强。通过企业、机构、协会和公共层面等一切区域力量的联合，可以为这一高追求的目标创造良好的实现机会。

建立技术转让中心

设立技术转让中心，一定程度上可以作为科研机构单位的前身，也是经济促进

的工作任务。尤其当本地没有研究院所和机构的时候，更要对此加以考虑。这样，技术转让中心的重要任务就是调查企业对技术转让的需求，并为企业寻找合适的合作伙伴。

和现有机构就技术转让进行密切合作，当然也是经济促进的一项任务。在这方面，经济促进工作尤其可以为企业打开门路，并发挥信息传递、沟通和协调的作用，也可以开展广泛合作，倡导并建立共同的创新和创业孵化中心或类似行业的机构，支持企业发展。

5.6.6 劳动力市场和就业

当经济结构和社会政治的框架条件发生变化时，在经济促进的工作范围中，人才市场政策和就业促进所受影响最大。以社会繁荣为目标，为民众提供充分的就业机会，并为企业保障充足的劳动力储备，是国民经济的理想状态。然而，在现实中，这一理想状态却几乎很少能真正实现，因此，尽量将劳动力市场现有的不平衡向充分就业的方向引导，也是经济促进的任务。

在经济繁荣的 20 世纪六七十年代，德国根本不存在失业问题，而是迫切需要为企业输送劳动力。因此，对外国劳动力有很高的需求。1955 年到 1968 年之间，联邦政府与一些南欧国家签订了劳工招募协议。意大利、西班牙、葡萄牙、土耳其和南斯拉夫是主要来源国，当时，成千上万的外籍劳工为德国的高度经济增长做出了至关重要的贡献。直到 1973 年和 1980 年，严重的经济危机导致突然出现失业问题，直至 20 世纪 90 年代整个国家遭受了结构性的大规模失业。对城镇经济促进工作来说，这意味着面临一系列全新任务和挑战。

经济结构的现代化

经济结构的现代化应分批次进行，并且总是涉及不同的领域。以制造业为主的生产活动减少，信息技术导向的服务产业增加，导致了对专业技术的需求。全球化带来国际区位选址的新机会，制造业为主、但科技含量较低的区位也会因此获得大幅优化的可能性。

服务行业从业人员的比例从 1970 年的 52% 增加到 2009 年的 73%。东西德统一导致原属东德的新联邦州大规模失业。不过，很少有人注意到，妇女就业比例从 1960 年的 47% 上升到 2009 年的 65%，而同时男性就业率从 90% 降至 75%。大规模失业成为重要的社会政策挑战，也是城镇必须面临的难题。

由于创造更多岗位成为新的重要目标，经济促进一方面需要布置新任务，此外，对城镇政府来说，控制负荷过大的社会救济金迫在眉睫，促进就业的任务不再仅仅由劳动部门承担，对失业救济对象也不应仅仅以管理为目的。只有通过积极的劳动力市场和就业政策，地方政府才能努力减轻失业造成的财政负担。

由于城镇劳动力市场和就业政策在联邦、联邦州和地方之间并非计划内的分工，而常常是由高失业率引发地方沉重财政负担而造成的直接结果，所以发生了模式变迁。法律上，作为在联邦劳动局管理委员会中的参与机构，城镇政府对劳动力市场和就业政策施加制度性影响；而作为二级劳动力市场措施的载体，城镇政府对青少年社会工作、独立运营的就业政策项目以及城镇经济促进工作提供支持。许多城镇和越来越多的县区已经接受了这一转变，它们推行积极的就业促进，通过这一转变使当地就业市场得到显著改善。

获取劳动力

传统的经济促进措施着眼于保障现有就业并创造新的就业岗位。在积极的劳动力市场与就业政策中，还会制定一些争取专业人才入驻的特别措施。

引进专业人才的促进措施

为了引进专业人才，可以在失业率较高的其他地区有针对地进行招募。南德的联邦州在东德与部分北德联邦州进行人才招募，已为大家所熟悉。招募大多是由企业和商协会等机构共同组织，所取得的结果也各有不同。邻近地区之间的招募措施可以更为成功，因为招募时，可以利用相邻地区不同的工资水平和失业率施加影响。针对国外员工提供语言培训和融入措施，也是招募得以成功的重要原因。经济促进工作者可以与其他政治经济界人士结成伙伴，并提供管理和协调等帮助。

大规模的人才招募，比如从印度和其他较远国家招募国际软件专家，并发放联邦政府绿卡，是联邦政府、联邦州经济促进团体和经济界重要协会当前和今后共同的任务。

调动本土劳动力的措施

与此相对，当地经济促进也应加强对本土劳动力潜能的调动。据可靠调查显示，仅通过加强介绍和咨询服务，就可有效提高就业成功率。这方面，经济促进部门要扮演好倡导者、政治支持者和劳动联盟成员等角色，因为他们最了解企业的需求，并与其保持良好联系，也可以通过如招聘会或其他沟通渠道等非传统措施，为求职者和雇主双方牵线搭桥。20 世纪 90 年代，丹麦和荷兰失业率明显低于其他国家，这就要归功于他们明显更优越的劳工介绍手段。

新人招聘会

经济促进部门可以发起或协同组织新人招聘会或针对学生的信息说明会，来提供关于就业前景和当地工作岗位的信息。对于劳动局来说，始终和企业就劳动力需求的问题保持对话，是非常重要的。因为经验表明，劳动局的财政并不紧张，缺乏的不是资金，而是具体的实施措施。

在劳动中介方面，当地劳动局首当其冲是主要的负责单位，但经济促进部门应为当地投入一切现有工具，尤其将大量财政工具积极有效投入到当地的就业促进中来。众所周知，德国各地劳动中介的成效各有不同，且并非只取决于当地劳动市场。城镇政府对当地劳动局委员会有很大影响力，应充分利用这种影响力来获取信息并进行积极合作。因此经济促进部门应在监管委员会中占有一席之地。

培训和再就业培训

在技能培训与再就业培训措施方面，合作伙伴也应共同携手合作。确保青少年得到高比例教育、为移民开设语言课程、为破产或下岗人员提供再就业和技能培训，这些措施都可使区域内的现有人力资源得到最佳利用，并能积极应对人口结构的转变。尤其是通过设立和组织家庭友好的基础设施，可以有效激发可投入劳动力的潜能。

为儿童与中小学生设立托管机构、增加工作日开放时间与假期照管、以员工为本的工作时间、有效运行的公共近途客运交通等，都是促进家庭友好的必要措施。在社会政治责任上，应为每一个家庭成员在区域内创造自主选择职业的可能性。

对年龄较大的雇员进行返聘，也是激发区域内知识充分利用、支持企业发展的另一手段。随着人类健康的总体增强和平均寿命的增长，这些"老年专家"既能支持年轻企业，也能投入到技能培训中去。发起和推动对该群体潜能充分运用的政策和措施，也正是城镇和区域经济促进部门的任务。

考察与派遣公司的合作

经济危机时期，企业的订单量很低，所需劳动时间也不稳定，而派遣公司的员工虽然相对时薪较高，但劳动力费用从整体上还是在企业可承受的范围之内。这种方式尽管尚有争议，但能为企业带来帮助和效率。在经济稳定时期，企业需要长期保留优秀的专业人才，通过雇佣派遣公司的劳动力数量降低，许多派遣公司设置合理薪酬、为专业人才提供高度灵活性和多样化的工作机会，并通过这种方式达到对专业人员的长期雇佣，明显改善了外界对派遣员工的看法。经济促进部门应将当地的派遣公司作为劳动力市场和就业政策的有效工具，并不断加以考察，争取与之缔结更为有效的合作方式。

此外，经济促进的工作领域还包括设立与项目相关的机构和团体，比如设立破产程序以及扶助一些必须通过公共资助才能落实的公益项目。

促进就业的新任务

城镇劳动力市场政策与就业政策越来越多地被认为是跨学科的管理任务。仅仅通过经济复苏也并无法形成简单的解决方案，因为经济复苏本身一方面会导致专业人才匮乏，另一方面也无法解决低素质劳动力的失业问题。这就要求城镇与区域相关部门将结构政策、区域政策、经济促进、就业政策、城市规划以及社会福利政策等多方合作列为城镇重要的管理任务之一[554]。

有效的行政管理要目标明确地投入不同渠道的资金。其次城镇就业政策应制定教育与培训措施，并创造就业岗位。此外城镇政府也必须通过项目措施与企业积极理解雇主的角色，因为没有人想要城镇雇员数量永久上升。

这些措施所需资金不少情况下都来自节省下来的社会救济金。经济促进部门应该着眼于经济角度，按照可持续发展的、符合本区域企业所需的职业类型投入培训与资格认证。此外，还可以采用项目管理中的相关措施，因为他们充分掌握着当地企业的状况和联系方式。

新的就业领域有多种发掘渠道，比如积极的集群及网络构建、各界人士间的长期交流、寻找新课题、促进教育和技术转让，还有民族经济（即移民经济）、移动经济、非正式经济和老年经济等，这里涉及的并非预防策略，而是实施战略[555]。

这方面，经济促进工作在很大程度上也取决于当地条件。只有通过详细分析，才能找出目标明确的合适措施。

总结

自从大规模失业成为长期现象后，对它的原因分析和阐释就发生了变化，较少从经济政策和经济景气方面来解释，而更多着眼于宏观经济的不同原因。单单通过劳动市场的政策革新并无法实现根本改善，只有关注经济复苏和经济结构的变化，才能带来劳动力市场的回春。因此，经济促进应始终强调，实现由企业、研究机构、科学和教育等要素运营良好的经济政策框架、建设与充足土地和劳动力潜能相匹配的良好基础设施，才是降低失业率、减轻社会财政负担最佳、最可靠的保障。

554　参见 Wiepke, Claudia（2005），第 11 页。

555　参见 Floeting Holger/Henckel, Dietrich（2003），第 98 页。

5.6.7　企业落户

引进企业落户在全国各地都被视为经济促进的核心任务。新的企业落户对于政府与经济促进工作都是勤勉和政绩的最佳证明，在媒体和公众眼中也是对区位的高度认可，几乎没有什么其他的政绩能比企业落户更值得庆贺了。而在招商引资方面，城镇之间的竞争也尤为激烈，投资者的认可是政府和政策成功的证明。

正因如此，城镇政府和政府高层为了争取企业落户，往往能够做出最大限度的让步，有时甚至超出细致的布鲁塞尔欧盟当局所能允许的范围。人们太愿意相信企业会带来新岗位和纳税的承诺，而实际上可指望的远不如展望的那么多。

有时常常一开始就能够得出判断，某些承诺唤起的期待本质上根本就无法实现。对于企业落户的机遇和作用存在普遍误解，不过，这在如今欧洲中部地区经济促进实际工作生活中，其实也仅仅扮演着次要的角色。

潜力

对国内外企业落户潜力已经有很好的研究，相关论文建立了数据统计、并探讨其中的关联与可能原因：只有城镇政府人员不愿承认落户潜力很小，而经济促进也不能以企业落户的数量来衡量业绩。

不仅是政府人员，连经济促进工作者自身也在年度报告里以并不可信的落户成绩来体现业绩，将注意力引向错误的方向。所有"招商特派员"都对落户企业所带来新就业岗位这一微乎其微的潜力紧追不放。这其中很大程度上的原因在于，制造业领域的劳动密集型企业大多落户在快速发展的金砖国家或者成本尚属低廉的国家，而按照德国区位的需求，则通常无法加入这种国际竞争，除非给予高额岗位补贴[556]。

企业落户可以分为两类：
- 近距离搬迁
- 跨区域企业落户

近距离搬迁

当新旧区位都在同一地区内时，近距离搬迁涉及的只是城镇和区域经济促进范畴。与远距离的企业落户大不相同，近距离搬迁导致的就业结构变化很小。雇员通常只是随着企业变换工作地点，而原有住址不会改变。对于迁入地来说，通常可以增加税收，当地服务业也能增加新业务。这种由土地决定的搬迁往往不会改变区域

556　参见 Pieper, Markus（1994）, Das interregionale Standortwahlverhalten der Industrie in Deutschland。

经济实力，只不过对迁入和迁出区位的经济存在一定影响。

根据交通条件，一个地区通常为 $100km^2$ 的面积，在此范围内可以一目了然地知晓近距离企业搬迁的潜力。搬迁潜力涉及的是本地区内有意通过搬迁来改善区位条件的企业。对经济促进而言，由于本地这样的企业数量有限，招募这些近距离搬迁的企业也是一项可预见、可完成的任务。通过在地区内进行深入细致的调研，就能够了解哪些企业有意搬迁、有哪些决定性的理由，以及是否能提供有竞争力的选择。经济促进部门应掌握充分能够覆盖全地区的良好联系网络，这样就能了解搬迁情况，并在必要时及时做出反应。

这一过程对地区团结显然是种考验。从区域角度，只要不发生破坏性的土地价格战，或者出现不客观的行为或考虑，对地区内的区位竞争还是赞同的，因为这可以为企业带来更好的市场竞争能力。在旧区位往往不容易找到合适的土地，这种情况下，地区经济促进部门应尽量在地区内提供合适的选择。

经常能够听到企业迁回原址的案例，因为他们没有充分了解到当地的价值，或者仅仅因为与当地政府部门气场不合。这样的冲突大多不是近距离搬迁的决定性因素，但会对因其他原因引起的搬迁产生影响。不少情况下，这类借口也只是为了掩盖真正的搬迁原因：临近区位的各类成本便宜很多。有些原因往往并不客观理性，但即使在企业，最终起决定性作用的也很可能是出于感情因素。

地区内的区位竞争应以健康而非恶意的方式进行。在地区内，对此的理解和竞争的规则制定应达成统一，这也是区域团结的一部分，并应作为积极的区位因素来体现。地区必须全力以赴，并肩努力、抛却地方私利，为寻找落户区位的企业提供最佳的条件和土地。

跨区域企业落户

如果说近距离企业搬迁不免为获益区位带来心胸狭隘、挖相邻地区墙脚的嫌疑，那么来自远方、最好来自国外的企业落户，就可算得上是对经济促进工作的最佳表彰了。如果在竞争中还打败了著名的区域，甚至国际对手，对经济促进工作者及分管市长来说，也许是最高也是少有的幸运。

寻找新落户区位的过程愈加趋向专业化。大型国际咨询和审计公司都设立了专门部门，为寻找落户地点的企业提供咨询，来帮助企业选址，或至少帮助投资企业确定选址标准。这一过程为经济促进工作节省了很多精力和时间，也避免了不确定性，因为经过这套标准前来洽谈的投资愿望至少是认真并经过深思熟虑的，而专业顾问的参与在企业落户过程中起到很大作用。在这个意义上，即使投资商的要求会明显更多，但也会更加专业。落户问询有的直接来自企业及其顾问，有的也通过招标活动获得。对于这种招标活动，有的城镇被要求参加，有的则是通过联邦和联邦州的经济促进团体了解到此类信息而主动参加。

没有无动机的落户

毫无动机的落户是不存在的。动机往往能在当地企业、高校或研究机构的经济关系中找到，这也是经济促进精心维护企业关系的另一层原因。因为只有对自己所在区位满意的企业，才会继续推荐鼓励其商业伙伴也落户于此。不过，也有一些非理性的原因也常常发挥作用，比如子女在此上学，或家属喜欢这里，还有可能因为这里的休闲活动更有吸引力。现实中，由于未来总经理看中了此处的优质地产而决意落户的情况也不少见。

如果企业已经表现出对区位的兴趣，区位也决定提交报价，那么经济促进工作者就要抓住时机了。土地或不动产需要落实，对问询方提出的问题要精准简洁、实事求是地予以回答。这些问题常常很复杂，涉及如劳动力市场、基础设施费用、税收、审批流程等许多方面，对此建议召集政府内外的专家组成项目组，向投资者展示自身的网络沟通能力。

给出高质量的土地供应，可以证明整个区位的合作意愿和同心协力，而真诚的服务理念要胜过仅靠低廉却不持久的地价来吸引投资。有意投资的企业如果想要寻找低价土地，也应多进行观察。因为虽然区位能够以极为优惠的价格作为对投资商的欢迎礼物，并且区位对企业落户的认真态度也能体现在价格上，但考虑到项目的整体费用，土地价格往往并非决定性因素。

服务质量

出于很多合理原因，区位在竞争中大多不可能在资金上做出大幅度的让步，因此，积极的经济促进工作者必须用高质量的服务和幸福指数来说服投资者。从地方到州乃至联邦的政策制定理应遵循"经济促进是头等大事"这一宗旨。同时，也要考虑到决策者和企业家的家庭、生活品质、居住质量和教育设施等方面因素常常比土地价格更有决定性意义。

由经济促进部门或后期受益人，即不动产业主，出资为落户企业设立筹备办公室、并委派能干的员工专门为落户企业提供服务，包括就审批、采购、找房、招聘等日常事务提供帮助，在税务顾问、律师、幼儿园和学校等方面的问题积极提供解决方案。这几点都是招商竞争中的关键因素。

不要忘记，企业家和普通人一样，也有虚荣心，而且虚荣心也都希望得到满足。对外国企业来说，能快速与当地社区建立联系很重要。企业希望其选址决定能够得到赞赏，也希望看到当地政府的积极态度和为企业付出的努力。这就要求政府高层出任经济促进的最高领导。通常，企业对资金方面的要求很难满足，就需要区位投入更多私人感情加以平衡。高层领导的配偶有时也须一同应邀出席相关活动，以显示区位对企业的高度重视。

主动性招商

最后，还应通过积极的招商行动来寻找企业，也就是说，应凭借区位优势来寻找有意落户的未知企业，不过，这个过程无异于大海捞针。显然，如果不能在区域或者行业与产业集群内集中限定目标群体，这种招商实在负担过重。

在德国，区位的推介与营销一般应该由联邦、各州、使领馆和驻外商会的经济促进团体和机构来完成，因为单个区位通常无力独立承担大覆盖的区位宣传推广工作。

不仅积极的企业家、股东和公司中高层管理人员是区位很好的招商宣传使者，许多老经理人和已经退休的政经界人士也能加入区位的使者关系网，这方面科隆就做出了很好的榜样。此外，通过高校校友会这一良好平台，也可以有针对性地联系到企业、科学家、工作人员、国际组织和其他机构，他们对区位发展都有推动作用。

在区位，如果确定了以区域、行业以及集群为导向的目标群体，就会使用不同的实施工具。各国经济促进机构经常举办的路演是实践中常用的措施之一。通常，许多行业代表团和考察团在各国访问，就为形象宣传和交流洽谈会提供了机会。企业可以按照事先准确传达的意愿，和访问国的企业进行面对面的接触，以寻找供货商、客户、代理商或者一般合作伙伴并建立联系。

经济促进工作者应有针对地为企业传达这类推介机会的信息，并在行程准备方面提供合适材料并予以支持。如果在访问日程中有机会宣传区位，并且主题在内容和地域上都有针对性，那么经济促进工作者也应该参加这样的访问。此外，这样的代表团访问还有不可估量的优势：作为区位宣传者，可以亲自结识来自远近不同地区的诸多企业，企业之间也能相互认识，还有来自经济部、科教部、高校、科研机构以及商协会的随团访问人员，都能结交新的关系。比起在海外巡回宣传赢得大型海外投资这样的成就，代表团出访内部达成招商落户和成功会谈的概率同样会很大。

5.6.8 项目管理

根据德国城市研究所（Difu）对经济促进课题的研究，过去几年，项目管理已成为对地方和区域经济促进机构越来越重要的措施。德国城市研究所通过对德国各个经济促进机构定期进行问卷调查得出这一结果[557]。

由于复杂性不断提高，而且操作的项目数量也不断增加，企业和机构组织越来越注重项目管理。项目管理往往最终形成一个产品、一项成果和一项确定结果。不过，对项目管理（PM）这一定义尚无准确理解，在许多人的印象中，这一概念包括了很多不同含义。

按照项目管理学院（PMI）提出的理论定义，项目管理是为满足项目执行要求，将知识、能力、工具和技术应用于其中的一项活动[558]。而德国中部经济促进有限公司（MWF）则对这一概念给出了更为实际的定义：

"项目管理（...）是规划与协调的工作，对一个项目中的大量工作进行协调，在规定框架内按照计划进行，并使各方面细节都达到预期目标。协调、任务、目标以及项目的开始和结束，其条件每次都是唯一的。"[559]

项目管理要在要求、费用和时间三者间找到平衡，并着眼于最佳的目标实现，对人员进行协调。项目管理分为以下步骤：目标设定、任务分析、规划、实施、监控、绩效评估和优化。

在经济促进实践中，究竟如何理解并实施项目管理，在理论和实践方面有以下描述，如果一项组织任务能体现出下列特点，就可以算作是经济促进的项目管理了。

- 待完成任务内容广泛复杂；
- 任务的完成有既定预算范围；
- 有限的时间；
- 任务定义清晰，划定清楚；
- 项目管理有独立的组织结构；
- 任务服务于既定目标。

以这些要求为基础，就可以以项目管理的手段来实施经济促进的特定任务。下列要点则不要求全部都具备：

- 在一定的区域内建立产业集群或专题网络平台；
- 建立主题不动产、初创中心或科技园；
- 开发具有特殊要求的工业园区，比如跨城镇或跨国园区等；
- 地产置换，对军营或废弃的铁路用地进行更新置换；
- 对复杂的、妨碍零售业的街道建设措施进行工地管理；

557　Hollbach-Grömig, Beate/Flöting, Holger（2008）: Kommunale Wirtschaftsförderung 2008, Strukturen, Handlungsfelder, Perspektiven, Difu-Paper, 柏林。

558　参见 http://www.pmi.org（最后访问于 2011 年 09 月 15 日）。

559　参见 http://www.mwfgmbh.de/Projektmanagement（最后访问于 2011 年 09 月 15 日）。

- 为区域设计大范围专业人才招募的措施；
- 在国内外进行招商引资和跨区域营销；
- 参加有关企业落户的重要竞赛和招标；
- 处理复杂的各类扶持申请；
- 制定指导方针和基本发展纲领；
- 城市和居民区管理和运营；
- 制定区位发展规划；
- 举办和参加大型活动和展会。

关于通过项目管理来执行任务有许多组织方面的指南和帮助，比如项目结构计划、时间表分析、成本分析或工作表等工具。即使项目管理并没有万能钥匙，为了在项目进程中能发挥管理技巧优势，仍然建议项目管理工作组在任务开始之前，邀请专业顾问，或者自己参加相应培训。通常，这样在项目前期就会产生费用，但在项目最后可以通过时间和成本的风险最小化达到平衡。在这些情况中，经济促进部门可以作为倡议人或者直接参与项目管理。

5.6.9　一站式服务

在德国的各级政府中，政府部门流程的官僚主义泛滥长期为企业诟病，其中首先涉及的是城镇层级的政府事务。大量工作组、委员会、特派员和学者纷纷批评这一问题，欧盟甚至专门设立了反官僚主义特派员。

展现经济和投资友好的政府是城镇经济政策的主要目标之一，因此要采取适当措施来实现尽可能快捷的、以决策为导向的程序流程这一目标。在这方面，经济促进部门要始终为企业和创造就业岗位的机构在众多行政流程中提供建议和行动上的支持，在政府部门内部和各部门之间加快并简化流程。

承诺成为企业友好型的城镇，不仅要求市长或地方议会主席同时担任经济促进最高领导，在对政府流程搭建组织结构时，也必须深入企业友好的认识，并将其落实到工作中去。

这并不是说要给企业特权，而是应该站在企业思维——即时间就是金钱的角度看待问题并提供相应服务。政府往往会忽略这一点，因为在政府，时间并非最重要的要素。而在投资行为中，也要算上预融资和相应的利息成本，不管传统还是现代的行政官员往往对此都缺乏充分理解。

在较小的地区，通常由市长亲自作为联系人负责整个过程，并随时掌握时间进度，友好的投资氛围在这一点上得到体现。在大城市的相关部门，时间这一经济因素并非总是得到足够重视。企业友好型的政府部门应意识到，企业通过创造工作岗位其实是为经济增长和社会富裕打下了基础。

一站式服务机构的优势

为了更好地服务于企业和初创者，可以成立"一站式服务机构"。在经济促进实践中，这一工具是指设立负责经济活动中所有问题的专门联系人，对它的讨论由来已久。这一模式也已被欧盟采用，并在审批和咨询事宜中引入，作为"统一联系人"（EA）来处理。

一站式服务机构和所谓的"一人面向客户"有相近的内容，如北莱茵 - 威斯特法伦州首府杜塞尔多夫的经济促进部门所描述[560]，这一机构是所有企业事务的聚集点。作为服务中心，该机构为企业承担落户、扩张和审批过程的"导航员"角色。一站式服务中心机构也已经拓宽到企业初创的领域，尝试尽可能地帮助初创企业适应与官方机构打交道的流程。

简化审批程序

经济促进的客户——企业每天要面对不同的审批流程。过去几十年的经验显示，行政流程和审批流程的结构划分非常不同，可谓到处都是绊脚石。企业的合作义务是得到许可的一项重要前提，但即便这些审批机构出发点良好，也常常与企业在合作义务方面纠缠不清：企业指责政府部门拖延时间，而政府部门则还击说企业没有提供所有必需的材料。真相往往在这两者之间，无法断定谁对谁错。因此，尽管审批机构提供最好的前提条件，经济促进部门仍然需要承担协调角色。一站式服务机构的支持，在审批过程中尤其需要，不过，这种形式服务的要求和费用也很高。

要实现运营良好的一站式服务机构的要求，是一个长期过程。最终不仅要对企业提供更好的服务，也要缩短决策过程、审核规则和事务处理的时间并简化流程。建立这样的服务机构，本身也是区位重视经济的体现。此外，还要在政府部门间达成一致，为整个流程设定时间和可靠框架，进行跨部门的事务处理。对此，一站式服务机构还要对商会、行政部门及其他相关机构进行协调，并在可能情况下形成区域内的一致。

5.6.10 企业拜访

作为重要的交流沟通手段，地方和区域经济促进机构需要拜访辖区内的企业、机构、科研单位和其他政治经济人士。需要走访的包括经济促进的所有对象机构，

---

560 参见 http://www.duesseldorf.de/Mittelstand（最后访问于 2011 年 09 月 15 日）。

即对城镇经济发展有重要贡献的机构。企业在此虽然占据主要位置，但经济促进的工作范围不应仅针对私人企业和机构，公法机构同样也是重要的雇主、甲方和投资者。

重视与信息

企业拜访的作用主要体现在三个方面：

• 对企业的重视

作为城镇政府的代表，经济促进机构可以通过拜访企业，表达对企业及其员工所作贡献的赞赏、尊重和兴趣。

• 为企业带来信息

通过拜访，经济促进工作者应尽可能为企业带来有针对性的信息，比如区位发展、正在规划中的新项目，比如土地划拨、新企业落户、行业发展、网络平台或集群的建立以及与科研方面合作的机会等。

• 有关企业的信息

通过拜访，经济促进工作者也可从企业方面获得关于区位的重要信息，有关企业的情况及其未来规划，其中包括企业的经济状况和发展前景、产品或服务种类、技术配备、人员结构和未来对土地的需求等。

由于区位的企业和机构数量众多，需要对企业拜访进行长期计划，并确定优先拜访名录。从经济促进部门的企业和机构数据中，可以获得优先名录。对优先拜访企业的选择一方面以企业规模以及对区位的重要性为基准；另一方面，也必须考虑到企业的当前发展，比如企业危机、特别事件、搬迁意图、企业所有者或总经理变更、授奖、企业年庆，或其他将企业或机构置于公众焦点的原因，从中能够找到拜访的缘由。对上述的功能和企业拜访的指南，无论如何应予以贯彻实施。（参见附录—企业拜访执行指南）。

拜访企业的流程

拜访应由两人共同完成，如果市长或第一副市长出席会收到很好的效果。携同经济促进部门对企业定期进行一般性的拜访，应该成为经济促进最高领导的固定工作内容。由于时间关系，这无法成为常规访问内容，但是在特殊情况时，尤其在关键时刻，需要由领导前往企业拜访。

在发出书面的会面日程问询后，应再进行电话确认。联系人一般主要是企业或机构的最高级代表，但并非一定要联系最高领导人，也可能是级别对等代表。应接受每一个会面确认，企业通常乐于欢迎来自政府方面的拜访以及政府对他们企业表现出的兴趣，他们也会利用这样的会面机会详细介绍自身情况。会谈的艺术在于，不仅要通过拜访获取正面消息，也要向企业询问与区位分析、企业及区位发展预测相关的事宜和存在问题。

企业拜访的问卷

企业拜访的问卷不应直接发放，这些问题应储存在拜访者的脑中，并在结束拜访之后将记录内容登记存档。企业与机构负责人和经济促进工作者初次见面时难免拘束，他们将经济促进工作者视为上级领导，因而尽量避免主动发言，有问才答。因此，建立充分信任的谈话基础是极其重要的。

谈话流程

通常，对话双方一开始想要更多地了解到访的动机，这时，应尽量消除企业将经济促进人员作为上级领导的误解，并利用来访前对受访企业或机构了解的信息建立初步信任。赠送对方信息材料、新版画册或当地特色礼物是非常合适的方式。事先从城镇政府部门了解企业是否存在正在受理的事项，比如审批、诉讼或扶持申请是非常有必要的。重要的是了解这些事项的最新进展，甚至最好能给企业第一时间带去好消息。

受访企业或机构往往很愿意介绍自身的过去、发展方面的正面信息。必需时拜访者也应给予企业足够空间来表达对政府部门的批评意见，但是，直接回应企业的批评意见是错误的作法，建议将批评意见全部记录下来，并尽量不作评价。尽管企业是事后描述，仍会带有情绪上的夸大，未必完全符合事实情况。对此不应随口许诺，而要答应在内部对实际情况进行审查，并尽快予以答复。

有关企业计划的信息

必须与受访企业建立信任感，谈话中也应该给出让企业描述未来计划的机会。经济促进部门应展示为区位所有经济体服务的公仆形象。会谈者需要有敏锐的洞察力，因为受访者反应很不一致。一些人在经济促进工作者身上看到典型的政府特征，顾及政府监管或其他不良方面，很少谈到企业情况。因此要建立谈话的机密性，谈话期间应尽量避免记录，因为企业常感到身处竞争对手的观察之中，所以学会了对外尽量少透露信息。

由重要城镇代表进行拜访、邀请参加地方活动，或者提议进行与城镇相关的公关活动，都是为了向对话伙伴表明政府部门的重视，并同时建立信任。而最主要的目的是为区域经济促进的预测和规划获取必要信息，不过也应利用拜访的机会，就经济促进工作的能力和可以为企业提供的服务进行沟通，并对企业的困难提供帮助。

企业参观

如果可能，拜访结束时应对企业进行参观，但参观邀请只能由企业主动提出，当然在约见时也可以表达对参观的兴趣。约定日程时，也可以加上共同进餐的邀请，以强调访谈的非正式性。结束拜访后，应直接为企业写一封简短的感谢信，其中待办事项可以列表的形式简短地加以归纳，并允诺将尽快对企业所提问题进行认真处理和答复。

对企业的拜访需要进行多次才会有可持续性，企业和机构才会认识到经济促进部门的诚意和认真态度。也是出于这个原因，经济促进部门应建立企业档案（见附录2清单）。根据所涉及问题的现实情况，可以带着一些已经完成的任务在短期内进行回访。

5.6.11 补贴、扶持资金和融资

从经济促进这一概念本身出发，不难想象出为何公众接触到这一话题时，会猜测经济促进团体和机构工作的主要任务就是向企业和其他机构发放扶持资金。

提供和发放扶持资金在过去也许的确是经济促进的主要任务之一，因为该工作总是混合了抵御外来区位竞争的限制性调节功能、扶持本地经济，以及部分情况下的大额资助。直到欧盟开始干预并禁止对企业不正当竞争的补贴，现实中尤其是城镇层面对企业的普遍资金扶持才得到了有效的遏制。

不久前，德国政府开始为落户或扩张的企业提供免费土地、减免营业税，也不再多收取基建工程费。投资补助和就业岗位津贴曾经是区域招商竞争中受欢迎的手段，如今也不再存在。现在实行的欧盟援助法案不再允许这样的资助，尽管其他地区依然如此操作。世界的许多其他地区非但并未加以禁止，反而作为行之有效的招商促进手段继续使用。

如果企业在国际选址过程中，明确需要资金扶持的话，在德国可以提供以下三种可能性：

• 在所谓欧盟"最低限度法则"（德文：De-minimis-Regel）的临界范围内提供小额补贴

• 申请欧盟的特批

• 放弃补贴，发挥经济促进部门的其他创造性

因此，暗地进行补贴并不是真正的备选方案，因为这类行为通常要经过不同的委员会，并牵扯到媒体和政治，同时大多数其他企业也首先会努力阻止外来竞争对手获得经济支持。这种滥用补贴被曝光的情况并不少见，国家补贴措施也常遭到欧

盟阻止而不得不取消。

为保证欧盟境内平等的竞争条件，欧盟委员会原则上禁止提供以补助、低息补贴、津贴和保证金等一切国家补贴形式。欧盟将这些补助视为不正当竞争，因为这是对市场条件的人为改变。国家补贴可以改变受助企业的成本结构，并由此改善它的竞争地位。对来自联邦、联邦州或城镇的补助也一视同仁，一般都予以禁止。不过，但凡规则也总有例外：欧盟出于结构政策的原因，会对某些行业和地区进行例外扶持。此外，满足一定的前提条件也可以申请补贴，但可操作的空间十分有限。

最低限度法则

欧盟一般援助项的例外是微量援助，即允许在三个财政年度内对某企业发放总计不超过 20 万欧元的补贴，物流企业则三年不超过 10 万欧元。这一额度低到不足以影响到国家之间的贸易。援助规定也很严格，比如在上述时间范围内对一家企业只能进行一次补贴，而且审批也相当严格。补贴发放方和接受方都有对外公示与通知的义务。

城镇补助

城镇如何以资金援助的形式完成经济促进任务呢？这个问题很容易回答：除了微量援助外，单个企业不可能获得任何值得一提的资金补贴。这一规定减轻了经济促进工作的负担，使企业无法以得不到足够扶持就要迁出当地的态度对地方经济促进施压。之前给予购买土地、基建或营业税方面的大幅价格优惠都已被法律禁止，尽管某些地方仍然试图在法律解读上钻空子。

区位竞争很大程度上集中在经济促进的服务质量、各部门审批过程中的态度以及政策的友好程度上。融资方式也不断增加，比如储蓄银行（Sparkasse）和人民银行（Volksbank）的区域投资基金，以及私营的区域基金，比如海尔布隆未来基金（Zukunftsfond Heilbronn）通过对当地和外来落户企业的风险参股投资和融资，最终保证了货币价值的优势。他们根据在区域内的企业落户情况发放贷款与参股投资。以法律角度来看，这与欧盟法律是一致的。这些区域相关的融资方式为区域的经济促进提供了绝佳的机会，经济促进部门也应发起并推动此类融资。

经济促进部门应大力支持有意落户的雇主。一方面可以在寻找不动产和价格谈判时施以大量支持。应当为有意落户的企业提供最佳的市场透明度，利用经济促进的网络平台，帮助企业尤其在私人不动产市场上也能获得最佳条件。另一方面，经济促进部门还可以设立企业筹备办事处，并配备熟悉当地的工作人员，为投资者在成立阶段提供帮助，使入驻企业能够节省初期投入、购置到合适的不动产，并避免为走弯路而"交学费"，从而获得真正有价值的收益。

　　企业和市长们在与相邻地区的竞争中，为了合法争取企业成功迁入本地，发挥出的惊人创造力连经验丰富的经济促进工作者都自愧弗如。比如，对一家有意近距离搬迁的纯粹服务商，目的区位不仅提供商业用地，还提供面积更大、配套一流的住宅用地，即便企业之后转让给房地产开发商也可盈利，从而实现为企业发展的再融资。土地的出售虽然不会公示，但应当按照主管单位监委会规定的土地价值来定价出售。这方面可以发挥无限的创造力。

联邦州、联邦政府和欧盟的扶持补贴

　　根据专业人士估计，德国目前有近两千种不同的补贴项目，个人、企业、城镇和区域都可以从中获得支持。补贴有补助、贴息、担保和担保金等形式。

　　就城镇和区域感兴趣的各个项目，在此不应该也无法进行讨论。这一庞大数据表明，城镇经济促进部门无法向有关目标群体提供哪怕一定程度上的全面权威信息。

经济促进的补贴手册

　　关于区位能提供怎样的全面概览，柏林投资银行（IBB）为企业和初创者提供的补贴手册就是很好的范例。该手册可以从网上下载，约150页的内容虽然令人印象深刻，但仍无法给出完整的概况[561]。因此，在这一问题上，城镇经济促进工作者应确保能够得到区域内政治经济界人士的支持。工商会、手工业商会、经济协会和劳动局等都是第一合作伙伴，还有作为国家扶持机构的德国复兴信贷银行（KfW）以及类似的各州立银行。[参见附录三概要：联邦德国和各联邦州经济促进机构（节选）]

补贴项目数据库

　　德国联邦经济技术部（BMWi）的补贴项目数据库被广泛使用，其中收录了关于联邦德国、各联邦州和欧盟补贴项目的最新概况[562]。目前，数据库罗列了超过150家资助机构。

私人咨询公司

　　除了互联网与商业协会等提供的大量信息外，私人咨询公司也为扶持资金提供专业咨询，并帮助办理整个申请过程。通常，可以先在咨询公司关于资助方式与成

561　参见 http://www.ibb.de/foerderfibel（最后访问于 2011 年 09 月 15 日）。

562　参见 http://www.foerderdatenbank.de（最后访问于 2011 年 09 月 15 日）。

功率进行一次免费咨询，确认委托后才开始计费。较好的情况下，只在申请成功后才按照申请额的百分比来收取酬金。

除此以外，在全德范围内还有天使投资人提供建设性的咨询服务，有时也会参与投资。面对这些服务，初创者和资本寻求者始终要防止泄漏太多信息，在相关谈判中，也务必要保证有可靠的专业帮手在场。

当地经济促进部门应保证在扶持和融资的服务领域提供初步信息，并介绍咨询机构，最好由当地的合作伙伴来提供这类的服务。经济促进部门应避免单独进行涉及资金内容的咨询，因为一方面缺乏足够的专业知识，另一方面可能会被卷入地方资本市场的竞争。需要坚决避免的是可能出现的担保问题，经济促进部门应专业、客观地为投资者介绍合格的专业联系人。

5.6.12 初创扶持

说到经济促进的任务，除了新企业落户、本地企业维护、向企业发放补贴资金等关键词外，"初创扶持"这一概念也是首要任务之一。经济促进工作者和机构对此的看法是一致的。

不管在质量还是数量上，初创扶持在德国的所有政治、社会层面都具有重要意义，大量的倡议、项目、扶持手段和政治声明都清楚体现了这一点。从国际比较研究与长时段观察来看，德国对企业初创的扶持力度之大也极为少见。

德国——创业者的国度?

在良好的物理基础设施和政策努力上，全球创业观察（GEM）对德国大加赞赏，称其在扶持创业的物理基础设施、知识产权保护以及企业相关服务方面尤其突出。但即便经济促进部门作出巨大努力，也未能使德国摆脱国际创业统计排名落后的位置。根据统计，德国向来在所有被调查的国家中排在后半列，即使考虑到老牌工业国家的创业水平普遍不高，德国在其中的位置也并不乐观。目前尚且无法看到情况改善的可能性，因为根据全球创业观察在 2010 年的统计，德国对 18 ~ 24 岁年轻人的初创吸引力依然在不断降低[563]。对这一相对较差的结果，研究分析提出了如下的可能原因：

- 德国人不喜风险，害怕失败；
- 许多人质疑自己创业的能力；
- 许多人创业是因为别无选择；

---

563 参见 Brixy, Udo 等人（2011），第 5 页。

• 创业相关的培训和继续教育被忽视。

尽管全国范围内已经出台大量措施，来自所有联邦州、地方初创扶持的实际操作者、商会、银行和协会对此进行了不懈的努力，而且 2010 年联邦政府又开始了一项名为"德国——创业之国"的新举措，但是应该考虑的是，与不断推行的新项目和措施相比，是否更应该实施有针对性的协调措施，整合当地及区域层面不同相关者的行动，并对所有项目和措施进行优化协调，以更少的耗费来建立更为明晰、更为高效的结构。这个基础上，有时候"更少"反而意味着"更多"。但这需要在主管权限方面达成一致，并在区域间重新进行任务划分，而这看上去显然反而比为新项目提供新的资金来得更为复杂。对当地经济促进部门在所有参与者中希望以及应当扮演的角色来说，提供透彻的分析和组织建议也是非常重要的。

初创的目的

在本地和区域经济促进工作中，初创扶持措施以创造就业岗位、促进结构转型为目标。尤其在技术领域，初创可以帮助实现创新突破，并由此为区域经济结构转变提供支持。通过激活竞争可以产生区域活力，这通常能改善区域内部结构并增加就业岗位。

这方面，尤其在手工业，由人口变化引起的对继承人需求的持续增长，是一项特别挑战。相关区位的继承人问题尤其值得引起注意，那里所有企业中，只有一半能在家族中找到合适的继承人。

在清楚认识到德国初创企业的低迷现状后，经济促进就必须将鼓励更多的企业初创作为第一目标，这不仅局限于联邦政府和各联邦州的政策，各城镇和区域也应为初创者创造更好的条件。重点并不在于组织机构和物质上的前提条件，而更应改善德国创业在精神和意识形态方面的被动状况。

对初创企业家的认可

当地经济促进部门应不断致力推动年轻人的创业决心。比如应创造年轻人与模范初创企业家们的交流机会，邀请成功的企业家到学校、培训中心或大学做报告，来改变年轻人的看法，使他们更加认可独立创业者群体。尽管联邦和各州范围内的宣传有助于企业家群体形象的改善，但正是地方上的榜样与当地民众的态度可以影响创业者的形象，从而发挥必要的榜样作用。政治、经济、社会各界人士的合作，对初创和企业家群体在德国和区域存在大量需求缺口的认识，是对创业条件进行必要改善的决定性前提。

与政治经济界人士的合作

对比初始情况，可以说目前在德国初创企业扶持领域的人员不是太少，而是数量过多。如果了解德国结构，不妨做出如下估计，基于目前普遍的稳定趋势，推动新体制和机构精简应非常乐观。

因此，作为地方和区域经济促进工作的第二项最佳战略，可以通过密切合作与同步行动，明确任务分工并采取统一对外形象等措施，来组织和当地有意创业的人士开展对话。这样可以强化初创意识，初创扶持工作人员通过有意义的合作能够节约资源，有初创意愿的人可以获得简要的情况概览。通过对所有参与者的咨询进行协调一致的管理，可明显提高工作质量。

设立创业服务中心

理想的创业服务中心应位于城市或州级县的政府部门、商会或协会的中心位置，入口应尽可能设在一层，容易被来访者一眼看到。在位于市中心的、可视性强的位置设立创业服务中心，无疑是值得推荐的解决方案。

根据多年经验，与初创促进工作在密切程度上相关的有以下机构：
- 劳动局
- 工商大会和手工业商会
- 综合性大学、各类高校和高等专科院校
- 储蓄银行、人民银行和奥合银行等金融机构
- 城市和州级县的政府部门
- 税务审计事务所
- 技术中心和创业中心
- 经济促进机构
- 医疗保险
- 由老企业家、中青年企业家组成的顾问网络以及其他相关组织

如果当地缺乏统一的初创促进中心，那也可以通过宣传册、传单、网站等工具，特别要注意将创业中所涉及的主管部门及咨询机构按流程顺序进行编排并置于统一的栏目下，以便塑造区位对初创促进方面统一整体的形象。

在与经济界和大中院校不断进行的交流中，应当始终保持对这些重要课题的关注。有些区位缺乏特定集群或特别行业的竞争优势，依然有机会在初创促进方面因组织得力而从中获益，并为区位带来额外的增长。

创业孵化中心

几十年来，建立创业孵化中心是创业扶持的一项成功措施，为初创企业在最初的几年间提供便宜空间和特殊条件。

创业中心重要的特点是租金便宜、有建立关系网络的良好条件、配套的服务设施、灵活而低风险的租赁条件、有效的基础设施以及足够的吸引力。如果以低廉价格提供的租赁空间，按租赁时间逐步与市场价格接轨，那么较短期的租赁时间可以使得创业者即便在创业失败的情况下也不至于风险过高。此外，可用的租赁空间也应灵活可变，根据创业者的需求可以增加。可租用的会议室、公用设施以及可提供不同服务的总服务台，都是创业孵化中心应满足的最低要求。过去几年中，创业孵化中心常常被设在技术中心或类似的主题楼盘里，初创企业因而不仅可以在创业圈里工作，也能从发展稳定的企业那里学到经验。

创业孵化中心很受初创者的欢迎，因为一方面在困难的发展初期，选择这里可以节约成本；另一方面，在起步阶段，能够与其他初创者或经验丰富的志同道合者进行交流是非常重要的。创业中心可以由城镇联合本地区的储蓄银行和其他银行、工商大会、手工业商会、高等（专科）院校、行协会还有私人企业等伙伴共同建立。在建设初期就要在这些合作伙伴之中确定，由哪一方来承担创业中心建立和运营所产生的经费。

在较小的城镇，建立创业中心也是有意义的。在起步阶段，除了创新产业园内昂贵的新建筑，还可以考虑使用空置的工业老建筑，或在现有的商用建筑里租下一层作为创业中心，这些都是可行的方案。经济促进部门应作为创业中心的发起者，在适当的组织结构下也可以充当运营或中心经理人的角色。

初创咨询的步骤和阶段 [564]

阶段一：接触并鼓励可能的创业者

除了常规的激励宣传与创造组织上的前提条件，接触并鼓励可能的创业者是需要准备的前提措施，并且应该深入而持久地加以执行。要在初创可能性较大的地方寻找目标群体。不仅提供咨询服务，还应积极宣传鼓励独立创业，这是克服现有弱势的前提。

阶段二：进行引导谈话

确定了有意创业的目标后，第一个具体步骤就是进行第一次交流性谈话，为有

564　参见 http://www.gruenderportal.de（最后一次访问于 2011 年 09 月 15 日）。

意向的创业者提供引导并提出关键问题，包括商业计划的动机、资金与个人前提条件、创业初始和之后几年的发展蓝图等，都应是引导谈话的重点。

阶段三：创业草案

有意向的创业者对大框架和一般框架条件有所了解后，必须将创业想法做成草案，与有经验的顾问进行交流。顾问应保持中立，坚守保密义务，并给出市场预估。

阶段四：帮助制定商业计划书

如果创业想法经过论证被视为可行，就要指导创业者制定商业计划书。这方面已有大量的指南介绍、专家鉴定和专业人士。这一步是整个创业行为成败的里程碑。能否获取资本和赢得其他融资伙伴，都取决于商业计划书的说服力。计划书应尽可能详尽，不仅要考虑到企业，还有创业者个人的生存问题，以及养老金、保险和法律责任等问题。计划书过于保守或太乐观都不利于赢取资本和股东，过于乐观则失去了必要的可信度。

阶段五：制定完善的商业计划书

商业计划书的制定不应只听一家之言，为求稳妥，要采纳多方面的专家意见。对某个项目的单方面意见常常体现的是个人经验，容易被主观经验所迷惑。就如在亲戚朋友中总能观察到的，他们总是根据自身或好或坏的经验进行判断，而非专业咨询。因此，多方面深入完善商业计划书是每一个初创企业的重要任务。在这个基础上，就能与可能的股东、银行、赞助机构、当地及地区的基金进行融资谈话，以求为项目争取融资。

阶段六：审核法律框架条件

除了税务局、工商局、建设局、青少年和外国人管理局外，在公司成立之前，还要注意很多可能的法律限制。如果做出错误的估计，或对欧洲特定规则、环境法或青少年保护法的基本规定缺乏了解，都会在一个制度严谨的国家付出昂贵的代价。

由专业顾问进行指导

上述各项步骤往往并不能清晰地相互分离，而是常常彼此交叉，也并不总能全部地显示出来。重要的是要确保所有的步骤都尽可能由同一位创业指导来进行长期咨询，这样可以避免重复解释与信息过度扩散，并保持一开始建立的良好信任。推荐由专业顾问或者年长的资深专家进行咨询，不过最终还是取决于专家的个人能力，当然也不排除偶尔有自诩专家的情况存在。这时需要警惕，从这些假冒专家提供的咨询中仅仅只能获取一些有意思的商业理念。因此，在第一次咨询谈话时就应对此保持敏感。

企业初创可被列为经济促进工作的核心任务之一。对于区域而言，如果争取到相应的咨询、融资和办公空间，这也会成为区域的一项核心能力，甚至可以建立自身的关系网络。因此，企业初创促进对于经济促进而言，是一项很有价值也充满希望的任务，对改善区位条件也有良好的成功前景。

德国联邦经济与技术部企业初创手册为有意向的创业者提供了最全面的说明指南，其中包括详尽的信息、参考、推荐和专家鉴定等，也可以直接查阅有关各联邦州和区域的章节。此外还可以参阅劳动市场和职业研究所（IAB）定期发布的企业初创问题报告。

5.6.13 零售业

经济促进系统中，最为烦琐复杂的行业当属零售业，零售业将来自生产商或批发商的商品进行分销、按照类别进行综合整理，然后输送到最终消费者手中。

零售业有很多不同形式，如按照零售网点划分，可以大致分为专卖店、折扣店、大型商场和百货公司等。此外，还有每周集市上的流动销售、上门推销以及通过目录邮购的传统销售。近几年来，电子商务（网络销售 B2B、B2C 等）和电话电视购物的形式尤其发展迅猛，并且各有特色。根据德国贸易协会（HDE）的数据，德国零售业销售额每年高达四千亿欧元。作为德国第三大经济领域，约 40 万家零售业企业吸收从业人员达 290 万人，培训生 16 万人[565]。

零售业的重要性

零售业在生产商和消费者之间充当着重要的中间角色。尽管有着重要的经济意义，零售业在国民生产总值和就业人数上的比重却并不突出。除了经济作用外，零售业还具有重要的社会和机构性功能，尤其对经济促进而言，零售业由于自身的重要作用，已成为纵览区位经济生活的重要参与者和工具。零售业一方面在城市规划中发挥带动作用，提高城市的知名度和中心地位。另一方面，由于在过去几年间，各个区位的零售业面积大比例增加，使其在社会与政治意义上的作用也越发明显。

空间效应

除了对地区的经济进程有重要影响，零售业也具有很大的空间影响力，也就是

565　参见德国贸易协会（2011）发行的"德国零售业"，2011 年 10 月。网上下载地址：http://www.einzelhandel.de（最后访问于 2011 年 09 月 15 日）。

说，零售业对地方和区域政策的空间影响有重要作用。

正如古希腊的 Agora 和古罗马的 Forum（Agora 和 Forum 分别指古希腊和罗马时期的城镇广场。——译者注），中世纪欧洲城镇的贸易地点在市集广场（Marktplatz）。作为公共生活的中心，市集广场决定了城镇形象，它位于城镇最显眼的地段，是一座城市的地标。在德国的很多区位，零售业或贸易一直都集中在城镇或地方中心。但也有为数众多的城镇，在零售业面积爆炸式增加的过程中，有意无意地将这一中心地点的功能向周边绿地转移。

不断增长的面积

过去 50 年间，德国零售业的总面积增加了五倍。显而易见，这种面积增长在寸土寸金的城市或地区中心难以实现，或者实现程度极低。因此，在城镇的边缘地区，即绿地，为了适应客户的现代化购物需求，发展出了新的零售业结构。

零售和贸易会带来客流量，失去了这一重要功能，会导致城市中心、历史城区和地方中心渐渐凋敝，以往有效运营的繁荣中心地带渐渐失去了经济重要性，出现了衰退。在欧洲，人们很晚才认识到这一点，对于一些地方来说，甚至已经太晚了。

为了实现区位有序而平衡的零售业发展，作为应对战略，20 世纪 80 年代很多城镇制定了市场和中心激活方案。专家们研究零售业的面积需求，辨别新落户商铺对城镇中心的重要程度，避免城镇中心零售业的流失而导致的衰退。

一方面，专家对购买力进行预测、并对产品进行有时令人费解的分组，尽管在经济角度是对经济参与者决策自由的调控性介入，但另一方面也必须承认，倘若在市场经济进程中没有这样的介入，城镇发展过程中恐怕会继续发生更大的损害。就此而言，制定市场和中心方案以及调控性框架条件，并在竞争过程中采取强势干预，尽管从经济促进角度会产生有待商榷的影响和决策，但仍对城镇发展做出了非常积极的贡献。很多区位已经开始着手修正过去的错误发展，采取极为昂贵的措施来争取重要的零售业回归城市、市区以及地方的中心区域。

城市和区域

对经济促进而言，重要的是把握整个城市与区域组织机构的整体关联，并将单个贸易公司的经济利益置于区位和区域的整体利益之下。比起大型零售企业落户城市边缘地区，有效运营具备吸引力的城市中心更有价值。这些决策也总是具有区域效应，各区位的竞争往往为整体经济带来更好的结果。

经济促进对零售业的重视不仅因为零售业对其经济进程的重要作用，也因为它的吸引力和关注度。零售业大多位于城市、市区、地方中心以及城镇最著名的地点。

相比其他行业，从商铺的兴隆和商业区的密集人流，就可以直接看出区位零售业的成功与否。每个城镇都希望拥有较高的中心地位，也就是说，购物群体不仅包括本地人口，还可以尽可能多地吸引周边地区的顾客前来购物，这被视为政策上的成绩，而且特别容易让人看到。因此，除了在经济和城市规划上的作用外，零售业通常也具有政治效应。由于在城市整体面貌中，零售业的存在容易直观地为外界所认知，因而可被突出地展现并参与到城镇的政治生活中。但在经济促进的实际操作中，如何理性地处理这一课题并非易事。

城区中心与地区中心实现功能多样化

即使整体零售业的政治重要性得到了正确认识，有一点却常常被忽视，即市中心、市区中心及地区中心不仅需要具备零售业的功能，还必须具备多种其他功能。在市中心有大量餐饮和文化设施，还需要配备律师事务所和诊所等营业点，同样还有政府部门、教堂、博物馆、图书馆、学校、教育机构、活动场馆和酒店等设施。整体上，这些设施和机构和零售业的有机组合为历史悠久的城市与地区中心带来生命力，并为打造人居质量做出贡献。零售业只是诸多功能中的一项，当然也是极为重要的一项。

由于突出的功能和重要性，零售业一方面在面对政府部门时，常常有组织地代表自身利益。另一方面，作为市中心、市区和地区的利益共同体，零售业可以为所在区位进行更为有效的营销。共同的营销措施，如广告活动、周日购物开放日、圣诞街灯装饰、夏季的节庆活动、市中心景观、保洁和游说宣传等，都体现了这种统一协作的重要效果，零售业也一直努力争取城镇政府参与到与经济促进密切相关的这类活动中。许多情况下，城镇是可以提供人力物力支持的。当然还是有不少城镇政府拒绝提供这些资源，其理由倒也不难理解：这些联合营销代表的只是个体经济利益，城镇或城区中其他没有参与到统一组织的零售点、边缘地区的商铺如果无法得到同样的资助，就会形成不公平的对待。

支持零售业的措施

从这一背景来看，经济促进对于零售业的物质支持需要进行严格的审核。为了改善零售业的状况，可以开展对零售地点的营销活动。特别可以设立交通安静和步行区域及修建更多公共广场等措施来改善区域的停留质量。此外，为了提高中心吸引力，进一步采取的措施还包括优化公交线路，在城市中心区域附近建设充足的停车空间等。在与周边地区，尤其是与市郊的购物中心和大型零售商场的竞争中，保证清洁和安全、避免商铺空置、提高在圣诞节前后购物旺季的吸引力以及周日购物开放日与购物长夜等特别活动，都保证了区位商家的集体利益。

连锁分店

城市与市区中心的店铺连锁化越来越严重，使零售商之间本就日渐松散的组织关联雪上加霜。分店往往服从总部安排，不参与当地的共同营销活动，而且认为大型品牌通过在全国和跨区域的广告活动已经为城市的区位营销做出了贡献。

此外，不动产所有者和店铺运营者的分离不断增加，导致店铺租赁方倾向于只做短期打算，无意参与地方市中心的长期基础设施投入。那些拥有自主产权的零售商，即便并非出于自家商铺的生意，也会关心并致力于促进区位富裕。然而在当前现实中，他们因为数量不断减少而越来越失去重要意义。

围绕从英语中引入的商业促进区（Business Improvement Districts / BIDs）这一概念，在过去几年间设计出了法律框架，将商业促进区所涉及的房屋及土地所有者纳入市内发展措施的资助范畴中。在德国，迄今只有汉堡和北莱茵 - 威斯特法伦州的部分地区得以施行，不过这些措施的实施在法律上仍存在不少保留条件。

中心性

零售业有效运营，并具有尽可能高的中心度，不仅在经济层面对区位十分重要，而且也有重要的城市规划意义。因此，应该认识到零售业所起到的供给作用和对居民的区位吸引力。在日益激烈的区位竞争中，休闲、教育和文化设施在争取人才落户时起到重要作用，零售业的供给功能同样也是居民重视的一项区位因素。因此，经济促进部门也应努力推动零售商的积极性，并在可能的范围内予以支持。不过，在物质或资金方面究竟能投入与支持多少，都必须谨慎判断，否则其他区位特别是其他行业，可能也会要求类似的帮助。

在建立营销协会时，经济促进部门理所当然应发挥倡导作用，提供机构性和协调性的帮助，并在所有审批和法律过程中加以辅导。然而需要注意的是，零售商之间常常存在利益冲突。经济促进界有个共识，零售商之所以被称为零售商，是因为他们都倾向于独自行动，这句话是不无道理的。

区域性

针对零售业的举措总会对区域本身带来影响。改善零售业状况的措施是以增加本区域购买力流入为目标的，因此会尽量减少本地居民到其他地区购物，并努力赢得更多外来消费者。

区位对零售业的大力支持有时会与城市规划的目标相冲突。经济促进部门应客观面对这些利益冲突，一方面对谨慎而追求完美的城市规划尽可能作出客观的评价和支持，另一方面，对零售商出于自身利益的要求也应加以批判接受。对整个城市的经济利益，绿地、城区或小区中心零售区位的经济利益，都要进行综合观察和权衡。在有效运行的组织中，应发挥利益共同体的力量，这样，在区位营销中也能充分利用私营企业的力量和贡献。

区位的整体发展

随着普遍的结构转型，经济促进对于零售业的优先级别与目标设置也发生了变化。如今，涉及零售业的每一步措施都应深思熟虑，实际操作中，也存在很多主观想象导致的误区。20 世纪六七十年代和八十年代的经济促进工作中，通常会不加批判地将零售业面积爆炸式的增长转移到城市边缘绿地，并以此为成功。后来这一观点发生了变化。为了区位整体的可持续发展利益，经济促进工作需要将城市规划的目标也纳入考虑[566]。

营业时间也需要加以调整。当前，带午休时间的惯例已不再适应顾客的购物习惯。制定保持活力的战略，优化基础设施，如改善交通条件、制定合适的停车规则、寻找合适的商家、为解决继承人问题提供支持、老年人友好和保障家庭日常供给等措施，不仅体现在优先的城市中心区位，还包括其他城区及其中心，这些都属于经济促进广泛工作的范畴。

由零售业出资，雇佣专职的城市经理人（City-Manager）对零售区位进行结构鉴定和管理，同时规划各类营销活动，经济促进部门原则应对此提供支持和帮助。

区位的组合利用

大型专卖店、超市和购物中心的设立符合当今消费群体的购物习惯，然而，同样重要的是将满足短期需求的商铺与满足长期需求的商铺、能提供丰富购物体验的商铺进行组合并提高其吸引力，即品牌混搭。经济促进工作中，选择商铺并不是非此即彼，而应对功能布局合理的多种购物方式提供支持。除了消费功能外，还必须

566　根据 1977 年颁布的建筑使用条例修正案，位于核心和特别地区以外的大型零售企业，如果楼层建筑面积超过 1500m²，就必须经土地规划局批准才可营业。出于增加税收的原因，一些位于大城市周边地区且交通便利的较小城镇就会造成一些空间规划上的分配不当，这是由于机动性不断增加以及购物行为的改变而引起的。通过购物中心融入城市的方案，即将购物街和市内购物中心进行整合，并通过实施强制性的市集和市中心方案，应该可以阻止市中心逐渐萧条的局面。参见 Bross, Fabian (2008), Die Expansion des Einzel-handels mit besonderer Berücksichtigung der Auswirkungen auf die Stadtentwicklung in Deutschland, Bayern und München in den 1960er, 1970er und 1980er Jahren, aventinus archivaliaNr. 5 网上下载地址：http://www.aventinus-online.de（最后访问于 2011.09.15）。

为市中心、城区和小区中心配备专业的大型活动管理，建设文化、宗教和行政机构，保持区位多功能的有效利用。各种形式的组合利用是保证区位高度吸引力和人流密集的最佳手段。

5.6.14 旅游业

在 20 世纪 80 年代，"旅游业"这一概念逐步取代了传统的"出行"概念。这要归功于克劳德·卡斯帕（Claude Kaspar）在研究旅游业与交通时给出的新定义。在 1942 年汉沃克尔和克拉普夫（HUNYIKER/KRAPF 1942）所作定义与旅游学专家国际联合会（AIEST）的说法基础上，卡斯帕（1996）做出修改，建议"旅游业"这一概念采用下述定义："旅游业是指人们在非长期居住或停留的地点进行旅行与停留所产生的关系和现象的总和"[567]。

在德国，这一学术定义与世贸组织（WTO）的定义共同属于对"旅游业"的标准定义。这一定义也包含商务旅行。

经济意义

对于经济促进而言，在不同特点的区位，旅游业多多少少都是重要的经济产业。在较小的旅游业发达区位，旅游业能占到价值创造和就业岗位的 20%～30%，而在旅游业发达的大城市其产值则约占总体 GDP 的 3%～6%。在全球范围内，旅游业拥有约 1 亿从业人员，是最重要的就业领域。跨境旅游占据了国际服务行业贸易量的 25%～30%。根据世界旅游组织（UNWTO）的数据，2009 年全球游客数量可达八千万人。

城镇和区域经济促进与旅游业促进在实际操作中具有许多切合点。在组织结构上将经济促进和旅游促进进行联合，已经越发成为趋势。尤其是随着区位软实力与城市吸引力的重要性提高，两个部门的目标设定也趋于一致。值得注意的是，旅游促进仅仅作为整体任务体系中的一小部分，也是城镇行政业绩体系中的自愿性任务，其人力和财力投入水平常常不足。但在较小的城镇，却反而由市长本人在地方、区域与全国范围内多方面进行针对旅游促进方面的组织和投入。

与经济促进不同，关于旅游业的书籍文献数量颇丰，国内外也不乏大量旅游业的培训与深造项目，因此，本书就不再将旅游促进作为经济促进的组成部分继续论述。在此，仅就经济促进和旅游促进密切相关的领域进行说明：

---

567 参见 Kaspar, Claude (1996), Die Tourismuslehre im Grundriß, St. Galler Beiträge zum Tourismus und Verkehrswirtschaft, 伯尔尼。

一日游

一日游需要与过夜旅游区分开来。一日游游客通常是指为了购物、参加文化活动、短暂休闲或者前往医疗健康机构就诊而来到目标区位的游客。仅仅为了上班而离开居住地的工作通勤者不属于游客。去临近城镇就医是否属于一日游，还需要进行更为仔细的界定。去邻近城镇进行浴疗或矿泉疗养毫无疑问属于旅游范畴，但理疗则同样需要仔细界定。不过，每天从周边地区或临近城镇的居住地前往附近学校就学的学生，毫无疑问不属于游客。

过夜旅游

过夜旅游可以划分为文化旅游、城市旅游、会展旅游、休闲旅游，以及逐渐增加的健康旅游等方式。另外，游学、购物和新体验也能成为旅行的理由。

根据德国旅游经济研究所（DWIF）的实践数据，一日游人均平均消费为 28 欧元，商务旅行人均每日消费为 25.20 欧元[568]。据 DWIF 统计，过夜游客在八个床位以上的膳宿酒店人均日消费 131.6 欧元，在少于八个床位的私人家庭旅馆人均日消费72.4 欧元。露营地游客的人均日消费为 45.8 欧元[569]。

将以上数字和与此相关的乘数效应累加得出结果，旅游业产值可占国民生产总值的约 5%，类似弗莱堡这样旅游业发达的城市，2010 年仅在营业性旅馆的游客住宿就达到了 1300 万欧元。因区位大小和旅游业的差异，这些数据所占比重会有所不同。由此可以观察到，对于许多城镇和区域，旅游业都是一个非常重要的经济要素。

旅游促进作为经济促进工具的可能性超出了本文的讨论范围，不过，以下仍然可以列举经济促进和旅游业之间一些示范性的契合点：

旅馆和餐厅

拥有高效、现代的旅游基础设施，尤其是数量充足、种类丰富并且品质优异的旅馆和餐厅，不仅是旅游业成功的基本前提条件，也是关乎经济积极发展的重要区位因素，因为很多当地企业和机构越来越频繁地需要接待客户和商业伙伴、外勤员

568　参见德国旅游业经济科学研究所出版的 Tagesreisen der Deutschen，DWIF 系列丛书 51-52 册，第 1-3 部分，慕尼黑 2005—2007，在转引自：Deutscher Tourismusverband (2010)，Zahlen-Daten-Fakten 2010，第 9 页有摘录。这里没有考虑到交通费用、一日游旅客在旅游前后所产生的开销、来自国外来源区游客的一日游以及通过本国居民外出一日游的收入效应。

569　参见德国旅游业经济科学研究所出版的 Ausgaben der Übernachtungsgäste in Deutschland，DWIF 系列丛书 53 册，慕尼黑 2010，在转引自：Deutscher Tourismusverband (2010)，Zahlen-Daten-Fakten 2010 第 11页有摘录。这里没有考虑到交通费用、过夜游客在旅游前后所产生的开销以及通过本国居民外出一日游的市场环节和收入效应。

工、安装团队和科研人员等。

在运行良好的经济区位中，受外来客人欢迎的旅馆和餐厅是当今基础设施不可或缺的组成部分。如今，私人住宅如果没有特殊原因往往不再合适招待客人，个体对私人住宿方式的要求也持续增加。同时家庭庆祝需要活动场所，无论是私人还是企业或机构的活动对于专业餐饮供应的需求也在增加，因此，与一般经济促进的情况相同，旅游业的发展在基础设施领域也有着同样的需求。

区位形象对旅游业的重要性

旅游促进中的另一项工作领域，即对外打造积极的城市与区位形象，也越来越多地成为经济促进的对象。因为形象积极的区位不仅更容易吸引企业落户，尤其能吸引专业人才及其家庭、学生与培训机构、进修和深造人员的到来。形象塑造应以事实为基础，因此，具有魅力的城市外观、高质量的生活条件，卫生、清洁安全的城市环境以及现代化的基础设施，这些不仅对旅游行业，对其他经济领域也有着很大的促进意义。

"你上班的地方是他人度假的梦想！"一直以来都是南德一座大城市的宣传口号。如今，该城市在全德城市调查中一直高居"幸福安居城市"前列。这充分说明，一个旅游业发达、积极有创造力的城市形象会得到企业和专业人才的认可和赞赏。

对旅游与经济促进来说，除了众所周知的旅馆和餐厅等重要旅游设施以及富有吸引力的零售业之外，会展设施也非常重要。尽管有电邮、网络和脸书等社交平台的存在，对企业、高校及许多其他组织和机构而言，仍然看重线下面对面之间的交流。会展所需的基础设施一方面可以通过酒店业提供；另一方面，通过投资这类基础设施，也表明城镇具有在国内外会展市场上占据一席之地的诉求，这通常能吸引酒店和服务业的进一步投资。

对于旅游业、企业、专业人才和进修人员来说，文化和生活质量也是越来越重要的因素。有特色的活动和文化生活对当地住户和外来人口都越来越重要，不仅为旅游经济做出重要贡献，也提升了区位的经济吸引力。

健康医疗旅游的意义

随着城市旅游的发展，医疗旅游作为特殊的旅游形式也逐渐受到欢迎。旅游最初的目的就是休养与休闲。长期以来，提到"休闲"意味着放松、什么都不做或者慵懒地打发时光。如今，"休闲"更多指的是积极的健康需求，如养生、健身或健康训练。在知名的大学医院或专科医疗机构看病也属于这一范畴，并越来越成为国外病患的重要考虑因素。有些国家以质量和卫生条件取胜，而有些国家则具有价格优势，无论哪种情况，在医疗健康领域有特殊优势的区位，健康医疗旅游方面的收入都在持续增加。除了单纯的医疗服务和设施外，还需要大量其他服务和基础设施，才能保证建立有效运转、蓬勃发展的健康医疗旅游业。

　　健康是人类最宝贵的财富，而我们又身处一个老龄化且富裕程度不断提高的社会，因此不难预见，各种形式的健康课题必将成为最重要的未来行业和朝阳行业。除了单纯的治疗措施，预防措施和医疗保健也会更多地发挥作用。

旅游业——朝阳行业

　　人的机动性提高，出行价格大幅降低，消费需求向更多传播、娱乐体验和文化交流的转变，休闲时间的增加，这些都会导致旅游产业的持续增长。亚洲一些国家，如印度和中国，出于各种原因，迄今为止尚未真正进入欧美世界的全球旅游视野，但这一点在未来若干年间会有明显改变。而欧洲包括德国始终是全球最具吸引力的旅游目的地之一。

　　因此，经济促进部门应从上述角度观察旅游促进，并将它纳入区位发展的目标设定和相关措施的范畴中。在这方面，由于两个领域的目标对象越来越重合，所以应当考虑是否将旅游促进作为区位发展与经济促进的一个组成部分，这样可以实现资源的共同利用、创造协同效应并保证区位整体统一的对外形象。

5.7　效果检验

　　在设定区位发展方案以目标和结果为导向的必要理性进程时，在确定没有达到所有目标，并且在实践中也未能实施所有相关措施之后，则应将效果检验作为决定性的基石，以及重复整个进程的出发点。对措施进行批判性审视并重新讨论目标设定常常是效果检验过程中出现的结果，这既需要基于对目标和实施进行客观比较得出的框架数据，也需要对那些为实现目标所采取的措施进行内容上的评估。需要再次强调的是，任何效果检验都应建立在认真执行综合情况分析的基础上，从企业管理学的角度，在计划、组织、执行、检验这一过程中，不经过检验的计划是没有意义的，没有计划的检验则是不可能的。达成所需目标所需的时间段一般应该设定在五到二十年左右。

　　过去几年，关于经济促进效果检验这一课题的学术研究越来越多，但却没有实践者能够为政策讨论提供一份可行的指南[570]。

　　城镇行政管理联合会（KGSt）分别从 2009 年 6 月和 2010 年 9 月起，针对 8—

570　参见 Dallmann, Nicolas (2009), Notwendigkeit und Inhalt eines Controllings im Stand-Ortmarketing，柏林。

15 万居民的城市和县域，推出两个"对比圈"作为试点项目。其中，首先要回答的问题是，应该以哪些参数来检验城镇经济促进的效率和效应[571]。

5.7.1 评判的客观指标

城镇的经济形势可以通过许多客观明确、有说服力的经济指标来确定。城镇行政管理联合会（KGSt）在 1990 年的一份关于组织经济促进的意见书中对此作了描述[572]。

对可检验目标的定义

在对区位的经济政策进行效果检验时，很快会出现这样的问题：是否能有，或者是否已经存在一个有约束力的目标方向，可以用来衡量是否成功。只有目标定义准确，效果检验才能理性进行，即得出特定的绝对或相对值：

- 失业率
- 就业岗位
- 培训岗位比例
- 商业用地出让
- 营业税收入
- 个人所得税收入
- 国民生产总值发展
- 零售业销售额
- 社会救济支出
- 游客数量及住宿量
- 经济气候

除了"经济气候"外，上述指标都是客观可衡量的，重要的信息通常可以在城镇行政区划范围内获得。不过，如果缺乏对相应预期数值和目标数据的表述，效果检验往往无法客观。

此处提供的解决方案是对目标进行定义，不是固定于绝对值或者相对变化值，

---

571 在城镇行政管理联合会（KGSt）的参照圈中，地方在城镇基准的框架下对其成绩进行优化。他们在电视会议里讨论参数并交流经验。他们发现优缺点并加以改进。在对比地区的讲演基础上优化进程并投入通过实践考验的技术。由此地方可以节约经费或提高质量，参见 http://www.kgst.de/produkteundleistungen/vergleichsringe（最后访问于 2011 年 09 月 15 日）。

572 参见城镇行政简化联合会（Kommunale Gemeinschaftsstelle für Verwaltungsvereinfachung /KGSt）（1990），"关于组织经济促进的意见书"，科隆。KGSt 现在更名为城镇行政管理联合会（Kommunale Gemeinschaftsstelle für Verwaltungsmanagement），缩写不变。

而是结合平均值的发展，比如联邦州、区域、有参照价值的城市或者对标评估中对标区域的失业率。因此，考虑到必要的效果检验，所有参与方在制定经济发展战略的工作中，应对量化目标和预给定参数作出尽可能清晰的表述。不过，实际操作中，很多方案往往只有一般的模糊说明，比如：

- 降低失业率
- 创造新的就业岗位
- 改善经济结构
- 提高城镇收入
- 提高零售业中心地位等

这些要求虽然没有错，但在评估已实施措施时，很难得出实用的认识和表述。因此，一个长期、理性的经济发展方案要求区位必须设立可检验的目标。过去几年，在进行区位比较时，"基准评估（Benchmarking，也被称为对标分析）"一直被推荐为有效措施。

借助基准评估进行可衡量的效果检验

如果仅根据联邦、联邦州、区域或者基准区位的平均水平来衡量本地经济数据的发展，就比较容易忽视重要的结构政策性效应。诸如就业岗位或国民生产总值发展中的结构性因素，只有对它们进行孤立统计，并同时核查其他区位的相同特征在同一时间段内的发展情况，才能获得完整认识。

除了效果检验外，还可另外提交一份事后分析评估，分析在没有实施经济政策措施时，这些重要的区位因素会如何发展。这是效果检验的较高要求。这在实际操作中却是一项期望值很高、很有价值却难以完成的挑战。

因此，明显更加容易的是对改善基础设施方面的具体意向进行评估。开发新的商业用地、改善道路交通、增加公共近郊客运交通线路、提供更多的托儿所和幼儿园、开发可负担特别是适合年轻家庭的住房、铺设高速网络接口、增加带宽等，都是可以具体衡量的结果。或者也可将其部分设为尚未达成的目标，目标表述必须包含为实现目标所需要的具备实际可操作性的时间计划。

5.7.2 措施评估

作为效果检验的重要组成部分，除了审视目标是否达成这个问题之外，还要解答在何种范围内使用何种措施来实现目标的问题。当涉及到经济促进活动时，总会出现在实践中十分棘手的问题，比如营销措施、传播与公关、联络、介绍合作、参加展会、企业拜访、制定方案、项目发展或者集群发展与管理等，这些都是经济促进的日常工作，通常却难以直接归类到具体成果。这与经济促进的自身特性有关，在很多其他经济工作领域也同样如此。如果经济政策的框架数据不合适，应该以什么辅助变量和因素来描述经济促进的效果呢？

效果指标

在上文提到的城镇行政管理联合会（KGSt）的意见书中，一个实践工作组对经济促进措施的效果指标进行了示范性的整理，节选列举如下[573]：

- 通过经济促进引入或保持的企业数量
- 通过经济促进引入的企业投资
- 介绍的合作数量
- 开发新土地面积
- 商业用地的营业额
- 对技术导向型企业的支持
- 提供的公共资金扶持

这些效果指标的问题在于，客观上很少能直接归类于经济促进工作中某个具体措施或行为，因为大多数指标都是政府、政策、经济和学术各界人士参与的共同成绩。通常，经济促进工作中，成功或失败很难明确归因于单一的因果关系，实践过程中也很少有人想要将自己的功劳拱手让出，事实上，成功确实是由许多人和不同单位共同缔造的。因此，建议在效果检验中对因果关联采用严格的标准。

效果检验的客观指标

以下参数可以作为对执行措施进行效果检验的客观指标：

- 拜访企业的数量
- 新建区域产业集群或网络平台的数量
- 媒体报道统计
- 各类营销措施的回报，如参加展会、在经济杂志和日报上发表的附页等
- 实际有效的企业对接数量
- 与科研机构、银行、商会、协会的会谈数量
- 加快了的审批流程案例的数量
- 区位排名中的位次
- 区位满意度调查的结果
- 经济和投资气候调查结果

573　参见 KGSt（1990），第 50 页。

上述参数也涉及效果检验的变量，但它们都是可靠、客观、可确定的。获取数据首先应该通过较长时间的观察，因为经济和经济促进是一个动态过程，成功与否都只能在一定时间段内通过与参照数据进行对比才能得出结果。

5.8　经济促进的组织形式

5.8.1　出发点

基本上，公法和私法的法律形式以及混合形式（即平行或双重解决方案）都适用于城镇经济促进组织。由于经济促进是城镇行政自治中一项自愿任务，所以并没有强制规定它的法律形式。

由于历史原因，城镇经济促进被定义为公共任务，绝大多数采用一般公法性质的行政结构。由于城镇投入的重视程度、人员配置以及任务划分不同，这一组织形式可能出现很大差异。同时，城镇规模、财政配备、政府和决策者的偏好也能决定这些差异。

5.8.2　公法性质的组织形式

作为非典型政府行政职责的经济促进

经济促进作为非典型性的政府任务在整个城镇政府部门的渗透会导致组织上的问题。经济促进完全不同于其他政府任务。它横跨了所有部门，因此不是传统意义中的政府任务，而是要在所有任务领域中创造经济友好的条件。与此相关的任务非常广泛，因此，对经济促进组织也要进行相应的结构划分。

设立经济促进办公室

经济促进办公室通常直属于第一市长或者主管经济和财政的副市长，并遵循"经济促进是第一要务"的方针。应当以这一方式来记录经济促进，并为企业创造经济友好环境的重要性。

直接下属于市长办公室或协调办公室，充分体现了经济促进工作跨部门的特点，由政府领导直接负责招商引资，这强调了经济促进作为第一市长或者经济部门领导一项直接重点任务的意义或象征。经济促进工作中强调的是高度的沟通、协调与对项目管理的重视，这也说明，无论是在较小行政区域还是大型城镇，由行政长官直属的这一职能定位都被视为有效率的组织形式。

当一位强有力的市长或长官领导组织得力的团队促进城镇经济发展时，这一点尤其能够体现。在经济促进的工作由一个人来完成的小城镇，或者持续支持经济发展已成为公开的城镇经济政策重点的区位，设立经济促进办公室尤为适合。

经济促进作为独立政府部门

传统政府职能部门设置正、副领导与事务人员的组织方式涉及部门归类的问题。在实际操作中，经济促进与建筑规划、经济、财政、地产等领域都属相关部门。根据自我定位，经济促进始终坚持应向作为最高经济促进领导的市长办公室直接汇报。

经济促进作为独立政府部门的一部分

正是由于自身跨部门业务综合的特性，经济促进部门在实际操作中以多种形式归属于不同的政府部门。土地局、交通局、财政局、规划局、公共事务总局以及新闻局都常常和经济促进的业务发生联系。有时，不仅仅由于部门共同负责的业务本身相近，如果主管部门领导对经济较为熟悉，由于其个人魅力和能力，也会把经济促进工作纳入自身部门中。经济促进部门的人事解决方案也必须始终遵循这样的原则，部门领导对外公务时要展现出管理之外的能力、对业务的熟悉以及处理问题时毫不官僚的做法，都是企业所期待的。

城镇规模很大程度上决定了经济促进是作为独立部门，还只是归为某一部门的一部分。而成立一个专门办公室就无需考虑城镇规模，或者经济促进对城镇的重要程度。经济促进办公室可以作为这一领域起步时候使用的组织方式，它具有典型的跨部门功能。然而，相比行政部门，办公室无法独立进行财务管理。尤其在与各行政部门之间的交流中，正式行政部门之间的协商要比办公室更加"门当户对"一些。不过，在经济界，行政部门这一概念往往更带有负面因素。另一方面，由于能够直接接触最高决策者，经济促进办公室也被视为一种快速而非传统的渠道。

在思维方式上，经济促进办公室是经济界更为熟悉的组织形式，能比政府部门提供更多更细致的服务。正因如此，经济促进在完成任务时，更倾向于选择设立办公室而不是政府部门。从中可以得出，应根据经济促进工作提出的自身目标来设定任务重点，从而选择是设立独立政府职能部门、政府职能部门一部分还是经济促进办公室。在不同情况下，需要考虑该区位的重点是行使多方协调的跨部门任务，还是由于城镇大规模购入和出售工商业用地而将经济促进工作的重心落在土地管理上。

政府自营企业

由城镇政府自营企业的形式承担经济促进任务，也是一种可能的组织形式。但在实际操作中，这种情况较为少见[574]，在需要强调政策组织独立性与独立财政计划时，可能会采用这种方式。另外，向私法性质的有限责任公司转变，在意识形态上依然很困难，有些地方政府仍然不敢尝试。

自营企业作为一种特殊资产，是财政和组织结构上的独立单位，强调了组织结构上极大的自主性和重要性。但它的运营则归城镇政府指挥，由城镇议会和市长负责。通过这种方式，可以增加自营企业的透明度、自主性，改善人员招募情况。虽然真正脱离公法结构是基本不可能的，但是通过自营企业，可以在一定程度上向私营经济靠拢。

5.8.3 私法性质组织形式

在德国，由于小城镇众多，经济促进依旧大多采用政府部门的组织形式，只在极少数情况下才会考虑私法形式；而在实际操作中，尤其在超过五万居民的城市里，采用私法性质组织结构的经济促进机构越来越多。在德国城市研究所（Difu）的调研期间，私法性质组织形式的经济促进机构比例从1995年的19.3%上升到2000年的27.8%，2008年上升至32%（2008年）[575]。

协会

在工商行协会组织、零售业促进、城市营销与区域经济促进方面，协会由于组织形式灵活多样，成为受欢迎的法律形式。由于相对限制少，费用低，官僚程序较少而且责任明晰，协会作为私法性质的法律形式广受青睐。运营成本低，作为非营利机构会费收入免税，财务责任由会员承担，协会目标明确——凭借这些优势，协会形式可应用于众多领域。

但是这种形式的难处莫过于在人员众多而复杂的会员结构中形成多数观点并制定相应的战略。会员大会作为最高机构，要对业务运营作出决策。尽管对协会理事会成员存在硬性责任规定，并且协会的组织形式在经济界被认为不够专业，但对于那些处于区域化进程的小型城镇，如果想整合并提高地区各类相关方的参与度，协会依然是最经济的解决方案。

---

574 前面已经援引的德国城市研究所问卷调查2007/2008中，五万居民以上的城市选用这种经济促进组织形式的情况，全德国范围只有两例。参见 Hollbach-Grömig, Beate/Floeting, Holger（2008），第4页。

575 参见 Hollbach-Grömig（2001），第3页。同时期的新联邦州受惯性影响，情况正相反。私法性质组织的经济促进机构比重从13.3%（1995）下降到6.9%（2000），该情况甚至有利于不同形式的所谓行政部门解决方案。

有限责任公司

有限责任公司是城镇经济促进最常选用的私法组织形式。通过吸收私人股东和公法性质的股东,有限责任公司既适合较大区域的格局,也可以提供私营资本入股的机会。

实际操作中,在社会政策所规定的范围内,有限责任公司可以自由设置多种不同结构。其中,重要的区别特征主要是股权比例、资产配置、区域的组织设置和参与以及经济促进以外的任务等。

20 世纪 70 年代,区域化程度提高的结果反映在当时的城镇改革中,人们认识到通过城镇一体化并不能在政策上实施区域新秩序。

正在试行的还有"城市 / 郊区"解决方案、区域协会、城市大区和许多其他不同的方法,这方面的例子有汉诺威、法兰克福和斯图加特等地方的城乡一体模式。还有许多较小的城镇和州级县也认识到将不同任务置于区域化框架实施的必要性。同旨协会、跨城镇工业区以及各种富有创意的设计构想,都体现了认识到在城镇政府的传统结构之外进行经济活动区域化的必要性。基于这一认识,私法性质的有限责任公司成为跨区域经济促进最常选择的组织模式。

与政府部门不同,有限责任公司的行动空间可以不受城镇法规约束,最终能够根据实际活跃的经济交流关系来组织经济促进工作。

与政治多数派和舆论塑造的问题无关,仅仅有限责任公司一种形式就可以独立为区域经济促进联合带来大多数公法组织的股东以推动区域一体化。除了在区域范围内成立有限责任公司,也要着重考虑融合其他对经济促进目标感兴趣的组织机构。通过不同方式吸收大量股东,能够有针对性地汇聚区域内经济政治资源的共识。根本目的在于,要在经济促进工作中体现公共利益,并且也要利用参与者对公共与私营经济的了解以服务区域利益。

不管是各参与方的密切合作和相互了解,还是对私有结构、协会和公共结构的全面理解,都有着自身价值。当公共和私人利益为实现区域经济发展的共同利益而开启合作时,一个主要观点就是要建立广泛的网络联系,也包括加强股东之间的联系。

经济促进有限责任公司的财政

此外,城镇政府也有其财政目标,即希望私营机构也能参与到经济促进公共任务的财政中,并通过这种方式积极地将私营机构往公共利益的方向进行引导。虽然许多政治经济部门的人士希望通过注入资本来保证在经济促进中的话语权,然而,由于单纯经济促进公法性质的任务和补贴特点,股份投资很快就会被耗尽。这样,对经济促进有限公司的日常开销与亏损进行分摊，很快也就成为棘手的问题。

如果在有限公司成立之初没有进行明确的协商，商会、协会和私人在很短的时间后就不会再有兴趣持续为赤字买单。经济促进通过市场活动进行融资则会带来巨大问题，鲜有成功案例。只有积极的房地产政策才是经济促进的一项可持续融资工具，但这也只是隐形的市场收入，因为这些利润率和回报，经济促进公司不去争取也同样会落入城镇手中；也就是说，如果没有这项政策，经济促进公司就必须以通常市场条件来购入土地，然后仅仅通过营销和出售来达到市场正常利润率，所以针对经济促进公司的积极房地产政策可被视为一项公法的补贴行为。

注册资本和弥补亏损

由上文可知，私法性质的经济促进机构要保证财政运转，最终或多或少还是需要通过公共手段，诸如能源供应公司、交通集团和储蓄银行（Sparkasse）等国资企业，他们对以增长为目的的良好区域发展有着明显的兴趣，在支持经济促进的财政时，也不会违背自身的经营宗旨。就此而言，传统经济促进任务要实现私营融资，真正通过市场化运营创收的领域十分有限，大多还是来自于不同形式的公共资金。

成立和运营一家有限责任公司的费用并不少，由于公法性质参股比例占多数，其要求也会相应提高。一方面，监事会的成立使决策过程变得更长；另一方面，按照大型有限责任公司的条例进行考核的规定也增加了运营成本。

有限责任公司的成本

由于运营和管理的固定成本远高于其他法律形式，有限责任公司只有达到一定的销售额和员工数量才能进行有效运转。五人以下的有限责任公司会由于经常支出过高而难以支撑。不过，如果小城镇的经济促进经费相对紧张，却又必须采用私法性质的组织形式，就应考虑整合以私营经济为导向的不同公共任务，如通过经济和旅游促进、城市营销、公共建筑管理和运营、展览事务、市场清算、会议和活动场馆等任务，将经济促进和部分城市发展和建设部门、可转移的土地管理等部门的任务进行有效合并与组合，从而增加规模效应和横向联系的可能。

通过在公法领域设计这类任务，可以将管理、会计、人事、税务顾问、审核和行政费用分摊到多个单位。这样，对较小的城镇而言，选择有限责任公司作为法律形式就变得很有意义。通过区域化和设立多个城镇的股东身份，可以为有限责任公司及其固定开销提供可能的解决方案。

采用股份公司（AG）的形式或者新出现的"小型股份公司"的往往只有个案，

比如奥格斯堡市[576]。公司法的规定会剥夺城镇议会的基本权利，因此，这一私法组织形式在很多联邦州法律中被禁止使用在经济促进领域。

5.8.4 建议采用的组织形式

在过去的文献和实践中，还常常存在对行政部门或者有限责任公司形式利弊的讨论，这与公法性质和私法性质组织之间的争论类似，尽管其实这两种形式在大多数情况下都需由公共财政支持。关于这一问题，近年来的讨论逐渐趋于理性。如果目标设定是以理性过程为原则，那么组织形式的选择就应以经济促进为目标，并以达成相关目标为基准。

公法性质的组织形式

采取公法形式，可以通过划给某相应政府职能部门分管、成立政府职能部门、专门办公室、独立运营机构或者同旨协会来完成任务。这一方案的明显优势在于，公法性质组织与政府存在密切联系。这一连接具有导航作用，可以迅速联通相关部门并克服烦冗的官僚程序，为寻求帮助的企业提供支持。作为跨部门的横向任务，经济促进与城镇和区域政府的几乎所有部门都保持着密切联系。因此，无论是作为政府职能部门还是专门办公室，在实际操作中常常可以看到，经济促进在组织联系中处于中心位置。

在政府体制内，经济促进应被纳入政府流程，以便及时获悉重要的经济规划和发展。只有拥有了便捷的办公途径，并与各主管部门、业务点以及其他单位的联系保持畅通，才有可能提供迅速而高效的服务。如果对经济促进部门和其他政府部门的职责与工作人员情况有所了解，可以使这方面的工作更为有效可靠。

接入公法政府流程

经济促进岗位以何种方式接入政府体制，取决于整体结构的规模。完善的信息流、与部门的快速联系以及经济促进岗位是否能够获得相应权限并及早参与，而这些都是必须满足的条件。此外，接入政府部门的另一好处在于，在战略问题上能与高层政府领导保持密切联系，并尽早参与重要公共项目，比如土地使用与建筑总规、基础设施的规划与实施等。只有这方面得到保证，经济促进才能赢得外界足够的信

---

576 2003 年初由奥格斯堡市议会决策成立的奥格斯堡股份公司是奥格斯堡市及周边的经济促进工具。至 2009 年 1 月，这一独立运营的股份公司完全再重组、再城镇化为奥格斯堡地区经济有限责任公司。奥格斯堡市周边共同决定，奥格斯堡市政府作为股东对管理运营具有自由处理权，对股份公司则不具备。参见 *Die Augsburger Zeitung – Unabhängige Internet- zeitung für Politik und Kultur* 于 2009 年 8 月 3 日刊登的文章 "Was ist aus der Augsburg AG entstanden?"。

任并得到高度认可。

有限责任公司和政府部门

只有公法性质的组织形式才能密切参与到公法政府流程的说法，在实际操作中其实也不尽然，事实上，私法性质的有限责任公司也能很好地接入政府结构。这些私法性质有限责任公司总是由城镇作为控股股东，在接入政府流程时，与其他政府部门和服务岗位遵循同样的权利和义务，即遵守共同义务；制定城镇议会议程草案；参加所有与经济促进相关的政府内部会议、城镇议会公开或非公开的会议；参与所有准备、规划和工作流程，并不与政府部门和服务岗位区别对待。这种方式是合法的，事实上在一些城市也已付诸实施。

此外，在实际操作中，私法性质的有限责任公司员工被吸收进入政府序列，政府工作人员身兼政府雇员或公务员与公司雇员的双重身份，也是可行的，而且具有很大的操作优势。这种灵活解决方案尤其符合专业经济促进的要求，一方面密切连接政府流程，另一方面能够充分利用私法组织形式的灵活性，结合了私法和公法的形式，既重实效，也更具成功前景。

对经济促进的影响

采用政府部门的公法形式，经济促进组织在划拨新的商业用地、城市建设开发或者制定一般土地政策等方面能发挥更大的影响。作为政府部门，能够发现基础设施的缺陷及可能后果，并尽早参与新建基础设施的规划。此外还能对重要规划建设产生影响，比如垃圾处理、建筑、交通等方面的规章条例——这些都是企业每天要面对的基础设施。

在很大程度上，经济促进对税收政策也同样具有影响，至少在很多中小型企业眼中，尽管他们本身几乎还没有营业税缴纳义务，营业税额度和其他费用的征收是衡量经济促进政策成功与否的标准。比起游离于政府之外的组织形式，身处政府内部的经济促进更能对各项费用和城镇服务费用的征收施加影响。在新政策讨论的决策过程中也同样如此。此外，与很多政府部门以及服务岗位合作，同样也比与其他公法机构和部门打交道容易得多。由于熟悉"官方语言"和行政级别，结构有可比性，位置也相对熟悉，这样就能够建立信任基础，也保证了必要的信息流通。

合格的员工

政府部门体制内的形式容易在员工方面出现问题。合格、富有激情的经济促进工作者需要的思维和行为方式，是与体制内的公务员或雇员面临的工作条件不相适应的。首先，在工资条件上，为了接近经济界商谈伙伴的资质水平，需要支付的工资级别是公共机关部门几乎无法达到的。此外，另一个重要原因在于，经济促进工作常选择有限期的雇佣。这类有限期的合同由于具有风险性，薪酬也较高，普通公务员的规定薪酬无法达到此标准。工作合同的补充协议，尽管看起来不起眼，但最终效果影响很大。这方面，雇员常常能够从私营经济中得到额外的养老保险或直接保险。然而，公共服务机构的雇员则规定义务加入强制性补充养老保险。来自私营经济的员工如果仅在公共机构工作几年，就没有缴纳强制险的要求，但必须为自己另行继续缴纳私人养老保险。

公共服务机构对离职的规定与现代管理的要求不相一致，绩效奖金和差旅报销等也同样如此。乘坐火车头等车厢、与企业商谈伙伴入住同一酒店或者在经济代表访问中搭乘商务航班，仅仅这些事项都能成为问题，而这些都是成功的经济促进工作者为完成任务，理所当然需要的行动方式。不仅在领导层，与客户近距离接触的工作人员也需要特别的灵活度。经济促进工作者们不应该坐在刻板的市政府大楼办公室里，经济促进的办公场所必须在选位和装修方面体现出贴近经济界的专业性，并突出自身功能，在经济促进工作人员的对外形象上也同样如此。

可以认为，公法性质组织形式的经济促进工作一方面具有贴近各公共部门的巨大优势，但另一方面则难以实现与企业客户保持近距离沟通所需的相称标准。

私法性质的组织形式

在整个联邦德国，采用私法性质组织形式的经济促进机构依然是少数。德国城市研究所（Difu）在 2007 至 2008 年间对超过五万居民的城市调查中，仅有 32% 的经济促进机构采用私法组织形式。从中可以明确看到，尽管公共部门的组织形式逐渐趋向商业化和区域化，经济促进力度不断加强，各个层级的决策者依然偏好公法性质的组织形式。个中原因可能与一项原则有关，即"经济促进是国民经济基本物资保障的公共任务，也是公共部门的责任"。由私营经济为主的团体来承担经济促进的公法性质任务，会被认为尚未进入专业领域的主要视野。

可以说，私法组织性质的经济促进往往基于这样的结构，即公共部门直接或间接地通过子公司在经济促进机构中控股从而掌握最终决策权。经济促进任务虽然可以在组织形式上进行委派，但政策上却不允许从公共部门移交到私营机构手中。并且如上所述，公共任务几乎不可能让私营机构作为主要的融资渠道。但是，私法性质的非控股股东一方面有利于加强私法经济促进机构的资金基础和运营经验，另一方面也利于城镇或者区域内政治经济人物的相互联系。

有限责任公司形式的方案

首先，有限责任公司由当地或区域政府主管部门全资所有，或者采用政府控股，少数外部资金参股的组织模式，其明显优势在于能够贴近经济促进的主要目标群体——企业。经济活动中的活跃人士对有限责任公司的私法结构并不陌生，他们知道其中的可能性和界限。对执行人员的功能可以更为精确地归类，也熟悉他们的负责范围和流程。在政府组织形式中，复杂的机构和办公流程会让许多经济促进的客户感到缺乏灵活性和远离经济界的日常生活；与此相反，有限责任公司的组织形式往往会赢得更多认可，企业感觉是在与熟悉的同一圈子打交道。尽管私法性质的有限责任公司依然要适应其母体组织，也就是城镇和区域政府部门的结构，但经济促进已经脱离出政府的传统任务框架，这为经济促进工作带来了必要的自由度和灵活性。

在经济促进有限责任公司，由于必须要对政府流程进行深度了解，其相关工作人员通常来自政府部门。此外，经济促进有限公司与城镇政府之间建立人员联系，也有助于缩短办事流程，这是经济促进工作成功的一个标志。

从政府机构派遣到经济促进有限责任公司的工作人员，薪酬和福利组成也应该比照公司标准，但是在确定具体工作和薪酬条件时，可享受到的"自由度"其实也是有限的。因为即使在私法性质的有限责任公司，也要注意薪酬结构的可比性和平衡。根据经验，经济促进有限责任公司在薪酬、级别和组织方面虽有灵活性优势，但是由于公司要与政府部门保持必要的密切联系，所以也不能允许经济促进部门在聘用问题上完全独立。

有限责任公司的优势

以下不同的组织设计方式反映出有限责任公司的重要优势：

• 可以吸收其他相关公司或团体共同参股，如储蓄银行、能源和公用事业集团、当地的大企业、零售商协会、商协会和旅游公司、交通协会等；
• 整合城镇政府部门之外的伙伴机构，使公司很大程度融入区域；
• 通过从事与经济促进相关的任务领域以获得为经济促进提供融资的可能性；
• 以任务为导向的组织，比如运营创业中心或主题园区；
• 与项目相关的组织。

如果说，在组织灵活性方面，有限责任公司的规模是一个重要的优势，那么对较小的城镇或资源有限的、经济不发达的区位而言，这反而会成为这一组织形式的局限。如果在政府部门内只有一两个人熟悉经济促进任务，那么私法性质的组织形式虽然可行，但从资金角度而言意义不大。

因此，很多城镇和州立县都放弃将有限责任公司作为经济促进机构形式，而是一般将其整合到政府部门中，或成立专门的办公室，或归入政府部门的某个部分。

任务叠加的有限责任公司

在政府内部经济促进人员配置很少的情况下，私法性质的途径也能提供另一种有效解决方案，即可将政府部门内业务相近部门的不同任务归入同一个私法性质的有限责任公司中。在实际操作中，通常将经济促进、旅游促进、会展、会议、城市营销与科技创新促进等多项任务组合进一个私法性质的有限责任公司，在其内部组成不同部门。

这意味着在小型城镇也可以通过整合不同业务领域而采取私法性质的解决方案，从而在区位层面上共同发挥作用。

私营合伙人加入有限责任公司

采用私法性质组织结构的另一理由是，可以吸收私营合伙人加入有限责任公司，为公司提供必要资金。然而，在涉及供应民生，与改善人民普遍生活状况为目标的经济促进任务时，要避免出现私营机构占主要股份的情况。

在进行国内外区位营销时，区域内重要机构、企业或个人提供资金或象征性的支持与合作，会对打造区位形象、提升吸引力产生积极影响。积极宣传区位内部的团结一致，可传递积极印象，并展现当地优良的经济和增长气候。

经济促进——一片需要长期耕耘的土地

以有限责任公司运营的经济促进模式，日常运营经费可以通过股东投入来维持。但是，往往一段时间以后，私营股东就不再愿意共同筹资。身为企业家的私营股东大多对达成目标所需的时间耗费缺乏耐心，总期望每一项经济促进措施能够很快成功，并取得可见的效果。在日常业务中常常可以看到，仅仅一些有意义举措的停滞，就会导致不少经济促进工作尽管在开始时由公私共同融资并形成良好的开局，却在两三年之后走向解体。人们通常需要过一段时间才能认识到，经济促进工作是一块需要投入精力、长期耕耘的土地。这种情况下，一般会消除私营股东承担日常运营的长期亏损的义务，但要确保其投入并参加区域网络活动的机会与可能性。

当私营资金投入与项目挂钩，并在短期内有确定前景，或至少现状乐观、拥有媒体支持时，赢得私营入股往往更为顺利。

有限责任公司的经济活动

一般来说，只有凭借私营合伙人的积极投入和专业知识，经济促进有限责任公司往往才能通过经济活动达到自身的收入盈利，并继续用于经济促进既定任务的运营成本和资金扶持。城镇土地的项目开发，或者承担城镇和城镇共同体不动产的运营，就是其中的具体案例。在这方面，特别在项目开发和房地产运营方面，由城镇政府作为大股东带来的经验知识还没有得到足够的重视。

这些私法有限责任公司，比如弗莱堡经济不动产有限责任公司（fwi），凭借对政府内部政策的了解，常常可以掌握私人中介和项目开发商难以获取的信息。前瞻性的房地产政策、以城镇为导向的项目开发以及关系到各个政府部门的区位发展，对私法有限责任公司都是很有经济吸引力的。这些经济架构可以为经济促进提供额外的资金，以便更好地完成其总体任务。近几年来，这一类型的模式已在个别案例中证明了其可行性。

有限责任公司可能的合作伙伴

区域金融机构

区域化是采取私法组织形式的一个重要原因。在城镇范围内，储蓄银行集团及其在各地的分支机构基于其服务区域原则，是对区域经济促进感兴趣的重要合作机构之一。对经济促进的支持是符合储蓄银行法明确的目标规定的。那些区域性的信贷机构，如储蓄银行（Sparkassen）、人民银行（Volksbank）和奥合银行（Raiffeisenbank）等，都深深植根于本地和区域，对城镇和区域相关的经济促进政策最为关心。原则上，在其他商业银行体系中虽然也有这样的兴趣，但是不同于储蓄银行和人民银行，它们并无太大的区域责任和联系，所以，这些大银行的分支机构很少参与当地的经济促进。

区域公共事业公司

此外，区域内供应水、电、天然气、电信以及其他基础设施，包括交通运营等公共事业公司都直接受益于区域经济的良好发展与积极、成功的经济政策。经济发展的积极影响与这些企业的商业利益息息相关，能够通过增加业务来提高营业额，更好地充分发挥产能，并最终实现最佳经济效益。当然，当地大部分企业都能享受经济良好发展的同步效应。但是，对大多数企业而言，企业的成功运营并不像信贷机构、交通或其他公共事业和基础设施领域的服务机构那样，与经济发展如此关联紧密。

关于经济促进有限责任公司的股东身份，工商大会、手工业商会、经济协会、工会及其他类似的经济相关机构，都有和上述企业类似的兴趣。必须明确的是，经济促进是整个区域以及所有政治经济人士的共同任务，而不仅仅是城镇政府的责任。

在实际操作中，越来越多的上述公法性质的企业和机构愿意积极合作、共同出资。在美国，就有联邦州的经济促进由能源集团作为主要出资方的例子。

土地入股

在私法性质有限责任公司的股权结构中，城镇常常采用土地入股的方式。以土地大量入股常出现在私法形式经济促进机构的初始化过程。通过这一方式，无须每年从城镇财政中批准大量资金，经济促进就可以获得很大一笔启动资金。

私营企业入股

对私营企业参与经济促进这一课题要特别对待。一方面，政策上希望避免私人利益对涉关地区民生的任务产生影响；另一方面，通常私营企业入股也不符合其追逐利润的目标。因此，单纯的私营企业很少愿意为一般的经济促进买单，因为他们认为这是国家的任务，而企业已经通过税收为此做出了贡献。

但是当企业对某项共同行动产生直接兴趣，比如零售商对市内新建停车场、酒店对建立旅游交通引导系统，或者企业对工业区内新建企业共同幼儿园产生兴趣，他们就有可能愿意投资。此外，企业集团或者同业协会为区位的广告活动和形象宣传，或者其他特定项目的临时活动投资，在实际操作中也并不少见，而且很受欢迎。

除了资金上的投入外，在经济促进目标和战略的制定与实施中，更需要企业能够在社会政策上投入热情支持。此外，企业代表可以在经济顾问委员会中发挥作用，或者作为专家加入城镇议会的经济促进委员会。

大企业和经济促进

在参与城镇和区域经济促进机构的私营企业中，不乏大企业将区域的区位发展视为己任的例子。比如沃尔夫斯堡（Wolfsburg）的大众集团（VW）、多特蒙德（Dortmund）的提森克虏伯（Thyssen Krupp）和埃森（Essen）的德国莱茵集团（RWE）。位于瓦尔多夫的 SAP 资助莱茵 - 内卡地区（Rhein-Neckar）多个大型公共机构，而巴斯夫（BASF）也为莱茵 - 内卡地区提供上百万欧元的资助。

在这样的情况下，坐落于区域的企业和整个区域在利益上是休戚相关的，因而它们愿意承担起这样的责任。因此，大众股份集团（Volkswagen AG）成为沃尔夫斯堡城市营销有限责任公司（Wolfsburg Marketing GmbH/WMG）—该市的经济促进机构—的大股东，并承担巨额财政负担。在多特蒙德，提森克虏伯股份集团为区位发展项目共同出资，是一家共同公司的股东[577]。位于海尔布隆（Helibronn）的企业家迪特·施瓦茨（Dieter Schwarz，他名下的施瓦茨集团拥有德国大型连锁超市Lidl 和 Kaufland。——译者注）斥资数百万欧元成立区域发展基金，为区位吸引技术导向型的企业。

这样的案例在其他地方也有，并且很受欢迎，因为企业不仅提供资金，也很重视让区位从中受益。不过，始终必须坚持促进区位发展，必须以普遍公众利益为先，而非仅仅为了企业，要注意赞助公共福利和品牌宣传之间的区分和界限。

私法形式的优势？

支持经济促进机构采用私法形式最常见的论据有：
- 资金和法律上相对独立；
- 决策过程较快；
- 有利于融入区域；
- 在经济促进的目标群体眼中形象良好；
- 对业务认知更有效率、贴近市场。

比起在政府部门的序列内，以市场为导向、贴近企业、更易于得到目标群体认可以及员工更了解经济等因素是经济促进有限公司组织形式所具备的优势。

有限责任公司的结构在区位推广和营销时具有重要优势。这一领域的所有措施都要求高度专业性、商业标准的行动、广泛的资金资源与发挥空间，并常常需要体现在争取赞助与积极寻求伙伴关系上。这些特点也都更可能在有限责任公司的形式中实现，而不是在政府部门里。

有限责任公司的形式还具有企业经济与人事法规在公法结构之外的灵活性优势。比如，在创业中心和技术产业园的初始化和运营过程中，有限公司能够更贴近市场评价，对工商土地的快速出售都配有高度专业化的项目管理人员，而这些业务和组织形式对有限责任公司的性质而言都是与生俱来的。

经济促进的不同目标设定，如与城镇合作、为企业牵线、沟通传播以及区位营销等，私法性质的有限责任公司均能予以很好地完成。

---

577 蒂森克虏伯股份公司在20世纪90年代末致力于停炉在多特蒙德最后的高炉，并将其视为对区位的责任，在这里，企业收获了几十年成功发展。蒂森克虏伯还与多特蒙德市政府及麦肯锡企业咨询公司一起发展出一套城市发展方针。这一方针的基础是蒂森克虏伯资助的一项研究，并命名为"多特蒙德计划"。市长与经济促进办公室共同联合组织了该项目。参见 http://www.dortmund.de/de/leben_in_dortmund/ stadtportraet/stadtgeschichte/20jahrhundert/ das_neue_dortmund/index.html（最后访问于 2011 年 9 月 15 日）

通过城镇经济促进有限责任公司，可以有效、跨区域地组建工业园，对不动产进行商业运营，并促进城镇更多参与区域内的混合经济活动。当城镇的影响力得到保障，也就是说，在民生供应的公共任务不受妨碍，目标仅仅通过私营经济资金无法得到有效支撑，但又特别需要高效且能贴近市场的组织形式时，可以认真考虑是否可以采取私法性质的经济促进有限公司的形式。

"应采用政府部门还是有限责任公司形式？"对这一问题要摒除偏见，以目标和目的为基准做出理性判断。以下是一些重要的判断标准：城镇或者区域的规模有多大？经济促进的融资渠道有哪些？人员和资金配置可以达到什么样的水平？经济促进对当地重要团体或企业有什么样的意义？是否要考虑来自公法领域、私营经济以及区域内的其他伙伴？经济促进的主要任务是什么？应设置哪些重点？

行动建议

何时适合采用政府部门的形式？

经济促进中，对所有与政府一站式服务导航功能密切相关的任务来说，政府部门形式——无论是作为专门办公室、部门的一部分还是独立的经济促进局，都是必不可少的。无论采用哪种组织形式，只有拥有紧密的组织资源，有能力连通所有对经济促进工作重要的城镇和区域政府部门，经济促进的重要业务才能够得以实施。

对城镇和区域内长期规划过程发挥影响、帮助克服官僚障碍、建立经济友好的政府以及创造政策机构的经济友好氛围，这些要求使建立嵌入政府部门的组织形式成为必要。政府专门部门或专门办公室最适合实现这些任务，但如果经济促进有限责任公司能够得到同等待遇，则更为理想。具体来说，需要公司能够获得权限参与所有政府内部流程，比如共同签署草案，参加所有政府部门、城镇议会与委员会的公开和不公开的会议，并参与草案制定和规划过程。

何时适宜采用有限责任公司的形式？

有限责任公司规模不能太小，至少需要 5 名员工，才能作为独立机构保持运转。如果资金和员工规模都很小，却依然要采取独立、贴近市场的私法经济促进机构，那么除了在政府内部设立专门办公室外，还可以对外部顾问和服务商进行委托外包。另外，将经济促进融入承担其他城镇任务的私法城镇团体，如旅游促进、技术中心管理、房地产、会展和区位营销等，也是一个可行方案。

对这样一种通过私法形式完成公法性质任务的组合方式，运营过程中不免会面临众多议论。作为一个城市经济促进公司的综合设计，弗莱堡市可以作为很好的参考。弗莱堡经济旅游会展有限责任公司（FWTM）从1987年成立至今，已经逐步承担城市和区域经营及管理等诸多领域的任务。

政府部门和有限责任公司的双重方案

私法性质的方案能够成功的关键始终在于，有限责任公司可以平等融入政府内部，只有如此，才能实现经济促进的部分重要功能。如果融入不成功，比如私营或区域合作伙伴的影响力过重，而不能保持与政府部门的密切联系，那么只有一个解决办法，即采用行政部门和有限责任公司的双重方案。这不仅是一种妥协，也许会是城镇经济促进领域的最佳组织形式。

为了保证政府内部流程中协调、推动和联系功能得到最佳发挥，一方面要求经济促进与政府部门无缝接驳，而作为政府部门或专门办公室就能最大程度实现这一点。另一方面，有限责任公司更加贴近市场和客户，具备灵活性、组织和资金上的优越性、融入区域的可能性，因而在法律与组织形式方面具有优势。因此，这两种组织形式的结合堪称"黄金组合"。

如果能够避免政府部门和有限责任公司之间的人事分散，这一组合就尤为完美。这个问题可以通过员工联盟来解决，也就是说，政府部门或专门办公室的负责人同时兼任有限责任公司的总经理，或者由城镇经济或财政部门领导同时出任经济促进有限公司总经理，从而保证工作内容的同步，这也是一种可行方案。

此外，政府部门和有限责任公司的员工配置至少要部分相同，并且交替分别在两个组织工作。这样既能实现融入政府部门内部的必要条件，也能拥有有限责任公司的许多优势。由于员工可以在不同结构之间转换，灵活性也得到保证。

完美的协调、与政府部门的密切联系以及有限责任公司形式所具备的灵活、贴近市场等诸多优势，可以在这种形式中完全衔接起来。这一解决方案也不涉及意识形态的问题。政府部门和有限责任公司之间的"铰链功能"通过同样的人员配置时刻能够得到保证，由市级或部门领导人担任总经理也能明确表明"经济促进是第一要务"的方针。

5.8.5　与第三方合作

本质上，经济促进是一项跨部门的长期任务，涉及不同区域、不同主题以及公、私法性质的不同角度，这是在不同任务的完成过程中需要加以注意的。如果没有持续的信息与交流，以及政经领域各相关者之间的协调与合作，就不可能取得成功。相关人士、利益方与联系人之间必要的密切联系，是这一任务领域具有建设性的重要组成部分。下文将介绍经济促进的重要合作伙伴以及与沟通方式。

与城镇政府各部门的合作

经济促进与政府其他部门及服务岗位之间的合作是常规日程。在协调加快审批过程时，要和规建部门多方面接触，外国人所需的工作许可要经过公共治安部门批准，而财政部门掌管着大量地产，是企业在税收和补贴问题上经常打交道的对话伙伴，社会管理部门负责就业促进，外国专业人才和高层管理人才的子女入学手续则需由教育局特别制定。

制定土地使用和建筑施工总计划、施工许可问题、工商局针对餐饮业的投诉或文化局接受企业赞助，没有哪个机构像经济促进一样和其他政府部门有着如此多方面的联系。小到户口登记处的问询，大到与建设局、土地管理局之间的机构性合作，涉及面十分广泛。

经济促进的例会

实际操作中，经济促进一直保持定期召开工作会议。为了保证快速联系到各办公室，在城镇各政府部门应指派相应级别的对接人选。在提供办公基础设施与业务配备时必须注意，经济促进部门在空间、资金和人员配备上都要做到效果上特别一目了然。措施上涉及配合公务车辆的调用、信用卡的运用或者出差许可等方面[578]。

与政府机关、机构以及企业的合作

区位的政治和经济界对与经济促进之间的合作已经习以为常，这总能为合作与项目开发带来新的机遇和前景。除了区域范围内的合作，区域中下述自治机构和单位也是重要的合作伙伴：

- 工商联合会；
- 手工业联合会和同业公会；
- 零售业协会；
- 雇主协会和工会；
- 工商监督委员会、州议会、政府主席团、联邦和联邦州一级的部委机构；
- 银行、储蓄银行和合作社银行等信贷机构；
- 地区公共事业集团和交通集团；
- 综合性大学、高等专科学校和研究机构；

---

578 对政府部门与公务人员之间的合作，详细概述请见 KGSt (1990)，第 38-41 页。

·企业和私营机构。

在实施共同项目、打造区位或区域联系网络时，机构之间通常可以呈现多方面、多边和多维度的合作结构。政治经济界之间的合作越多越成功，区域内的团结也就更为紧密，共同区域未来的战略性利益也就越丰厚。

经济促进作为合作战略的发起和组织方负有重大责任，由于其他部门并没有这项职责，通常倡议应由经济促进部门发出。未来应充分保障这一领域的充分发展，虽然区位发展是在地区范围内进行的，却肩负着以国际化、全球化为目标的众多任务和挑战，因此，仅凭公共部门的一己之力是无法实现区域繁荣的。

与外部服务机构的合作

在城镇经济促进的框架下，部分经济促进任务也可以通过委托外部服务商作为顾问或顾问公司来完成。当经济促进机构的员工无论从数量还是专业能力上都受到限制，或者要进行某项单独的专业性项目时，常常会采取这种方案。如果受委托的顾问同时具备其他区位的发展经验，就会具备更大的优势。这样，作为委托方的城镇能够从中获得其他区位的经验和知识，这是通过内部工作无法实现的。

何时应该委托外部服务商?

经济促进的特定业务，比如在政府部门中的导航功能，也被称为一站式服务机构，由于要求具备与政府内部各个机构的联系能力，这是外部机构无法完成的。除此以外，比如建立技术中心、制定并实施营销方案、项目开发等，尤其是进行区位分析以及在此基础上制定的区位发展方案、讨论相关指导方针等，相比内部人员，服务外包的效果会更突出。外部顾问不受来自各参与方的政策和行政利益驱动的影响，也没有先入为主的观点，往往得到的工作成果是政府部门内部无法实现的，这常常成为委托外部顾问的正面原因。但是，巩固已落户的企业，或者政府部门内部以及跨部门的协调统一等重要的日常维护工作，显然是无法通过外包来完成的。

外部顾问与内部照管

不能忽视，每一项外部委托都需要由雇方委派专人或项目组从内部进行照管。外部专家不能缺少来自政府内部业务熟练的人员支持。因此，在实际操作中，由于外部业务进展需要积极的支持，包括提供基本数据、持续反馈以及和协调政策决策者之间的意见统一，委托方往往要投入比预想中更多的时间。因此，在委托外包的时候，也要考虑到政府内部是否有充分的人员后备提供支持。委托外包的好处在于，通过这种方法可以明确得知经济促进措施组织和实施的实际费用。在政府部门内部，或者即使在有限责任公司形式下，经济促进经费由于每年只有一次的预算批准和决议机会，通常无法事先准确预估项目成本，而通过外部顾问服务的报价和薪酬账单，可以了解各类分项的业绩和开销，从而使得预算透明且符合实际。

5.9 大趋势与经济促进

为区位的构建积极且具有前瞻性的发展框架条件，是经济促进的要务。为经济发展实体创造在当地发展的理想条件，并吸引新企业和机构的入驻，是经济促进的主要工作内容。

区位经济如何发展往往与未来期待相关，因此，认清未来发展，并将未来发展要义与基础设施建设规划相结合，是前瞻性经济促进的重点。

为了设定区域发展的未来方向，确定并描述经济与社会的大趋势是经济促进不可放弃的帮助手段。

5.9.1 知识文化

大趋势进入新的维度——获取新知是知识文化的准则。随着工业和知识型社会的变革，教育成为关乎整个社会的文化问题。知识文化的大趋势决定了个人、公司和整个国民经济体的未来能力。知识就是力量，在未来，得益于知识和教育的数字化，越来越多的人能够拥有渠道获取这种力量。

Open Science，即开放科学，遵循着这一目标：知识生产的过程应对每一个人开发。科学研究的各个过程和数据采集等经过数字化，可供所有人使用，并能对研究成果进行核查、质疑、修改和确认。

信息技术的增长速度令人难以想象。因此，为了在这片"白噪音"中对事物联系获得有用的认识，使用新工具处理信息就愈加重要。如今，为了使海量数据的处理方式简易而有吸引力，常常对信息进行直观的图像处理或设计。

在知识型社会，教育是最重要的产品之一。越来越多的商业教育机构认识到这一点，并从不断增长的需求中获益。在公共学校教育之余，家长也为子女安排提前学习或专业私教辅导。在高校与继续教育领域中，学生也不断增加投入，以获得更好的成绩。

游戏化指的是在行动改变中加入游戏式的刺激。在日常生活中，"游戏化"的行为能够提高工作任务的吸引力，让人更有动力完成。比如，智能手机应用程序为跑步爱好者设计游戏竞赛，通过程序，跑步爱好者可以展示成绩、设立目标或和其他跑步者共同比较。

开放式创新指的是协同甚至有时通过客户、合作伙伴或供应商实现新产品的研发。不仅在讨论改善和研发产品的网上平台，还是在与忠实客户的工作坊，都可以实现开放式创新。其目标是提高创新质量与创新幅度，并实现与客户的联结。

合作这一概念指的是，由技术带来的团队更深、更快、更国际化的合作可能性。通常，合作的目标在于为问题创造新的解决方式。各种合作几乎都有一个中心创新元素。通过交流，能够带来协同创新、新连接和新视角。数字媒体交流对合作起到了强力的推动作用。

对在互联网交换和分享的时代成长的新一代消费者来说，共享是主要的经济主题。在社交网络，新一代消费者已经完全内化一种新的给予与接受逻辑：他们作为群体来消费。物品不再是我的或是你的，而是我们的。与此同时，这一宗旨也延伸到商业世界的广泛领域，形成新的商品生产模式，尤其是在资源存在限制的地方。

工作领域也正发生剧烈改变，因此，雇员也必须不断适应新的要求挑战。以往的教育经历往往已经不够，如今，终生学习已成为必需。在保证工作步调的必要前提下，许多人也已自发做好准备，进入各类领域继续学习。

创意青少年指的是 14~25 岁的青少年突出的开放、具有创意、轻快的生活方式。他们愿意尝试周围出现的各种各样的机会。对创意青少年来说，经历、才能和热情比固定的计划更重要。新媒体是创意青少年构建和打造世界的主要工具。

好奇心是创新和改变的驱动力，拥有好奇心，才会将目光投向主要兴趣和从业领域之外的地方。同时，好奇心也是可以衡量的：公司的好奇指数甚至决定了经济上的成败。在不断联结各项事务扩大网络的经济中，好奇心越来越扮演重要的角色——只有具有好奇心的企业才具有未来性。

5.9.2　城市化

城市化的大趋势正前所未有地汹涌而来：欧洲之外的越来越膨胀的超大城市成为国民经济整体的经济力量，发展出破坏性创新的潜力。城市与农村的界限正在发生流动，不管是在占地广袤的城市，还是人口稠密之都，城市农业的开展让城市也变"农家"。城市如今面临着新工业和机动性人才的国际竞争。一方面是新型城市集团的涌现，另一方面，老牌名城也思考其自身的优势：文化传统和生活质量。

出生率和死亡率以及迁入和迁出人口决定了人口增长率。未来，全球人口总数还将继续明显增长。这首先对城市就具有巨大影响：再稠密化、新建工程、大规模重新规划交通、就近供给等都将成为新的挑战。

在未来，到处都能成为办公地点：第三空间就是家和办公室之间一切与办公相关的场所。在移动型社会，技术为人们实现了"在任何地点做任何事"的可能。火车站、机场、等候区、购物区将越来越具有重要意义，也面临着用户的新需求。

随着对个性和质量的注重、本地价值生产意识的提升，以及对本地产品需求的增大，城市中出现了小制作手工业的新市场。它们从角落中走出，发展出商业模式。无论是生活风尚商品、服装、精品美食还是家具，得益于与客户的近距离，城市再度赢回作为生产地的位置。

超大城市是指人口达到或超过 100 万的城市。许多这类巨型城市发展速度很快，往往也在人口增长幅度较大的国家。根据联合国的预测，至 2030 年，超大城市将从今天的 28 个增加到 41 个。它们巨大的体量都在基础建设、交通和物流方面带来巨大的挑战。

在世界经济体中，创新型城市越来越成为经济、文化和政治中心。全球城市连接城镇、国家和国际之间的经济、服务业和商品的流通，因而承担了中央调控的职能，成为全球化的地方连接点。

如今，世界有一半人口生活在城市，这在历史中尚属首次：全球各地，许多人都从乡村搬到城市。尤其在新兴国家和发展中国家，由于城市生活比乡村具有更好的经济条件和资源，农村人口向城市流动尤其剧烈。

在人口老龄化的国家，出现越来越多的衰退城市。在许多国家，这些城市中庞大的旧工业印记、破旧的基础设施、暗淡的经济前景，都不再具有吸引力，引发离开的迁移潮。

智慧城市在面对个体行为和个体需求时，不局限于提供单个技术解决措施，而是寻找整个智能系统。对城市中的不同难题，智慧城市应提供整体性的解决方案，并联结不同的技术措施攻克城市难题。

5.9.3 可持续性

随着有机产品进一步进行质量检查，食品种类多样化且向素食变迁，工业系统也需要对自身进行调整——或进行无污废的经营，或在生产循环中保有原材料。因为，在未来，消费文化将深受可持续性影响。人们不再仅仅一味购买，而要更强的掌控消费。新的技术为旧有的一次性消费社会创造了新的替代方式。这将具有非常大的革命性潜力。

可持续性这一概念指的是对系统的使用要以可持续的方式进行，为后代保留系统中的关键特性，并保证系统中的组成部分能自然再生。可持续性往往与能源问题密切相关。在能源使用中，要注重节约使用、向可再生能源转型、增加生态能源、智能化能源储存、使用并推广替代能源。

气候变化迫使人和社会对自身行为做出改变，并寻找新的非化石能源和资源。未来的近期目标即是转变能源使用，进入后化石、后碳社会。

对有机产品的消费，如食品、服装、家具和化妆品等，一直在上升。通过有机标签、有机证书和有机方针等不同方式，有机产品的信度可以得到保障。

市民文化正在经历复兴。好市民或担负责任，或直面变化，在睦邻区域或国际范围内，支持生态与社会的各项举措。对好市民来说，共同福利和自我实现直接并无冲突。支持这种前卫生活方式的，是成熟的社区思想和未来导向的生态实用主义。

过去几年间，原本为技术制造届人士专用的许多机器也开始对公众开放：3D 打印机、数控铣刀、钎焊炉等为私人用户提供可承担的价格。在创客空间或修理咖啡馆，正由此诞生一种新的生产基础设施。

对在互联网交换和分享的时代成长的新一代消费者来说，共享是主要的经济主题。在社交网络，新一代消费者已经完全内化一种新的给予与接受逻辑：他们作为群体来消费。物品不再是我的或是你的，而是我们的。与此同时，这一宗旨也延伸到商业世界的广泛领域，形成新的商品生产模式，尤其是在资源存在限制的地方。

在德国和欧洲，人口增长衰退和发展停滞是我们越来越面临的问题。世界经济虽然继续增长，但速度明显变慢。这并不是说这里的公司已没有能力继续发展。但这需要发现新的商业模式，并使自己不受发展约束。这样一来，传统商业的目标，即利润增长的纯经济方面的意义遭到质疑：或许对客户和其他利益相关者来说，更好的是创造对社会、生态有益的利润制造方式。

环保自觉性和人际关怀往往相伴而生。保护环境者同样也保护人类。如今的社会革新可追溯到 19 世纪的合作社运动传统。从"共享革新"到"共享责任"，互联网再一次提供了新的合作可能。

产品交换多于产品买卖，这种趋势被称为 Swapping。有了专业操作，什么都可以交换，日常生活中多的尤其是交换衣物。交换中，乐趣是第一位，生态考虑则是虽列第二，但值得强调的附加好处。

绿色科技指的是从源头就试图避免或降低为环境造成的压力，或消除已经形成的环境破坏的技术。此外，公司使用绿色科技，还能经济利用越来越少、越来越贵的原材料，使自身更具有竞争力。

原材料变为产品、产品变为废品这一资源利用的线性模型将逐渐被废除，被一种资源利用的可再生模型取代，其中，材料将被循环利用，不再产生垃圾。循环经济模型不仅具有生态目标，还有明确的经济前景。

5.9.4 性别转向

性别越来越不具有社会成见。这一大趋势在经济与社会中都有深远的影响，也让个人能够以自己的方式追求幸福。性别形象正在融合，传统的性别角色和事业模型完全瓦解，社会因此出现新的文化分级和文化印象。

如今，新的性别义务正倡导不同的角色模型：女性希望拥有子女、事业和不仅仅是家庭饭碗的男性伴侣。同时，在家庭生活中，男性也更经常要求或承担积极的角色，希望拥有更多陪伴孩子的时间，而这需要比法定家长假期更多的时间。

在身体形象方面，人们正前所未有地期待完美外形，并知道如何去塑造。不过，这方面性别不再是固定区分范畴，每个个体都能自由选择和塑造自己的个人特征。在社会中，性别刻板影响一再得到讨论，并呼吁性别多样性而不是二元性，在这层意义上，通过性别设计，人们拥有更多的自由去尝试不同的性别和性向的可能，且不遭到歧视。

在不同的语境中，Diversity，即多样性，都意味着机遇。在一个公司中，员工在年龄、性别、出身、文化背景、教育领域等方面都可以具有个人特色。

不管在哪一领域，女性的影响力都在显著提高。全世界，女性都是教育的赢家，占领着工作市场。未来，女性会越来越逼近经济、社会、科学、政治、文化等领域的核心位置。随着女性独立的深入，男性的行为角色也发生深远的改变。

今天，家庭图景比以往都具有多样性。"孩子需要有一个母亲和一个父亲"这一传统说法，很大程度上已经不符合很多家庭的生活现实。同性伴侣和孩子组成的家庭越来越多见，这样的彩虹家庭也不断进入公共视野。

有六岁以下孩子的职业女性的比例也在急剧增长。一切为了孩子已不是大多数妈妈的理想目标。尽管如此，同时拥有工作和家庭仍然困难重重。德国经济促进研究所的一项研究表明，全职母亲的满意度最低。

许多人已不再具有一次婚姻定终身的期待和想象。取代这种终身伴侣的是更常出现的人生阶段伴侣。常常一段关系中会诞生孩子，这样就出现许多"重组家庭"。改变伴侣或在人生的不同阶段，就会出现不同的家庭形态，这被称为"阶段家庭"。

5.9.5 健康

健康已不仅仅是值得追求的状态，而是生活目标和生活意义。这一大趋势在心理和身体层面结合得越来越紧密，健康和幸福相互交织。人们为健康负起更多责任，主动面对健康系统。在现代生活的文化层面，排毒、运动、自我记录是健康的必要组成。

运动不再是为了打破纪录，而是为了给日常生活带来新感觉。运动可以满足各种时刻各种情形出现的任何形式的需求。未来，最后一片无运动的区域——工作区也将被攻克。在内容、服装、服务、饮食和健康领域，运动市场将越来越庞大。

随着健康意识的提高，人们更经常有计划地饮食、消费或使用其他产品，使自己免受糟糕、有害或致病物质的困扰。因而，排毒成为主动健康预防的内容。

补充医学和替代医学越来越受到欢迎。人们对学院医学产生不信任，因而寻求试验新的健康维护的方法。与工业医药不同，替代医疗方法能够提供自然疗法或基于自然的预防。

"不要更多，而要更好"是新的生活质量文化的宗旨：更愿意与家庭共度优质时光，而不愿意为赚更多钱牺牲平衡。相比新建购物中心，更希望城市拥有更多绿地。如今，许多国际组织正在为国际、国家和个人的生活质量寻找可信的衡量标准。

在对健康、健身和生活质量的追求中，人们可以选择使用智能手机的电子应用、运动手环和其他可携带设备来记录身体运动信息、健康数据或机能数据。

在追求身体健康和医学自我掌控时，电子技术越来越成为重要的工具。例如，对于关键的生物值，医学生就可以介入处理，患者无须一定去看医生。E-Health 电子化健康为患者和医疗服务之间提供更好的互动，更快、更安全的传递，还能存储和处理复杂大量的信息。

全面居家协助（Ambient Assisted Living，简称 AAL）指的是为老年人提供安全无忧的日常生活的方法与技术。AAL 以不复杂、不突兀的方式融入生活各个领域，为老年生活提供个人化协助和高度自主性。

如今，职业、休闲、家庭生活常常在时间上出现严重不足。达到某一个特定临界点之后，高机动性以及永远在路上就不再让人觉得充实，而变成了负担。因此，在我们的超机动社会，越来越多的人正转而寻求放慢生活的可能。

公司健康管理已远远不止意外保护、公司医生和设立符合人体工程学的办公环境，还要处理员工压力、加班、职业倦怠、身体健康和心理健康等问题：为了保障工作能力，健康防护已不仅仅是员工个人的事务。为工作需求较大的员工创造身心减压的工作环境，已成为领导层面的战略任务。

养身这一趋势尤其明显体现在，健康已成为决定一切的主题。在消费时间，这一趋势早已发展到食品领域之外，甚至进入时尚用品或日常电子用品等一切日常产品领域。健康已成为新的身份象征，在越来越多的行业带来巨大商机。

如今，吃什么，已成为我们生活方式的表达，有正面意义的，也有负面意义的。对许多人来说，吃什么，尤其是不吃什么，是新的身份象征。同时，在不少现代社会，人群中超重人口的比例相当惊人。有些人饮食健康到病态，又有数量众多的群体，则大吃大喝全然不考虑健康后果：两类人都可称之为食客。

生活能量的理念认为健康包含一切。对个人健康的基本调控基于一种认识，认为健康并非固定状态，而是一种可构建的系统，必须不断重新达到平衡。如果对自身身体具有更好的认识，一定能够帮助自身获得更多力量和能量。

5.9.6 新型工作

社会巨变与经济的新进程为工作环境也带来根本的改变，这造就了新型工作的大趋势。在深入电子化与全球化的未来，工作在人们的日常生活中具有新的位置，工作与休闲界限流动。技术很重要，但不主导：最关键的还是人本身。工资将付给能力，新型工作世界将开始人才主义的纪元。

工作设计描述的正是工作世界的最新变化，展现了在未来，工作是可以被构建的。为了使工作的时间和地点更加符合自己的期待，人们比从前更费心费力去自行安排。这并不一直奏效，有时也带来沮丧与过重负担。但同时也让人拥有巨大的能动性和个人成长。

如今的服务经济已达到一定水平，让公司或个人可以将越来越多的任务外包，无论是日常服务还是中心流程。在外包型社会，引入全套服务供应商，不管是人员还是机器，都能够带来效益，已越来越成为常识。

初创企业越来越为成熟企业和行业带来革新压力。由简历并不标准的自由职业者、创业者和年轻职员组成的大军，却逼得收入良好的公司群体和社会国家的舒适区不得不转向，这一现象已不仅仅是一个经济因素。他们的跨专业性、商业创意、工作和处理问题的方式形成新的经济生态体系，由于人员高度连成网络，大量的资源和知识可在其中进行交换。

21 世纪的工作世界需要多重才能。当代创意工作者往往不止一个学位，也能给出不止一个专业证书，而是很多种。一个人可以是平面设计师、网页开发员、初创者、社会学人与经济学人、法学人、记者或音乐人。通过这种斜杠履历，年轻生力军和传统员工可以管理他们的可被雇佣的能力。

由于专业人员缺口增大，经济界对老年人的需求越来越大。对比尚未退休的更年轻的一代人，银发求职者的知识与高度机动性对就业市场来说尤其具有吸引力。由于他们不再把工作看成日常强制劳动，而是一如既往地从前怎么做，现在还是继续这么做。

如何智慧衔接私人和职业生活，如使用家庭办公模式或移动办公模式，是未来几年亟须解决的难题，让人可以不用在表面上不相及的两个世界之间疲于奔命。与两者合一不同，工作与生活平衡则提出新的着眼点：在持续增加的负担中，雇主和雇员必须找到解决方法补偿工作和职业的要求，从而实现更好的工作与生活的平衡。

尤其对创意经济从业者来说，不断提高的机动性使合作和知识共享不断形成结晶点。合作空间就是这样的场所：自由职业者或项目工作者能租到的作为共同办公室的临时工作点。

时间与生活质量逐渐取代奢侈品成为昂贵的身份象征。因此，为客户省下更多时间的服务行业越来越重要。随着工业和知识社会的发展，不仅仅在西方国家，服务业在全球都发展为最重要的国民经济体。在未来，服务业将以个人考虑为出发点，顾及各个方面。

由于在就业市场上缺乏资质符合要求的应聘者，不少重要的工作岗位只好付之阙如，这种现象被称为"人才之战"。作为雇方的公司也面临越来越大的人才竞争压力。"人才机制"指的就是公司未来人才管理的计划和方针。

即使在全球化世界，仍然有某些场所深刻影响着我们的日常生活、工作环境和生活方式。在高度联网的世界，场所作为指导参考点，非但没有遗失重要性，反而赢得更多重视。场所具有某种相当内含的特定作用力，具有影响我们行为的力量。

如今，文化和创意经济已成为独立的经济领域，包括书籍、电视、电影、广播和设计经济，以及报纸出版、建筑、广告、造型艺术和迅猛增长的游戏行业。在不少地方，创意经济凭借自身经济业绩已紧跟如汽车工业和机械制造等尖端行业。

5.9.7 全球化

只要关注事实，就会看到全球化带来的喜讯要多于威胁：距离越来越近，世界将变得更好。作为跨越世界的媒介，互联网在虚拟空间中促进了全球文化。全球运营的平台企业无须具有自身基础设施就能成为新的大经济体，颠覆整个行业。

全球化与区域化是一体两面。一方面，世界经济与人的生活受到不断深入的国际化和全球联网的深刻影响，另一方面，人们越来越愿意购买本地制造的产品，因为本地制造意味着离生产者距离较近，同时，消费者也寻求着区域与个人特色。作为全球化的一部分，区域也日益重要。

未来的世界将出现多个重要势力来取代超级霸权的单一主导。不管是军事还是经济，未来趋势将出现多个重要的全球多边势力，共同分配权力和影响力。

信息犯罪指的是利用信息和通信手段进行的犯罪形式。互联网存在很多匿名使用的方法，这为追查信息犯罪带来许多困难。信息犯罪包括如数据工业间谍、身份造假、侵犯知识产权或数据造假等。

在我们生活的时代，人们越来越习惯随时随地就能获取信息、商品和服务。因此，企业必须越来越快、越来越灵活得对用户的需求做出反应。实时供应链成为必不可少。在不久前，物流界推出的次日送达还算是最新服务，很快，一些物流服务就已实现当天送达。

制造业的区位选址越来越考虑就近销售市场进行制造这一目标。世界不同区域的机动性影响、质量问题和薪资标准变化造就了这一趋势转变，多年流行的离岸外包越来越多地被下一站外包或近岸外包所取代：用户在哪里，制造就在哪里。

公平贸易支持发展中国家和新兴工业化国家的生产者，帮助他们靠自身力量实现有人权的生存。公平的贸易关系将改善生产者的生活条件、加强内部经济、创造长期公平的世界经济结构。

在欧元区与其他经济圈，经济发展目前正在放缓，与此同时，非洲却正经历经济腾飞。这片长期以来被认为是失落的陆地，在过去十年经历了1960年以来最强势的经济增长期。世界范围内一大部分增长最快的经济体位于非洲。

中国这一依然是世界上人口最多的国家，自从80年代末经济改革以来，已成为世界最重要的经济大国。作为"世界经济的产品库"，中国成功确立了自身作为经济体的重要性。未来，中国将通过生产高科技产品实现进一步增长。

全球化的世界中，越来越多的国家出现持续不断的迁入和迁出的人流。对一方面深受不断老年化的人口和低出生率困扰，另一方面又发展创意经济的社会来说，非常依赖文化多样性带来的收益，移民因此是个巨大的机遇。在这方面，对长期以来固化封闭的社会，如何让移民潮妥善的融入，是个不小的挑战。

5.9.8 联结性

网络已经完全联结生活。以互联网为中心的通信技术使联结性这一大趋势具有不可阻挡的力量。没有其他大趋势能够如此造成改变、摧毁和新建。没有其他大趋势能如此引发破坏性创新。在它的影响下，社会、合作、经济、工作都诞生了新的形式。不过，它同样引发了反对的潮流：对不同的联结方式，已经出现新的警惕和关注。

增强真实（AR）指的是在电脑技术的支持下，现实与虚拟世界的联结。在这一技术下，人们看到的眼前世界通过数字手段实时叠加了文字和图像信息。这一技术也可帮助实现如嵌入视野的导航，或对图像和视频的录制。

电子商务，或网上商城，自20世纪90年代末以来势头不减。电商门户的设计越来越受欢迎，通过互联网销售的商品又经历新的热潮。通过有针对性的释放数据或大数据"预测"用户需求，可得到更适合的销售方案。

众筹指的是大众对一个商业理念、项目或其他举措进行集体投资。企业，尤其是初创企业的创业者，在相关网上平台上展示创业计划，以此赢得资金。如果社区成员认为创业思路有意义、有成功前景，就可以对初创者进行资金支持。

第四次工业革命，或工业 4.0 指的是越来越多的工业流程的数字化与虚拟化。未来，工业将高度互相联结。曾经互相分隔的用户、伙伴和物流世界将越过各自界限，组成有意义的整体，形成新的价值制造体系。

大数据指的是收集、加工、分析大量复杂的电脑生成的数据，不管是私人、与个人相关的还是公共的、甚至是卫星数据。对数据的存储、评估和进一步加工需要新的技术工具。对新的价值创造来说，大数据是一切行业的源泉。

在互联网的时代，私人领域和数据保护愈发重要。隐私概念正在不断变化，在未来，隐私将不具有统一前提基础，而需不断更新设置，在技术上成为一个开关选项。隐私的前提是数据能力，也就是说，对不同情况有控制能力、了解公众并知道信息如何传播。

长期以来，互联网不仅将人，也将物品互相联结。对此，近来出现了物联网这一概念。物联网不仅包括电脑和手机等电子产品，也包括一切能够想到的物品或系统，无论是自动装置、工业设施、医疗器械、机动车，还是整栋建筑，互联网在未来讲联结一切。

正如世界最大的社交网络脸书，在私人领域，互联网社区可用来进行信息、图片和视频的交换。从个人信息到自我呈现，社交网络的这些特色能够将朋友紧密联系为"朋友圈网络"。

5.9.9　机动性

全球社会正在进行时。人和数据都正在走向全球化，机动性这一大趋势推进它的发生。地点逐渐失去约束力，故乡变成一个相对概念，机动性成为一种文化上的义务。交通站点变成工作与生活空间，构成机动性流动生活方式的支点。机动车逐渐失去了主导地位，转而继续发展自动数字化车辆。正是社会变迁与新技术发展的结合极大促进了机动性行业。

工业界带来的朝九晚五的基本生活节奏、固定的工作时间和明确的工作时间与休闲时间的分野，逐步让位于灵活与机动的生活方式。相应的，对服务业，人们产生了 24 小时工作的期待，不管是网上商城或车站零售的零售业，还是商业界随时随地都能调动资源。

共享车指的是一种私家车的交换系统：不再拥有一辆车，而是使用一辆车。从专业共享车提供者，到同龄人私家车相互租借，都贯穿着这一理念。

（半）自动驾驶系统的基础是在车内设置摄像头、雷达和超声波感应器，以及与周边基础设施和其他车辆全面联网。由于人为失误可通过技术系统避免，自动驾驶具有更高的安全性。通过车际通讯创新技术，特殊状况和意外事故能得到明显减少。技术支持的驾驶方式也能大大降低能源消耗率。

慢交通指的是，越来越多人在城市中使用慢速交通工具，多样的通行速度成为汽车出行的反面。因此，许多城市都推广自行车和公共交通出行，私家车出行则越来越被限制。

电动汽车早已远远不仅是汽车的一种新型发动方式。电动汽车的转向宣告了未来汽车消费的变化。未来若干年内，我们将经历电动汽车的第一次突破。目前，电动汽车的最大瓶颈是电池支持的距离不够长。不过，在机动车管理的数字化过程中，电动汽车的转向必然会加快进程。

自行车这一老派出行工具正迎来它的复兴，逐渐从休闲交通工具变为新的主要交通工具。自行车出行不仅生态、实惠、健康，在市中心，常常还比开车或公共交通更快。

越来越机动的生活变化也促进了移动消费。在这些新兴购物地点，人们能够非常方便地"途中"购物。法兰克福机场已将50%的面积建设为购物区。加油站、火车站与其他第三空间将购物设施重要性前置的需求越来越强烈。

混合机动性及多种模式的机动性，指的是通过联网移动工具对一切可使用的交通工具进行有效使用。可以骑自行车去火车站搭火车，可以开车去地铁站或公交汽车站。在城市范围内，整合型交通服务打开了巨大的效率潜能。

越来越多的游客进行短时间旅游时不想在当地花过多时间纠结交通。端到端旅游为个人交通计划提供了从家门口直接到旅游地的效率服务。自行车、汽车租赁以及出行计划软件也进一步促进游客在当地的机动性。

5.9.10　银色社会

在整个社会，青少年人生阶段都发展为全方位的理想状态。如今，青少年的生活方式被认为是好的、有吸引力的成年人生活的标准。这一标准恰恰与社会发展相矛盾：随着社会继续老龄化，文化和身体的模范却越来越年轻。一直以来，老龄化在社会中都被视为负面历程：衰老、过于老龄、退休危机，是媒体中不断出现的关键词。不过，人口的改变还有另一面：老而不衰。统计学上寿命预期增长，主观年龄感受随之降低。今天，60岁以上的老年人依然相当好奇、重视健康、活跃且乐于消费。

老年人越来越多：银色社会这一大趋势影响到世界范围的各个方面，具有划时代的潜能。银色社会将根本且持续改变社会系统和基础建设。同时，老年人的生活方式也发生新的变化，在社会中塑造了新的老年人形象。生命阶段的界限变得模糊，传统的人生三阶段——青少年、工作、退休，逐步变为多个阶段的人生历程。退而不休是对传统退休模式的一种文化反面模式。

年龄越来越不是一种区分标尺。在消费中，年龄几乎已不是一个能描述消费偏好的区分标志。无龄感消费的趋势让消费习惯与生理年龄解绑。

对永远的年轻人来说，到达退休年龄绝不意味着退休的开始。对他们来说，这是人生的黄金时代。充满好奇心的他们钻进新的活动中，投入社会事业，或去圆一个长久的梦。这些都让他们及其注意自身健康。

前景展望

由于区位间竞争日益激烈，未来，经济促进作为城镇和区域的任务，将对区位产生越来越多的重要性。竞争本质上是件好事，有益于从整体提升德国的区位质量。全球化和国际化进程的推进意味着竞争将越来越激烈，不断有新的区位加入竞争队伍，或者原先名列前茅的区位被甩到后列。就好比在电影院一样，如果有人在过程中站起身来，后座的人只有两种选择：要么继续坐着让视线受阻，要么也站起来争取获得同样的视野。

竞争不仅来自于邻近地区的区位，而且要考察自身行业和技术导向的产业与领域如何塑造了本地的经济结构，评估本地的经济结构在国际产业分工环境下的位置，这是全球化时代的区位竞争模式。所以，经济促进的视野不能仅局限在本地区、联邦州或联邦德国的范围中，而要越来越着眼于国际产业分工的宏观角度。

拓宽经济促进的任务领域

经济促进的定义范围越来越广。不仅私营企业，所有创造和保持就业岗位的机构，都是现代经济促进的对象。随着人口结构的变化，争取企业落户的竞争已退居第二位，保证足够的劳动力储备成为首要任务。因此，经济促进工作的跨部门、多方面任务也拓展为可持续的整体区位发展，并不断加强和重视迄今为止被忽略的区位软因素。

为了保持现有的社会富裕程度，德国正面临不断增加着的内部压力。由于短期内本地人口出生率的增加尚不足以满足经济友好的人口结构。为了提升区位软因素，需要推行提高区位吸引力以争取外来优质人口增长的各项举措。同时，还需采取各类措施，以更好地帮助移民融入德国，所以正如20世纪五六十年代联邦德国所采用的招募协议的形式那样，必须制定积极的移民与可持续融入政策。中长期内，德国本土人口将面临明显缩减，要保持如今的富裕水平是难以想象的。因此，争取更多的人口并保证足够的劳动力储备，已经成为德国区位竞争中的燃眉之急，而融入政策将越来越成为成功区位发展的必要工具。

经济促进的区域性布局

经济促进不可避免地要着眼于区域性布局。城镇发展只有作为区域范围内的发展才有意义。地方行政区划改革从经济角度是有意义的，在政策上实施起来却并非易事，因此，为了成功解决像基础设施、交通和土地方面等跨区位的问题，必须寻求跨城镇合作的组织形式。

无论现在还是未来，德国经济促进的重点都不是吸引新企业入驻，而是巩固维护现有企业，这意味着，开发内源性潜能具有最高优先级。如今，90% 的新就业岗位都来自本地以及由本地区迁入的企业和机构。在德国的劳动力储备继续缩减、消费需求日益降低的情况下，并无理由继续引入大型的生产型企业。

不过，由于技术的巨大进步以及由此带来的劳动产能的不断提高，德国作为制造业大国也迎来了又一个春天。机械和汽车工业取得了巨大成功，科研机构和越来越多的中小企业间也更频繁地进行技术转换，这些都令人对德国的未来充满希望。

生态意识和可持续发展

可持续发展这一课题已经渗透到所有的生活领域，凭借最近几年的成果，它的重要性和活力也将不断提升。要认识到这一点并非难事，对资源有限的共识、民众快速增长的生态意识，都将进一步加速经济的可持续发展。保护能源和土地等资源、降低生产和交通对气候的破坏等方面，都只是对区位发展产生强烈影响课题的一小部分。德国决定告别核能而使用可再生能源，迈出了勇敢的一步，也为经济和科研带来了全新的可能性。

当今世界经济越来越活跃，但国际经济格局已经发生了变化。通过自身努力增加企业初创、更好地进行风险投资、更有效地进行知识管理、加强自有研发成果的经济利用、有针对性的培训和深造、坚持学校教育和技能培训实现各种人力资源的利用、提供语言课程、创造家庭友好的工作条件、改善儿童照管设施等，这些可行的细节措施都能够提升区位条件，使区位成功融入全球经济的发展。

这些变化要求经济促进工作具备全新的政策理解与优先级设置，以便更好地进行经济促进和制定区位发展方案。合格的员工、合适的组织和法律形式、与经济促进任务相匹配的行政级别、与政府内外，尤其与外部机构搭建正确的沟通体系，都是保持城镇和区域国际竞争力的重要前提条件。

附录一　企业拜访执行指南

对企业进行拜访是经济促进工作者与现有企业目标群体建立联系，并了解企业一手情况的绝佳机会。与企业进行会谈时，必须通过一定方式向企业明确传达，经济促进部门是为当地经济提供服务的机构。

企业拜访执行指南	
第 1 步：拜访企业选择	
从商协会获取企业名录。	
首先，根据县市或城镇相关部门的信息，找出正处于审批过程之中的企业和机构，或者有已知（积极或负面）发展意向的企业机构。	
书面预约，并电话确定会谈日程。	
第 2 步：准备会谈	
拜访应具有私人特征，因此，通常最多两个人同行。	
内部应对会谈达成一致：	
• 对会谈对象来说，特别重要的事务问题可能会有哪些？	
• 会谈想要达成什么目标？并且如何能够对此进行陈述？	
• 您的陈述可能会面临哪些保留或反对意见？需要如何应对？	
• 当前或者未来，您可以为企业提供哪些具体帮助？	
第 3 步：主持会谈	
会谈最重要的目标是赢得企业的信任。因此，应明确表达以下几点：	
• 当地企业的发展对城镇经济促进工作非常重要。	
• 经济促进工作者是企业的服务提供者和"律师"。	
• 企业拜访不是昙花一现的应付差事。	
您想要从企业中获得什么信息？	
• 企业信息。	
• 企业的特殊问题。	
向企业传达关于经济促进部门在发展现有企业方面的服务信息。	
现有经济促进项目：	

• 支持企业在政府流程方面的紧急事务	
• 发放专门的信息资料	
• 帮助企业参与经济促进的专门行动（比如洽谈会、合作宣传等）	
第 4 步：会谈的后续工作	
致信感谢，或寄送专门信息资料。	
立刻着手处理企业提出的紧急行政问题。	
考虑可为企业做的其他事物。	
对再次提交会谈进行备注，并保持关注企业。	
记录会谈结果。	
建立企业数据库。	

来源：以 Troje，Hans 为依据自行描述，弗莱堡行政管理和经济学院"经济促进工作者认证课程"讲稿（未发表），1994 年，TROJE 博士为汉诺威 明登（Hannoversch Münden）经济促进署的咨询顾问。

附录二　清单：建立企业数据库

前言

　　经济促进工作者应积极收集扶持企业的资料信息，并系统地收录于企业数据库。企业数据库应随时可供查阅。即使经济促进机构发生人事变动，数据库也可为经济促进工作保留基本实践知识的核心内容。

　　企业数据库的信息体量应限定在真正对经济促进有重要影响的当地企业中。

　　同时，如果统计材料说服力不强却耗时费力，则应避免录入。真正重要的信息往往要从经济促进日常工作中获得，特别是在企业拜访时。因此，建立数据库只能循序渐进，往往需要多年时间，但是一旦建立，将会成为具有重要价值的辅助工具。

　　不言而喻，企业数据库应该以电子数据库的形式建立，而非以传统纸质形式出版。这样，即使评估标准发生变化，也能快速进行评估。能够实现相关功能的软件有很多。在购买之前，应检查软件是否确实符合经济促进工作的要求，以及日常使用数据库进行工作是否足够简便。

　　下列清单展示了建立企业数据库要注意的相关事项，以及一个建立和维护的优质数据库可以回答哪些问题。

清单：建立企业数据库	
1. 建立	
选择对经济促进工作有重要影响的当地企业。 为每家企业单独建立数据页（电子数据记录）。录入所有必要信息：	
• 列入已知信息	
• 列入其他部门和机构的信息，如商会与协会	
• 记录企业拜访结果	
• 记录处理企业特定问题的成功解决方案	
• 记录未成功的解决方案	
• 列入日常工作中出现的新问题	
2. 企业数据库的基本数据	
以下是企业数据库的基本信息：	
• 企业名称	
• 联系人 / 联系电话	

• 备选联系人 / 联系电话	
• 邮寄地址（用于发送信函）	
• 所在地（城镇或城镇区域）	
• 电话、邮箱、网页和传真	
• 成立时间	
• 分公司？公司总部、行政管理部门位置？	
• 已关闭的公司分支？	
• 规模，员工总数（其中专业人才、女性、培训生等人数）	
• 所属行业	
• 所提供产品 / 服务	
• 销售市场地理分布	
• 目标客户群体	
• 可能提供的额外产品 / 服务	
• 可加工的原材料 / 半成品	
• 特有的技术和机器	
• 和其他企业的现有合作	
• 是否有兴趣和其他企业进一步展开合作？	
• 如果是，哪方面有兴趣？	
• 在本区位目前存在的问题	
• 计划中的扩张（投资额、人员、时间点）	
• 发展趋势（产品、工艺、市场）	
• 由经济促进部门提供的已完成和正在进行的咨询服务（类型和时间）	
• 政府部门程序（申请、要求、时间节点）	
• 咨询需求	
• 特殊额外信息	
• 最后拜访时间_____执行人_____	
3. 企业数据评估 下列例子将说明，一个维护良好的优质企业数据库能够回答哪些问题：	
哪些企业存在哪些问题？	
是否有某些特定问题经常出现（以此为出发点制定可同时帮助多家企业的措施）？	
对于企业向经济促进部门提出的紧急问题：	
• 经济促进部门曾经是否遇到过类似情况，解决方案是什么？	
• 有哪些机构当时提供过帮助，是否能够再次求助？	
• 可以排除哪些没有达成目标的方法？	
是否存在可以促进两家当地企业合作的办法（产品 / 服务，合作意愿）？	

续表

企业对某些特定服务有多大的需求（作为引入对应服务商的基础）？	
谁在寻找土地和商铺？谁在提供？	
经济促进工作者必须照管多少家企业？	
经济促进部门在某段时间内向多少企业提供了咨询？	
哪些企业从未被拜访或者很久没有再次被拜访？	
4. 对数据保护的说明	
当企业信息对经济促进工作具有说服力时，企业数据库就必须收录大量这类在企业内部具有保密性质的信息。因此，经济促进工作者应对保护数据予以足够重视，防止未经授权的访问与使用。 数据保护不仅涉及企业利益，也关乎经济促进工作者的利益。如果数据保护发生问题，将对企业和经济促进机构之间的信任关系造成持续性的破坏，也会对经济促进工作造成致命打击。	

来源：以 Troje，Hans 为依据自行描述，弗莱堡行政管理和经济学院"经济促进工作者认证课程"讲稿（未发表），1994 年。TROJE 博士为汉诺威 明登（Hannoversch Münden）经济促进署的咨询顾问。

附录三　概要:联邦德国和各联邦州经济促进机构（节选）

联邦层面的机构	网址
Bundesministerium für Wirtschaft（BMWi） 联邦经济部	www.bmwi.de
Germany Trade and Invest（GTAI）- Gesellschaft für Außenwirtschaft und Standortmarketing mbH 德国贸易和投资署	www.gtai.com
KfW Bankengruppe 德国复兴信贷银行（德国国家开发银行）	www.kfw.de
Förderdatenbank - Förderprogramme des Bundes，der Länder und der Europäischen Union 扶持政策数据库 - 联邦德国、联邦州和欧盟扶持项目	www.foerderdatenbank.de
Existenzgründungsportal des BMBF 联邦教育和研究部的企业初创门户网站	www.existenzgruender.de
Bundesverband für Wirtschaftsförderung und Außenwirtschaft（BWA） 经济促进和外贸联邦协会	www.bwa-deutschland.com
Deutscher Verband der Wirtschaftsförderungs und Entwicklungsgesellschaften e.V.（DVWE） 德国经济促进和开发署协会	www.dvwe.de

联邦州层面的机构	网址
Baden-Württemberg 巴登 - 符腾堡州	
Wirtschaftsministerium des Landes Baden-Württemberg 巴登 - 符腾堡州经济部	www.wm.baden-wuerttemberg.de
Baden-Württemberg International GmbH 巴登 - 符腾堡国际有限公司	www.bw-i.de
L-Bank-Staatsbank für Baden-Württemberg 巴登 - 符腾堡州州立银行	www.L-bank.de
Bayern 巴伐利亚州	
Bayerisches Staatsministerium für Wirtschaft，Verkehr und Technologie 巴伐利亚州经济、交通与技术部	www.stmwvt.bayern.de
Bayern International GmbH 巴伐利亚州国际有限公司	www.invest-in-bavaria.de

续表

LfA Förderbank Bayern 巴伐利亚州促进银行	www.lfa.de
Berlin 柏林	
Berliner Senatsverwaltung für Wirtschaft, Technologie und Frauen 柏林参议院经济、技术和妇女部	www.berlin.de/sen/wtf//
Berlin Partner GmbH 柏林伙伴有限责任公司	www.berlin-partner.de
Investitionsbank Berlinv（IBB） 柏林投资银行	www.ibb.de
Brandenburg 勃兰登堡州	
Ministerium für Wirtschaft und Europaangelegenheiten des Landes Brandenburg 勃兰登堡州经济和欧洲事务部	www.mwe.brandenburg.de
Wirtschaftsförderung Brandenburg GmbH 勃兰登堡经济促进署	https：//www.wfbb.de
Investitionsbank des Landes Brandenburg（ILB） 勃兰登堡州投资银行	www.ilb.de
Bremen 不来梅	
Senator für Wirtschaft und Häfen der Freien Hansestadt Bremen 自由汉萨城市不来梅经济和港口署	www.wirtschaft.bremen.de
Wirtschaftsförderung Bremen GmbH 不来梅经济促进署	www.wfb-bremen.de
Bremer Aufbau-Bank GmbH 不来梅建设银行有限责任公司	www.bab-bremen.de
Hamburg 汉堡	
Wirtschaftsbehörde der Freien und Hansestadt Hamburg 自由汉萨城市汉堡经济局	www.hamburg.de/bwa/
Hamburgische Gesellschaft für Wirtschaftsförderung mbH 汉堡经济促进署	www.hwf-hamburg.de
Hessen 黑森州	
Hessisches Ministerium für Wirtschaft, Verkehr und Landesentwicklung 黑森州经济、技术和发展部	www.wirtschaft.hessen.de
Hessen Agentur GmbH 黑森州经济促进公司	www.hessen-agentur.de

续表

Wirtschafts und Infrastrukturbank Hessen（WIBank） 黑森州经济和基础设施银行	www.wibank.de
Mecklenburg-Vorpommern 梅克伦堡 - 前波美拉尼亚州	
Ministerium für Wirtschaft, Arbeit und Tourismus Mecklenburg-Vorpommern 梅克伦堡 - 前波美拉尼亚州经济、劳动和旅游部	www.regierung-mv.de
Invest in Mecklenburg-Vorpommern GmbH 梅克伦堡 - 前波美拉尼亚州投资促进署	www.gfw-mv.de
Landesförderinstitut Mecklenburg-Vorpommern 梅克伦堡 - 前波美拉尼亚州促进所	www.lfi-mv.de
Niedersachsen 下萨克森州	
Niedersächsisches Ministerium für Wirtschaft, Arbeit und Verkehr 下萨克森州经济、劳动和交通部	www.mw.niedersachsen.de
Niedersachsen Global GmbH（NGlobal） 下萨克森州国际有限公司	www.nglobal.de
Investitions-und Förderbank Niedersachsen（NBank） 下萨克森州投资和促进银行	www.nbank.de
Nordrhein-Westfalen 北莱茵 - 威斯特法伦州	
Ministerium für Wirtschaft, Energie, Bauen, Wohnen und Verkehr des Landes Nordrhein Westfalen 北莱茵 - 威斯特法伦州经济、能源、建设、住房和交通部	www.wirtschaft.nrw.de
NRW.INVEST GmbH 北莱茵 - 威斯特法伦州投资促进署	www.nrwinvest.com
NRW.BANK 北莱茵 - 威斯特法伦州立银行	www.nrwbank.de
Rheinland-Pfalz 莱茵兰 - 普法尔茨州	
Ministerium für Wirtschaft, Verkehr, Landwirtschaft und Weinbau des Landes Rheinland-Pfalz 莱茵兰 - 普法尔茨州经济、交通、农业和葡萄酒业部	www.mwvlw.rlp.de
Investitions und Strukturbank Rheinland-Pfalz GmbH 莱茵兰 - 普法尔茨州投资和结构银行有限责任公司	www.isb.rlp.de
Saarland 萨尔州	
Ministerium für Wirtschaft und Wissenschaftdes Saarlandes 萨尔州经济和科学部	www.saarland.de/ministerium_wirtschaft_ wissenschaft.htm
Gesellschaft für Wirtschaftsförderung Saar mbH 萨尔州经济促进署	www.invest-in-saarland.com

续表

Saarländische Investitionskreditbank AG（SIKB） 萨尔州投资信贷银行股份公司	www.sikb.de
Sachsen 萨克森州	
Sächsisches Staatsministerium für Wirtschaft, Arbeit und Verkehr 萨克森州经济、劳动和交通部	www.smwa.sachsen.de
Wirtschaftsförderung Sachsen GmbH 萨克森州经济促进署	www.wfs.sachsen.de
Sächsische Aufbaubank-Förderbank（SAB） 萨克森州建设-促进银行	www.sab.sachsen.de
Sachsen-Anhalt 萨克森-安哈尔特州	
Ministerium für Wirtschaft und Arbeit des Landes Sachsen-Anhalt 萨克森-安哈尔特州经济和劳动部	www.sachsen-anhalt.de
Investitions-und Marketinggesellschaft Sachsen-Anhalt mbH 萨克森-安哈尔特州投资和营销署	www.investieren-in-sachsen-anhalt.de
Investitionsbank Sachsen-Anhalt 萨克森-安哈尔特州投资银行	www.ib-sachsen-anhalt.de
Schleswig-Holstein 石勒苏益格-荷尔斯泰因州	
Ministerium für Wissenschaft, Wirtschaft und Verkehr des Landes Schleswig-Holstein 石勒苏益格-荷尔斯泰因州科学、经济和交通部	www.schleswig-holstein.de/Wirtschaft
Wirtschaftsförderung und TechnologietransferSchleswig-Holstein GmbH 石勒苏益格-荷尔斯泰因州经济促进与技术署	www.wtsh.de
Investitionsbank Schleswig Holstein（IB） 石勒苏益格-荷尔斯泰因州投资银行	www.ib-sh.de
Thüringen 图林根州	
Thüringer Ministerium für Wirtschaft, Arbeit und Technologie 图林根州经济、劳动和技术部	www.thueringen.de/de/tmwat
Landesentwicklungsgesellschaft Thüringen mbH 图林根州发展署	www.leg-thueringen.de
Thüringer Aufbaubank 图林根建设银行	www.aufbaubank.de

来源：Eigene Zusammenstellung（截至 2011 年 4 月）。

附录四　德国弗莱堡市可持续经济发展战略纲要

贝恩特·达勒曼　陈炼

1. 弗莱堡可持续经济促进的任务与目标

1.1　导论

弗莱堡市位于德国西南部，与法国和瑞士相邻。面积 153km²，人口近 23 万，面积和人口在德国城市中排名约第 35 位，是德国典型的"小型大城市"，这正是令英国著名城市研究学家查尔斯·兰德利所称道的尺度："其小能使诸事易行，其大不容世人忽视（Small enough to make it happen，big enough to be taken seriously）"。弗莱堡市经济旅游会展促进署负责弗莱堡的城市经营与营销，它以广泛的经济促进为基础，目的将弗莱堡打造成具有吸引力的经济和就业地、绝佳的科研和会展中心、并将其作为绿色宜居城市和旅游胜地在国内外进行宣传和营销。除了商业用地管理、创新与技术促进以及产业集群发展等传统的经济促进任务之外，促进署还负责城市的旅游发展和城市营销，经营着弗莱堡技术中心、生物技术产业园区和城市会展中心，举办各类展会以及大型城市节庆和市场活动等公共任务，由此实现了弗莱堡区位发展一体化的组织模式。所以，所有为当地创造就业岗位的机构和组织都是弗莱堡经济促进的工作对象与合作伙伴。

作为弗莱堡市经济旅游会展促进署战略白皮书的节选，本章节旨在对弗莱堡的经济现状进行分析，并在该基础上确定城市未来工作的纲领、目标和措施。鉴于主要聚焦于城市发展的经济层面，所以城市可持续发展的其他重要领域在此就不加以详细阐述。

1.2　弗莱堡地区经济促进的任务

作为经济和社会发展的中心，城市之间在全球范围内竞争，以争取更多企业和专业人才的落户。就此意义而言，经济促进是可持续城市发展政策的重要组成部分。弗莱堡市的经济友好型政策本身并不是目的，更多是为当地的经济繁荣创造基础，为市民的共同富裕、本地中小型企业和工商业主的可持续发展和城镇财力提供前提条件。

广泛的经济联系和通勤人群将地区首位城市弗莱堡与周边的行政区紧密连在一

起。无论是就业市场，还是区域内的居民和工商业用地，都无法通过行政边界进行简单划分。作为 23 万人口的地区首位城市，弗莱堡尤其依赖与周边城镇的合作与联系。通过与周边两个郡的区域合作，弗莱堡市经济旅游会展促进署确保了区域范围内的多项融合。

经济促进的宗旨是为所有能给弗莱堡地区带来就业岗位的机构或企业创造优越的发展条件。其中保障与促进现有企业的生存和发展，从土地管理、资金补助咨询到协助企业危机处理等事务，都是促进署的工作范围。与一些传统观点相反，弗莱堡经济促进工作并不将招商引资作为重点，因为只有二战之后百废待兴时才有必要引进大量的国际化企业落户，而多年以来这些企业大多已在西方工业国家广泛分布并拥有分支机构。当今只有在具备科研与经济的强势领域（所谓产业集群）的地方才会吸引企业和机构落户。所以，为企业和科研机构牵线搭桥以推动创新，促进地区重点产业集群内部网络的完善和优化才是本地经济促进的重要任务。

经济促进部门是创意的策划和发展者，也是当地政府与企业之间的联系者和经济相关项目的执行者。弗莱堡市经济旅游会展促进署是弗莱堡地区内所有企业和机构选址、落户、迁址、新建或扩建等一系列事务的独家联系伙伴，即所谓的"一站式服务机构"。促进署与城市各行政管理部门密切合作，通过定期见面、会谈或"圆桌会议"来推动相关项目的进展。

联络和传播是地区经济促进工作的组成部分，包括与各类雇主的联系、与城市行政管理部门的定期交流、面向新闻媒体和公众的政府公关，以及在国内外进行的城市营销和宣传推广等事务。促进署通过组织和举办为数众多的系列或单个活动对地区经济网络进行定期维护和拓展。经济促进工作者拜访企业、加强企业和机构间的联系网络，并定期发行相关的宣传册。

弗莱堡经济旅游会展促进署的传播工作主要针对区域范围内的新闻媒体。定期发布新闻公告，就重大活动、经济和旅游业的发展等数据发布召开新闻发布会，都可以为区域内的居民提供信息。另外，定期向弗莱堡公众就经济发展重要信息进行传播和互动也成为经济促进的重要任务之一。例如，促进署通过月刊"弗莱堡时讯"和"巴登内参"来发布最新消息，并在"弗莱堡进行时"半年刊上预告所有活动信息。重大事件会在巴登报纸的特刊、官方公报或跨区域出版物上进行报道。通过大量宣传材料介绍该地区的产业重点和优势领域，解释促进署的各项政策和举措。

1.3　弗莱堡地区经济促进的目标

弗莱堡经济促进的最高目标是保证和提高弗莱堡地区民众的生活质量和富裕，因此需要提升弗莱堡的经济吸引力、保证就业岗位并创造新的工作机会。对经济繁荣的地区而言，拥有充足的专业人员储备变得越来越重要。在当今人口发展的趋势下，专业人才的匮乏成为不得不面对的事实。在未来若干年中，各层次的合格专业人才都会越来越抢手。

因为生产企业比例偏低，弗莱堡市本身的税收能力较弱，很大程度上需要依赖州级政府的财政转移支付，因此保障和提高自身营业税收是经济促进的一个明确目标，应当通过对现有企业的维护和新企业入驻来实现。但应尽量避免通过提高土地税和营业税的征收比率来提高地方税收。

作为德国著名的"绿色之都"，弗莱堡专注于城市的环境保护与可持续发展，这一价值观如今在世界范围内广为接受。当初反对在弗莱堡附近小镇威尔（Wyhl）建立核电站的大规模抗议活动使得可持续发展的课题在当地很早就得到高度关注，并在弗莱堡的政治、经济和市民各界都广为接受，这为可持续发展奠定了重要基石。2010 年弗莱堡受邀在上海世博会展示其城市可持续发展经验，这一认可也为弗莱堡赢得面向未来的先机。为地方发展提供动力，对可持续城市的发展进行有创造性的思考并参与实施，这也是促进署为自己设定的目标。

城市形象和生活品质、自然和文化等因素的整合是争取"创造型人才"的前提条件，是赢得地区竞争的前提条件，也是获得经济增长的前提条件。作为极具吸引力、广受欢迎的工作和生活区位，弗莱堡必须以此作为营销的起点和继续发展的方向。

弗莱堡的成功很大程度要归功于本地的科技实力。通过对生物技术、微技术、太阳能和环境技术、健康医疗等产业有针对性的促进，以及对本地所需技术学科的扩建，能够推动创造高素质岗位的知识密集型产业的发展。弗莱堡拥有世界一流的高校、科研机构和创新型高科技企业，为了促进创新并在未来继续促进弗莱堡的良好发展，必须将经济与科学领域更加紧密地联系在一起，同时弗莱堡必须进一步提升其作为优秀高科技区位在国内外的知名度，以吸引更多的科研人才和创新企业的加盟。

弗莱堡因为地理和区位因素，传统上既没有大型企业和康采恩集团，也缺乏迪特 - 施瓦茨基金会或大众基金会这样的大型投资机构。作为知识之城，弗莱堡为许多大企业提供服务和知识。因此，有必要对弗莱堡现有工业生产进行迭代，保持并增强其现有优势。同时，也要为弗莱堡优秀的知识和研究成果与邻近的瑞士巴塞尔地区财力雄厚的投资机构建立联系，支持和加快科技向产业界的技术转化。

要成为面向未来的经济区位，弗莱堡尚需加大在大学和研究机构周边建立企业孵化中心的力度。创业者将创新想法付诸实践，是经济进步、增长和保持竞争力的动力。成功的创业可以持续不断地创造就业岗位，所以要为初创企业提供专业的孵化中心，保证这些初创者能很快找到能为他们解决各类问题的创业联系人。

有效运转的经济基础设施是经济不断增长的前提条件，需要持续优化区域内畅通的交通道路、有效的电信和数据线路并提供充足的商业和居住用地。

位于欧洲发达地区中心地带的上莱茵河地区（指弗莱堡所在的德国巴登地区、法国阿尔萨斯和瑞士巴塞尔地区）拥有很高的经济水平和巨大发展潜力。其地理面积、居民数量、人口密度以及高达 1700 亿欧元的国民生产总值，可以与丹麦、芬兰或爱尔兰等欧盟成员国家相媲美。作为跨国都市圈的上莱茵河地区既是欧洲议会、欧盟委员会、联邦宪法法院等政治法律机构的聚集地，也拥有为数众多的跨国企业和一流的科研机构。在这里可以制定政治、经济、科学和社会领域的共同战略，为所有参与方建立有效的联系网络。作为示范项目的上莱茵生物谷和上莱茵旅游谷已经建立，在未来还需要进一步加强这一跨国都市圈内部的网络建设和联系。

2. 劳动力市场与就业

2.1　弗莱堡地区的劳动力市场现状

就业发展良好

在过去的二十年中，弗莱堡地区就业人员数量持续增长。1987 年的全职雇员、自由职业者和半职位置总量共不到111000 人，2010 年已经达到 151500 人。多年以来，弗莱堡的就业岗位增加比例始终占据整个巴登 - 符腾堡州大城市的领先地位。享受社保的从业人员（SVB）数量在此期间增加了 23%，这意味着每年平均净增 1000 个工作岗位。在全德国范围内的比较中，弗莱堡也有着卓越表现。弗莱堡是全德国 2000 ～ 2009 年创造就业岗位最多的城市。

其 1987 ～ 2010 年就业数量发展趋势见附图 1。

弗莱堡（Freiburg）	26.1	(+21.405)
巴登 - 巴登（Baden-Baden）	22.5	(+5.607)
海德堡（Heidelberg）	17.3	(+11.727)
乌尔姆（Ulm）	14.8	(+10.451)
卡尔斯鲁厄（Karlsruhe）	11.2	(+15.952)
巴登 - 符腾堡州（Baden-Württemberg）	9.3	(+331.113)
海尔布隆（Heilbronn）	1.2	(+711)
曼海姆（Mannheim）	-3.2	(-5.536)
斯图加特（Stuttgart）	-5.9	(-21.767)
佛茨海姆（Pforzheim）	-17.0	(-10.134)

附图 1　城市和联邦州范围内享受社保人数发展趋势百分比（绝对数值）
来源：弗莱堡市经济旅游会展促进署。

女性就业增加

和就业数量的增加相对的是就业市场比例的改变。和其他城市一样，这里可以看出就业岗位质量上的变化。可以确定的是：女性就业者的比例持续增加，从1987年的46.3%增加到今天的52.2%；由此而产生的非全职工作岗位增幅超出了平均水平，从2000年以来这一比例从19.9%到25.7%增加了将近6%；尽管非全职工作的范畴中妇女比例有所下降，如今依然超过了四分之三。

教育水平提高

如果从教育水平角度观察就业发展，可以得出以下结论：第一，弗莱堡拥有高级专业人才的比例为15.9%，远超过联邦德国平均水平7.8%；第二，未经职业培训的从业人员获得就业机会的可能性越来越小，尤其表现在全职岗位上；第三，拥有高校文凭的就业人员数量增加，同时也体现在妇女比例的增加上。2000年拥有高校学历的从业者63.6%是男性，2009年就降至56.7%。

职业培训看涨

随着经济复苏，弗莱堡培训市场的情况也在不断改善。企业为职业学校学生提供更多的培训职位，越来越多的年轻人也对双元制培训感兴趣，培训学年结束后大多数学生都可以上岗就业。2010年9月培训学年结束时，弗莱堡劳动局登记在案的职业培训岗位共有3489个，增幅为4.4%。

失业率创历史新低

2010年8月，弗莱堡市区失业率达到了历史最低点5.6%。弗莱堡劳动局的辖区也包括布莱斯高 - 上黑森林地区和埃门丁根两个周边郡，该范围内以4.8%失业率几乎达到了完全就业的水平，同时也是整个巴登 - 符腾堡州青年人失业率最低的地方（3%），可见弗莱堡的发展比整个联邦州的趋势更为稳定。

初创企业数量偏低

德国属于企业初创比例较低的国家。很多创业并非出于要成为企业家的动机，2009年仅有40%的企业初创者出于创业精神的鼓舞，大部分还是由于失业而走上独立创业的道路。由于历史原因，一些地区的商人在社会中没有扮演重要角色，正是这些地方需要将促进企业初创作为重要的任务。

2.2　人口发展

　　德国和欧洲的很多地区将在未来持续受到专业人才后备力量匮乏和人口老龄化的影响。世界范围内其他区域由于儿童数量的增加而不断增长，而德国和欧洲则要面对人口结构的明显老龄化以及人口总数减少的严峻挑战。与德国乃至很多欧洲国家人口总体趋势相反，弗莱堡拥有人口增长的巨大潜力。过去二十年间，弗莱堡的人口增加了 22%。如今弗莱堡的居民平均年龄为 40.8 岁，是巴符州最"年轻"的大城市。20% 的家庭户主年龄低于 30 岁，弗莱堡在全德范围内也属于居民数量继续增长且平均年龄保持相对年轻的城市。弗莱堡的目标是确保城市 2030 年之后依然保持人口活力。

专业人才匮乏

　　虽然从全德范围来看弗莱堡人均年龄较低，但总体依然处于老龄化的趋势中。弗莱堡居民的平均年龄将在 2025 年达到近 45 岁（2008 年平均年龄 40.8 岁）。而且，对未来发展影响最深远的中学生数量在 2015 年将比 2006 年下降 15%，高级文理中学的学生数量从 2010 年就开始下降，其结果便是专业人才后备力量紧缺，导致企业和各类机构在寻找就业者的过程中困难重重，尤其是工程师和 IT 人才的紧缺往往使弗莱堡地区的企业经常找不到合适的劳动力来填补岗位的空缺。

　　1987 ～ 2010 年各市县及农村人口变化（绝对数值）见附图 2。

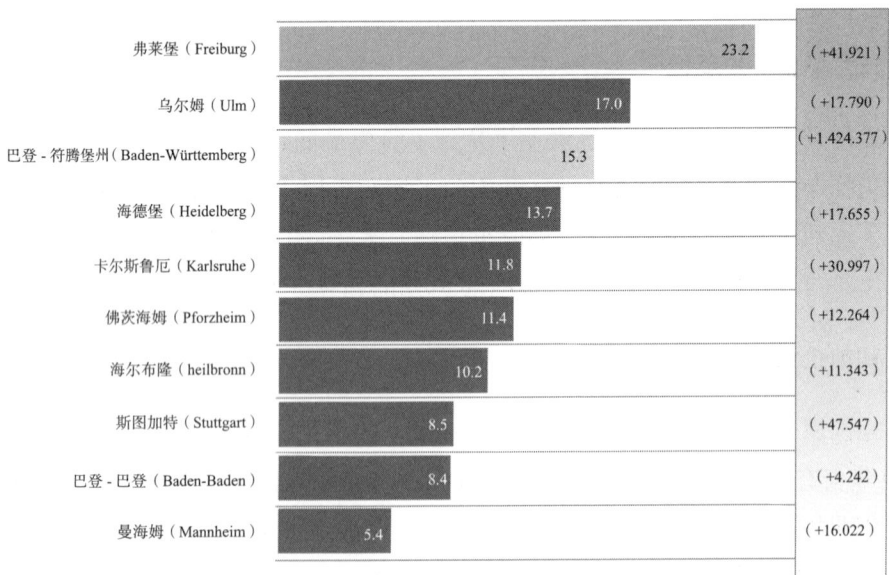

城市	百分比	绝对数值
弗莱堡（Freiburg）	23.2	（+41.921）
乌尔姆（Ulm）	17.0	（+17.790）
巴登 - 符腾堡州（Baden-Württemberg）	15.3	（+1.424.377）
海德堡（Heidelberg）	13.7	（+17.655）
卡尔斯鲁厄（Karlsruhe）	11.8	（+30.997）
佛茨海姆（Pforzheim）	11.4	（+12.264）
海尔布隆（heilbronn）	10.2	（+11.343）
斯图加特（Stuttgart）	8.5	（+47.547）
巴登 - 巴登（Baden-Baden）	8.4	（+4.242）
曼海姆（Mannheim）	5.4	（+16.022）

附图 2　1987 ～ 2010 年城市及联邦人口变化百分比（绝对数值）
来源：根据联邦劳动局数据绘制。

2.3 家庭与工作的协调

弗莱堡未来的经济吸引力取决于年轻家庭的职业前景，家庭与工作的协调已经成为人们选择落户地点的重要原则之一。受老龄化趋势和专业人才匮乏因素的影响，充分发掘就业人员潜力，缩短因家庭原因导致的工歇期也成为必要手段。当前德国社会的价值观发生了明显变化，相比单纯的收入增加和事业发展，人们越来越重视家庭、生活和工作之间的平衡。许多弗莱堡的雇主们也已经意识到他们可以从各类家庭友好的措施中获益，而未来这方面还有很大空间。

2009 年促进署对本地 119 家企业及其 37170 名员工就现状、潜能及需求进行了调查和分析，探讨了有利于家庭的措施和必要条件。调查显示，有利于家庭的、灵活的工作时间制是弗莱堡地区雇主们最广泛使用的举措，几乎三分之二的企业采取了至少一项父母产假期间的个人发展措施，而目前最缺乏的是家庭服务和儿童照管方面的措施。企业对雇员在工作时间之外照顾家属的具体安排还很少见，随着社会老龄化，这方面会成为越来越多的从业人员面对的挑战。另外，许多雇主都表现出忧患意识，想要在未来加强有利于家庭的措施。60% 的受询企业希望了解政府相关政策和信息，特别集中于与家庭友好相关的实际案例、经验交流、咨询以及研讨会等领域。

2.4 居住、文化、气候和生活方式

生活质量与企业选址

一个区位的吸引力在保持当地经济活力以及招商引资的竞争中扮演着越来越重要的角色。生活品质、工作环境、教育和文化水准都是招揽高技能人才的重要因素，因此也成为企业和机构选址时的重要考虑因素。因此，经济促进的任务是对所处区位进行改善和营销。"认识弗莱堡，就会爱上这座城市"是瓦尔特·彦斯（Walter Jens，德国联邦交通、建设和城市发展部"和谐城市"项目评估委员会主席）的名言，用以概括弗莱堡的高生活品质。尽管如此，持续营销和不断提升弗莱堡的吸引力仍然是经济促进机构的长期任务。

可支付住房

住房政策对于地区的吸引力至关重要。弗莱堡属于德国高房价城市，因此，周边地区合理的住房供给在这里扮演着决定性角色。在弗莱堡的就业人员中，有

55.4% 是居住在周边地区、每天往返的"候鸟族"。

文化节庆活动

弗莱堡是拥有丰富文化和休闲活动的大城市。传统和现代文化活动等因素组成的高品质生活成为城市形象的重要组成部分。弗莱堡在音乐、戏剧、音乐剧、舞蹈、杂要、视觉艺术等方面的文化节庆供应全年丰富多彩，涵盖整个上莱茵河地区的诸多文化亮点，可以满足弗莱堡居民的各项文化需求。

文化和自然的结合

弗莱堡将文化与自然结合在一起，城市和周边地区可提供尽可能全面丰富的休闲活动。德国其他城市很少有这么多体育和休闲活动场地，上黑森林地区、凯泽施图尔山、马尔克格莱夫勒兰以及附近的阿尔卑斯山区都是户外活动的好地方。同样受欢迎的还有法国阿尔萨斯地区，那里很好地将休闲活动和美食享受相结合，也是假日或平时郊游的好去处。

优美的城市形态

哥特式圣母教堂、中世纪小巷以及宏伟的文艺复兴时期建筑都体现了弗莱堡丰富的历史文化遗产。同时，弗莱堡也是一座现代化的城市。超过 170 个国家，来自不同文化的人们和谐地生活在一起，提供了多元文化共同生活的前提条件。环比整个联邦德国，弗莱堡的生活品质始终居于前列。

3. 弗莱堡地区的经济结构

3.1　产业结构从工业社会向知识型社会转变

弗莱堡的就业结构显示了过去几十年中城市从工业社会向服务与知识型社会的转型，超过 80% 的就业人员供职于服务行业。1950 年该行业就业人员比重还只有 37%，2008 年就达到了 61.5%，其中知识导向型的服务占大多数。弗莱堡制造业、农林业从业人员数量持续减少。1950 年，制造业从业人员占 37%，超过整体就业岗位的 1/3，如今这一比例仅占 16%。尽管如此，制造业、手工业和销售行业对保持经济结构的稳定和未来活力依然至关重要。1961 年农林业的就业人员为 3.6%，如今只占 0.1%。1950 年以来，贸易和交通领域基本保持稳定，就业人员从 1950 年的 25.5% 降为 2009 年的 22.6%。弗莱堡拥有 15.941% 高技能专业人才比例，当之无愧地跻身德国知识城市的行列，见附图 3。

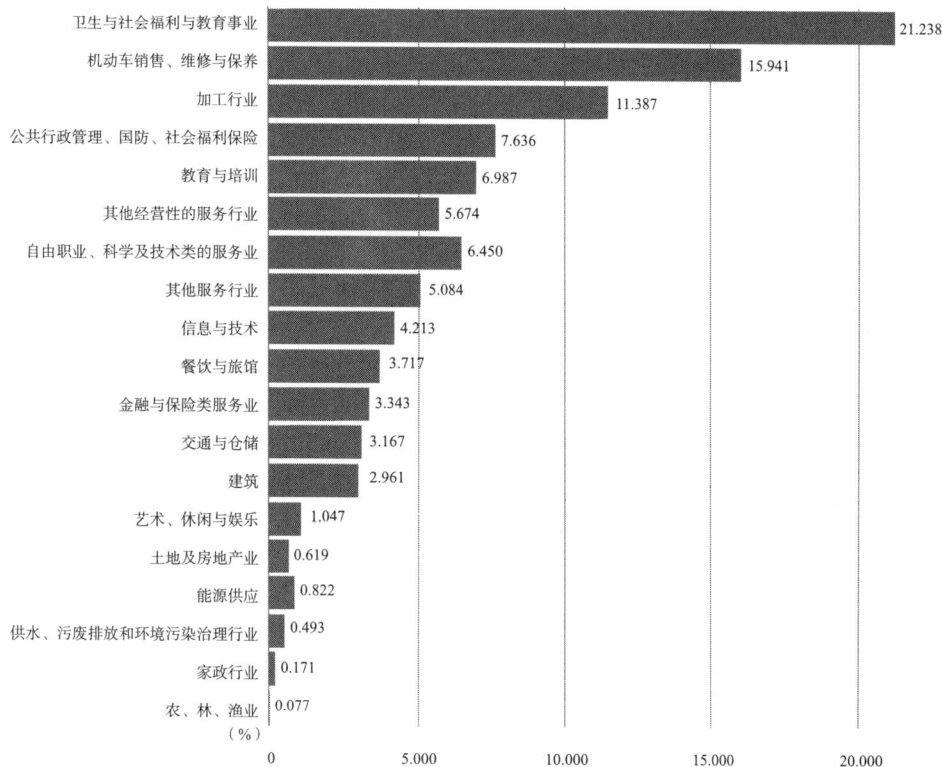

附图 3　2009 年就业人员百分比（按照经济行业新分类，2008WZ）

来源: 巴登 - 符腾堡州统计署。

弗莱堡的经济主体是中小型企业，90% 的就业人员都在小于 50 人规模的企业中工作。但是，弗莱堡的经济结构中也存在着以公法财政形式的雇主占多数的特点，其数量达到 28457 名，在巴符州仅次于首府斯图加特（57935 人）和卡尔斯鲁厄（30006 人），居第三位。弗莱堡最大的雇主是弗莱堡大学医院、弗莱堡大学、弗莱堡市政府以及弗劳恩霍夫太阳能研究所，见附图 4。所以相比巴符州其他城市，弗莱堡的优势在于城市受经济波动的影响较小，其劣势在于城市经济亲和力较低，区域范围内的风险投资在这里集聚较少。

手工业属于最多样化的经济领域，其中小型企业构成了弗莱堡手工业经济的核心。近 2100 家手工企业吸纳了约 12000 名员工，还有超过 1000 名培训生在这里接受专业技能的培训。因此，弗莱堡就业群体中的 8% 都分散在手工行业。2009 年弗莱堡手工业的销售额大约为 9.2 亿欧元,其中最具代表性的行业是健康医疗产业(613

家企业），接下来是金属/电子（516 家企业）、建筑（452 家企业）、木材业（236 家企业）、纺织（123 家企业）、食品（77 家企业）和其他行业（95 家企业）。手工业承担着城镇不可或缺的角色，除了保障居民必需的物资和服务供给外，手工业还承担着维持公共机构正常运转，保证地方经济和税收的任务。当前，建筑节能改造为手工业带来巨大发展潜力。

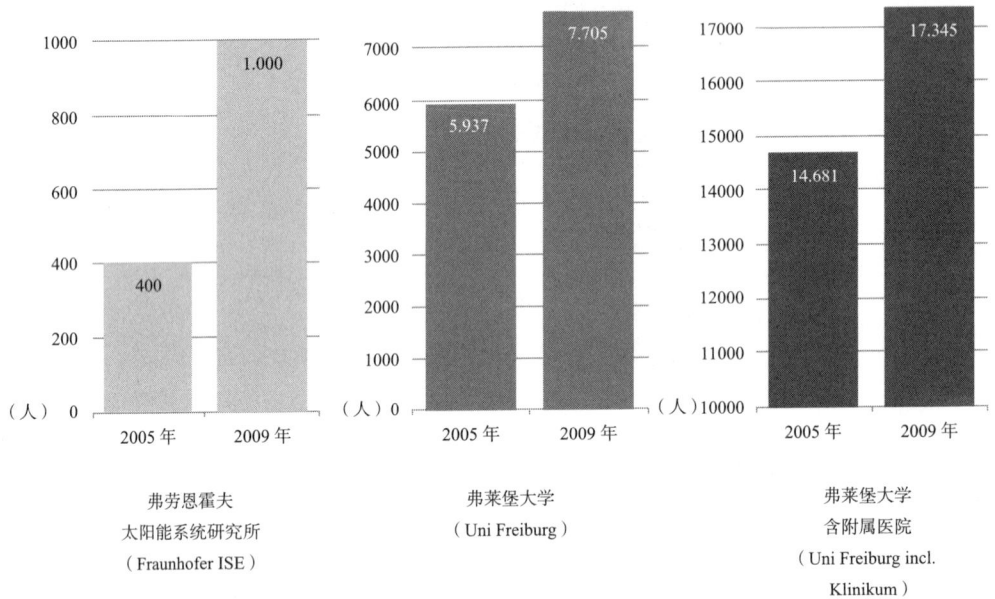

附图 4　科学院所就业人数发展
来源：弗莱堡经济旅游会展促进署。

3.2　弗莱堡的零售业

作为购物天堂，地区首位城市弗莱堡的贸易中心指数高达 153.2%，这对周边乃至整个南巴登地区都很重要，见附图 5。弗莱堡约 15% 的就业人员分布在商业领域。据促进署发布的研究报告"弗莱堡 2008 至 2009 年度当日游分析"，体验性购物是弗莱堡吸引大量外来一日游客人，尤其是来自邻国瑞士和法国游客的主要原因。

弗莱堡市在过去 20 年的零售业营业额增长 47%，而德国的平均增长在 26%。弗莱堡市实现的零售业销售额（不包括食品）为 16.3 亿欧元，其中市中心的营业额占比 46%，约 7.4 亿欧元。老城区的零售企业数量在过去 20 年中从 504 家增加到 517 家，增幅为 13 家（即 2.5%）。零售业的面积也从 110.000m^2 增加到 127.600m^2，增幅为 17.600m^2（16%），见附图 6、附图 7。

为了防止零售业向城市周边绿地迁移，保持市中心作为城市商贸中心的吸引力，并保障城市各区日常物资供应，弗莱堡于 1992 年推出全德第一部零售业"市场和

中心方案"，德国各地继而纷纷效仿。该方案对于哪些土地可以优先供应大面积的
零售业做出了约束性的规定。

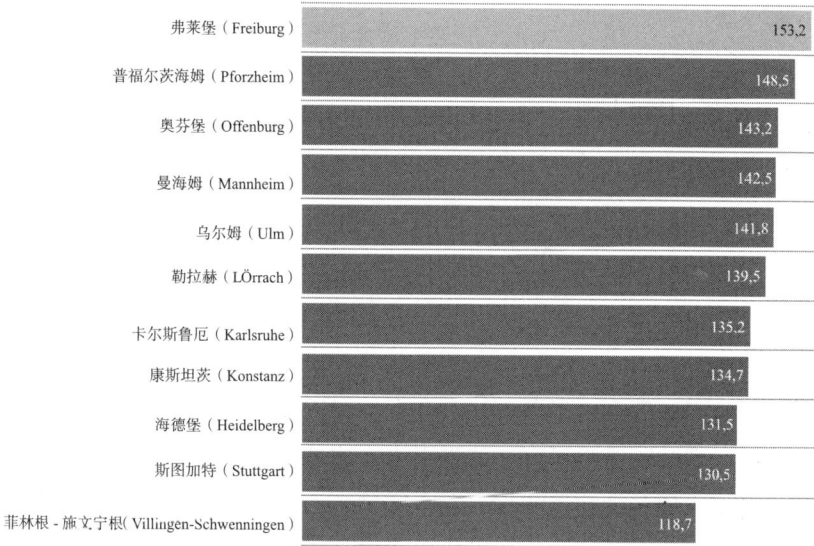

附图5　巴登 - 符腾堡州中心城市贸易中心地位指数比较

来源：根据弗莱堡市数据绘制。

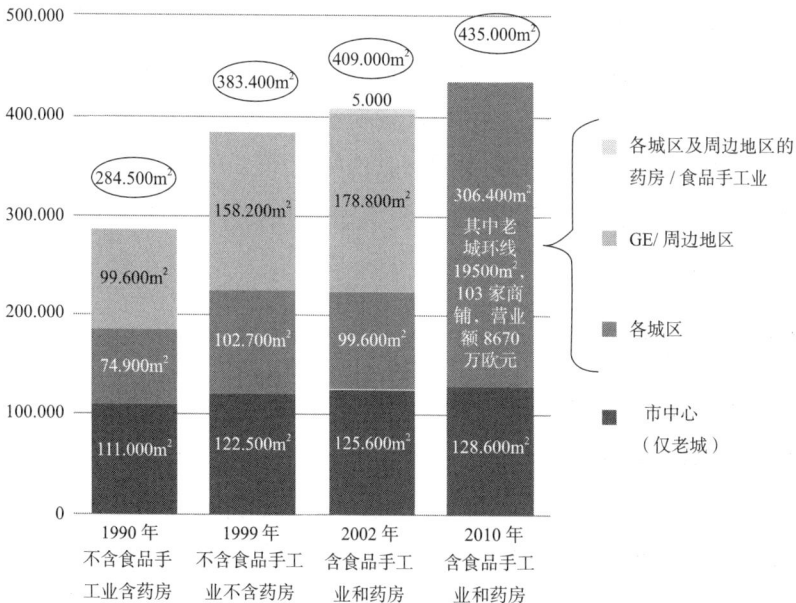

附图6　弗莱堡零售业评估——1990 ～ 2010 年商业面积

来源：根据 BBE 咨询公司 2010 数据绘制。

居民人数 / 年	零售业销售额	市场潜力
1983 年：179000 居民，175505 名本地居民（按照户籍登记）	90620 万欧元	64960 万欧元（= 贸易中心地位指数 139.5%）
1989/90 年：184000 居民，176506 名本地居民（按照户籍登记）	110670 万欧元	84020 万欧元（= 贸易中心地位指数 131.8%）
2010 年（预测）：220000 居民，203240 名本地居民（按照户籍登记）	163150 万欧元	108650 万欧元版 = 贸易中心地位指数 150.2%）
零售业销售额 1989/1909 年至 2010 年增加了 47%（1990 年至 2010 年德国零售业销售额增加了 26%，原联邦德国州 1993 年至 2010 年增加了 9%）		

附图 7　零售业销售额（1989/1990 与 2010 年相比，除食品贸易）
来源：根据多家零售业评估报告制表。

弗莱堡历史城区拥有诸多城市建筑亮点，交通方便，还有丰富的文化、餐饮和零售业，这些元素共同产生了巨大的吸引力。这是人们会面、交流以及公共生活的重要场所。老城内的各类节目非常丰富，涵盖各类游行、集市、节庆、重要访问和文化政治活动。正是这些被国内外媒体广泛报道的大小事件，是地方营销中不可小视的因素，而且惠及本地零售业。

将来弗莱堡在零售业方面主要采取以下一些措施：通过对零售业硬件进行更新和现代化改造、创造新的公众吸引点来保持市中心的吸引力；在中心城区经营中有意识地照顾到商贸、文化、餐饮和大型活动等不同需求群体的混合；进一步发展和完善市场和中心方案；改造罗特克环道，升值中心城区边缘地带；在中心城区边缘增设自行车停车位；为提升区域吸引力效应，定期举办"圆桌会议"，与利益相关者（弗莱堡市经济旅游会展促进署、弗莱堡政府其他相关部门、商贸餐饮酒店业主、教堂和大学负责人等）进行定期交流并提出各类优化创意；安装历史城区旅游步行导引系统；改善城市卫生和安全条件等。

3.3　弗莱堡的土地政策

弗莱堡整个占地面积大约 153km²，其中仅有约 10km² 属于工商业或混合用地。也就是说，弗莱堡只有 9.7% 的土地用于制造业和服务业，其余 90% 都属于住宅、基础设施、休闲和林农用地。弗莱堡的劣势是土地紧缺，超过 43% 的面积属于林业用地，这在另一方面也表明弗莱堡土地配比合理，是一座绿色宜居的城市。

积极的土地政策

在工商业用地的分配和再利用方面，弗莱堡经济房地产署为弗莱堡市及周边区域提供支持。该机构是由弗莱堡经济旅游会展促进署和弗莱堡储蓄银行共同组建，负责市场分析、介绍商业地产、土地修复、寻求扶持资金、开发土地使用规划并进行土地评估。其股权和项目结构都以 PPP 模式运作，在德国独树一帜。该署试图在土地所有者、地方政府、雇主、相关行政管理部门和机构之间展开以寻求解决方案为导向的对话和磋商及可行性解决方案。

工商业用地政策及其矛盾

成功需要空间，经济增长需要充足可用的工商业用地。不过，新工商业用地的划拨往往会受到"土地使用规划"的阻碍。通常这些土地因长时间没有用于商业用途，只是作为农业用地而处于未开发的自然状态。重点在于要将这些土地划为待用状态，能快速满足搬迁或新落户企业的土地需求。

土地需求特点

由于从制造业向服务知识型社会过渡的结构转变，弗莱堡对工商业用地的需求有所下降。过去若干年中，服务领域对土地的需求大多体现在混合型建筑地块方面。在弗莱堡，教育科研机构的用地需求目前非常大，比如弗莱堡大学、弗劳恩霍夫研究所、安格尔教育机构或在麦茨豪斯尔大街上新建的学校基金会等，如附图 8 所示。

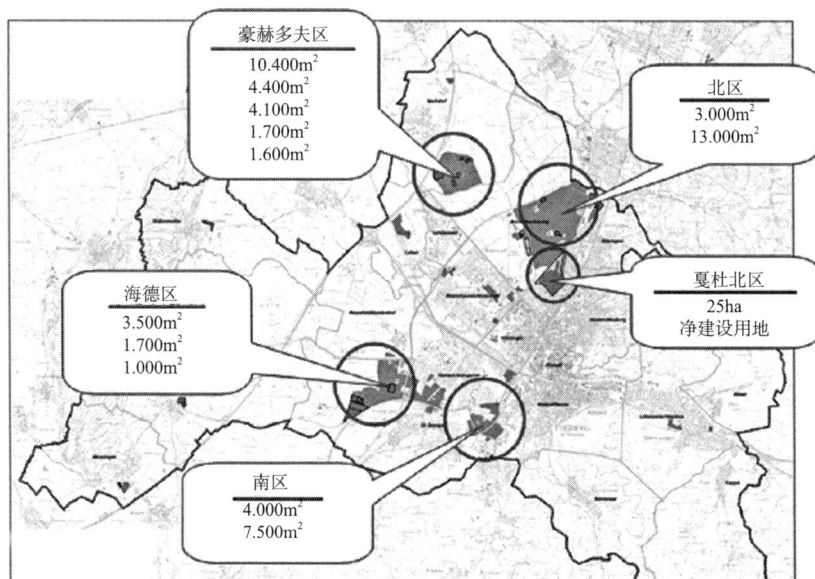

附图 8 可用的土地

来源：弗莱堡经济旅游会展促进署 & 一体化城市开发项目组 & 巴登 - 符腾堡州测绘局。

工商业用地的跨城镇合作

弗莱堡市的工商业园区如豪赫多夫、北部和海德工业区仅剩少数几公顷面积可供开发。很久以来，经济促进部门都将更大的用地需求转移到离城市 25km 开外的跨城镇型布莱斯郭工业园和周边城镇，使不少弗莱堡的企业搬迁到这些区域。如果弗莱堡本地还需要企业入驻，那么就应在当前土地使用规划基础上划出满足将来辖区内制造业、手工业和物流业的用地需求。

与私人土地供应商合作

私人业主逐渐成为工商用地的最大供应者。由于缺乏自有土地，经济促进部门要依赖与私有土地业主的合作。罗地亚集团在弗莱堡拥有工业用地 $0.53km^2$，其中 $0.23km^2$ 为未建空地，但问题在于，只将土地以永佃权的方式进行出让；奥厄里斯公司在老货运火车站区域开发了 $0.4km^2$ 的工业用地，还有更多的土地是由豪赫多夫工业园区的巴登威客（Badenwerk）和海德工业园区（Haid）的豪恩巴赫公司（Hornbach）所提供的，但这些土地往往因价格太高而少有问津。

城市与周边地区的土地价差

城市和周边地区的价格落差日益加大。弗莱堡市内工业用地价格在 130 ~ 220 欧元 /m^2 之间，而周边城镇的价格仅为 40 ~ 70 欧元 /m^2，还包含了公共基础设施的开发费用。而且，周边县镇还可以给予部分落户企业"乡村地区发展项目资金"的补贴。伴随弗莱堡城区的土地紧缺趋势，这里的工商不动产价格也不会降低。但这对以中小企业为主的经济结构而言，是一个比较难以解决的基础问题。

提倡土地节约型建筑

节约使用土地被视为经济促进的义务。在对工商业用地的使用过程中，经济促进部门要对投资企业和机构施加影响，引导他们在建筑法允许的前提下进行高品质、高密度集建设，有可能的话甚至通过叠加混合用途来实现这一点。在前不久，这些工业区成为建筑设计的"风向标"，弗莱堡新工业区的建筑设计品质被视为该方面的典范。

注重优秀的建筑设计

正如弗莱堡历史城区凭借圣母大教堂、古代商贸会馆以及许多其他建筑而拥有了建筑文化的独特风格，工业区或服务业中心也可以通过建筑设计而打造自己的名片，从而在市场上脱颖而出。20 世纪 90 年代，由美国建筑师弗兰克·欧恩·盖瑞在西班牙工业城市毕尔巴鄂建造的古根海姆博物馆，不仅令人印象深刻，还带来了持续不断的旅游收入。从此，"毕尔巴鄂效应"就成了代表性的概念，说明由明星建筑师设计的地标性建筑可以针对性地帮助地方实现升值的现象。德国其他城市如施特拉尔松海洋博物馆、不来梅港的 8 度气候博物馆、沃尔夫斯堡的费诺科学中心、Vitra 公司在莱茵河畔威尔的设计都吸引了众多的建筑设计爱好者。

巴塞尔计划建造可以容纳 15000 人并带有酒店的音乐厅和节庆大厅，罗氏制药集团在紧邻圣雅各布公园建造的一座 140m 高塔。斯特拉斯堡计划一项彻底的城市革新工程，将城市和莱茵河岸连接起来，此外还要建造一座拥有 100 层摩天大楼的会展中心。感谢弗莱堡大学对大学图书馆的改建，为弗莱堡中心城区增添一座令人印象深刻的建筑。近期，弗莱堡市通过对洛特艾克环道的开发以及旧犹太教堂广场的规划，打造高价值的当代建筑设计风格。

土地更新和循环利用

除了开发新的工商业用地外，土地更新对经济发展也尤为重要。弗莱堡经济房地产署最重要的振兴项目中就有对圣加布雷尔军营区的置换和更新，将该地块购入、修复并按照弗莱堡市中心仓库以及其他企业的使用方案进行开发。同样还有北区的污水处理厂，通过土地修复后被出售给多家中型制造企业。弗莱堡经济房地产署将周边县镇面积 $0.14km^2$ 的工业棕地埃尔茨河工业区更新为居住和服务区域，将其打造成当地有名的"花园城市"。同样还有特宁根（Teningen）的 $0.04km^2$ 军营更新为可用于零售业、制造业和手工业使用的混合型工商业区。

3.4　基础设施

3.4.1　交通基础设施作为经济因素

发达的基础设施以及高效的交通运输网对区域经济发展有着战略性意义。弗莱堡从前因为地处德国边陲而受忽视，如今却因处在欧盟中心的地理位置上获益良多。

欧洲机场：巴塞尔—米卢斯—弗莱堡机场

通过"巴塞尔 - 米卢斯 - 弗莱堡"机场，弗莱堡得以与国内国际航线相连接。年 430 万人次的客运和超过 15 万 t 的货运量，使欧洲机场成为区域经济发展的重要交通枢纽。航线连接 30 个国家的 62 座机场，每天每条航线至少有一次直航航班，每天共有 20 个班次飞往巴黎、伦敦和柏林。同样可以便捷到达的地区机场还有巴登和斯特拉斯堡机场。弗莱堡机场和布莱斯高工业园的通用停机坪都可供小型私人和商用飞行使用。从弗莱堡出发，两个小时内便可通过铁路陆路到达斯图加特、法兰克福和苏黎世国际机场。

铁路交通

弗莱堡和所在的上莱茵河地区位于欧盟的主要交通轴线区域。连接北海港口鹿特丹和地中海港口热那亚的南北铁路中轴线是欧洲最重要的交通轴线之一，弗莱堡正位于这条线上，ICE 高速列车在此停靠。2018/19 年度阿尔卑斯纵贯线通车后，客运和货运数量将明显增加。因此，根据现有规划在南北和东西方向的铁路扩建项目必须加速推进，尤其是已经规划的莱茵河谷货运铁路扩建项目，以及法铁 TVG 莱茵 - 罗纳经法国米卢斯到达弗莱堡主火车站的线路畅通，对承担未来的交通流量和保障弗莱堡地方经济持续发展都是巨大的推动力；但同时必须保证环境承受能力并注重保护自然景观，以保持环境吸引力这一重要经济区位因素。

交通组合

弗莱堡的铁路货运和集装箱转运站为越来越多的交通组合提供了支持。随着集装箱运输的增加，满载货物的集装箱或整辆货车可以先通过铁路运输，然后转入公路货运。未来的铁路货运中转将远离城市中心，以避免货运交通增加城市的环境和道路压力。

近郊公共交通

近郊公交客运是指铁路和公交一体化的交通网络，该网络实现了将弗莱堡所有城区与周边两郡的交通连接，使得该区域的居民可通过便捷的方式使用区域内的任何公共交通。通过扩建近郊城轨，弗莱堡与周边城镇之间的交通连接得到显著改善。目前，巴符州政府试图将弗莱堡的这种模式拓展到整个州，使得居民通过天票、月票、年票等便捷模式在全州范围内自由通勤。

陆路水路交通

区域内众多物流和批发公司说明弗莱堡市便捷的交通位置。作为德国南北交通主干道的 5 号高速公路保证了弗莱堡与国内、国际高速公路网的无缝接驳。目前的主要问题在于东西走向的 B31 公路上每天车流量超过 4 万，穿过中心城区，给出行和沿线居民造成很大交通压力。为了缓解过境交通流量，减轻市中心的交通压力，当务之急要在中心城区修建城市隧道进行引流。

莱茵河港口布莱萨赫将弗莱堡经济区与内河船运连接起来。过去若干年中，这里每年的货物吞吐量高达百万吨。随着货运和交通流量的增加以及出于生态的考虑，将来内河船运的重要性还会不断增加。

相关措施：

- 将巴塞尔 - 米卢斯 - 弗莱堡机场与上莱茵河区域的轨道交通接驳。
- 在弗莱堡火车总站设立法铁高速列车 TGV 停靠站，将弗莱堡地区与法国铁路交通直接相连。
- 在考虑到环境和自然景观的前提下扩建莱茵河谷铁路货运轨道。
- 从巴登 - 巴登到巴塞尔的 5 号高速公路全程扩建为六车道。
- 将建设城市隧道作为城市更新和疏解城市过境交通压力的重要契机和手段。
- 在高速公路附近修建铁路货运装载站，建立地区铁路 - 公路联运体系。

3.4.2　信息和通信技术

连接信息高速公路

用于知识和信息交流的高速宽带网络是经济增长的前提条件。对经济和社会发展而言，它和铁路、公路或者燃气、水、电和电话网络同样重要。因此，充足的信息承载量也成为当今最重要的基础设施任务之一。

弗莱堡市的宽带供应良好。联邦德国政府的宽带云图显示，97% 的弗莱堡家庭和企业享有超过 1.000kbit/s 的宽带速度。但是与此同时社会对带宽的需求也在急速增加，弗莱堡周边乡村地区的宽带低于平均水平。2009 年促进署和巴登信息技术公司对 DSL 需求的问卷调查显示：在工业区豪赫多夫和图尼山一些地区村镇的网络带宽不足。同时问卷调查结果显示，在不久的将来企业和家庭需要 6000 ~ 16000kbit/s 的带宽。所以，下一步需要保障并进一步提高宽带基础设施的高标准，整个城区需要至少 16000kbit/s 的宽带接口，同时也应为高速网络（50000kbit/s 及以上）打好基础，以便保持地方的竞争能力。同时未来在全市范围内所有将要进行的地下工程都应同时铺设备用空管，为将来信息高速网络的扩建做好准备。

4. 教育、科学和技术

4.1　教育、研究和技术作为重要区位要素

在通往知识型社会的道路上，教育和科研都是创新和地方竞争获胜的基础。因此，要将弗莱堡作为融丰富传统和先进知识为一体的区位推向全世界。为了同时促进和加速科研成果向市场产品的转换，需要在产业集群的战略框架下加强区域经济界和知识界的联系。

教育培训中心

弗莱堡拥有多样化的教育资源，数量众多的高校、学院和各类进修培训机构，拥有四所公立和三所私立高等院校，其中包括德国九大精英大学之一的弗莱堡大学。另外，地区内奥芬堡（Offenburg）和富特旺根（Furtwangen）的技术类高校，还有位于菲林根-施文宁根和吕拉赫的巴登-符腾堡州双元制大学都很好地丰富了弗莱堡的教育供应。教育资源应当作为一项重要的区位因素来看待，它们为弗莱堡带来众多游客和住宿消费，增加了居民数量，吸引和培养了高素质专业人才，他们来到弗莱堡学习、进修而认识了这座城市，喜欢上这里并留了下来，成为城市创新和发展的重要引擎。

技术转化和创业中心

通过大学或研究机构创立企业或扩大企业规模是当地创新的一项重要动力。弗莱堡大学、奥芬堡和富特旺根应用技术大学以及弗莱堡天主教和基督教大学共同成立的区域创业协会"上莱茵地区校园技术（CTO）"，不仅在巴登-符腾堡州，而且在全德范围内也是非常有代表性的范例。截至 2009 年，CTO 共成立了超过 100 家企业，实现新的就业岗位约 500 个。弗莱堡技术中心（TZF）和生物技术园（BioTechPark）为年轻企业家们分别提供大约 1250m^2（TZF）和 4000m^2（BioTechPark）的办公和实验室空间，便于创业者的启动。除此之外，年轻企业家们聚集在一起，还可以从彼此的交流和合作机会中获益。

4.2　产业集群作为区位成功要素

以技术和行业为导向的集群和优势领域可以打造地区独有的鲜明特色，有助于在国内外树立形象。科研机构和创造型人才的集中以及知识和信息的交流，是技术和经济发展的动力，有助于加强区域内企业和机构的创新能力。集群政策作为一种尝试，旨在发现区域内的行业集中点并将其串联起来，以形成企业和地方的竞争优

势。经济促进通过产业集群战略来支持地方发展，弗莱堡地区的重要产业有健康医疗、微系统技术、环保和太阳能经济、数字和媒体、节庆会展和旅游业。

一方面，弗莱堡地区要加强产业集群和优势领域内部的合作，加强整个价值链上的生产商、服务商、研究机构、高校、商协会、投资机构之间的联系。另一方面，应加强上莱茵河流域德国巴登地区、法国阿尔萨斯地区、瑞士巴塞尔地区的合作，将整个上莱茵河区域打造成"上莱茵河跨国都市圈"，由此开辟一条通往真正的国际性试点项目的道路，已经成功的著名案例有"上莱茵河生物谷"和"上莱茵河旅游谷"，而"上莱茵河绿谷"项目也在积极策划中。另外，促进并加强产业和科研切合点的创新和技术转让，并以成果为导向将创新转换为适销产品，同样也占据重要位置。

4.3　健康产业 / 生命科学

健康产业是社会和经济发展的重要因素，所有重要数据都预测健康经济在未来若干年继续保持积极发展。不管是人口的老龄化发展趋势——截至 2025 年 65 岁以上人口比重增幅将达 30%，还是人们日益强烈的健康意识都决定着健康经济在未来价值创造中的比重将不断增加。健康经济所涉及领域跨度非常宽广，对很多行业都有影响，其中包括制药、医疗器械、制造行业的生物技术（BioMed）、批发和零售业（验光 / 眼镜、药房等）、教育和研究机构，尤其是住院和门诊服务构成健康经济的核心领域，即医院、预防、康复机构、诊所，还有服务领域的养老院和护理院。除此以外还包括与医疗健康市场间接相关联的领域，比如食品、运动和休闲经济以及健康旅游（以健身、疗养、美容和整形等目的为主）或生态建筑和居住。

弗莱堡地区的顶尖健康产业集群

2008 年巴符州有 12%（450500 人）的就业人口在医疗健康产业工作，而弗莱堡的健康产业就业人员比重占总就业人口的 20.4%（20400 人），明显高于全州水平。综合排名位居德国前三位的弗莱堡大学医院拥有员工 8000 名，是地区健康经济的龙头单位，除此以外弗莱堡区域内还拥有众多知名专科医院和康复机构。同时，区内各类机构为医疗健康职业不断增长的市场提供专门的培训和进修项目。另外，弗莱堡大学生命科学院的高端研究和教学近年来也一直保持着目标明确的发展。最后，弗莱堡大学应用技术学院拥有欧洲最大的微系统技术研究所（IMTEK），该所越来越专注于生命科学这一目标市场。总之，在医疗技术方面，上莱茵河地区拥有绝佳的潜力，是除慕尼黑地区之外在该项领域基础最为扎实的地区。

跨领域的生命科学集群"生物谷"

1997～2001年，弗莱堡"生物区"（BioRegio）在欧盟地区发展基金 INTERREG 的资助下建起一个关于生命科学的传统交流平台，2002～2007年，该平台被拓展为集群结构。在再次获得欧盟地区发展基金 INTERREG IV 项目（2008～2012年）的支持后，该集群试图将生物技术、制药和医疗技术（BioMed）、纳米技术和系统生物学等领域都相互联系起来，使传统集群"生物区"迈入新的层次并和上莱茵河流域的瑞士西北部和法国阿尔萨斯地区的相关集群组成"上莱茵河生物谷"。

新的区域产业集群"弗莱堡健康区"

2010年10月，由促进署主持制定的"健康经济 - 优势领域"方案在巴登 - 符腾堡州产业集群竞赛的第二轮中赢得了经济部评委会的一致认可，由此获得欧洲区域发展基金的 20 万欧元补助，用以创建一个高效的健康医疗服务产业集群。将旅游业和健康医疗经济相结合是弗莱堡将传统与未来领域结合的一种尝试，新的集群将建立在这两个领域的交叉点上。

4.4　环保和太阳能经济

环保经济在全球范围内都将会成为一个重要的主导和增长型产业。由于其跨度广泛的突出特性，全球环保产品、技术和服务市场中活跃着各种各样的企业、独立经营及自由职业者；从农林业到制造业乃至服务行业，有着很好的市场机会和前景。

弗莱堡地区在环保和太阳能经济领域拥有特色鲜明、极具创新力的增长型集群。共有大约 12000 名就业人员，占整个就业人口的 3%。环保经济每年创造价值可达 6.5 亿欧元，区域范围内有 2000 多家企业参与其中，占整个区域 GDP 的大约 4%。弗莱堡的环保和太阳能经济形成了鲜明的特色。尤其是在研发、知识转化、环境教育和应用方面，该产业的发展处于领先地位，并形成了结构鲜明的增长型产业集群。弗莱堡的独树一帜还来自于区域特有地方因素——即政策保障、市民热情、自然和气候以及知识和创造力的结合，即所谓的"弗莱堡组合"。

由促进署制定的环保和太阳能产业集群——"弗莱堡绿色产业集群"促进方案在全巴符州内的第一次集群竞赛中就获得认可。2008年12月，弗莱堡绿色产业集群战略从 36 个项目草案中脱颖而出被评为最佳方案，并于 2009 年 9 月获得欧洲区域发展基金的 30 万欧元用于 3 年的集群发展资金。

4.5　微系统技术

20 世纪 80 年代以来，微系统技术已经成为增长最快的技术领域之一。通过微型组件和电子、光学、力学、化学和信息学方面的系统解决方案的结合，微系统技术可以提供低成本、资源节约的方案，也可以为几乎所有工业和生活领域中的传统问题提供全新的解决方案。微系统技术是很多应用领域的技术推动力，其中首推汽车、生命科学、医疗技术、机械制造、传感技术、环保和能源技术以及物流和安全应用等领域。位于德国西南部的弗莱堡地区藏龙卧虎，既有世界市场领先者，又有众多中小型企业，还拥有具备 30 多个教授席位和 600 多名工作人员的研究机构，属于欧洲范围内微系统技术顶尖研究者最为密集的地区之一。

德国西南地区来自高校、研究机构和企业的 340 位专家共同组成 29 个合作项目，旨在发展创新型微系统产业，他们获得德国联邦教育与科研部高达 4000 万欧元的相关资助。由促进署提供支持的巴符州"德西南微技术产业集群 microTEC"总部位于弗莱堡，该集群自 2010 年起成为德国联邦科研部顶尖产业集群竞赛第二轮 5 个获胜集群之一，这意味着巴符州和弗莱堡走在通往微系统技术领域世界顶尖的道路上。

4.6　IT 和媒体经济 / 创意经济

媒体和 IT 行业是巴登 - 符腾堡州和上莱茵河区域的重要经济分支，所占经济比重也很突出：拥有 41000 名从业人员和 5150 家企业、年销售额达 47 亿欧元。该区域将印刷和出版业的传统优势与快速发展的经济领域如新媒体、信息化通信技术以及软件开发等联系起来。为了加强弗莱堡地区的媒体和营销效应，2002 年弗莱堡市经济 - 旅游和会展促进署与巴登 - 符腾堡州媒体及电影集团（MFG）合作成立了弗莱堡地区外景办事处。自成立以来，办事处协助了几十部影院和电视影片在弗莱堡地区的拍摄，其中有以弗莱堡为基地拍摄的影片"让我快乐（Mach michglücklich）"和"分享的快乐（Das geteilte Glück）"。还有在弗莱堡近郊格罗塔尔（Glottertal）拍摄的德国电视一台电视连续剧"屋檐下的动物（Tiere bis untersDach）"，这是继德国家喻户晓的电视连续剧"黑森林医院（Schwarzwaldklinik）"之后又一部在该地区拍摄的连续剧。这对区位的营销和推广提供了具大的推动力。

成立于 1994 年的上莱茵河软件论坛（Software-Forum Oberrhein/SFO）是由促进署、上莱茵河工商会以及巴登地区工业企业经济联合会（WVIB）共同发起的、信息技术供应商和使用者的信息交流平台，该平台从 2003 年起和阿尔萨斯地区工商大会展开了跨境合作。另外，弗莱堡市 1996 年成立了弗莱堡媒体论坛（mff），作为上莱茵河地区媒体和 IT 行业的交流平台。借助 IT 安全、网络营销、业内人士 / 服务商、知识转让 / 绿色学习和软件等方面的专业人群，弗莱堡媒体论坛为经济、科学和社会之间跨行业的技术利用与合作提供服务。为了将来能将创意经济的潜力更好融入弗莱堡经济主体，需要发展适合创意行业特点的战略和措施。

5. 弗莱堡式的"全域旅游"

5.1 作为地区重要经济要素的旅游业

旅游业在以中小型企业为主体的弗莱堡经济结构中，无论从价值创造和就业效果来讲都是重要支柱。据旅游和体育市场研究公司 Trendscope2009 年对弗莱堡旅游业的分析，营业性住宿、在亲朋家里留宿的私人住宿量及当日游旅客数量每年共计超过 1200 万人次。住宿和当日游客人共带来大约 5.68 亿欧元的纯销售额，一级和二级销售的总价值创造额高达 3 亿欧元。在从业人员总收入和城市家庭财产中，旅游经济产生的份额约占 6%。旅游业为弗莱堡的经济生活带来诸多动力，不仅是酒店住宿和餐饮业，地区零售业、手工业、交通以及大量其他服务分支行业也从中获益。因此，大力促进旅游业的发展是弗莱堡经济促进不可缺少的重要任务之一。

5.2 弗莱堡旅游业的发展

过去二十年来弗莱堡的游客过夜数始终保持增势。2007 年是一个特殊的里程碑：弗莱堡首次创下了游客过夜数过百万的纪录，年终统计数字为 113 万人次；2010 年又达到了 129 万人次；2015 年则达到 145 万人次。与之相应增长的还有宾馆住宿业。营业性酒店从 2009 年的 66 家增加到 2015 年的 82 家，床位数从 5000 张增加到 7550 张。如果算上其他住宿经营企业（宿营地、青年旅社、膳宿、度假屋），可容纳的床位数会更多。虽然弗莱堡在住宿方面的设施很完善，符合其作为具有良好增长潜力的旅游和会展城市的特点，但为了保障这一优势，必须在不同程度上继续提高住宿的数量和质量。

统计表明过去这些年中弗莱堡的国外游客住宿比例持续增加，仅在 2009 年经济危机时减少了 1%。不过即使这一退步也明显要低于其他德国旅游地的减少程度。与 1987 年相比，2015 年国外游客住宿增加了将近 1/3（30.9%）。外国游客平均逗留时间为 1.8 天，德国本土游客平均逗留时间 1.9 天，两者几乎没有差别。

住宿客流的发展与著名旅游城市海德堡和巴塞尔的比较，见附图 9。

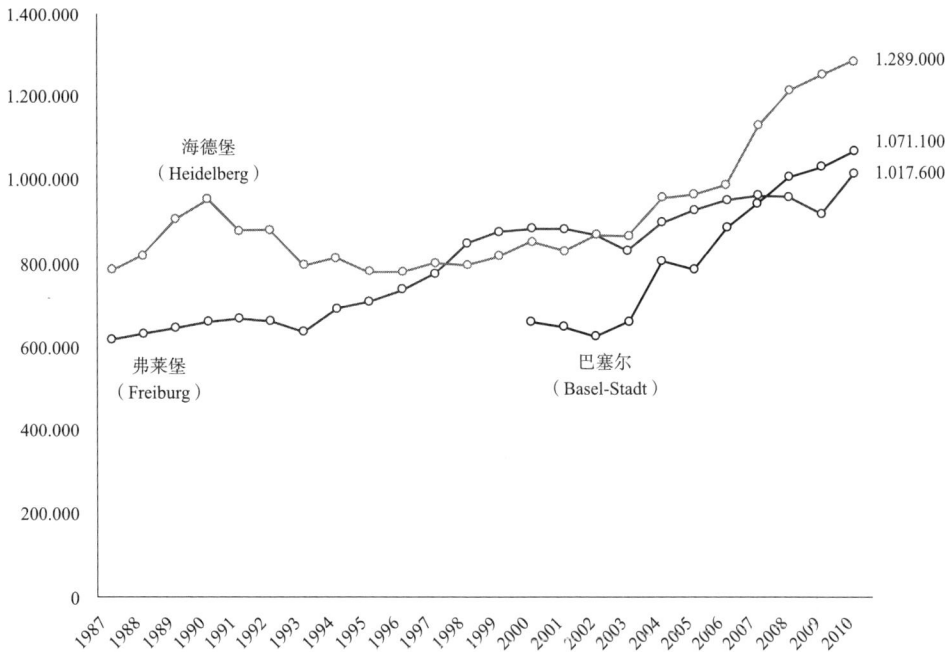

附图 9　1989 ～ 2010 年旅馆住宿量
来源：根据巴登 - 符腾堡州统计署 & 巴塞尔市统计局数据绘制。

5.3　旅游市场经营

国外旅游市场

就弗莱堡地区而言，城市旅游业的增长首先来自国外游客，因此要将旅游营销的重点放在国外市场。弗莱堡国外市场的运作有两个战略性细分市场：一级市场的住宿量始终保持较高水平，主要来自瑞士、荷兰、意大利、法国、美国、西班牙和英国；二级市场的住宿量虽然目前还不算多，但可以预测中期的增长率，主要是指日本、中国、印度、俄罗斯和海湾国家。

探亲访友旅游

所谓探亲访友旅游也是旅游住宿中不可低估的一块市场，每年都会产生营业性住宿和私人住宿的过夜量。尤其是在本地生活的大学生和培训人员为整个住宿消费做出了巨大贡献。另外，大学生和培训人员也会介绍自己的亲朋好友前来观光旅游。统计表明，大约 33% 的游客是在私人即亲朋好友处过夜的，所以不能低估这个市场的存在。

商务和进修旅游

德国旅游中心和德国国家旅游局的一份基础研究报告，商务出行占比超过整个住宿量的 1/3，这意味着德国酒店住宿的 1/3 都来自于会议、培训、商务和活动。弗莱堡商务住宿占比最高的是会议和大型活动，达 42%；其次是客户拜访，占31%；展会住宿占 14%。因此营销重点应放在加强和促进商务旅行，即通过参加会议、展会、奖励、培训以及商务拜访而产生的住宿。弗莱堡为数众多的科研和教育培训机构为城市带来源源不断的访客。另外，凭借雄心勃勃的环保政策、可持续的城市发展以及对利用和加强可再生能源的认知，弗莱堡在全球范围内赢得良好声誉，这也为弗莱堡带来越来越多的专业访客，来自世界各地的专业代表团前来获取可持续城市发展、交通规划、旧房改造以及可再生能源领域的理念和专业信息。

健康医疗旅游

鉴于日趋增长的健康医疗旅游，由促进署新建的健康服务型产业集群"弗莱堡健康区"将弗莱堡大学医院优越的医疗条件与区域内众多的健康医疗机构以及周边优美的自然休闲环境结合起来，使弗莱堡地区在预防、治疗、康复等健康服务领域吸引更多的游客及其家属，使得旅游向高价值高品质方向发展。

上莱茵河旅游谷

上莱茵河区域的游客住宿量将近 1600 万人次，这一区域除了德国巴登和南普法尔茨地区外也包括法国的阿尔萨斯和瑞士西北部，该区域从游客数量方面与欧洲旅游胜地意大利南蒂罗尔或托斯卡纳地区相当。尽管上莱茵河地区共享同样的历史和文化，拥有独一无二的旅游资源，但因为分属三个国家，该区域的旅游潜能在过去并未得到充分利用。因此，在弗莱堡市经济旅游会展促进署倡议和组织下，将原先的"上莱茵河谷三国旅游区"进一步拓展为"上莱茵河旅游谷"，并在空间上扩大到整个上莱茵河区域，并在"上莱茵河旅游谷"的品牌下进行营销，增强地区的整体性和品牌效应。

旅游业的战略性合作

合作与对话是当今旅游业的重要标志，在世界旅游市场上单枪匹马几乎不可能取得成功。为了突出自己地区的旅游资源，不可避免地要采取多方合作策略。弗莱堡市经济旅游会展促进署发起并加强与其他城镇、企业及旅游服务商的合作，同时

与德国国家旅游局携手共同开拓海外市场，在州层面上则与巴登 - 符腾堡州旅游营
销署（TMBW）一起在海内外进行旅游营销活动；在地区层面与黑森林旅游促进署
（STG）共同参加国内外的展会并为弗莱堡市进行营销活动；与其他特色相近的城市
连成主题线路，比如弗莱堡与其他 15 座德国城市组成"德国历史名城"主题旅游线。
将城市尽量置于多条营销网络中可以成倍放大营销效果，对于中小城市的旅游发展
尤其重要。

5.4　大型活动和文化旅游

大型活动的营销效应

大型活动在当今体验型社会中扮演着十分突出的角色，并在过去这些年里占
据了城市旅游业的重要地位。具有轰动效应的大型体育和文化活动不仅吸引了大
量游客，对城市的旅游营销而言，重要的是这些事件所带来的广告效应。同时，
大量的体育赛事、节庆和文化活动能为酒店和餐饮业带来积极增长。弗莱堡在会
展中心和音乐厅的现有条件下举办大型音乐会是有难度的，因为弗莱堡这方面的
潜力比较有限。所以弗莱堡在活动方面着眼于挖掘"地方特色"，即优先考虑在城
市的户外、街道和广场举办大型活动。其中体育方面的大型赛事有 2000 年环法自
行车赛、2004 年德国自行车锦标赛、2005 年场地自行车赛世界杯和 2009 年花样
滑冰世锦赛。弗莱堡马拉松赛自 2004 年以来一直是弗莱堡固定的体育盛事，吸引
了大批外地参赛选手，他们往往和随同人员一起前来并在本地住宿。2011 年弗莱
堡的"千年盛事——教皇来访"成为弗莱堡轰动一时的大事件，为城市增添了一
大亮点。

集市和节庆

在节庆和文化方面，弗莱堡每年固定的活动有葡萄酒节、电影节和国际帐篷音
乐节。圣诞节期间，弗莱堡圣诞市场平均每年迎来超过 50 万名游客，其中很多来
自国外，这给弗莱堡的酒店住宿带来很大客流量。一年一度的"Mundologia"摄影 -
探险 - 旅行电影节吸引了周边万名观众前来观看。

文化作为吸引点

从文化活动到建筑艺术，城市文化的方方面面都是吸引城市旅行爱好者的最重
要因素，尤其对国外游客而言，文化这一主题特别重要。无论博物馆、展览会、戏
剧节、音乐会还是其他节庆活动——弗莱堡的文化和休闲项目在过去若干年中无论

从数量还是质量上都得到了积极发展,这在住宿统计数据和游客评价上也得到了反映。仅在弗莱堡市经济旅游会展促进署所管理的活动场馆——弗莱堡音乐厅、市会展中心和古代商贸会馆内每年就有超过 700 场次的不同活动。

5.5 酒店业的发展

建造音乐和多功能会议中心带来的直接结果就是扩充城市的酒店容量,这可以提升弗莱堡作为旅游目的地的吸引力和竞争力。从 20 世纪 90 年代起,通过新建和扩建酒店,弗莱堡酒店行业的接待能力提升了 70%,增加床位 2000 个。

5.6 会展业

在会展业中获益的不仅是直接参与会展的机构如会展公司、展会搭建和物流服务商等,酒店、餐饮、出租运营以及零售业也包括在内。弗莱堡是具有国际地位的区域会展所在地。弗莱堡会展共有 17 个自办展以及众多的客展和活动。21000m² 的展厅面积在全德居第 22 位。自从 2000 年搬迁至新展馆后,2010 年销售额从 300 万欧元增至 1880 万欧元。这一良好的业绩发展很大程度上要归功于两大主要国际展会“国际太阳能展”和“国际刷具机械展”以及过去若干年中新开发的展会,如建筑节能和能源领域的“建筑—能源—技术”和“国际太阳能会议”等新项目。另外,通过有针对性地开发细分型展会,如“弗莱堡美食展”“国际文化交流会”“房地产展会”或者“婴幼儿用品展”等,综合型展会的下降趋势得到抑制,新的市场潜力得到开发。

弗莱堡的会展重点主要聚焦于环保和太阳能经济、健康医疗、休闲和旅游业等本地优势领域,因为展会是集中展现区域优势产业企业和机构的平台。“国际太阳能展”“建筑—能源—技术展”“人才交流会”和其他教育、招聘类展会“健康生活展”或“休闲度假展”以及自行车展分别满足了不同人群的需求,符合弗莱堡的区域特色,也展现了当地重要的经济要素,见附图 10。

5.7 弗莱堡会议中心和音乐厅

弗莱堡音乐厅于 1996 年 6 月 28 日首次正式开放,弗莱堡市经济旅游会展促进署作为运营和租赁方承担了这一重要任务。提升城市和区域的文化吸引力、拓展大型会议活动的新前景、开启城市建设及经济的振兴,这都是市民对这座建筑所寄予的厚望。而弗莱堡音乐厅的建造也确实为城市发展注入新的活力,它为城市带来显著的经济效益和客流量。弗莱堡市凭借音乐厅这一建筑成为大型会议和活动的举办场所的愿望得以实现。如果没有这座音乐厅,弗莱堡也就无法举办各类会议。

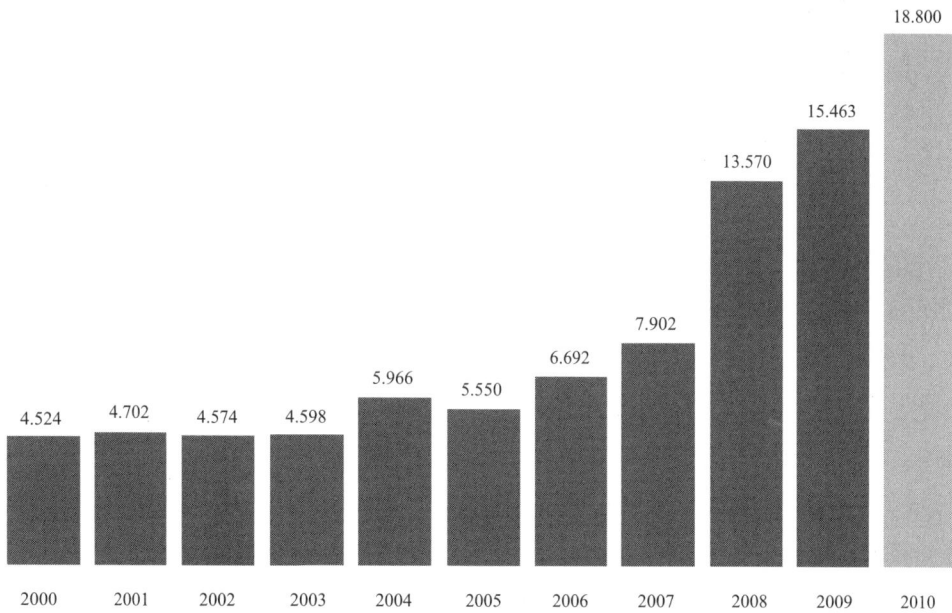

附图 10 弗莱堡展会 2000~2011 年收益发展（千欧元）

来源：弗莱堡经济旅游会展促进署。

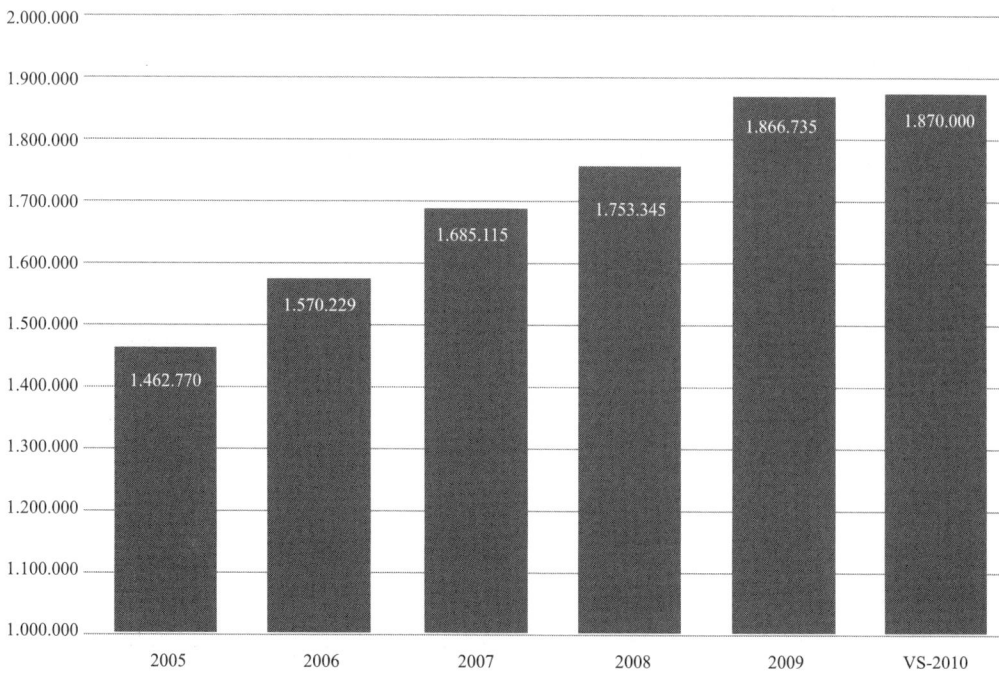

附图 11 弗莱堡音乐厅 2005~2010 年销售额（欧元）

来源：弗莱堡经济旅游会展促进署。

另外，从社会和文化效益来看，"打造一座属于所有市民的建筑"在弗莱堡音乐厅身上也实现了这一要求。对这座城市最好的改变和塑造还体现在文化生活中：这里是西南广播交响乐团、弗莱堡爱乐乐团、弗莱堡巴洛克乐团、弗莱堡巴赫合唱团的驻场音乐厅，见附图 11。

6. 前景展望

弗莱堡是富有特色的知识和科学之城，区域范围内大部分是中小型企业。从手工业等传统行业到服务业，再到生命科学、环保及太阳能、微系统工程以及 IT 和媒体等创新型领域。其中有很多成功的跨国企业和世界市场领军者，即所谓的"隐形冠军"。弗莱堡的优势领域在于高科技、教育和创新。当地高校和研究机构为弗莱堡带来创新潜力并对学生、雇员、居民和企业的巨大吸引力。

弗莱堡市经济旅游会展促进署作为弗莱堡市的城市经营和营销机构，将弗莱堡和上莱茵河区域作为经济区位、旅游目的地以及富有吸引力的生活空间进行经营和营销。促进署对内与各市政管理部门紧密合作，通过加强基础设施、推行有利经济的框架条件以吸引投资者、专业人才和后备力量；对外架设地方机构、科研院校与企业之间的桥梁。促进署是城市发展的发动机，通过推动和支持政产学研用的集群和网络平台发展，加强本地教育以及"弗莱堡模式"的国际化营销，保证区域增长、人民富裕并长期确保区位在国际化竞争中的竞争能力。可持续性是行动的指南和标准，也是过去这些年城市成功发展的主要原因。经济的量化增长不能也不应只以生活环境的物质性改善为目标，而要以所有城市居民的整体幸福安康为方向，并对其进行长期保障。

作者简介

贝恩特·达勒曼博士（Dr.Bernd Dallmann）

毕业于弗莱堡大学经济和法学专业，获国民经济学博士学位。曾任职于联邦财政部领导部门，之后在弗莱堡担任医药行业执行总监和州园博会运营主任。自 1987 年起，贝恩特·达勒曼博士担任德国弗莱堡市经济旅游会展促进署署长。1994 年，他在弗莱堡行政管理和经济学院设立在职课程，并担任课程带头人以及德国经济促进师在职培训的兼职教授，同时，他也是曼海姆巴登 - 符腾堡州双元高等学校（DHBW VWA Freiburg）经济促进专业的发起人。

1999 ~ 2007 年，贝恩特·达勒曼任联邦德国城市协会经济促进专业委员会主席。他是"绿色之都弗莱堡"这一城标的精神领袖，凭借这一生态特色将家乡弗莱堡推上了国际层次。除了担任弗莱堡经济旅游会展促进署首席署长外，达勒曼博士还是欧洲环境基金会主席，并负责弗莱堡 BioMed 技术基金会和弗莱堡经济区的运营事务，同时，他还是巴登 - 符腾堡州旅游协会的董事会成员。

米歇尔·李希特博士（Dr.Michael Richter）

曾就读于弗莱堡大学经济学专业，学习期间曾在弗莱堡经济旅游会展促进署以及弗莱堡经济区促进署工作，最后获得国民经济学博士学位。毕业后，他首先在海德堡市和海德堡储蓄银行共设的海德堡经济发展署（HWE）就职，2000 年调至弗莱堡经济旅游会展促进署工作。2005 年起任经济促进部副主任，2009 年起同时担任弗莱堡 BioMed 技术基金会副主席。此外，米歇尔·李希特还在弗莱堡行政管理和经济学院（VWA Freiburg）以及位于曼海姆的巴登 - 符腾堡州双元高等学校（DHB WVVA Freiburg）担任经济促进专业的讲师。

陈炼

　　复旦大学法学与德国弗莱堡大学政治学双硕士学位毕业，德国弗莱堡市政府经济管理学院高级经济促进师证书。长期担任德国弗莱堡市经济旅游会展促进署中国事务部主任及德国弗莱堡市经济与公共事务国际管理咨询公司总经理，负责绿色之都德国弗莱堡市与中国政府交流项目，具有多年政府公共事务顾问及管理经验。曾任 2010 年上海世博会德国弗莱堡展馆馆长，弗莱堡市是世博会最佳城市实践区参展城市中唯一从整体角度来介绍其绿色可持续发展理念的案例。2017 年起兼任德国拉尔市中国事务部主任，主要负责拉尔市机场工业园区，特别是拉尔黑森林机场的对华合作项目。

参考文献

ADENAUER, MAX (1959), Wirtschaftsförderung, in: PETERS, HANS (Hrsg.), Handwörterbuch der kommunalen Wissenschaft und Praxis, Bd. 3, Berlin u. a.1959, S. 898-905.

AKADEMIE FÜR RAUMORDNUNG UND LANDESPLANUNG (Hrsg.) (1995), Handwörterbuch der Raumordnung, Hannover 1995.

ALECKE, BJÖRN/UNTIEDT, GERHARD (2006), Möglichkeiten und Grenzen der Förderung von Clustern – einige kritische Überlegungen am Beispiel der Investitionsförderung, in: Informationen zur Raumentwicklung, Heft 9 (2006), S. 515-523.

ALTENMÜLLER, REINHARD (1981), Direkte kommunale Wirtschaftsförderung?, in: DVBl. (1981), S. 619-622.

AMELN, RALF VON (1990), Planung, Organisation und Instrumente kommunaler Wirtschaftsförderung, in: EHLERS, DIRK (Hrsg.), Kommunale Wirtschaftsförderung, Köln 1990, S. 19-38.

ARNDT, OLAF/KOCH, TOBIAS/VOLKERT, BERND (2009), Analytische und konzeptionelle Grundlagen zur Clusterpolitik in Baden-Württemberg, PROGNOS AG (Hrsg.), Bericht 05/2009 im Auftrag des Wirtschaftsministeriums des Landes Baden-Württemberg, Stuttgart 2009.

ASCHE, MICHAEL/KRIEGER, FRITZ (1990), Interkommunale Zusammenarbeit. Gemeinschaftliche Industrie- und Gewerbegebiete, Dortmund 1990.

BACK, HANS-JÜRGEN (1995), Regionalisierung, in: AKADEMIE FÜR RAUMORDNUNG UND LANDESPLANUNG (Hrsg.), Handwörterbuch der Raumordnung, Hannover 1995, S. 821-823.

BALLESTREM, FERDINAND VON (1974), Standortwahl von Unternehmen und Industrieansiedlungspolitik. Ein empirischer Beitrag zur Beurteilung regionalpolitischer Instrumente, Berlin 1974.

BARANOWSKI, GUIDO/DRESSEL, BERTRAM/GLASER, ANDREA (Hrsg.) (2010), Innovationszentren in Deutschland 2010/11. Mit Firmenbeschreibungen, Berlin 2010.

BAUER, HELFRIED et al. (1990), Aufgaben und Organisation zeitgemäßer städtischer Wirtschaftsförderung, Linz 1990.

BEER, THORSTEN/HELD, HOLGER/LEUNINGER, STEFAN (2001), Wirtschaftsförderung im 21. Jahrhundert – Konzepte und Lösungen, IMAKOMM AKADEMIE (Hrsg.), Schriften zur Wirtschaftsförderung, Band 1, Aalen 2001.

BEER, THORSTEN ET. AL. (2003), Wirtschaftsförderung im 21. Jahrhundert – Zielgruppe Unternehmen, IMAKOMM AKADEMIE (Hrsg.), Schriften zur Wirtschaftsförderung, Band 2, Aalen 2003.

BEHRENDT, HEIKO (1996), Wirkungsanalyse von Technologie- und Gründerzentren in Westdeutschland, Heidelberg 1996.

BEYER, ROLF (1998), Stadtmarketing als Instrument kommunaler Wirtschaftsförderung, in: Die Gemeinde (BWGZ), Nr. 4 (1998), S. 125-127.

BIEDEMANN, BIRGIT (2006), Telearbeits- und Teleservicezentren als Instrument der Wirt-
schaftsförderung in ländlichen Räumen. Erfolg eine Frage des Standorts?, Stutt-
gart 2006.

FLORIAN BIRK/BUSSO GRABOW/BEATE HOLLBACH-GRÖMIG (Hrsg.) (2006), Stadtmarketing – Status
quo und Perspektiven, in: DEUTSCHES INSTITUT FÜR URBANISTIK (Hrsg.), DIFU-Beiträge zur
Stadtforschung, Band 42, Berlin 2006.

BIRNSTIEL, DETLEF (1996), Public Private Partnership in der Wirtschaftsförderung, in: RIDINGER,
RUDOLF/ STEINRÖX, MANFRED (Hrsg.), Regionale Wirtschaftsförderung in der Praxis,
Köln 1996, S. 225-243.

BITTER, WALTER (1938), Städtische Wirtschaftsverwaltung und städtischer Wirtschaftsdezer-
nent, in: Der Gemeindetag, Nr. 9 (1938), S. 218-284.

BLAICH, FRITZ (1970), Möglichkeiten und Grenzen kommunaler Wirtschaftspolitik während
der Weltwirtschaftskrise 1929-1932, in: Archiv für Kommunalwissenschaften,
Jg. 9 (1979), S. 92-107.

BLANKE, BERNHARD (Hrsg.) (1991), Stadt und Staat. Systematische, vergleichende und prob-
lemorientierte Analysen „dezentraler" Politik, Opladen 1991.

BLOHM, HANS (1980), Kooperation, in: GROCHLA, ERWIN (Hrsg.), Handwörterbuch der Organi-
sation, 2. völlig neu gestaltete Auflage, Stuttgart 1980, Sp. 1112-1118.

BOOS, MARGARETE et al. (1988) Neue Anforderungen im öffentlichen Dienst. Fach- und
Führungskräfte für die Wirtschaftsförderung, in: DÖV, Heft 3 (1988), S. 114-119.

BORCHERT, JAN ERIC/GOOS, PHILIPP/HAGENHOFF, SVENJA (2004), Innovationsnetzwerke als Quelle
von Wettbewerbsvorteilen, Arbeitsbericht Nr. 11/2004 des Instituts für Wirt-
schaftsinformatik an der Georg-August-Universität Göttingen, Göttingen 2004.

BOYKEN, FRIEDHELM (2001), Handbuch zur kommunalen Wirtschaftsförderung, Frankfurt
2001.

BRANDT, KARL (1992), Geschichte der deutschen Volkswirtschaftslehre, Bd. 1, Freiburg 1992.

BRAUN-FRIDERICI (1986), Sparkassenwesen, in: VEREIN FÜR DIE GESCHICHTE DER DEUTSCHEN
LANDKREISE E.V. (Hrsg.), Der Kreis - Ein Handbuch, Köln/Berlin 1986, S. 439-451.

BRESKY, GEORG (1937), Die Gemeinden und Gemeindeverbände als Förderer der privaten
Wirtschaft, in: Der Gemeindetag, Heft 6 (1937), S. 165-169.

BRETSCHNEIDER, MICHAEL (1997), Probleme aus Sicht der Stadtentwicklungsplanung, in: Der
Städtetag, Heft 1 (1997), S. 3 ff.

BRIXY, UDO et al. (2011), Global Entrepreneurship Monitor (GEM) – Unternehmensgründun-
gen im weltweiten Vergleich, Länderbericht Deutschland 2010, herausgegeben
von der Global Entrepreneurship Research Association, Hannover/ Nürnberg 2011.

BÜSSEMAKER, MICHAEL (2002), Bau- und Bodenmanagement als Element aktiver Wirtschafts-
förderung, in: Das Rathaus, Nr. 6 (2002), S. 162-163.

BUSSMANN, WERNER (1986), Mythos und Wirklichkeit der Zusammenarbeit im Bundesstaat.
Patentrezept oder Sackgasse?, Bern/Stuttgart 1986.

CHRIST, JOSEF SEBASTIAN (1983), Direkte kommunale Wirtschaftsförderung und ihr Verhältnis
zur regionalen Wirtschaftsförderung von Bund und Ländern, Augsburg, Univ.,
Diss., 1983.

CHRISTALLER, WALTER (1933), Die zentralen Orte in Süddeutschland. Eine ökonomisch-geographische Untersuchung über die Gesetzmäßigkeit der Verbreitung und Entwicklung der Siedlungen mit städtischer Funktion, Jena 1933 (Reprint der Ausgabe, Darmstadt 1980).

CUNY, REINHARD H. (1987), Die Bestandspflege rückt in den Vordergrund, in: Wirtschaftsdienst, Heft 1 (1987), S. 34-39.

CUNY, REINHARD H./STAUDER, JOCHEN (1993), Lokale und regionale Netzwerke, in: Wirtschaftsdienst, Heft 3 (1993), S. 150-157.

DALLMANN, BERND (1988), Nutzen Kosten Untersuchung einer kommunalen Großveranstaltung – dargestellt am Beispiel der Landesgartenschau Freiburg 1986, Freiburg 1988.

DALLMANN, BERND (1995), Lean Administration oder welche Aufgaben sollen wir öffentlich-rechtlich erledigen?, in: SGK-aktuell, Heft 4, Karlsruhe 1995, S. 4-5.

DALLMANN, BERND/STOFFEL, THOMAS (1997), Die Freiburg Wirtschaft und Touristik GmbH & Co. KG – Portrait der Wirtschafts- und Tourismusförderungsgesellschaft der Stadt Freiburg, in: Zeitschrift für öffentliche und gemeinwirtschaftliche Unternehmen (ZögU), Heft 1, Baden-Baden 1997, S. 87-90.

DALLMANN, BERND (2003): Wirtschaftsförderung und Standortmarketing – Die Zukunft im Visier, in: Die demokratische Gemeinde, DEMO, Ausgabe 5, 2003, S.10 f.

DALLMANN, BERND (2005), Wirtschaftsförderung droht zu versagen, in: Immobilienwirtschaft, Fachmagazin für Management, Recht und Praxis, Ausgabe 10, 2005, S. 22.

DALLMANN, BERND (2010), Freiburg und die weltgrößte Solarmesse, in: Frei, Wolfgang (Hrsg.), Freiburg Green City – Wege zu einer nachhaltigen Stadtentwicklung, Freiburg, S. 176 f.

DALLMANN BERND (2011), Die Märkte der Zukunft sind grün, in: Wirtschaftsbild, 61. Jahrgang, Ausgabe Juli 2011, Rheinbach, S. 100 f.

DALLMANN, NICOLAS (2009): Notwendigkeit und Inhalt eines Controllings im Standortmarketing – Eine wirtschaftsgeographische Untersuchung in den Stadtstaaten Hamburg und Bremen, Berlin 2009.

DATKO, GÖTZ (2009), Stadtmarketing als Instrument der Kommunikation, Kooperation und Koordination. Untersuchung kooperativer Stadtmarketingansätze mit Blick auf den Dreiländervergleich Deutschland - Österreich – Schweiz, Hamburg 2009.

DAUMKE, MICHAEL/KEBLER, JÜRGEN (1990), Gesellschaftsrecht. Intensivkurs, München 1990.

DEUTSCHER LANDKREISTAG (Hrsg.) (2003), Kommunale Wirtschaftsförderung – Ehrgeizige Ziele und neue Wege, in: Der Landkreis, Heft 5 (2003), Berlin.

DEUTSCHER STÄDTETAG (Hrsg.) (2000), Standortpolitik für die Städte - Kommunale Wirtschafts- und Beschäftigungsförderung in Deutschland, DST-Beiträge zur Wirtschafts- und Verkehrspolitik, Heft 11, Berlin 2000.

DEUTSCHER STÄDTETAG (Hrsg.) (2002), Herausforderungen und Initiativen kommunaler Wirtschaftsförderung, DST-Fachkommission Wirtschaftsförderung, Hinweise zur kommunalen Wirtschaftsförderung, Ausgabe 1, März 2002.

DEUTSCHER STÄDTETAG (Hrsg.) (2000), Innovative Projekte der Wirtschaftsförderung, DST-Beiträge zur Wirtschafts- und Verkehrspolitik, Heft 13, Berlin 2003.

DEUTSCHER STÄDTETAG (Hrsg.) (2007), Kommunale Wirtschaftsförderung, in: Der Städtetag, Heft 1 (2007), Berlin.

DEUTSCHER STÄDTE- UND GEMEINDEBUND (Hrsg.) (2008), Aufgaben, Organisation und Schwerpunkte der kommunalen Wirtschaftsförderung, Umfrage zur Wirtschaftsförderung in kreisangehörigen Städten und Gemeinden unter 50.000 Einwohnern, DSTGB-Dokumentation Nr. 84, Berlin 2008.

DEUTSCHES INSTITUT FÜR URBANISTIK (Hrsg.) (1997), Entscheidungsfelder städtischer Zukunft, Schriften des Deutschen Instituts für Urbanistik, Bd. 90, Stuttgart 1997.

DEUTSCHES INSTITUT FÜR URBANISTIK (Hrsg.) (1999), Zukunft der Arbeit in der Stadt, Schriften des Deutschen Instituts für Urbanistik, Bd. 92, Berlin 1999.

DEUTSCHES INSTITUT FÜR URBANISTIK (Hrsg.) (2005), Kommunale Wirtschaftsförderung, in: Deutsche Zeitschrift für Kommunalwissenschaften (DfK), Nr.1 (2005), S. 5-129.

DEUTSCHES SEMINAR FÜR STÄDTEBAU UND WIRTSCHAFT (Hrsg.) (2000), Regionalmarketing in Deutschland - eine aktuelle Bilanz, DSSW-Schriften, Bd. 35, Berlin.

DEUTSCHES WIRTSCHAFTSWISSENSCHAFTLICHES INSTITUT FÜR FREMDENVERKEHR (Hrsg.) (2010), Ausgaben der Übernachtungsgäste in Deutschland, DWIF-Schriftenreihe, Heft 53, München 2010.

DEUTSCHES WIRTSCHAFTSWISSENSCHAFTLICHES INSTITUT FÜR FREMDENVERKEHR (Hrsg.) (2005-2007), Tagesreisen der Deutschen, DWIF-Schriftenreihe, Heft 50-52, Teil 1-3, München 2005-2007.

DIECKMANN, JOCHEN/KÖNIG, EVA MARIA (Hrsg.) (1994), Kommunale Wirtschaftsförderung. Handbuch für Standortsicherung und -entwicklung in Stadt, Gemeinde und Kreis, Köln 1994.

DILL, GÜNTER/KANITZ, HORST (Hrsg.) (1994), Grundlagen praktischer Kommunalpolitik, Heft 6, Sankt Augustin 1994.

DOBLER, HUGO (2007), EU-Beihilfe und kommunale Wirtschaftsförderung – erläutert an Fällen aus der kommunalen Praxis, Bayrischer Kommunaler Prüfungsverband (Hrsg.), Geschäftsbericht 2007, S. 35-54.

EBERSTEIN, HANS HERMANN/KARL, HELMUT (Hrsg.) (1996), Handbuch der regionalen Wirtschaftsförderung (HWF), Loseblattausgabe.

ECKERT, DIETER (2007), Gewerbeansiedlung und Flächenrecycling ist Chefsache, in: Die Gemeinde (BWGZ), Nr. 6 (2007), S. 218-219.

EHLERS, DIRK (Hrsg.) (1990), Kommunale Wirtschaftsförderung, Köln 1990.

EICHERT, CHRISTOF (1994), Rechtliche Zulässigkeit und Grenzen kommunaler Wirtschaftsförderung, in: DIECKMANN, JOCHEN/KÖNIG, EVA MARIA (Hrsg.), Kommunale Wirtschaftsförderung. Handbuch für Standortsicherung und -entwicklung in Stadt, Gemeinde und Kreis, Köln, S. 57-69.

EICHHORN, PETER/FRIEDRICH, PETER (1970), Untersuchung über den Nutzen kommunaler Wirtschaftsförderungsmaßnahmen, Berlin 1970.

EISBACH, JOACHIM (1985), Gründer- und Technologiezentren: Ein Aufbruch in kommunalpo-
litische Sackgassen?, in: Wirtschaftsdienst, Heft 2 (1985), S. 88-91.

EISENHARDT, ULRICH (1994), Gesellschaftsrecht, 6., überarbeitete Auflage, München 1994.

EISENHARDT, ULRICH (1996), Gesellschaftsrecht, 7., überarbeitete Auflage, München 1996.

ETTELBRÜCK, URSULA (1984), Wirkungsanalyse kommunaler Wirtschaftsförderung, Speyer,
Diss., 1984.

FABER, ANGELA (1992), Europarechtliche Grenzen kommunaler Wirtschaftsförderung. Die
Bedeutung der Art. 92-94 EWGV für die kommunale Selbstverwaltung, Münster,
Univ., Diss., 1992.

FACHKOMMISSION WIRTSCHAFTSFÖRDERUNG DES DEUTSCHEN STÄDTETAGES (2002), Herausforderungen
und Initiativen der kommunalen Wirtschaftsförderung, in: Hinweise zur kommu-
nalen Wirtschaftsförderung, Ausgabe 1, März 2002.

FINDEIS, ANDREAS (2007), Technologie- und Gründerzentren als Instrument zur Förderung
der Regionalentwicklung, Eine regionalwirtschaftliche Erfolgsanalyse unter Be-
rücksichtigung der Gründungsforschung, Hamburg 2007.

FLASNÖCKER, JÜRGEN (1974), Typische Rechtsformen der interkommunalen Zusammenarbeit
nach BayKommZG und EstärkG, Mainz, Univ., Diss. 1974.

FLECKENSTEIN, KURT/ORTMEYER, AUGUST (1989), Die Industrie- und Handelskammern in der
Regionalpolitik, in: HWF, Lfg. 28, Februar 1989, S. 1-8.

FLOETING, HOLGER/HENCKEL, DIETRICH (2003), Jobnomaden, Schwarzarbeiter und arabische
Pizzabäcker: „Zukünfte" städtischer Arbeitsmärkte?, in: Deutsche Zeitschrift für
Kommunalwissenschaften (DfK), Bd. II (2003), S. 59-84.

FLOETING, HOLGER/HOLLBACH-GRÖMIG, BEATE (2005), Neuorientierung der kommunalen Wirt-
schaftspolitik, in: Deutsche Zeitschrift für Kommunalwissenschaften (DfK), Nr. 1
(2005), S. 10-39.

FLOETING, HOLGER (Hrsg.) (2008), Cluster in der kommunalen und regionalen Wirtschaftspo-
litik – Vom Marketingbegriff zum Prozessmanagement, Edition Difu, Bd. 5, Berlin
2008.

FLOETING, HOLGER/ZWICKER-SCHWARM, DANIEL (2008), Cluster und Netzwerke – Handlungsfel-
der lokaler und regionaler Wirtschaftsförderung, in: FLOETING, HOLGER (Hrsg.),
Cluster in der Wirtschaftsförderung – Vom Marketingbegriff zum Prozessmana-
gement, Edition DIFU, Bd. 5, Berlin 2008, S. 15-40.

FRANZ, PETER (1996), Technologie- und Gründerzentren als Hoffnungsträger kommunaler
Wirtschaftsförderung in Ostdeutschland. Eine erste Bestandsaufnahme, in: Raum-
forschung und Raumordnung (RuR), Nr. 1 (1996), S. 26-35.

FRICK, HANS-JÖRG/HOKKELER, MICHAEL (2008), Interkommunale Zusammenarbeit, Handrei-
chung für die Kommunalpolitik, in: FRIEDRICH-EBERT-STIFTUNG (Hrsg.), Texte der
KommunalAkademie, Band 4, Bonn 2008.

FUNK, MARC (2009), Unternehmen im Fokus lokaler Standortpolitik: Findet die kommunale
Wirtschaftsförderung zeitgemäße Antworten auf die Bedürfnisse ihrer Kunden?
Eine Untersuchung in vier Großen Kreisstädten der Ortenau, Sternenfels 2009.

FURKERT, RASMUS (2007), Kommunale Wirtschaftsförderung in kleineren Städten und Gemeinden, Handlungsempfehlungen zur interkommunalen Zusammenarbeit, in: Raumplanung, Nr.129 (2006), S. 253-258.

GABLER-WIRTSCHAFTS-LEXIKON, 16. Auflage, Wiesbaden 2004.

GAERTNER, ERICH (1940), Der Wandel des kommunalen Aufgabenkreises von der Machtübernahme bis zur Jetztzeit, in: Kommunalwissenschaftliches Jahrbuch 1939/40, S. 1-64.

GÄRTNER, STEFAN/TERSTRIEP, JUDITH/ WIDMAIER, BRIGITTA (Hrsg.) (2006), Wirtschaftsförderung im Umbruch, Mering 2006.

GANSER, KARL (1995), Public-Private Partnership, in: AKADEMIE FÜR RAUMORDNUNG UND LANDESPLANUNG (Hrsg.), Handbuch der Raumordnung, Hannover 1995, S. 731-732.

GIELOW, GIESELA (1993), Perspektiven und Probleme der kommunalen Gewerbepolitik in den neuen Bundesländern, in: PFEIFFER, WOLFRAM (Hrsg.), Regionen unter Anpassungsdruck. Zu den Schwerpunkten des regionalen Handlungsbedarfs, Marburg 1993, S. 195-211.

GIESEN, ERNST (1997), Zulässigkeit und Praxis der direkten kommunalen Wirtschaftsförderung, in: Die Gemeinde (BWGZ), Nr. 20 (1997), S. 760-762.

GIMPEL, KLAUS (1981), Über 250 Jahre Wirtschaftsförderung in Münster durch Kurfürsten, Kommune und Kommerzienräte, in: STADT MÜNSTER (Hrsg.), Wirtschaftsreport 1981, S. 66-68.

GIERSCH, HERBERT (1961), Allgemeine Wirtschaftspolitik, Wiesbaden 1961.

GLADOW, CHRISTOF (2002), Zeitgemäße Gestaltung kommunaler Wirtschaftsförderung I, in: Finanzwirtschaft, Nr. 8, S. 171-174.

GLADOW, CHRISTOF (2002), Zeitgemäße Gestaltung kommunaler Wirtschaftsförderung II, in: Finanzwirtschaft, Nr. 8, S. 207-210.

GÖB, RÜDIGER (1987), Kommunale Wirtschaftspolitik, in: Archiv für Kommunalwissenschaft, 26. Jg. (1987), S. 66-87.

GÖTZ, CHRISTIAN (2001), Kommunale Wirtschaftsförderung zwischen Wettbewerb und Kooperation, Hamburg 2001.

GRABOW, BUSSO et al. (1990), Lokale Innovations- und Technologiepolitik. Ergebnisse einer bundesweiten Erhebung, Berlin 1990.

GRABOW, BUSSO/HENCKEL, DIETRICH (1994), Kommunale Wirtschaftspolitik, in: ROTH, ROLAND/ WOLLMANN, HELLMUT (Hrsg.), Kommunalpolitik, Opladen 1994, S. 616-632.

GRABOW, BUSSO/HENCKEL, DIETRICH/HOLLBACH-GRÖMIG, BEATE (1995), Weiche Standortfaktoren, in: DEUTSCHES INSTITUT FÜR URBANISTIK (Hrsg.), Schriften des DIFU, Band 89, Stuttgart u. a. 1995.

GRABOW, BUSSO/HOLLBACH-GRÖMIG, BEATE (1998), Stadtmarketing - eine kritische Zwischenbilanz, in: DEUTSCHES INSTITUT FÜR URBANISTIK (Hrsg.), DIFU-Beiträge zur Stadtforschung, Band 25, Berlin 1998.

GRÄTZ, CHRISTIAN (1983), Kommunale Wirtschaftsförderung. Kritische Bestandsaufnahme ihrer Funktionen und Organisation, Bochum 1983.

GROßE SIEMER, STEFAN (1992), Die kommunale Wirtschaftsförderung und die Regionalpolitik der Europäischen Gemeinschaften. Eine Untersuchung der Stellung der Kommunen in der Regionalpolitik der Europäischen Gemeinschaften und die Grenzen der kommunalen Wirtschaftsförderung, Osnabrück, Univ., Diss., 1992.

GRUHLER-HIRSCH, KARINA (2007), Handbuch für kommunale Wirtschaftsförderer, Erfolgreiche Verfahren und ihre Anwendung, WALHALLA U. PRAETORIA VERLAG (Hrsg.), Regensburg 2007, Loseblatt-Ausgabe.

HANSEN, CARSTEN (2005), Wirtschaftsfragen im Fokus, DStGB-Ausschuss für Wirtschaft, Tourismus und Verkehr, in: Stadt und Gemeinde, Nr. 12 (2005), S. 498-499.

HANSEN, CARSTEN (2006), Tourismusförderung ist Wirtschaftspolitik. DStGB-Ausschuss für Wirtschaft, Tourismus und Verkehr, in: Stadt und Gemeinde, Nr. 11 (2006), S. 465-466.

HAASIS, HANS-ARTHUR (1987), Bodenpreise, Bodenmarkt und Stadtentwicklung. Eine Studie zur sozialräumlichen Differenzierung städtischer Gebiete am Beispiel von Freiburg/Breisgau, München 1987.

HARTMANN, PETRA (1994), Beziehungen zwischen Staat und Wirtschaft. Unter besonderer Berücksichtigung neuartiger Kooperationsformen im Bereich der regionalen und kommunalen Wirtschaftspolitik, Baden-Baden 1994.

HATZFELD, ULRICH/TEMMEN, BODO (1991), Interkommunale Zusammenarbeit – eine Zwischenbilanz, in: Stadt und Gemeinde, Heft 1 (1991), S. 21-25.

HATZFELD, ULRICH/KAHNERT, RAINER (1993), Kooperation ist schwieriger als Konkurrenz, in: RaumPlanung, Jg. 63 (1993), S. 257-262.

HAUG, PETER (2004), Kommunale Wirtschaftsförderung: Eine theoretische und empirische Analyse, Hamburg 2004.

HAUSER, WERNER (1987), Die Wahl der Organisationsform kommunaler Einrichtungen. Kriterien für die Wahl privatrechtlicher und öffentlich-rechtlicher Organisationsformen, Köln 1987.

HELD, HOLGER et al. (2006), Wirtschaftsförderung im 21. Jahrhundert – Betriebswirtschaft und Management für Wirtschaftsförderer, IMAKOMM AKADEMIE (Hrsg.), Schriften zur Wirtschaftsförderung, Band 3, Aalen 2006.

HEINZ, WERNER (1993), Public Private Partnership – ein neuer Weg zur Stadtentwicklung?, Stuttgart u. a. 1993.

HEINZ, WERNER (1993), Wesentliche Merkmale von Partnerschaftsansätzen bei der Stadtentwicklung und Stadterneuerung, in: HEINZ, WERNER (Hrsg.), Public Private Partnership - ein neuer Weg zur Stadtentwicklung?, Stuttgart u. a. 1993, S. 483-541.

HENCKEL, DIETRICH (1997), Kommunen und Kooperation, in: DEUTSCHES INSTITUT FÜR URBANISTIK (Hrsg.), Entscheidungsfelder städtischer Zukunft, Stuttgart 1997, S. 297-329.

HENCKEL, DIETRICH/USBECK, HARTMUT (1997), Produzierendes Gewerbe in der Stadt, in: DEUTSCHES INSTITUT FÜR URBANISTIK (Hrsg.), Entscheidungsfelder städtischer Zukunft, Stuttgart 1997, S. 145-172.

HENCKEL, DIETRICH et al. (1999), Zukunft der Arbeit in der Stadt, DEUTSCHES INSTITUT FÜR URBANISTIK (Hrsg.), Berlin 1999.

HENNING, FRIEDRICH-WILHELM (1991), Handbuch der Wirtschafts- und Sozialgeschichte Deutschlands, Bd. 1: Deutsche Wirtschafts- und Sozialgeschichte im Mittelalter und in der frühen Neuzeit, Paderborn u. a. 1991.

HENNINGS, GERD (1995), Industrie- und Gewerbeparks, in: AKADEMIE FÜR RAUMFORSCHUNG UND LANDESPLANUNG (Hrsg.), Handwörterbuch der Raumordnung, Hannover 1995, S. 479-484.

HERBEL, ALFRED (1959), Wirtschaftsförderung als kommunale Aufgabe, in: Kommunalpoliti-sche Blätter, Heft 7 (1959), S. 211-216.

HEUER, HANS (1977), Aktuelle Probleme kommunaler Wirtschaftsförderung in der Bundes-republik Deutschland, in: Der Städtetag, Heft 10 (1977), S. 548-552.

HEUER, HANS (1985), Gründer- und Technologiezentren - eine Fata Morgana der kommuna-len Wirtschaftsförderung?, in: Der Städtetag, Heft 10 (1985), S. 638-641.

HEUER, HANS (1985), Instrumente lokaler Gewerbepolitik. Ergebnisse empirischer Erhebun-gen, Stuttgart 1985.

HOFFMANN-BECKING, Michael (Hrsg.) (1988), Münchener Handbuch des Gesellschaftsrechts, Bd. 4, München 1988.

HOLLBACH-GRÖMIG, BEATE/BEECKEN, ANDREAS (1995), Kommunale Wirtschaftsförderung in Städten der Bundesrepublik Deutschland. Ergebnisse einer Umfrage im Überblick, in: DEUTSCHES INSTITUT FÜR URBANISTIK (Hrsg.), Aktuelle Information, Oktober 1995, Berlin, S. 1-10.

HOLLBACH-GRÖMIG, BEATE (1996), Kommunale Wirtschaftsförderung in den 90er Jahren, in: DEUTSCHES INSTITUT FÜR URBANISTIK (Hrsg.), DIFU-Beiträge zur Stadtforschung, Band 21, Berlin 1996.

HOLLBACH-GRÖMIG, BEATE (1999), Ökologisch orientierte Wirtschaftspolitik – ein neues kommunales Handlungsfeld, in: DEUTSCHES INSTITUT FÜR URBANISTIK (Hrsg.), DIFU-Beiträge zur Stadtforschung, Band 29, Berlin 1999.

HOLLBACH-GRÖMIG, BEATE (2001), Kommunale Wirtschaftsförderung in der Bundesrepublik Deutschland, Ausgewählte Ergebnisse einer Umfrage im Jahr 2000, in: DEUTSCHES INSTITUT FÜR URBANISTIK (Hrsg.), Aktuelle Information, Berlin 2001.

HOLLBACH-GRÖMIG, BEATE/FLOETING, HOLGER (2005), Interkommunale Kooperation in der Wirt-schafts- und Infrastrukturpolitik, Ansätze – Konzepte – Erfolgsfaktoren, in: DEUT-SCHES INSTITUT FÜR URBANISTIK (Hrsg.), Aktuelle Information, Berlin 2005.

HOLLBACH-GRÖMIG, BEATE et al. (2005), Stadtmarketing - Bestandsaufnahme und Entwick-lungstrends, in: DEUTSCHES INSTITUT FÜR URBANISTIK (Hrsg.), Aktuelle Information, Ber-lin 2005.

HOLLBACH-GRÖMIG, BEATE (2006), Interkommunale Kooperation in der Wirtschafts- und Infrastrukturpolitik, in: SIR-Mitteilungen und Berichte, Nr. 32 (2006), S. 43-52.

HOLLBACH-GRÖMIG, BEATE/FLOETING, HOLGER (2008), Kommunale Wirtschaftsförderung 2008 – Strukturen, Handlungsfelder, Perspektiven, in: DEUTSCHES INSTITUT FÜR URBANISTIK (Hrsg.), DIFU-Papers, Berlin 2008.

HOLTMANN, EVERHARD (1994), Parteien in der lokalen Politik, in: ROTH, ROLAND/WOLLMANN, HELLMUT (Hrsg.), Kommunalpolitik. Politisches Handeln in den Gemeinden, Opladen 1994, S. 256-271.

HUEBNER, MICHAEL (1994), Die Rolle der Kommunen im Regionalisierungsprozeß, in: Archiv für Kommunalwissenschaften, 33. Jg. (1994), S. 215-233.

HUE DE GRAIS, ROBERT GRAF (Hrsg.) (1892), Handbuch der Verfassung und Verwaltung in Preußen und dem Deutschen Reiche, 8. Auflage, Berlin 1892.

HUE DE GRAIS, ROBERT GRAF (Hrsg.) (1901), Handbuch der Verfassung und Verwaltung in Preussen und dem Deutschen Reiche, 14. Auflage, Berlin 1901.

HUECK, GÖTZ (1996), Gesetz betreffend die Gesellschaft mit beschränkter Haftung vom 20.04. 1892 (RGBl. S. 477), in: BAUMBACH, ADOLF/ HUECK, GÖTZ (Hrsg.), GmbH-Gesetz, 16. Auflage, München 1996.

HÜFFER, UWE (1995), Aktiengesetz, 2., neubearbeitete Auflage, München 1995.

HÜTTERMANN, ARMIN (1985), Industrieparks: Attraktive industrielle Standortgemeinschaften, Wiesbaden/Stuttgart 1985.

ICKS, ANNETTE (1992), Kommunale Wirtschaftsförderung in den neuen Bundesländern, in: INSTITUT FÜR MITTELSTANDSFORSCHUNG (Hrsg.), IfM-Materialien, Nr. 92, Bonn 1992.

ICKS, ANNETTE/RICHTER, MICHAEL (1999), Innovative kommunale Wirtschaftsförderung – Wege, Beispiele und Möglichkeiten, in: INSTITUT FÜR MITTELSTANDSFORSCHUNG (Hrsg.), Schriften zur Mittelstandsforschung, Bd. 81 NF, Wiesbaden 1999.

ICKS, ANNETTE/RICHTER, MICHAEL (1999), Kommunale Wirtschaftsförderung, Ein innovatives Modell, in: Standort, Nr. 4 (1999), S. 9-14.

IMHOFF-DANIEL, ANGELA (1994), Organisation und Instrumente kommunaler Wirtschaftsförderung in Niedersachsen. Empirische Untersuchung der Arbeitsteilung und Zusammenarbeit zwischen Landkreisen und kreisangehörigen Gemeinden, Münster/Hamburg 1994.

INSTITUT FÜR SIEDLUNGS- UND WOHNUNGSWESEN (Hrsg.) (1992), Strukturelle Entwicklung und Wirtschaftspolitik, Münster 1992.

JACOBI, JÖRG (1997), Kommunikation ist das A und O, Wirtschaftsförderung als ständiger Anpassungsprozess, in: Die Gemeinde (BWGZ), Nr. 20 (1997), S. 771-772.

JAKOBY, HERBERT/SCHMOLINSKY, CORNELIA (2005), Wirtschaftsförderung in den deutschen Städten vor dem Hintergrund einer veränderten EU-Regionalpolitik nach 2006, in: Deutsche Zeitschrift für Kommunalwissenschaften (DfK), Nr.1 (2005), S. 40-59.

JARASS, HANS D. (2002), Kommunale Wirtschaftsförderung und Verfassungsrecht, in: Die Öffentliche Verwaltung (DÖV), Bd. 55, Nr. 12, S. 489-500.

JENTZSCH, DIETER (2000), Standortvermarktung in der kommunalen Wirtschaftsförderung, DSSW-Leitfaden, Deutsches Seminar für Städtebau und Wirtschaft (DSSW) im Deutschen Verband für Wohnungswesen, Städtebau und Raumordnung e. V. (Hrsg.), Berlin 2000.

JESERICH, KURT (1934), Die kommunale Selbstverwaltung im nationalsozialistischen Staat, in: Der Gemeindetag, Nr. 1 (1934), S. 3-7.

JONAS, ULRICH (2007), Wolfsburg: Engagement für das örtliche Handwerk, in: Der Städtetag, Nr.1 (2007), S. 19-21.

JUNG, HANS-ULRICH et al. (Hrsg.) (2007), Public Private Partnership in der Wirtschaftsförderung – Herausforderungen, Chancen und Grenzen, Stuttgart 2007.

KAHNERT, RAINER (1993), Interkommunale Zusammenarbeit bei der Gewerbeentwicklung, in: Stadt und Gemeinde, Heft 7 (1993), S. 246-250.

KAISER, CLAUDIA (1996), Stadtmarketing – eine Bestandsaufnahme in deutschen Städten, in: DEUTSCHES INSTITUT FÜR URBANISTIK (Hrsg.), Aktuelle Information, Februar 1996, Berlin, S. 1-12.

KASPAR, CLAUDE (1996),Die Tourismuslehre im Grundriss, St. Gallener Beiträge zum Tourismus und Fremdenverkehrswirtschaft, 5. Auflage, Bern 1996.

KASTL, HANS (1975), Ökonomische Aspekte des Stadt-Umland-Problems. Institutionelle und organisatorische Formen der interkommunalen Zusammenarbeit und ihre Leistungsfähigkeit, Bochum, Univ., Diss., 1975.

KELLENBENZ, HERMANN (1977), Deutsche Wirtschaftsgeschichte, Bd. 1: Von den Anfängen bis zum Ende des 18. Jahrhunderts, 1. Auflage, München 1977.

KELM, WERNER (1972), Über Begriff, Grenzen und Bedeutung der kommunalen Wirtschaftsförderung, in: Kommunalwirtschaft, Heft 11 (1972), S. 440-444.

KELM, WERNER (1973), Voraussetzungen für eine erfolgreiche kommunale Wirtschaftsförderung (Teil I und II), in: Kommunalwirtschaft, Heft 2 (1973), S. 53-57 und Heft 3 (1973), S. 99-100.

KELM, WERNER (1973), Kosten- und Nutzenvergleich im Rahmen der kommunalen Wirtschaftsförderung, in: Kommunalwirtschaft, Heft 6 (1973), S. 205-207.

KESTERMANN, RAINER (1993), Public-Private Partnership. Anmerkungen zur Rezeption eines Modebegriffs, in: RaumPlanung, Jg. 62 (1993), S. 205-214.

KIEPE, FOLKERT (1996), Die Städte und ihre Regionen. Zur Notwendigkeit einer verbesserten kommunalen Zusammenarbeit auf regionaler Ebene, in: Der Städtetag, Heft 1 (1996), S. 2-8.

KIRCHOF, PAUL/SCHMIDT-AßMANN, EBERHARD (1996), Staats- und Verwaltungsrecht Baden-Württemberg. Mit Stichwortverzeichnis und alphabetischem Schnellregister, 18., neubearbeitete Auflage, Heidelberg, Stand: 1. März 1996.

KIRCHHOFF, ULRICH/MÜLLER-GODEFFROY, HEINRICH (1991), Lokale Wirtschafts- und Innovationsförderung. Ansatzpunkte, Instrumente und Fallbeispiele aus Sicht der Sparkassen und Landesbanken, Stuttgart 1991.

KISTENMACHER, HANS et al. (1994), Regionalisierung in der kommunalen Wirtschaftsförderung, Köln 1994.

KLEINSCHNEIDER, HEINER (1992), Kommunale Wirtschaftsförderung: Kernaufgabe kommunaler Entwicklungspolitik, in: INSTITUT FÜR SIEDLUNGS- UND WOHNUNGSWESEN (Hrsg.), Strukturelle Entwicklung und Wirtschaftspolitik, Münster 1992, S. 219-229.

KLOTZ, FRANZISKA (1995), Fabriken anlocken – darf man das nicht?, in: Dreilandzeitung vom 24. November 1995, Nr. 47, S. 1 f.

KLÜBER, HANS (1971), Kommunale Wachstumspolitik, in: Kommunale Wirtschaft, Heft 8 (1971), S. 292 - 294.

KLUGE, FRIEDRICH (1995), Etymologisches Wörterbuch der deutschen Sprache, 23. erweiterte Auflage, Berlin u. a. 1995.

KLUNZINGER, EUGEN (1996), Grundzüge des Gesellschaftsrechts, 9., völlig überarbeitete Auflage, München 1996.

KNEMEYER, FRANZ-LUDWIG/ROST-HAIGIS, BARBARA (1981), Kommunale Wirtschaftsförderung, in: Deutsches Verwaltungsblatt (DVBl), Heft 6 (1981), S. 241-247.

KNEMEYER, FRANZ-LUDWIG (1994), Europa der Regionen – Europa der Kommunen, Wissenschaftliche und politische Bestandsaufnahme, Baden-Baden 1994.

KOCH, HERMANN (1997), Die Bedeutung kommunaler Wirtschaftsförderung, in: Die Gemeinde (BWGZ), Nr. 20 (1997), S. 765-767.

KOCH, HORST HEINRICH (1983), Die Rolle der privaten Wirtschaftsförderungsgesellschaften, in: Der Gemeindehaushalt, Heft 9 (1983), S. 200-203.

KÖNIG, MICHAEL (2007), Wirtschaftsförderung einmal anders – Flächenrecycling als Motor für Investitionen, in: Die Gemeinde (BWGZ), Nr. 6 (2007), S. 219-222.

KÖTTGEN, ARNOLD (1963), Der heutige Spielraum kommunaler Wirtschaftsförderung, Göttingen 1963.

KOLB, G. F. (1861), Fabrikwesen, in: WELCKER, KARL (Hrsg.), Staats-Lexikon, Bd. 5, 3. umgearbeitete, verbesserte und vermehrte Auflage, Leipzig 1861, S. 216 ff.

KOMMUNALE GEMEINSCHAFTSSTELLE FÜR VERWALTUNGSMANAGEMENT (KGSt) (1990), Organisation der Wirtschaftsförderung, Gutachten, Köln 1990.

KOPSCH, JOHANNES (1924), Zweckverbände, in: BRIX, JOSEF et al. (Hrsg.), Handbuch der Kommunalwissenschaften, Bd. 4, Jena 1924, S. 621-626.

KORN, THORSTEN/VAN DER BEEK, GREGOR/FISCHER, EVA (2010), Aktuelle Herausforderungen in der Wirtschaftsförderung: Chancen und Perspektiven in einer sich wandelnden Welt, 2010.

KRAEMER, DIETER/MUHLE, HEINZ-MARTIN (1994), City-Management Hamm – Den Spielraum nutzen, in: Stadt und Gemeinde, Heft 3 (1994), S. 101-105.

KRIEGER, FRITZ (1994), Interkommunale Kooperation. Gemeinsame Industrie- und Gewerbegebiete, Dortmund 1994.

KRIEGER, FRITZ (1995), Strukturimpulse durch Kooperation. Interkommunale Gewerbegebiete in Nordrhein-Westfalen, in: GESELLSCHAFT FÜR WIRTSCHAFTSFÖRDERUNG NORDRHEIN-WESTFALEN MBH (Hrsg.), Thema: Wirtschaftsförderung, Düsseldorf 1995.

KRÖCHER, UWE/HENKING, RAINER (2007), Innovationsentwicklung in ländlichen Räumen – alternative Innovations- und Vernetzungsstrategie kommunaler Wirtschaftsförderung, in: Neues Archiv für Niedersachsen, Nr. 2 (2007), S.18-35.

KRUSE, HEINZ (1990), Reform durch Regionalisierung. Eine politische Antwort auf die Umstrukturierung der Wirtschaft, Frankfurt/New York 1990.

KÜHN, GERD/FLOETING, HOLGER (1995), Kommunale Wirtschaftsförderung in Ostdeutschland, DEUTSCHES INSTITUT FÜR URBANISTIK (Hrsg.), DIFU-Beiträge zur Stadtforschung, Bd. 13, Berlin 1995.

KÜLP, BERNHARD/BERTHOLD, NORBERT (1992), Grundlagen der Wirtschaftspolitik, München 1992.

KÜPPER, UTZ INGO/RÖLLINGHOFF, STEFAN (2005), Clustermanagement: Anforderungen an Städte und regionale Netzwerke, in: Deutsche Zeitschrift für Kommunalwissenschaften (DfK), Nr.1 (2005), S. 60-93.

KUNISCH, JOHANNES (1986), Absolutismus. Europäische Geschichte vom Westfälischen Frieden bis zur Ancien Régime, Göttingen 1986.

KUNZE, RICHARD/HEKKING, KLAUS (1981), Kommentar zum Gesetz über kommunale Zusammenarbeit für Baden-Württemberg, Stuttgart u. a. 1981.

LADNER, ANDREAS (1991), Politische Gemeinden, kommunale Parteien und lokale Politik. Eine empirische Untersuchung in den Gemeinden der Schweiz, Zürich 1991.

LANGE, KLAUS (1970), Regionen, in: AKADEMIE FÜR RAUMORDNUNG UND LANDESPLANUNG (Hrsg.), Handwörterbuch der Raumforschung und Raumordnung, Hannover 1970, Sp. 2705-2719.

LANGE, KLAUS (1981), Möglichkeiten und Grenzen gemeindlicher Wirtschaftsförderung. Rechtsgutachten, Köln u. a. 1981.

LATTMANN, JENS/DALLMANN, BERND (2007): Städte als Standorte der Wirtschaft stärken, in: Der Städtetag, Heft 1 (2007), S. 5 f.

LAUSCHMANN, ELISABETH (1970), Grundlagen einer Theorie der Regionalpolitik, Hannover 1970.

LINDEN, EDMUND (1972), Theorie und Praxis der kommunalen Wirtschaftsförderung. Darstellung einer unorthodoxen Aufgabe im Bereich kommunalpolitischer Aktivitäten, Düsseldorf 1972.

LÖSCH, AUGUST (1940), Die räumliche Ordnung der Wirtschaft – Eine Untersuchung über Standort, Wirtschaftsgebiete und internationalem Handel, Jena 1940 (3. unveränderte Auflage, Stuttgart 1962).

LÜTKEMEIER, HARALD (2000), Ländliche Regionalentwicklung zur Stärkung wirtschaftlicher Leistungsfähigkeit, in: Der Landkreis, Nr.6 (2000), S. 460-461.

LUGAN, ANDREA (1997), Marketing der kommunalen Wirtschaftsförderung, Wiesbaden 1997.

MÄDING, HEINRICH (1992), Verwaltung im Wettbewerb der Regionen, in: Archiv für Kommunalwissenschaften (1992), S. 205-219.

MAHNKE, LOTHAR (1998), Neue Anforderungen an die kommunale Wirtschaftsförderung, in: Die Gemeinde (BWGZ), Nr. 4 (1998), S. 119-121.

MAIBAUM, THOMAS/KÖNIG, EVA M. (1993), Die Wettbewerbskontrolle der Europäischen Gemeinschaften. Rechtliche Grenzen der kommunalen Wirtschaftsförderung, in: Der Städtetag, Heft 3 (1993), S. 239-246.

MANSCHWETUS, UWE (1995), Regionalmarketing. Marketing als Instrument der Wirtschaftsentwicklung, Wiesbaden 1995.

MAURER, JÖRN P. (2002), Von den Besten lernen, in: Der Gemeinderat, Nr. 9 (2002), S. 14-15.

MEYER, AXEL-JÖRN (1999), Regionalmarketing – Grundlagen, Konzepte, Anwendung, München 1999.

MAYER, MARGIT (1994), Public-Private Partnership – eine neue Option und Chance für kommunale Wirtschaftspolitik?, in: ROTH, R./WOLLMANN, H. (Hrsg.), Kommunalpolitik, Opladen 1994, S. 440-449.

MAYNTZ, RENATE (Hrsg.) (1981), Kommunale Wirtschaftsförderung. Ein Vergleich Bundesrepublik Deutschland - Großbritannien, Berlin 1981.

MECKING, CHRISTOPH (1995), Die Regionalebene in Deutschland. Begriff – Institutioneller Bestand – Perspektiven, Stuttgart u. a. 1995.

MEHRLÄNDER, HORST (1998), Kommunale Wirtschaftsförderung aus der Sicht des Landes, in: Die Gemeinde (BWGZ), Nr.4 (1998), S. 109-111.

MEIER, JOSIANE (2011), Standortfaktoren im Wandel, Erkenntnisse aus der Forschung zu Standortfaktoren und Standortwahl von Unternehmen, Difu-Impulse, Nr. 1 (2011), Berlin.

MENDELSON, M. (1919), Die deutsche Stadt als Träger selbständiger Wirtschaftspolitik, in: Zeitschrift für Kommunalwissenschaft, Nr. 3 (1919), S. 101-107.

MEYER (1922), Industrieförderung durch die Gemeinden, in: BRIX, JOSEF et al. (Hrsg.), Handwörterbuch der Kommunalwissenschaften, Bd. 2, Jena 1922, S. 554-557.

MILBRADT, GEORG (1990), Ziele und Effizienz kommunaler Wirtschaftsförderung, in: Ehlers, Dirk (Hrsg.), Kommunale Wirtschaftsförderung, Köln, S. 3-17.

MITSCHKE, CLAUDIA (2009), Zur internationalen Wettbewerbsfähigkeit von Regionen, Strukturpolitische Analyse und wirtschaftspolitischer Handlungsbedarf, Hamburg 2009.

MÖLLER, FERDINAND (1963), Kommunale Wirtschaftsförderung, Stuttgart/Köln 1963.

MÖNKEMÖLLER, LUTZ (2009), Kommunales Standortmarketing. Erscheinungsformen, Rechtscharakter und wettbewerbliche Grenzen kommunaler Mediawerbung im öffentlichen Recht, Köln 2009.

MOST, OTTO (1922), Gewerbliche Ausschüsse und Wirtschaftsämter, in: BRIX, JOSEF et al. (Hrsg.), Handwörterbuch der Kommunalwissenschaften, Bd. 2, Jena 1922, S. 388-391.

MOST, OTTO (1931), Wirtschaftsämter, in: Kommunales Jahrbuch, Jena 1931, S. 324-325.

MÜLLER, PETER (2010), Gut fördern heißt gewinnen. Wirtschaftsförderung, in: Der Gemeinderat, Nr. 4 (2010), S. 12-13.

MÜLLER, WOLFGANG-HANS (1977), Kommunale Wirtschaftsförderung in Deutschland, in: Local Finance (1977), S. 3-14.

MÜLLER, WOLFGANG-HANS (1982), Wirtschaftsförderung, in: PÜTTNER, GÜNTER (Hrsg.), Handwörterbuch der kommunalen Wissenschaft und Praxis, Bd. 4, 2., völlig neu bearbeitete Auflage, Berlin 1982, S. 625-641.

MÜLLER, THOMAS (1988), Ökonomische und rechtliche Probleme kommunaler Bestandspflegepolitik unter Berücksichtigung der flächenorientierten kommunalen Wirtschaftsförderung, Hannover, Univ., Diss., 1988.

NAßMACHER, HILTRUD (1987), Wirtschaftspolitik „von unten". Ansätze aus der Praxis der kommunalen Gewerbebestandspflege und Wirtschaftsförderung, Basel u. a. 1987.

NAßMACHER, KARL-HEINZ (1991), Kommunale Wirtschaftspolitik, in: BLANKE, BERNHARD (Hrsg.), Stadt und Staat. Systematische, vergleichende und problemorientierte Analysen „dezentraler" Politik, Opladen 1991, S. 440-459.

NELLESSEN (1927), Wirtschaftsförderung, in: BRIX, JOSEF et al. (Hrsg.), Handwörterbuch der Kommunalwissenschaften, 2. Ergänzungsband, Jena 1927, S. 1427-1432.

OBERMEIER, ROBERT W. (2002), Kluge Politik, in: Der Gemeinderat, Nr.9 (2002), S. 16-17.

o. V. (1972), Hart am Rande der Legalität, Report über Industrieansiedlung in West-deutschland, in: Der Spiegel, Nr. 10 (1972), S. 44-52.

o. V. (1976), Die Städte in der Wirtschaftspolitik. Grundsätze kommunaler Wirtschaftsför-derung, in: Der Städtetag, Heft 4 (1976), S. 195-198.

o. V. (1985), Technologieparks – Risse im Brutkasten, Wirtschaftswoche, Nr. 23 (1985), S. 36-52.

o. V. (1993), Neue Wege in der kommunalen Wirtschaftspolitik. Anregungen des Wirt-schaftsausschusses des DStGB, in: Stadt und Gemeinde, Heft 1 (1993), S. 3-8.

o. V. (1998), Thesen zur Wirtschaftsförderung durch kleinere Gemeinden, Bestandspflege und Unternehmensakquisition, in: Das Rathaus, Nr. 12 (1998), S. 554-555.

o. V. (1997), Petri Heil am Bodensee. Österreich und Schweiz angeln erfolgreich nach deutschen Unternehmen, in: Wirtschaftsstandort, Nr. 2 (1997), S. 32-38.

OEBBECKE, JANBERND (1983), Zweckverbände und kommunale Gebietsreform in Nordrhein-Westfalen, in: DÖV, Heft 3 (1983), S. 99-105.

OEBBECKE, JANBERND (1984), Gemeindeverbandsrecht Nordrhein-Westfalen. Eine systemati-sche Darstellung, Köln 1984.

OLFEN, H. (1969), Wirtschaftsförderung als Marketing-Aufgabe, in: DIVO-Informationen, Reihe 3, Beiträge zur Stadt- und Regionalforschung 1969, S. 81 ff.

PESCHAK, FRANZ (1995), Technologiezentren in den neuen Bundesländern. Wissenschaftliche Analyse und Begleitung des Modellversuchs „Auf- und Ausbau von Technologie- und Gründerzentren in den neuen Bundesländern" des Bundesforschungsministe-riums, Heidelberg 1995.

PETERS, HANS (Hrsg.), Handwörterbuch der kommunalen Wissenschaft und Praxis, Bd. 3, Berlin u. a. 1959.

PETT, ALEXANDER (1993), Technologie- und Gründerzentren. Empirische Analyse eines In-struments zur Schaffung hochwertiger Arbeitsplätze, Mainz, Univ., Diss., 1993.

PFEIFFER, WOLFRAM (Hrsg.) (1993), Regionen unter Anpassungsdruck. Zu den Schwerpunkten des regionalen Handlungsbedarfs, Marburg 1993.

PIPER, MARKUS (1994), Das interregionale Standortwahlverhalten der Industrie in Deutsch-land. Konsequenzen für das kommunale Standortmarketing, Göttingen 1994.

PLANITZ, HANS (1954), Die Deutsche Stadt im Mittelalter. Von der Römerzeit bis zu den Zunftkämpfen, Graz/Köln 1954.

POHL, MARTHA (1988), Wirtschaftsförderung in Großstädten. Ein Struktur- und Standortver-gleich der 16 größten Städte im Bundesgebiet, Bremer Ausschuss für Wirtschafts-forschung, Nr. 8, Bremen 1988.

PRÖHL, MARGA (Hrsg.) (1998), Kommunale Wirtschaftsförderung – Internationale Recher-chen und Fallbeispiele, Gütersloh, 1998.

PÜTTNER, GÜNTER (Hrsg.) (1982), Handwörterbuch der kommunalen Wissenschaft und Praxis, Bd. 4, 2., völlig neu bearbeitete Auflage, Berlin 1982.

PÜTTNER, GÜNTER (1993), Die Kreisreform in den neuen Ländern, insbesondere in Sachsen, in: SächsVBl., Heft 9 (1993), S. 193-197.

RAISER, THOMAS (1992), Recht der Kapitalgesellschaften. Ein Handbuch für Praxis und Wissenschaft, 2., neuüberarbeitete und wesentlich erweiterte Auflage, München 1992.

REICH, SILVIA (1995), Grenzüberschreitende und interregionale Zusammenarbeit in einem „Europa der Regionen", Baden-Baden 1995.

REINELT, IRIS (1990), Der Beitrag der Sparkassen zum kommunalen Gemeinwohl, Mannheim, Univ., Diss., 1990.

RENGELING, HANS-WERNER (1982), Formen interkommunaler Zusammenarbeit, in: *PÜTTNER, GÜNTER (Hrsg.)*, Handbuch der kommunalen Wissenschaft und Praxis, Bd.2, Berlin, S. 385-412.

RENNINGER, CARL (1938), Wirtschaft und Gemeinde, in: Jahrbuch für Kommunalwissenschaft, 5. Jg. (1938), S. 239-262.

RESCHL, RICHARD/ROGG, WALTER (2009), Kommunale Wirtschaftsförderung: Standortdialog und Standortentwicklung in Kommunen und Regionen, Sternenfels 2009.

RHEIN, KAY-UWE (1994), Interkommunale Zusammenarbeit. Rechtsformen, Beweggründe und Auswirkungen dargestellt am interkommunalen Gewerbegebiet Mönchengladbach/Jüchen, in: Der Städtetag, Heft 11 (1994), S. 725-732.

RICHTER, HARTMUT (1997), Kommunale Wirtschaftsförderung – eine Gemeinschaftsaufgabe von Kommunen und Wirtschaftsorganisationen, in: Die Gemeinde (BWGZ), Nr. 20 (1997), S. 768-769.

RICHTER, MICHAEL (1997), Regionalisierung und Interkommunale Zusammenarbeit – Wirtschaftsregionen als Instrumente kommunaler Wirtschaftsförderung, Wiesbaden 1997.

RIDINGER, RUDOLF/STEINRÖX, MANFRED (Hrsg.) (1996), Regionale Wirtschaftsförderung in der Praxis, Köln 1996.

RIEGGER, BODO/WEIPERT, LUTZ (Hrsg.) (1995), Münchener Handbuch des Gesellschaftsrechts, Bd. 1, München 1995.

ROLFES, KARL-HEINRICH (1991), Regionale Wirtschaftsförderung und EWG-Vertrag. Die Aktionsräume von Bund, Ländern und Kommunen, Köln u. a. 1991.

ROSSI, ANGELO (1995), Der wirtschaftliche Strukturwandel und die Regionen. Am Beispiel der Schweiz und der angrenzenden Länder, Zürich 1995.

ROTH, ROLAND/WOLLMANN, HELLMUT (Hrsg.) (1994), Kommunalpolitik. Politisches Handeln in den Gemeinden, Opladen 1994.

ROTHE, KARL-HEINZ (1965), Das Recht der interkommunalen Zusammenarbeit in der Bundesrepublik Deutschland, Göttingen 1965.

ROTHE, KARL-HEINZ (1991), Selbsthilfe der Gemeinden durch interkommunale Zusammenarbeit, in: Stadt und Gemeinde, Heft 11 (1991), S. 420-429.

RUTER, RUDOLF X. (1994), Die Herren der GmbH sind nicht die Geschäftsführer, in: BWGZ, Heft 24 (1994), S. 808-809.

SALDERN, ADELHEID VON (1994), Geschichte der kommunalen Selbstverwaltung in Deutschland, in: ROTH, ROLAND/WOLLMANN, HELLMUT (Hrsg.), Kommunalpolitik. Politisches Handeln in den Gemeinden, Opladen 1994, S. 2-19.

SARTOWSKI, ROMAN (1989), Praxis kommunaler Wirtschaftsförderung in Schleswig-Holstein und ihr Beitrag zur Entwicklung des Landes und seiner Teilräume, Hamburg 1989.

SCHAUWECKER, HEINZ (1982), Kooperation und Gemeinschaftsunternehmen, in: PÜTTNER, GÜNTER (Hrsg.), Handbuch der kommunalen Wissenschaft und Praxis, Bd.2, Berlin, S. 317-338.

SCHIEFER, BERND (1989), Kommunale Wirtschaftsförderungsgesellschaften – Entwicklung, Praxis und rechtliche Problematik, Köln u. a. 1989.

SCHIEFER, BERND (1990), Wirtschaftsförderung, in: Ergänzbares Lexikon des Rechts (Luchterhand), Juni 1990.

SCHIEFER, BERND (1991), Kommunale Wirtschaftsförderungsgesellschaften – Bindeglied zwischen Wirtschaft und Verwaltung, WUR, Heft 4 (1991), S. 194-197.

SCHIEFER, BERND (1992), Organisation der kommunalen Wirtschaftsförderung, in: Der Betriebs-Berater, Heft 6 (1992), S. 375-384.

SCHIEFER, BERND (1993), Die Organisation der kommunalen Wirtschaftsförderung unter Berücksichtigung der neuen Bundesländer, in: SächsVBl., Heft 8 (1993), S. 169-178.

SCHINK, ALEXANDER (1982), Formen und Grenzen interkommunaler Zusammenarbeit durch öffentlich-rechtliche Vereinbarungen, in: DVBl. (1982), S. 769-777.

SCHMID, JOSEF/HEINZE, ROLF G./BECK, RASMUS C. (Hrsg.) (2009), Strategische Wirtschaftsförderung und die Gestaltung von High-Tech Clustern: Beiträge zu den Chancen und Restriktionen von Clusterpolitik, Beiträge zu den Chancen und Restriktionen von Clusterpolitik, Baden-Baden 2009.

SCHMIDT, TOBIAS (2000), Service und Nutzen, in: Der Gemeinderat, Nr.11 (2000), S. 22-23.

SCHMIDT-EICHSTAEDT, GERD (1989), Zukunftsaufgaben: Bewältigung des Strukturwandels, Umweltschutz, Verkehr, in: Der Städtetag, Heft 9 (1989), S. 564-568.

SCHMIDT-OTT, RAINER (1982), Regionale Wirtschaftsförderung in den Mitgliedstaaten der EG, in: HWF, Lfg. 18, Dezember 1982, S. 1-58.

SCHMITZ-HERSCHEIDT, FRIEDHELM (1979), Möglichkeiten und Grenzen kommunaler Wirtschaftsförderung, in: Der Städtetag, Heft 4 (1979), S. 197-202.

SCHMOLCH, ULRICH/LICHT, GEORG/REINHARD, MICHAEL (Hrsg.) (2000), Wissens und Technologietransfer in Deutschland, Stuttgart 2000.

SCHMÜCKER, DIRK J./OBIER, CORNELIUS (2006), Ein Schlüssel zur Entwicklung. Interkommunale Zusammenarbeit im Tourismus, in: Stadt und Gemeinde, Nr. 10 (2006), S. 394-397.

SCHNAUDIGEL, CHRISTOPH (1995), Der Betrieb nichtwirtschaftlicher kommunaler Unternehmen in Rechtsformen des Privatrechts, Stuttgart u. a. 1995.

SCHROETER, NICOLAI R. (2005), Die kommunale Wirtschaftsförderung im Lichte des europäischen Beihilferechts, Münster 2005.

SCHUBERT, REKKA (1998), Kommunale Wirtschaftsförderung, Die kommunale Verantwortung für das wirtschaftliche Wohl – eine theoretische Untersuchung mit Bezügen zur Praxis, Tübingen, Univ., Diss., 1998.

SCHUSTER, FRANZ/DILL, GÜNTER (Hrsg.) (1994), Aufgaben der Kommunalpolitik in den 90er Jahren. Stellungnahme des Sachverständigenrates zur Neubestimmung der kommunalen Selbstverwaltung beim Institut für Kommunalwissenschaften der Konrad-Adenauer-Stiftung e.V., Köln 1994.

SCHWARZ, SILVIA R. (1993), Kooperation: ja – aber wie?, in: Der Städtetag, Heft 8 (1993), S. 522-525.

SCHWARZ-JUNG, SILVIA R. (1993), Überkommunale bzw. öffentlich-private Kooperation in der Wirtschaftsförderung. Eine Fragebogen-/Interviewaktion im Rahmen des Forschungsprojektes „Regionalisierung in der kommunalen Wirtschaftsförderung", Interne Studien der Konrad-Adenauer-Stiftung Nr. 58/1993, Sankt Augustin 1993.

SCHWITALLA, THOMAS (1996), EU-Kommission segnet Subventionspraxis ab, in: Badische Zeitung vom 25. April 1996, Nr. 96, S. 9.

SELTSAM, CHRISTIAN (2001), Kommunale Wirtschaftsförderung: Ziele, Instrumente, Erfolgskontrolle, Schriften zur Nationalökonomie, Band 35, Bayreuth 2001.

SINZ, MANFRED (1995), Region, in: AKADEMIE FÜR RAUMFORSCHUNG UND LANDESPLANUNG (Hrsg.), Handwörterbuch der Raumordnung, Hannover 1995, S. 805-808.

SPEISER, BÉATRICE (1993), Europa am Oberrhein. Der grenzüberschreitende Regionalismus am Beispiel der oberrheinischen Kooperation, Basel/Frankfurt 1993.

STAATSMINISTERIUM UND WIRTSCHAFTSMINISTERIUM BADEN-WÜRTTEMBERG (Hrsg.) (1993), Den Wirtschaftsstandort Baden-Württemberg stärken, Stuttgart 1993.

STARK, KLAUS-DIETER (1978), Kommunale Wirtschaftsförderung und Standortwahl von Industrie und Gewerbe, Berlin 1978.

STEGH, THORSTEN (2006), Die Bedeutung des 'Pull-Before'-Prinzips bei der regionalen Standortwahl innovativer Unternehmensgründungen an den Beispielen der Biotechnologie- und der Multimediabranche, Hamburg 2006.

STEIN, EDGAR/MARTIUS, ALEXANDER (1998), Kommunale Wirtschaftsförderung und Europäisches Beihilferecht, in: Der Städtetag, Heft 5 (1998), S. 362 ff.

STEIN, LORENZ VON (1870), Handbuch der Verwaltungslehre und des Verwaltungsrechts.

STEINMETZ, HANS-PETER (1983), Wirtschaftsförderungsgesellschaften in der Bundesrepublik, in: HWF, Lfg. 19, August 1983, S. 1-16.

STEINRÖX, MANFRED (1992), Veränderte Rahmenbedingungen für die Unternehmensansiedlung. Neue Herausforderungen für die Wirtschaftsförderung, in: Stadt und Gemeinde, Heft 9 (1992), S. 315-320.

STEINRÖX, MANFRED (1994), Wirtschaftsförderung und Anzeigenwerbung, in: BWGZ, Heft 9 (1994), S. 279.

STEINRÜCKEN, TORSTEN/JAENICHEN, SEBASTIAN (Hrsg.) (2006), Wirtschaftspolitik und Wirtschaftsförderung auf kommunaler Ebene: Theoretische Analysen und praktische Beispiele, TU Ilmenau 2006.

STERNBERG, ROLF (1987), Technologie- und Gründerzentren als Instrument kommunaler Wirtschaftsförderung, Hannover, Univ., Diss., 1987.

STOBER, ROLF (1992), Die Industrie- und Handelskammer als Mittler zwischen Staat und Wirtschaft. Zum IHK-Auftrag vor den Herausforderungen in Gegenwart und Zukunft, Köln u. a. 1992.

STREIT, MANFRED E. (1991), Theorie der Wirtschaftspolitik, 4., neubearbeitete und erweiterte Auflage, Düsseldorf 1991.

STÜLTEN, SILVIA (2005), Regionale Innovationsökonomie mit dem Fokus auf das Instrument Netzwerke am Beispiel der Hansestadt Hamburg, 1. Lernwerkstattarbeit aus dem 2. Lehrgang, 2005 im Masterstudiengang Ökonomische und Soziologische Studien, in: ExMA-Papers des Zentrums für ökonomische und soziale Studien (ZÖSS) der Universität Hamburg, Hamburg 2005.

TENHOLT, HERRMANN (1999), Innovative Wirtschaftsförderung bei beschleunigtem Strukturwandel, Beitrag zur Systematisierung und Konzeptionierung kommunaler Wirtschaftspolitik, in: Der Landkreis, Nr. 5 (1999), S. 338-340.

TIETZ, BRUNO et al. (Hrsg.) (1994), Handwörterbuch des Marketing, 2., völlig neu gestaltete Auflage, Stuttgart 1994.

TÖPFER, ARMIN (Hrsg.) (1993), Stadtmarketing – Herausforderung und Chance für Kommunen, Baden-Baden 1993.

TÖPFER, ARMIN (1993), Marketing in der kommunalen Praxis. Eine Bestandsaufnahme in 151 Städten, in: TÖPFER, ARMIN (Hrsg.), Stadtmarketing – Herausforderung und Chance für Kommunen, Baden-Baden 1993, S. 81 ff.

TÖPFER, ARMIN/MANN, ANDREAS (1995), Kommunikation als Erfolgsfaktor im Marketing für Städte und Regionen, Hamburg 1995.

TÖPFER, ARMIN/MANN, ANDREAS (1996), Kommunale Kommunikationspolitik. Befunde einer empirischen Analyse, in: Der Städtetag, Heft 1 (1996), S. 9-16.

THÜNEN, JOHANN HEINRICH VON (1826), Der isolierte Staat in Beziehung auf Landwirtschaft und Nationalökonomie, oder Untersuchungen über den Einfluß, den die Getreidepreise, der Reichthum des Bodens und die Abgaben auf den Ackerbau ausüben, Hamburg, 1826 (Nachdruck 1986).

TUROWSKI, GERD (1994), Formen und Felder übergemeindlicher Zusammenarbeit im Hinblick auf die Situation in den neuen Ländern, in: Raumforschung und Raumordnung, Heft 6 (1994), S. 392-396.

VAHLENS GROßES WIRTSCHAFTSLEXIKON (1993), Bd. 1, 2., überarbeitete und erweiterte Auflage, München 1993, S. 1211-1212.

WÄTZOLD, FRANK (2000), Anforderungen von Unternehmen an kommunale Organisationen in ländlichen Räumen, in: Der Landkreis, Nr. 5 (2000), S. 373-375.

WEBER, M. (1921), Das Stadtwirtschaftsamt, in: Deutscher Kommunalkalender 1921, Terminkalender und Handbuch für Verwaltungsbehörden, Berlin-Friedenau 1921, S. 175-178.

WEBER, M. (1925), Kommunale Industrieförderung, in: Deutscher Kommunalkalender 1924/25, Terminkalender und Handbuch für Verwaltungsbehörden, Berlin-Friedenau 1925, S. 291-294.

WELCKER, KARL (Hrsg.) (1861), Staats-Lexikon, Bd. 5, 3. umgearbeitete, verbesserte und vermehrte Auflage, Leipzig 1861.

WESSEL, MARKUS (2005), Die Weichen richtig stellen, in: Der Gemeinderat, Nr. 5 (2005), S. 14-16.

WETZIG, ALEXANDER (2007), Qualitative Standortentwicklung von Gewerbeflächen, in: Die Gemeinde (BWGZ) , Nr. 6 (2007), S. 213-214.

WEHLING, HANS-GEORG (Hrsg.) (1995), Kommunalpolitik in Europa, Stuttgart u. a. 1995.

WEINBERG, JAKOB (2002), Wirtschaftsförderung und Standortmarketing im Internet – Ein Leitfaden für kommunale Internet-Präsenzen, in: HESSISCHES MINISTERIUM FÜR WIRTSCHAFT, VERKEHR UND LANDESENTWICKLUNG (Hrsg.), Schriftenreihe der Landesinitiative hessen-media, Band 36, Wiesbaden 2002.

WELGE, MARTIN K. (1994), Strategische Allianzen, in: TIETZ, BRUNO et al. (Hrsg.), Handwörterbuch des Marketing, 2., völlig neu gestaltete Auflage, Stuttgart 1994, Sp. 2397-2410.

WIEPCKE, CLAUDIA (2005), Kommunale Arbeitsmarktpolitik als ressortübergreifende Querschnittsaufgabe, Dortmund 2005.

WILDEN, JOSEF (1919), Mittelstandsfürsorge, in: Kommunales Jahrbuch, Jena 1919, S. 148-154.

WILDEN, JOSEF (1922), Gewerbeförderung, in: BRIX, JOSEF et al. (Hrsg.), Handbuch der Kommunalwissenschaften, Bd. 2, Jena 1922, S. 376-381.

WILDEN, JOSEF (1923), Wirtschaftspflege in der Gemeinde, in: Deutscher Kommunalkalender 1923, Terminkalender und Handbuch für Verwaltungsbehörden, Berlin-Friedenau 1923, S. 126-128.

WILDEN, JOSEF (1924), Mittelstandspolitik, in: BRIX, JOSEF et al. (Hrsg.), Handbuch der Kommunalwissenschaft, Bd. 3, Jena 1924, S. 399-401.

WILDEN, JOSEF (1925), Wirtschaftsförderung durch Messen und Märkte, in: Deutscher Kommunalkalender 1924/25, Terminkalender und Handbuch für Verwaltungsbehörden, Berlin-Friedenau 1924, S. 311-313.

WINKEL, RAINER (1992), Interkommunale Kooperation in der Gewerbeflächenversorgung, in: Der Landkreis, Heft 2 (1992), S. 57-59.

WIRTSCHAFTSMINISTERIUM BADEN-WÜRTTEMBERG (1996), Strukturentwicklungsbericht 1995. Bericht über strukturpolitische Maßnahmen 1990-1994 in den regionalen Fördergebieten von Baden-Württemberg, Stuttgart 1996.

WITTE, GERTRUD (1994), Privatisierung städtischer Aufgaben, Der Städtetag, Heft 8 (1994), S. 524-528.

WROBEL, BERND (1979), Organisation und Aufgaben kommunaler Wirtschaftsförderungsdiensttellen und -gesellschaften. Ergebnisse zweier Umfragen, Berlin 1979.

WUSCHANSKY, BERND/KÖNIG, KRISTINA (2006), Interkommunale Gewerbegebiete in Deutschland, Grundlagen und Empfehlungen zur Planung, Förderung, Finanzierung, Organisation, Vermarktung, in: INSTITUT FÜR LANDES- UND STADTENTWICKLUNGSFORSCHUNG UND BAUWESEN DES LANDES NORDRHEIN-WESTFALEN (Hrsg.), ILS-NRW-Schriften Bd. 200, Dortmund 2006.

ZABEL, GERHARD (1979), Probleme der Wirkungskontrolle kommunaler Wirtschaftsförderung, in: Der Gemeindehaushalt, Heft 11 (1979), S. 241-246.

ZEEDEN, ERNST WALTER (1981), Europa vom ausgehenden Mittelalter bis zum westfälischen Frieden 1648, Stuttgart 1981.

ZIELKE, BEATE (1993), Zwischengemeindliche Zusammenarbeit. Rechtliche, organisatorische und finanzielle Gestaltungsmöglichkeiten, Berlin 1993.

ZILL, GERDA (1981), Kommunale Wirtschaftsförderung in Großbritannien und in der Bundesrepublik Deutschland, in: MAYNTZ, RENATE (Hrsg.), Kommunale Wirtschaftsförderung. Ein Vergleich Bundesrepublik Deutschland – Großbritannien, Berlin 1981, S. 57-128.

ZIMMERMANN, HORST (1987), Der Mitnahmeeffekt, in: Das Wirtschaftsstudium, Heft 7 (1987), S. 339- 343.

ZIMMERMANN, KLAUS (1976), Wirtschaftsförderung als Aufgabe kommunalen Marketings, in: Kommunalwirtschaft, Heft 11 (1976), S. 341-345.

ZIMMERMANN, KLAUS (1975), Zur Imageplanung von Städten. Untersuchungen zu einem Teilgebiet kommunaler Entwicklungsplanung, Köln 1975.

后记 [1]

在政治及经济全球化程度不断提高的今天，经济领域中的竞争与合作已经不局限于单个企业和产业链的层面。城镇、县域、地区层面的区位竞争与合作使得系统性的经济促进逐步成为地方经济发展的重要工具。

德国作为老牌工业国家，工业一直是其经济增长的源泉。但过去的三十年间，德国工业化占比显著下降，也遭受着与其他发达国家一样的"去工业化"阵痛。在全球化加速明确区域分工，促进区域交流的环境下，德国的地方经济发展界在产业促进领域普遍接受美国管理学家波特的产业集群理论，通过制定和推动地区产业集群战略以支持地方发展，依靠准确的区位观察识别产业集群潜能，兼顾区域特长，构建产业集群的战略框架，帮助本地产业建立和稳固区位优势，使其在去工业化进程中逐步形成新的产业领域和发展动力。本书涉及的案例城市弗莱堡是德国后工业化和知识性产业结构的范例，其城市规模、企业构成、集群雏形、产业结构状况和区域合作都是其通过科学的经济促进方法推动产业集聚，实现城市经济增长的结果。

德国的系统经济促进方法加快了其城镇和区域产业结构转型的步伐。通过分析德国典型城镇在转型前后的特征，结合中国当前部分城镇和区域建设现状，可以看出德国经济促进和产业集群管理系统的理论与实践经验将对中国的地方经济发展有一定的借鉴和引导意义。以我国长江中游典型城市湖北省荆门市为例，通过研究德国经济促进和产业发展的系统方法，分析荆门市的产业结构和产业集群情况。对比德国弗莱堡市在经济发展过程中的一些经验和教训，可能会在一定程度上为荆门市的产业结构优化和产业集群发展提供思路。

第一，荆门市地处长江中游地区，位于湖北省中部，土地面积共 $12404km^2$，2015 年统计总人口约为 300 万，建设用地仅占土地资源的 11.4%，经济发展仍有很大空间。

第二，荆门作为我国典型的中小规模城市，中小企业为数众多但竞争实力不足。可以对这些企业进行仔细辨识，寻找是否存在某些产业集群的可能性。而后依照产业集群的专业管理方式，以市场需求为导向、以中小企业为主体、以集中生产为形式、以专业化配套为内容，围绕产业链进行专业化分工与合作。政产学研融培各要素间互相结成网络，在各利益相关者之间联系桥梁，互相提供合作机会，寻找研发

---

1 李芬，博士，中心总工，深圳市建筑科学研究院股份有限公司。

资金，提高创新、生产、营销和盈利能力，形成重点突破，优势互补，渐次提升的局面，从而逐步提高市内中小企业的总体竞争实力，并以此来推动区域经济发展。

第三，荆门的某些行业其实已经具备比较明显的集群雏形。通过分析荆门市各区县的产业结构和集中度可发现其具有集聚潜力的行业有5个，主要集中在非金属矿物制造业、纺织服饰业、橡胶和塑料制品业、食品制造业、通用设备制造业等领域。这些行业具备一定的专业化水平和集聚度，略高于全国平均水平，优势地位不明显，与其他地区的差异性不大，但在这些产业中可能孕育着某些潜在优势领域。借助科学的调查和研究有助于进一步发掘荆门这些产业中的潜在领域，有针对性地实施产业集群运营和管理有助于促进集群深化，增强核心竞争力。弗莱堡市的产业集聚战略也是建立在该地区传统的生命科学、环保与太阳能、微技术、教育培训、旅游业等行业基础之上的。

第四，荆门目前的产业结构存在服务业处于培育阶段，工业高集聚程度行业不多的现象。通过分析荆门市各区县三产区位商与集中系数，发现其第一产业的区位优势最为明显，是目前的优势产业。第二产业表现出一定的区位优势和相应的聚集度，但产生的经济效益相对较弱。从2008年以来，虽然荆门市第三产业产值不断增加，但GDP的占比长期处于35%以下，产业结构组成相当于20世纪90年代初期全国的平均水平。第三产业在各区县之间的聚集程度差别不大，荆门市服务业资源碎片化严重、集聚度较低，还没有形成具有一定规模和对外辐射能力的成熟服务业中心或集聚园区。从内部构成看，传统服务业比重大，现代服务业比重明显偏低，在研发、咨询、金融服务等领域基本处于空白，导致荆门市第三产业整体上缺乏竞争力。如果进一步根据产业聚集差异将荆门市工业行业分为显著聚集行业、潜在聚集行业、相对分散行业三类，会发现荆门具有显著聚集的行业有4个，分别是非金属矿采选业，农副产品加工业，石油加工、炼焦和核燃料加工业，化学原料和化学制品制造业。作为荆门的优势行业，这4个行业专业化程度高，规模形成较为成熟，比较优势非常明显，具有较强的市场竞争优势。区位商高达8.02的非金属矿采选业的产业集中度非常高，是荆门目前最具优势和竞争力的行业。荆门市相对分散的行业有26个，如木材加工和木、竹、藤、棕、草制品业，水的生产和供应业，酒、饮料和精制茶制造业等，占到了总数的绝大部分，聚集度低于全国平均水平，发展状况处于劣势，竞争能力相对较弱。一般来说，这些产业短期内不应作为荆门市支柱产业或主导产业的选项，但大力发展如电气机械和器材制造业等"高精尖产业"、废弃资源综合利用业等"静脉产业"是产业发展的大势所趋，是荆门市建设现代工业格局的必然之路，在战略上应予以足够的重视和孵化培养。

第五，荆门市是我国长江中下游城市群的主要组成城市，与省内武汉、荆州、宜昌等地，省外环鄱阳湖城市群，环长株潭城市群的其他产业集群的区域合作也可能会帮助推动荆门的产业发展。本书中弗莱堡市与上莱茵河跨国都市圈和周边城镇的合作就是很好的例子。

　　在全球化不断深化的背景下，中国经济经历了四十年的增长奇迹后正处于新常态的发展模式，经济增长的驱动面临着由点到面的转变，各地市如何通过因地制宜的经济促进方式实现产业结构优化是提高产业和地区发展竞争力的关键。中国的中小规模城市数量庞大，通过合理借鉴发达国家城市的产业转型和集群经验以推动中国城市的转型进程将是我国城镇和区域经济发展的重要方法和宝贵经验。